JN437635

자본주의 문명의 정치경제

조홍식

1967년 서울에서 태어나 프랑스 루이대왕고등학교(Lycée Louis-le-Grand) 졸업 후 파리정치대학(Sciences Po Paris)에 진학해 학부와 대학원을 거쳐 1993년 유럽통합으로 정치학 박사학위를 받았다. 귀국한 뒤에는 중앙일보, 세종연구소, 가톨릭대 등을 거쳐 2006년부터 숭실대 정치외교학과에서 정치경제와 유럽정치를 가르치고 있다. 미국 하버드대, 중국 북경외국어대, 프랑스 파리 팡테옹 · 소르본대 등에서 객원 연구원 및 교수를 역임했고, 『유럽의 대일본정책』(1995), 『유럽통합과 '민족'의 미래』(2006), 『문명의 그물: 유럽문화의 파노라마』(2018) 등을 출간하였다.
『세계일보』에 〈조홍식의 세계속으로〉, 『내일신문』에 〈신문로〉 등의 칼럼을 게재하며, 『월간 중앙』에 〈조홍식의 부국굴기(富國屈起)〉를 연재하고 있다.

▶표지사진 설명

피수포 루아 아페(Pisupo lua afe), 미셸 터퍼리(Michel Tuffery) 조각, 1994년, 뉴질랜드 국립박물관, 조홍식 사진

서강학술총서
126

자본주의 문명의 정치경제

조홍식 지음

서강대학교출판부

서강학술총서 126

자본주의 문명의 정치경제

초판 1쇄 발행 | 2020년 5월 20일
2쇄 발행 | 2024년 8월 23일

지 은 이 | 조홍식
발 행 인 | 심종혁
편 집 인 | 하상응
발 행 처 | 서강대학교출판부
등록 번호 | 제2002-000170호

주 소 | 서울특별시 마포구 백범로 35(신수동)
전 화 | (02) 705-8212
팩 스 | (02) 705-8612

ISBN 978-89-7273-365-2 (94080)
ISBN 978-89-7273-139-9 (세트)

값 36,000원

* '서강학술총서'는 SK SUPEX 기금의 후원으로 제작됩니다.

책머리에

코로나19 바이러스의 세계적 대유행으로 지구촌이 몸살을 앓고 있다. 작년 말 중국 우한에서 시작한 전염병이 불과 몇 달 만에 아시아는 물론 유럽과 아메리카까지 전파되어 사회를 온통 마비시키는 지경에 이르렀다. 세계 주요 증시는 2008년 글로벌 경제위기에 버금가는 폭락을 경험했고 이 질병이 향후 어떤 변화를 초래할지는 아직 미지수다. 전시(戰時)가 아닌데도 불구하고 상점과 학교는 문을 닫고 정부가 시민들의 외출을 금지시키는 비상 상황이다.

2020년 코로나19가 초래한 위기는 세계화 시대 자본주의의 진면목을 적나라하게 보여주고 있다. '중국의 시카고'라 불리는 교통요지 우한(武漢)에서 발생한 바이러스는 세계 자본주의의 촘촘한 그물을 타고 아시아의 이웃 나라들은 물론 유럽과 미국 등 지구촌 곳곳으로 들불처럼 번져나갔다. 바이러스의 확장 경로는 상품과 서비스, 그리고 관광의 교류를 충실하게 반영하는 듯하다. 21세기 상품의 세계가 '메이드 인 차이나'를 피할 수 없듯 질병의 바이러스는 일대일로를 타고 지구 구석구석까지 침투해 들어갔다.

우리가 현재 겪고 있는 위기는 2020년의 특수한 현상이지만 그 뿌리는 넓고 깊다. 지금부터 백 년 전 스페인 독감의 세계적 확산으로 수

백만 명의 사망자가 발생한 바 있고 이 책에서 자주 만나게 될 막스 베버 역시 이 유행병으로 56세의 나이에 생을 마감했다. 학문의 역할 가운데 하나는 과거의 넓고 깊은 뿌리를 조망함으로써 현재를 이해하는 길잡이 노릇을 하는 일이다. 이 책의 가장 큰 목표는 자본주의라는 거대한 인류의 덮개를 인식하고 파악하기 위해 겸허하게 촛불을 밝히며 인도하는 데 있다.

자본주의에 관한 책을 쓰게 된 첫 번째 동기는 정치경제학이라는 전공에서 비롯된다. 나는 세계화가 한참 진행되던 1990년대 〈유럽의 대일본정책〉을 주제로 박사 학위 논문을 썼다. 일본 상품이 유럽 시장을 뒤덮고 일본 자본이 유럽에 공장을 대거 세우는 시대의 반영이었다. 1993년 귀국한 뒤에는 줄곧 정치경제 관련 강의를 맡았고, 2006년 이후 숭실대 정치외교학과에서도 〈정치와 경제〉, 〈비교정치경제〉, 〈국제정치경제〉, 〈세계화와 민족국가〉 등의 강의를 담당해 왔다. 이 모든 강의를 관통하는 하나의 개념을 꼽으라면 단연 자본주의다.

자본주의에 대한 특별한 관심은 1960년대 태어나 세계적 자본주의를 몸소 살아온 존재적 이유 때문이기도 하다. 나는 한국 자본주의의 고속성장과 동갑내기라 해도 과언이 아닌 세대에 속하며 한국의 수출지향적 자본주의를 반영하듯 아프리카와 유럽, 아메리카와 중국 등 대륙을 바꾸면서 살아왔다. 자본주의와 공산주의가 처절하게 투쟁을 하는 시대에 태어나 이제는 공산주의도 공공연히 자본주의를 따라하는 자본주의 승리의 시대를 살고 있다. 자본주의에 대한 고민은 내가 살아온 세상에 대한 고찰인 셈이다. 과연 세계를 하나로 묶는 엄청난 흡입력을 가진 자본주의의 힘은 어디서 오는 것일까.

자본주의라는 개념이 뇌리에 박혀 심심하면 꿈틀거리며 머리를 자극하기 시작한 것은 1985년 말 겨울인 것으로 기억된다. 당시 프랑스에서 고등학교를 다니면서 철학 수업에서 다룬 마르크스와 엥겔스의 『공산당 선언』을 읽었다.[1] 그 때까지 인류의 역사를 이처럼 명백하고 멋지게 설명하는 글을 읽은 적이 없었다. 나는 이처럼 '반(反)자본주의의 선전포고'를 통해 자본주의 연구에 입문했지만, 1989/90년 즉시 베를린 장벽과 공산권의 붕괴를 통해 마르크스주의에 대한 해독제를 맞게 되었다. 대학과 대학원에서 사회과학도의 길을 걷게 되면서 마르크스보다는 베버의 해석적 역사사회학의 세례를 받았고, 이후 문화적 분석에 관심을 가지고 학자의 길을 걸어왔다. 이 책은 자본주의에 대한 오랜 고민과 사회문화적 분석이라는 방법론의 교차점에 위치한다.

"자본주의는 소수의 특권이지만 사회의 적극적인 공모(共謀) 없이는 상상조차 할 수 없다. 자본주의는 반드시 사회 질서의 현실이며, 정치 질서의 현실이라고까지 말할 수 있고, 더 나아가 문명의 현실이다. 왜냐하면 [자본주의가 존재하기 위해서는] 의식적이건 무의식적이건, 어떤 방식으로든 사회 전체가 자본주의의 가치를 받아들여야 하기 때문이다."[2] 단순한 경제체제로서 자본주의가 아니라 문명으로 자본주의를 봐야 한다는 브로델의 설명이다. 이 책이 갖는 특징은 '자본주의의 정신'을 말했던 베버부터 '자본주의의 문화적 짝'을 강조한 슘페터, 그리고 '자본주의 문명'을 내세운 브로델까지, 사회와 문화를 포함하는 총체적 현상으로서 자본주의에 접근하는 학자들의 전통을 잇는다는 점이다. 또 어떤 지역이나 시대에 특화된 연구보다는 자본주의라 일컬어지는 모든 인류의 경험을 포괄하는 정의와 분석이 가능한지 가늠해 보는

1 Karl Marx and Friedrich Engels. *The Communist Manifesto.*

2 Fernand Braudel. *La dynamique du capitalisme.* p.61.

시도다.

책을 쓴다는 것은 얼핏 보면 외로운 작업이다. 하지만 따지고 보면 수많은 선학(先學)이나 동료 학자들과 끊임없는 대화를 통해 가능한 공동 작업이기도 하다. 짧지 않은 참고문헌에 등장하는 저자들은 모두 이 책을 만드는데 큰 기여를 했다고 할 수 있다. 사실은 미처 참고문헌에 등장하지 못하는 수많은 책과 저자들도 포함해야 온당할 것이다. 내가 학술적인 가상 대화에서 원저자의 의미를 제대로 파악했는지, 실수나 오해는 없었는지 불안하지만 모든 책임을 짊어지며 사의(謝意)만을 표하고 싶다.

거대한 시대적 범위에도 불구하고 이런 작업을 시작하게 된 용기를 준 것은 국제정치경제연구회다. 서강대 류석진 교수와 서울대 백창재 교수를 중심으로 1990년대 국제정치경제 연구의 지평을 열었던 이 연구회는 2000년 『20세기로부터의 유산』과 2012년 『20세기의 유산, 21세기의 진로』라는 공저를 출판했고 나는 고전적 자유주의에 해당하는 시기의 집필을 맡아 공동 계획의 역사적 대문을 여는 작업을 하였다.[3] 이 작지만 무서운 경험은 세계를 대상으로 시대를 대폭 확장해서 자본주의를 조망하고 싶은 호기(豪氣)를 불어넣어주었다. 다른 한편, 서강대 박단 교수가 회장을 맡고 있는 통합유럽연구회는 정치학과 역사학의 긴밀한 결합으로 다수의 작업을 진행했고, 이런 공동 연구 또한 거시 역사적 안목을 선사해 주었다.[4] 두 연구회 활동을 함께 했던 모든 선·후배 및 동료들에게 감사드린다. 마찬가지로 숭실대 정치외교학과

3 국제정치경제연구회. 『20세기로부터의 유산』; 백창재 편. 『20세기의 유산, 21세기의 진로』

4 통합유럽연구회. 『인물로 보는 유럽통합사』; 통합유럽연구회. 『도시로 보는 유럽통합사』; 통합유럽연구회. 『조약으로 보는 유럽통합사』.

의 서병훈, 이정철, 김태형, 김지영, 신정섭 교수와 많은 학생들은 이런 장기적인 작업을 하는데 필수적인 지적, 정서적 버팀목이라 할 수 있다. 강예인 조교는 집필 과정에서 훌륭히 보조역할을 해 주었다. 이 자리를 빌어 정외과 선생님과 학생들에게 심심한 고마움을 표한다.

자본주의 셈법을 따른다면 세상을 보기 어려웠을 이 두툼한 학술 서적은 〈서강학술총서〉의 지원으로 출판된다. 원고를 상세하게 읽고 평가를 통해 잦은 가지를 치고 전체적 방향을 정리하는데 큰 도움을 준 두 심사자와 학술총서 기획위원회 여러분께 감사드린다. 아울러 학술 총서를 지원하는 SK 그룹에도 감사한다.

내가 학문의 길을 가는데 가장 굳건한 정신적 지주는 할아버지 운파(雲坡) 조중삼(趙重參, 1913~1980)이다. 일제 강점기에 태어나 민족 차별이 일상화된 어려운 환경에도 불구하고 경성제국대학 의대를 졸업하고 당시로선 새로운 의학 분야인 방사선과를 전공했다. 해방 뒤에는 서울의대에서 후학을 양성하며 학문에 전념하여 '한국 방사선의학의 창시자'[5]로 일컬어진다. 비록 분야는 다르지만 자신이 선택한 전공의 길을 묵묵히 걸으며 개척자의 정신으로 정진하는 모습은 내게 항상 귀감(龜鑑)이었다. 할아버지는 방사선이라는 위험한 전공의 대가를 톡톡히 치러 1980년 간암으로 별세하셨고 올 해로 그 40주년이다. 의학의 가장 현대적 영토를 개척한 할아버지의 영전에 이 졸저를 바친다.

2020년 봄, 살피재 연구실에서 조홍식

5 서울대학교 한국의학인물사 편찬위원회. 『한국의학인물사』. p.510.

목 차

제14장 국가, 자본주의의 근간(根幹)

제15장 자본주의의 미래

자본주의 문명의 정치경제

제1장
'축적하는 인간'

1. 자본주의 세계의 모순

오늘날 자본주의는 70억 인류의 삶을 지배하는 공통의 덮개가 되어 버렸다. 실제 지구촌에 자본주의의 영향이 미치지 않는 곳은 극히 드물며 자본주의 정치경제에 대해 '세계', '지구', '글로벌' 등의 형용사를 자연스럽게 사용한다.[1]

불과 반세기 전인 1970년대만 하더라도 상황은 많이 달랐다. 당시 학계나 언론은 세계를 자본주의가 지배하는 제1세계, 공산주의를 실행하는 제2세계, 그리고 경제발전을 지향하는 제3세계로 구분했다.[2] 뉴

1 Jeffrey Frieden. *Global Capitalism* ; Robert Gilpin. *Global Political Economy: Understanding the International Economic Order* ; Stephen Gill and David Law. *The Global Political Economy: Perspectives, Problems, and Policies.*

2 처음 제3세계라는 표현을 사용한 것은 프랑스의 인구학자 알프레드 소비인데 프

욕, 모스크바, 그리고 뭄바이는 각각 제 1, 2, 3 세계를 대표하는 도시라고 할 수 있었다. 하지만 오늘날 이런 구분은 큰 의미가 없다. 제1세계의 자본주의가 나머지를 모두 흡수해 버렸기 때문이다. 제2세계의 소련, 그리고 제2세계와 제3세계의 경계에 있던 중국은 공산주의 계획경제를 포기하고 자본주의의 영역으로 성큼 들어섰다. 마찬가지로 제3세계의 대표 주자로 독자 노선을 추구했던 인도도 중국과 함께 자본주의 성장의 궤도에 본격 진입했다.[3] 21세기는 중국이 자본주의 중심 미국과 자본주의적 발전과 지배력을 놓고 대결하는 시대가 되었다.

이처럼 강력한 확장성을 가진 자본주의에 대한 비판 역시 종합적이고 다양하다. 사람들은 자본주의는 "돈이 지배하는 세상"이라고 일반적으로 생각한다. 학술적 정의는 아니지만 자본주의가 돈이 지배하는 세상 혹은 사회를 의미한다는 데 크게 이의를 제기하기는 어렵다.[4] 자본주의란 물질을 중시하는 '물질 만능주의'라는 인식은 보편적으로 통용된다. 예로부터 유교, 불교, 도교, 유대교, 기독교, 이슬람교 등 전통적 종교나 사상은 대부분 돈이 지배하는 세상을 더럽고 사악하며 위험하다고 생각했다.[5] 어느 종교에서나 물질에 대한 탐욕은 죄악으로 보

랑스 앙시앵 레짐에서 귀족/성직자/평민 등 신분의 구분에 사용되었던 3분법을 세계 정치경제에 적용한 결과다: Alfred Sauvy. "Trois mondes, une planète".

3 Jeffrey Sachs. *The End of Poverty*. Ch. 9.

4 물론 학술적 논의에서도 자본주의의 핵심을 화폐, 즉 돈에서 찾는 학파가 존재한다. 예를 들어 프랑스 조절학파의 오를레앙이나 자본주의 분석의 화폐론자들이 대표적이다: André Orléan. *L'empire de la valeur* ; Geoffrey Ingham. *The Nature of Money*.

5 기독교 사회에서 자본주의적 가치관이 서서히 부상하는 과정을 역사와 사상의 맥락에서 분석한 역작으로는 허쉬만의 『열정과 이익』을 들 수 있다: Albert Hirschman. *The Passions and the Interests*.

거나 적어도 인간을 타락시키는 위험한 욕망으로 규정했다.

자본주의에 대한 부정적 시각은 전통 종교와 사상의 특징만은 아니다. 자본주의는 민주주의의 가치를 치명적으로 훼손한다. 많은 사람들에게 자본주의란 돈의 세상일뿐 아니라 삶의 불평등을 의미하기 때문이다.[6] 현대 사회에서 추구하는 민주주의의 핵심 가치는 인간 평등이다. 만인은 누구나 동등한 권리를 갖는다는 평등의 원칙을 현대인은 소중하게 여긴다. 반면 자본주의에서는 빈부의 차이 즉 사회경제적 불평등이 자연스럽고 당연한 현상으로 여겨진다. 20 대 80, 10 대 90, 1 대 99 등 구체적 숫자는 다르지만 소수가 부를 독점하고 다수가 빈곤한 불평등 현실을 지목하는 수치들이다.

최근에는 자본주의가 환경 파괴의 주범으로도 등장했다.[7] 자본주의가 지구와 자연을 파괴하여 인류의 미래를 담보로 잡는 악마로까지 둔갑한 셈이다. 돈이 지배하는 자본주의 세상에서 사람의 탐욕은 무한으로 팽창하여 심지어 자신의 미래를 파괴하는 지경에까지 도달했다는 분석이다.

이같이 자본주의는 인류 세계를 지배하는 공통의 덮개가 되었지만 동시에 온갖 종류의 검은 그림자를 동반한다. 21세기 인류는 진정 이렇게 참담한 경제체제에서 살고 있다는 말인가. 이 책은 자본주의의 놀라

6 최근 자본주의와 불평등의 문제를 가장 체계적으로 비판하면서 세계적 반향을 불러일으킨 저서로는 피케티의 『21세기 자본』을 들 수 있다: Thomas Picketty, *Le capital au XXIe siècle.*

7 예를 들면 다음을 참고할 것: Peter Newell, *Globalization and the Environment: Capitalism, Ecology, and Power.* 자본주의가 상반된 모순적 요구로 인간을 미치게 만드는 제도라는 시각도 존재한다: Vincent de Gaulejac et Fabienne Hanique, *Le capitalisme paradoxant: Un système qui rend fou.*

운 확장성과 그에 대한 맹렬한 비판의 모순을 풀어보려는 시도다. 자본주의가 그토록 참혹한 체제라면 어떻게 세계를 뒤덮으며 확장할 수 있었을까.

2. 축적하는 인간

자본주의의 확장성을 설명하는 핵심 요소는 '축적하는 인간' Homo Accumulans 의 개념이다. 인간은 태초부터 물질적 축적을 통해 미래를 준비하고 환경을 통제하려는 경향을 발전시켜 왔다. 동물의 세계에서도 곰은 연어와 같은 고(高)단백질, 고(高)지방 음식을 잔뜩 먹고 살을 찌운 뒤 겨울잠에 들어간다. 몸에 축적된 지방으로 겨울의 몇 달을 버티는 것이다. 사막 지역의 선인장이나 낙타는 몸에 수분을 축적하여 건조한 환경에서 시간을 극복하는 자연 장치를 갖고 있다. 수렵채집시대의 인간도 사냥을 통해 짐승을 잡으면 한꺼번에 배불리 먹고 다음엔 며칠씩 굶었을 것이다. 인체의 지방은 이런 영양 축적의 결과다. 식량이 충분할 때 많이 먹었다가 어려운 시절에 버티는 생물학적 안정 장치인 셈이다.

인류의 발전 과정에서 식량을 정기적이고 규칙적으로 공급할 수 있게 된 것은 농사를 짓고 가축을 기르면서다.[8] 인간의 몸 안에 식량을 비축하는 단계에서 진전해 보다 장기적으로 언제든 식량을 얻을 수 있

8 문명의 시각에서 수렵채집에서 농경의 단계로 진입하면서 경제 뿐 아니라 문화·정신적 변화가 동반되었다는 분석은 겔너를 참고할 것: Ernest Gellner. *Plough, Sword, and Book: The Structure of Human History.*

는 방법인 농사와 가축 기르기를 시작한 것이다. 물론 농경사회로 발전하기 위해서는 시간을 계산하고 조절할 수 있는 능력이 결정적이었을 것이다. 곡식이나 짐승을 곧바로 먹어버리는 대신 욕심을 자제하고 미래를 위해 씨를 뿌리고 짐승을 키워 숫자를 늘리는 과정이 필수적이었을 터이다. 게다가 인간이 식량의 안정적인 공급을 위해 노력하더라도 자연 재해나 환경의 변화에 따라 결핍의 위험은 언제나 닥칠 수 있었다. 따라서 정기적이고 규칙적인 농사와 가축 기르기 말고도 위기에 대비하여 추가로 식량을 비축해야만 했다.

환경에 적응하기 위한 생물학적 성향과 환경을 극복하기 위한 문화적 노력은 모두 미래를 준비하는 인간의 생존 방식이었다. 즉 시간을 통제하고 관리하는 일은 인류가 생존을 위해 쏟아 부었던 노력이었던 것이다.[9] 인간의 축적 본능을 발전시키는데 결정적으로 기여한 두 가지 제도는 문자와 화폐다. 우선 문자는 생각의 축적을 가능하게 만들었다. 고기나 과일이 쉽게 부패하던 시대에서 냉동기술 발달로 보관이 가능한 사회가 도래한 것과 같은 이치다. 문자를 통해 인간의 기억이나 수명이 가졌던 시간적 한계를 뛰어 넘어 아이디어를 다음 세대에 전수할 수 있게 되었다. 이런 획기적인 변화로 인해 인간의 사고는 지역과 문화와 시대를 관통하면서 발전을 거듭할 수 있었다.

다른 한편 물질적 가치를 품는 화폐 또한 축적의 가능성을 무한대

9 인류 최초의 문명이라고 할 수 있는 이집트나 바빌로니아에서 종교와 농업의 긴밀한 관계는 의미심장하다. 서아시아와 북아프리카 지역에는 신전(神殿)이 노예를 통해 농업을 주관하는 생산 양식이 널리 퍼져있었는데 종교를 통해 가장 효율적으로 인간의 집단적 자제력을 관리할 수 있었기 때문이라는 가설도 가능할 것이다. 신전 농업에 기초한 고대 경제에 관해서는 다음을 참고할 것: Michael Jursa, "Babylonia in the First Millenium BCE : Economic Growth in Times of Empire".

로 늘려놓았다. 화폐는 세대를 넘어 가치를 전달하는 장치이자 양적 한계를 극복하는 중대한 발견이었다. 석기 시대에 '만드는 인간' Homo Faber 에게 도구가 주어졌듯이 문명의 새벽은 축적하는 인간에게 문자와 화폐를 선사한 셈이었다.

그림 1. 가축은 인간의 삶에서 일찍 등장한 자본의 형태라고 할 수 있다. 새끼를 낳아 스스로 재생산이 가능했기 때문이다. 고대 황소의 조각. 미국 뉴욕. 메트로폴리탄 박물관.

문자와 화폐의 제도적이고 체계적인 발전은 19세기에 와서 '축적하는 자본주의적 인간' Homo Accumulans Capitalismus 이라는 형식으로 완성되었다. 마르크스가 주목했던 '자본 축적의 화신(化身)으로서 부르주아', 베버가 궁금해 하던 '사치도 거부하며 돈을 끌어 모으려는 청교도 자본가', 그리고 슘페터가 관심을 가졌던 '파괴를 망설이지 않는 창조적 기업가'가 완성되는 것은 수천 년에 걸쳐 문자와 화폐가 축적 지향의 사회 체제가 형성되는 것을 가능하게 했기 때문이다. 그리고 지난 2백 여 년의 인류 역사는 유럽에서 만들어진 축적하는 자본주의적 인간상을 지구촌 전체에 보편화시키는 과정이었다고 할 수 있다.

다만 인간의 내면에는 축적하는 성향을 가진 자본주의적 특성만 있는 것은 아니다. '호모 아쿠물란스 카피탈리스무스' Homo Accumulans Capitalismus 는 동시에 생각하는 '호모 사피엔스' Homo Sapiens 이고, 즐기고 노는 '호모 루덴스' Homo Ludens[10] 이며, 신과 영원을 추구하는 '호모 데우스' Homo Deus[11] 이기도 하다. 자본주의가 축적 지향적 사회 체제라며 다양한 비판에 직면하고 노출될 수밖에 없는 이유다. 거대한 기계의 부품으로 돌변해 버린 자본주의 노동자의 현실은 생각하는 호모 사피엔스를 죽이는 셈이다. 먹고 자는 시간을 빼고 모두 노동에 투자해야 간신히 사는 세상은 호모 루덴스도 억압하는 세상이다. 물론 생각도 하고 놀기도 하는 부르주아가 있다. 하지만 그 역시 영혼의 구원을 경시하면서 물질의 맘몬 Mammon 에 빠져있으니 호모 데우스는 길을 잃은 셈이다.

논지를 요약하자면 자본주의는 인간의 본능과 삶의 조건을 부분적이지만 충실하게 반영하는 제도이다 보니 놀라운 발전과 보편적 확장을 이룰 수 있었다. 다만 비(非)인간적인 사회경제의 불평등과 인간의 또 다른 본능을 심각하게 억압한다는 점에서 강력한 비판과 반발의 대

10 Johan Huizinga, *Homo Ludens.*

11 Yuval N. Harari, *Homo Deus: A Brief History of Tomorrow.*

상이 되기도 한다. 이제 기존의 자본주의에 대한 다양한 접근과 이론 가운데 가장 빛나는 유산을 남긴 마르크스와 베버, 그리고 슘페터를 통해 '축적하는 자본주의적 인간'을 살펴보도록 한다.

3. 포괄적 체계로서의 자본주의 문명

마르크스, 베버, 슘페터는 자본주의 분석에 광범위하고 깊은 영향을 남겼다. 아이러니는 그들은 모두 자신을 무엇보다 경제학자라고 생각했지만,[12] 막상 현대 경제학계는 이들을 비주류로 여긴다는 점이다. 오히려 세 학자로부터 커다란 영향을 받고 추종하는 것은 사회과학의 다른 분야나 인문학 등이다. 이유는 이들이 경제 현상을 독립적으로 파악하기보다는 사회와 밀접한 유기체를 형성하는 것으로 보았기 때문일 것이다. 마르크스, 베버, 슘페터 모두에게 자본주의는 고립된 섬에서 운영되는 경제체제가 아니다. 자본주의는 경제와 정치와 사회와 문화를 포괄하는 유기적 생명체다. 우리가 이 책에서 자본주의를 하나의 문명으로 보고 포괄적인 접근을 하는 이유도 이들 자본주의 분석의 선구자들이 제시한 종합적 접근법을 따르는 셈이다.

마르크스 대표작의 제목은 『자본론』Das Kapital[13] 이다. 자본주의라

12 마르크스는 자신의 분석체계를 과학적 사회주의라고 불렀는데 여기서 과학이란 당시 정치경제학을 의미하는 것이었다. 그는 당대 정치경제학을 비판하면서 자신이 진정한 정치경제학자, 즉 요즘의 표현으로 경제학자라 생각했던 것이다. 베버 역시 대학에서 경제학 교수로 활동했고, 슘페터는 오스트리아의 재정 장관을 역임한 뒤 미국 하버드대 경영대학원 교수로 학자 생활을 했다.

13 Karl Marx. *Das Kapital.*

는 체제를 정의내리고 분석하는 시대를 연 창시자라고 해도 과언이 아니다. 마르크스는 자본주의를 생산 양식으로 규정했는데 이 개념은 경제에만 국한되는 게 아니다. 생산 양식을 형성하는 것은 생산력과 생산관계이며, 생산력은 주로 해당 사회의 기술을 반영하는 개념이고, 생산관계는 사회제도를 지칭한다. 달리 말해 자본주의 생산 양식은 경제뿐 아니라 과학과 기술, 학문과 교육, 노동과 소유권 등 사회의 다양한 방면을 포괄하는 개념이다. 이에 덧붙여 마르크스는 상부구조라고 부르는 정치나 법, 종교와 문화도 궁극적으로는 하부구조인 생산양식이 결정한다고 설명한다. 자본주의 체제는 경제체제일 뿐 아니라 정치나 종교까지 결정하고 포괄한다는 시각이 마르크스 분석의 출발점이다.

베버의 저작 가운데 가장 유명한 작품은 『프로테스탄트 윤리와 자본주의 정신』[14]과 『경제와 사회』[15]다. 1998년 몬트리올 세계 사회학 대회에서 조사한 바에 따르면 20세기 최고의 사회학 저술로 1위에 『경제와 사회』(20.9%)가, 그리고 4위에 『프로테스탄트 윤리와 자본주의 정신』(10.3%)이 꼽혔다.[16] 베버는 마르크스처럼 경제와 나머지 사회 체계가 반드시 유기적으로 연결되어 있다고 주장하지는 않았지만 여전히 선별적 친화력을 가진 채 지속적인 상호 작용을 한다고 설명했다. 특히 프로테스탄트 윤리와 자본주의 정신은 강한 연결성을 갖고 있었기 때문에 18세기 유럽과 미국에서 본격적인 자본주의가 발전하게 되었다고 밝혔다. 그는 인류 역사에서 정치적 지배나 상업에 기초한 자본주의 성

14 Max Weber. *The Protestant Ethic and the Spirit of Capitalism.*

15 Max Weber. *Economy and Society.*

16 International Sociological Association. "Books of the XXth Century".

향의 체제는 많이 존재했지만 현대 자본주의처럼 세계를 지배하는 포괄적 성격을 갖지는 못했다고 지적한다.

마지막으로 슘페터의 가장 잘 알려진 저작은 『자본주의, 사회주의, 민주주의』인데 그 저서에서 그는 자본주의의 핵심을 '창조적 파괴'라는 과정으로 정의했다. 항상 새로운 상품이나 시장, 생산방식 등이 등장하여 자본주의가 끊임없이 생명을 이어 나간다는 유명한 분석이다. '창조적 파괴' 개념에 가려 세상에 충분히 알려지지 않은 부분은 슘페터가 자본주의의 '문화적 짝' cultural complement 이라고 부르는 부분이다. 이에 대한 보충설명으로 슘페터는 마르크스 식 표현을 빌려 문화적 짝이란 자본주의 경제의 '사회 심리적 상부 구조'라고 말한다. 결국 이 경제와 문화적 짝을 통틀어 '자본주의 문명' The Civilization of Capitalism 이라고 표현할 수 있다고 제시한다.[17]

우리는 마르크스와 베버와 슘페터로부터 포괄적 체계로서의 자본주의라는 시각을 이어 받아 자본주의 문명이 존재한다는 주장을 편다.[18] 물론 자본주의를 구성하는 체계의 연결성이 얼마만큼 강한가에 대해서는 세 학자의 의견이 다르며, 자본주의의 발전 정도에 따라서도 강도나 연결 방식이 차이날 수 있다. 이런 세밀한 부분은 다음 장의 이론적 논의에서 살펴보기로 하고 여기서는 일단 자본주의가 단순한 경

17 Joseph A. Schumpeter. *Capitalism, Socialism and Democracy*. p.121. 슘페터에 이어 미국의 역사학자 애플비 역시 『가차없는 자본주의: 파괴와 혁신의 역사』에서 자본주의의 지속되는 변화의 성격을 강조하면서 자본주의란 하나의 문화체계(cultural system)라고 설명한다. : Joyce Appleby. *The Relentless Revolution: A History of Capitalism*. pp.20~26.

18 자본주의 분석에서 문명이라는 개념을 연결해서 설명한 또 다른 사례로는 브로델을 들 수 있다. : Fernand Braudel. *La dynamique du capitalisme*. p.61.

제체제가 아니라 사회의 나머지 부분을 포괄적으로 덮고 끌어안는 문명이라는 시각을 밝힌다.

4. 자본주의의 정의

이 책에서는 축적하는 인간 모델을 보편화시킴으로서 자본주의에 접근하고자 한다. 자본주의의 역사적 다양성과 개념적 복합성을 포괄적으로 다루려면 분석의 출발점에서 넓은 정의를 선택하는 것이 현명한 연구 전략일 것이기 때문이다.

자본이란 물질적 축적을 통해 시간을 지배, 통제, 관리, 조정하려는 인간의 사회적 노력의 수단이자 결과이다. 자본 capital 의 어원은 머리를 뜻하는 caput 에서 비롯되며 가축을 의미하는 cattle 과 같은 어원이다.[19] 인간의 물질적 축적은 현재와 미래를 연결하는 수단이며, 미래를 준비하는 계획에서 생겨난다. 인류 문명이 발전하게 된 원동력은 상호 협력을 가능하게 만든 언어 사용과 예측 가능한 식량 공급을 보장해준 농사와 축산이다. 사냥을 통해 간헐적으로 얻을 수 있던 단백질을 안정적으로 제공하는 가축의 존재는 자본의 어원이 왜 소나 말과 연결되는지를 보여준다.

인간 집단의 생존과 발전이 자원의 시간적 관리에 의해 좌우된다는 사실을 이해하게 되면서 자본을 축적하려는 경향은 강화되었을 것

19 중세 라틴어에서는 이미 자본 capitalis 이란 돈을 빌려주었을 때 원금을 의미하게 된다.

이다. 농사를 짓는다는 것은 모든 수확을 먹어 없애면 안 되며 미래를 위해 그중 일부를 다시 씨앗으로 활용해야 한다는 의미다. 가축도 마찬가지다. 짐승을 다 잡아 배불리 먹으면 당장은 좋지만 앞날의 먹을거리가 사라진다. 고기로 먹어버리는 돼지는 소비재지만, 새끼를 낳을 돼지는 자본이다. 자본이란 미래의 생산을 보장하는 물질의 축적 분이기 때문이다.

이처럼 인류 문명의 초기부터 자본의 형성과 확장은 인간이 사회를 이루며 살아가는데 대단히 중요한 과정이자 핵심 요소다. 언어를 통한 협력은 사냥이나 농사처럼 협력이 필요한 일에 대한 가능성과 효율성을 대폭 높여주었고 기억의 길이를 늘려주었다. 개인의 기억은 공동체의 기억으로 확장되었고, 이는 다시 망각을 극복하고 시간을 통제하는 긴요한 수단이었다. 이에 더해 문자의 발달은 기록을 통한 획기적인 발전 가능성을 열어주었다.

우리 시대에도 자본은 대부분 화폐의 형식을 띠거나 화폐가치로 표현된다. 우리는 아주 미개한 문화에서도 조개껍질이나 돌 등을 가치 축적의 수단으로 활용하였다는 사실을 상기하면서 자본주의의 뿌리에 대해 심각하게 고민해야 한다. 기술이 허락하는 고대가 되면 어느 문명에서나 금화 · 은화 등의 화폐가 등장한다. 그만큼 자본 축적은 인간이 공동체 삶을 꾸리기 위해 기본적이고 필요한 한 축을 형성한다는 말이다. 인류가 기록의 역사와 문명의 시대로 돌입하면서 자본의 형성과 확장은 지극히 정상적인 요소로 자리 잡았다고 보아야 한다.

자본주의란 이런 자본 축적과 확장의 경향이 체계화되어 인간 공동체의 삶을 지배하는 형식으로 고착된 모습이라고 할 수 있다. 위에서

자본은 "물질적 축적을 통해 시간을 지배하려는 사회적 노력의 결과" 라고 정의했다. 따라서 자본주의란 **"시간을 지배하려는 물질적 축적을 위해 사회 전체가 조직되어 움직이는 체제"**라고 넓게 정의할 수 있다.

시간과 물질은 인간 삶의 기본 조건이다. 하지만 물질을 축적하여 미래를 대비하고 보다 풍요로운 삶을 목표로 삼아 추구하면서 생활 여건은 서서히 변화하였다. 시간을 지배한다는 것은 이미 지나가 통제할 수 없는 과거보다는 미래를 지향한다는 것을 의미한다. 자본주의 또는 근대 사회의 미래 지향성, 목적 합리성, 효율성 등의 성향은 모두 이런 정의에 부합한다.[20]

다른 한편 인간은 물질이 아닌 정신적 수양을 통해 내세를 준비할 수 있다. 미래에 대한 영적 대비라고 볼 수 있다. 시간을 통제하고 지배하겠다는 목적은 같지만 수단은 물질이 아닌 정신이다. 많은 종교가 인간의 정신적 세계에서 시간을 통제하거나 지배하려는 노력의 일환으로 탄생했다고 할 수 있다. 죽음을 피해 영생을 꿈꾸는 인간부터 행동을 통해 업보(業報)나 선행을 쌓으려는 영적 '축적' 등은 모두 자본주의와는 다른 영역에서 시간을 통제하고 지배하기 위한 인간의 노력이다.

앞서 밝힌 정의의 핵심은 사회 전체가 조직되어 움직이는 체제라는 부분이다. 미래를 내다보고 준비하는 일은 시간을 관리하려는 인간의 전략이다. 생존에 필요한 물질적 삶을 보장하기 위해 자원을 배분하고 일부를 축적하는 것은 아주 오래 전부터 존재해 왔던 인류의 일상이다. 다만 물질의 축적과 팽창을 사회의 가장 중요한 목표로 삼게 된 것

20 슘페터는 자본주의가 근대 합리주의를 낳았다고 해석하며 여기서 더 나아가 "근대 문명의 모든 특징과 성과는 직접, 또는 간접적으로 자본주의 과정의 결과"라고 단언한다: Joseph A. Schumpeter, *Capitalism, Socialism and Democracy*, p.125.

은 비교적 최근의 일이다. 우리가 살고 있는 21세기는 세계의 대부분이 이런 사회적 조직의 굴레에 있다는 점에서 자본주의 세상이라고 부를 수 있다.

5. 역사, 정신, 제도, 비결

이 책에서 선택한 자본주의에 관한 폭넓은 정의는 마르크스의 생산양식과 베버의 정신, 그리고 슘페터의 역동성을 포괄하는 한편, 21세기 현재까지의 자본주의가 보여준 변화를 모두 녹여 넣으려는 노력의 결과다. 이 같은 자본주의는 사회의 다양한 영역을 지배하는 보다 거대하고 확장된 개념으로 종합적 접근을 전개하고자 하는 이 책의 목적을 반영한다. 시간의 지배나 통제, 물질의 축적과 확장이란 추상적이고 일반적인 정의를 택한다는 것은 그만큼 자본주의가 인류 발전의 본질적 성향에서 크게 벗어나지 않는다는 사실을 뜻한다. 다만 자본주의는 기본 성향의 다양한 방향 중에서 물질적 목표를 사회 전체의 조직과 행동의 중심으로 삼았다는 점에서 그 특징을 찾을 수 있다. 그렇다고 해서 자본주의 부상의 필연성이 존재한다는 것은 아니다. 그 보다는 특정 지역에서 문화적 특수성을 반영하여 만들어진 체제가 역사적 우여을 통해 세계 다른 지역으로 확장되었다고 보아야 할 것이다.

따라서 자본주의 문명을 해부하는 첫 번째 순서는 역사 속에서 자본주의를 조망하는 작업이다. 한정된 분량의 책에서 자본주의 역사를 모두 다룰 수는 없다. 또한 이 책의 목표가 자본주의 역사를 꼼꼼히 그

려내는 데 있는 건 아니다. 그 보다는 어떤 큰 역사적 과정을 거쳐 우리가 살고 있는 자본주의 세계가 만들어졌는지에 대한 핵심 고리나 단계를 인식하는 것이 목표다. 특히 다음 몇 가지 의문에 답을 찾아보려 한다. 자본주의의 기원은 언제, 어디에서 찾을 수 있는가. 자본주의는 어떤 단계를 거쳐 사회를 지배하는 체제로 발전하였는가. 그리고 자본주의가 어떻게 지리적 확장을 거쳐 세계로 확산되었는가.

자본주의를 이해하는 두 번째 과정은 자본주의 정신의 핵심을 정리해 보는 것이다. 과거 신학적 세계관에서는 인간의 영혼이 가장 중요하다고 여겼다. 생물학이 발전한 현재는 두뇌가 인간을 통제한다고 생각한다. 자본주의 체제에 정신이 있다면 어떤 요소에 기초하고 있는가. 우리는 자본주의 정신의 핵심으로 개인과 경쟁과 소유를 분석해 본다. 개인은 인간 사회의 초기부터 기본 단위였다. 경쟁 또한 모든 인간 공동체에서 존재하는 현상이다. 누구나 자신의 몸과 옷부터 주변의 사사로운 것들을 소유하기도 한다. 자본주의는 이런 기본 개념을 극대화하여 사회 체제로서 작동하게끔 하는 기둥으로 삼은 셈이다. 개인/전체 또는 개인/공동체, 경쟁/협력 또는 경쟁/단결, 소유/사용 또는 장기 독점/단기 활용이라는 스펙트럼에서 개인과 경쟁과 소유를 강조하고 앞세운다는 의미다.

자본주의 문명 해부의 세 번째 차례는 자본주의의 제도를 짚어보는 작업이다. 자본주의와 시장경제의 상호관계를 고민하면서 풀어보는 작업이 핵심이 될 것이다. 특히 정치경제학자 폴라니가 말한 자본주의에 의한 모든 것의 상품화, 특히 자연과 인간과 화폐라는 특수한 상품의 등장을 짚어볼 예정이다.[21] 과거 세상에서 농업을 통해 인간이 자연을 활용하기는 했지만 자연은 여전히 신의 영역이었다. 하지만 자본주의는 이를 토지라는 상품으로 새롭게 정의했다. 자본주의의 임노동 관계는 인간과 노동을 구분하여 노동이라는 상품을 만들어냈다. 화폐 또한 가치를 상징하고 응축하는 자본주의의 기본 조건으로 탄생했다. 자연과 인간과 신뢰는 이제 토지와 노동과 화폐라는 상품이 되어 시장경제의 부분이자 구성 요소가 되어버렸다.

자본주의 문명 해부의 마지막 순서는 그 성공 비결에 대해 고민해보는 일이다. 자본주의 정신이 내세우듯이 개인과 경쟁과 소유만을 강조하고 그 가치만을 앞세웠을 때 자본주의의 성과는 우리가 목격하는 놀라운 물질적 성과를 낼 수는 없었을 것이다. 인간과 자연과 신뢰를 상품으로 변경한 사실만으로 시장경제의 원활한 작동이나 물질적 풍요를 지속적으로 창출할 수는 없었을 것이다. 자본주의가 수많은 위기에도 불구하고 새롭게 진화하여 생존하고 발전할 수 있었던 비결은 바로 시장의 장점을 극대화하는 국가의 기여, 그리고 기업이라는 조직을 적절하게 조화시켰기 때문이다.

개인과 경쟁과 소유라는 자본주의 정신은 축적하는 인간의 성향을 극대화 시키는 조건이다. 또한 시장의 제도를 인간과 자연과 가치에 적용하는 자본주의 제도는 이처럼 축적하는 인간들의 상호관계를 조절하는 기제로 작용하며, 동시에 이 제도에 동참하는 행위자들의 정신을 변화시키는 역할도 한다. 마지막으로 국가와 기업이라는 조직은 교육과 사회의 틀, 경제 활동 등을 통해 자본주의의 정신이 제도 안에서 실현

21 Karl Polanyi. *The Great Transformation*. pp.68~76.

되도록 하는 결정적 행위자의 역할을 담당한다. 역사의 축적하는 인간은 이제 자본주의 세상의 자본주의적 인간으로 다시 태어나는 것이다.

제2장
자본주의의 논쟁과 이론

1. 인간 착취에 대한 도덕적 분노

『자본주의는 도덕적인가?』 프랑스의 철학자 콩트스퐁빌의 책 제목이다.[22] 인간을 물질의 탐욕에 빠뜨리고 참혹한 불평등 사회를 초래하는 자본주의는 도덕적인 제도일 수 없다는 일반적인 인식을 반영하는 질문이다. 하지만 콩트스퐁빌은 이런 질문이 적절하지 못하다고 지적한다. 왜냐하면 자본주의와 도덕성은 서로 다른 차원의 이야기이기 때문에 이 둘을 대비시켜 판단하기는 어렵다는 설명이다. 그것은 마치 "바나나는 도덕적인가?"를 묻는 것만큼 우스운 일이라는 것이다.

마르크스는 자신의 지적 열정을 담아 집필한 『자본론』을 통해 자본주의를 정의하고 핵심적 작동원리를 파악한 학자로 손꼽힌다. 다른 사

22 André Comte-Sponville, *Le capitalisme est-il moral?*

회주의자들은 감정에 호소하는 사상을 폈지만 자신은 과학적 사회주의를 제시한다는 포부를 가지고 쓴 책이지만, 『자본론』을 관통하는 마르크스의 태도는 사실상 도덕적 분노라고 해도 과언이 아니다. "자본은 죽은 노동이라고 할 수 있는데 흡혈귀와 마찬가지로 살아있는 노동의 피를 빨아먹으면서 힘을 얻고, 이 흡혈귀의 삶은 더 많은 피를 빨아들일수록 더 활기차다."[23] 마르크스가 제시한 자본주의의 핵심 작동원리는 임노동 제도를 통해 **자본가가 노동자를 착취**한다는 사실이다. "이윤율이란 자본이 노동력을 착취하는 정도의 정확한 표현"[24]이기 때문이다. 이처럼 축적을 가능하게 하는 것은 노동자인데 무한을 향한 축적을 이룩하는 것은 자본가다.

상품 생산 과정에는 토지와 자본과 노동이 투입되는데 여기서 가치를 생산해 내는 것은 인간의 노동뿐이다. 마르크스는 "쇠는 녹이 슬고, 나무는 썩으며, 작업을 하지 않는 모직은 벌레가 먹는다. 살아 있는 노동이 이 물건들을 죽음으로부터 부활시켜야 하며 잠재적 효용에서 실제적 효용으로 전환해야 한다"[25]고 설명한다. 달리 말해 인간의 노동이 상품의 가치를 생산한다는 이치다. 이처럼 상품의 모든 가치는 노동

---

23 Karl Marx. Maximilien Rubel ed. *Das Kapital*. p.336. 과학적 사회주의의 '성경'이라고 할 수 있는 『자본론』에는 사실 도덕적이고 감정적인 구절이 넘쳐난다. 마르크스는 위의 사례 말고도 흡혈귀로서의 자본을 즐겨 언급한다. 다른 예로 "출생 증명 없이 미국에서 오늘날 등장하는 많은 자본은 실제로 과거 영국의 공장에서 일하는 아이들의 피가 자본화된 결과일 뿐"이라고 지적한다: Karl Marx. Maximilien Rubel ed. *Das Kapital*. p.776. 이 책에서 『자본론』은 마르크스가 직접 확인한 뤼벨의 프랑스어 번역본을 주로 인용하며, 따로 명시하지 않으면 저자의 한국어 번역을 의미한다.

24 Karl Marx. *Das Kapital*. p.319.

25 Karl Marx. *Das Kapital*. p.282.

에서 비롯되는데 자본가는 이 **가치** 가운데 생존에 필요한 최소한의 가치만을 **임금**의 형태로 노동자에게 주고 나머지 **잉여가치를** 이윤이라는 이름으로 빼앗아 간다는 설명이다. 주류 정치경제학이 **이윤**이라고 부르는 부분이야말로 노동자가 생산한 잉여가치라는 것이다.

마르크스 분석의 또 다른 특징은 역사성을 무척 강조했다는 점이다. 요즘 경제학자들이 탈(脫)역사적 호모 이코노미쿠스 Homo Economicus 모델로 세상을 바라보는 것과는 다르다. 유럽 철학의 전통에서 마르크스는 아이디어나 정신보다는 물질이 세계를 움직인다는 유물론에 가까우며, 이런 물질의 동력이 역사의 단계를 거쳐 발전한다는 시각을 대표한다. 마르크스 사상을 **역사적 유물론**이라고 부르는 이유다.[26] 인류 역사를 규정하는 유물론의 틀에서 마르크스는 고대의 노예사회, 중세의 농노사회, 그리고 근대의 자본주의로 생산양식의 단계를 나눈다.

고대 그리스-로마 시대에는 자유인과 노예라는 계급이 존재했다. 지배하는 자유인 계급을 위해 노예들은 노동에 종사하며 생산을 책임져야 하는 체제였다. 고대사회의 **생산양식**은 노예제도라는 **생산관계**를 기반으로 한다. 하지만 기술의 발전으로 **생산력**이 증대하면 노예제도는 더 이상 적절한 생산관계가 아니다. 새로운 양식의 생산관계가 만들어져야 한다. 유럽 중세의 농노제도는 고대의 모순을 극복하는 새로운 생산관계다. 과거 자유인/노예의 계급구조는 중세가 되면 귀족/농노의 구조로 전환된다. 한동안 중세 농노제도에 기초한 생산양식이 지

26 마르크스는 자신과 헤겔의 방법론적 차이를 설명하면서 자신은 "사고의 운동이란 현실의 운동이 인간의 두뇌에 옮겨지고 이전된 반영"일 뿐이라고 본다고 말한다: Karl Marx, *Das Kapital*, p.106.

속되지만, 다시 기술, 보건, 인구 증가 등의 생산력 변화로 모순이 누적되다가 다른 제도로의 이행이 나타난다.

근대에 들어 성립된 새로운 생산양식이 바로 자본주의다. "강제 노동의 다양한 제도에 직접 기초하는 이전의 생산 체제를 자본주의 체제는 에너지나 효율성, 그리고 무한의 동력으로 초월한다."[27] 여기서는 과학 기술을 적극 활용하는 생산력과 임노동에 기초한 지배제도가 생산관계를 형성한다. 사회계급의 차원에서 부르주아와 프롤레타리아가 공존하는 구조다. 마르크스는 자본주의를 **생산수단**의 **사적 소유권과 임노동**으로 특징지을 수 있는 생산양식으로 정의했다. 이 둘은 서로 밀접한 관계를 갖는다. 생산 수단을 부르주아 개인들이 사적으로 독점하기 때문에 노동자들은 아무 것도 소유하지 못하는 존재이고, 따라서 임노동이라는 형태로 자신의 노동력을 팔 수밖에 없기 때문이다.[28]

마르크스의 자본주의에서 노동자는 축적이 아예 불가능한 노동력을 재생산하는 도구일 뿐이다. 노동자가 축적을 가능하게 하지만 자본가가 이를 독점하는 체제인 셈이다. 19세기 노동계급의 절대빈곤과 아동 및 여성 노동의 비참한 현실만을 목격했던 마르크스가 이런 분석을 제시한 것은 어쩌면 당연하다. 하지만 자본주의는 그 후 진화하면서 노동계급의 생활수준을 높였고, 이들도 기초적인 축적과 소비를 가능하게 하였으며, 프롤레타리아에서 벗어난 다양한 중산층을 두껍게 만들었다. 마르크스가 예측할 수 없었던 변화였다.

27 Karl Marx. *Das Kapital*. p.394.

28 마르크스는 이 "유일한 역사적 조건이 완전히 새로운 세상을 만들어 낸다"고 설명한다: Karl Marx. *Das Kapital*. p.267.

2. 계급투쟁, 혁명, 공산주의

마르크스에게 인류의 역사는 불평등으로 인한 **계급투쟁**의 과정이다. 역사적 단계가 이어지면서 생산양식이 변하고 지배/피지배계급은 바뀌어 왔지만 결국 불평등한 관계는 불변이었다는 말이다. 마르크스는 이런 역사 전개의 귀착점을 프롤레타리아의 혁명과 공산주의 생산양식의 도래로 보았다.[29] 왜냐하면 자본가의 상호 경쟁으로 이윤은 점차 하락할 것이고 늘어나는 프롤레타리아의 저항은 더욱 강해져 부르주아의 체제를 붕괴시키는 **혁명이** 필연적으로 일어날 것이기 때문이다. 자본주의를 대체하는 **공산주의** 생산양식에서는 착취를 종식시키고 "능력에 따라 일하고 필요에 따라 소비하는"[30] 세상이 올 것이라고 예언하였다.

마르크스의 실수는 경제 문제를 도덕의 잣대로 평가하고 해결하려 했다는 점이라고 콩트스퐁빌은 지적한다. 사람들은 자신의 이익을 위해 일하는 성향이 강하지 공익을 위해 능력을 쏟아 붓지 않는다. 게다가 필요에 따라 소비하고 가져가는 것이 아니라 공짜라면 욕심을 부려 필요 이상으로 가져가고 축적하려 한다. 공산주의 경제체제가 제대로 작동하기 위해서는 구성원이 모두 도덕군자처럼 행동하거나, 국가가 나서 그렇게 행동하도록 강제해야 한다는 말이다. 다소의 차이는 있지

29 Karl Marx, *Das Kapital*, p.787.

30 공동의 삶을 지배하는 이 생각은 이미 『성경』 신약 사도행전(2장 44~45절, 4장 32~35절)에 등장한다. 19세기 전반 프랑스의 사회주의자 루이 블랑(Louis Blanc), 에티엔 카베(Etienne Cabet) 등이 비슷한 주장을 했고 마르크스는 1875년 작성하여 1891년 사후 출간된 『고타 강령 비판』에서 이를 사용했다.

만 실제 공산체제는 모두 강제로 노동을 동원하였고 배급제를 실시하였다. 물론 콩트스퐁빌처럼 경제와 도덕을 완전히 무관한 영역으로 판단하는 것도 바람직하지는 않다. 이 둘은 서로 긴밀하게 연결되어 있기 때문이다.

그림 2. 마르크스 탄생 2백 주년을 맞아 그의 고향 트리어 시가 발행한 0 유로짜리 지폐.

마르크스의 실수는 오늘날 세계 자본주의의 시대에도 여전히 강한 영향을 미치고 있다. 자본주의를 도덕의 시각으로 평가하려는 경향이 대표적이다. 선악의 기준으로 경제 시스템을 파악하고 자본주의를 악의 근원으로 보는 시각은 여전히 강하다. 자신의 분석만이 과학이라고 강력하게 주장했던 마르크스의 오만은 그 제자와 후계자들을 통해 학계에서 강한 영향력을 발휘한다. 예를 들어 비판적 정치경제학자들은 '자본주의의 필연적 모순'을 지적하며 **이윤의 점진적 하락 법칙**을 철칙으로 여긴다. 그리고 이 모순은 결국 자본주의의 종말로 연결될 것이란 확신을 갖는다. 독일의 비판적 정치경제학자 슈트렉이 최근 집필한 책의 제목은 여전히 '자본주의는 어떻게 끝날 것인가'[31]이다. 아이러니는 자본주의 종말을 주장하는 학자들의 고령화와는 대조적으로 자본주의는 여전히 생명력의 활기를 띠고 확산 중이라는 점이다.

마르크스의 자본주의 정의와 분석은 21세기에도 여전히 부분적으로 유용하다. 이를 위해서는 다양한 마르크스의 유산을 구분해 논의할 필요가 있다. 마르크스는 사회를 바꾸려는 운동가였고, 동시에 당대 정치경제학의 비판자였으며, 또 역사학자였다. 예언자와 이론가와 사학자라고 요약할 수 있다.

인류의 미래를 언급하며 혁명과 공산주의를 예언했던 참여 학자 마르크스는 가장 형편없는 분석과 예측으로 세상에 커다란 불행을 선사했다.[32] 아직도 일부 학자들은 실패한 19세기의 틀을 21세기에 적용하려 하고 있다. 반면 19세기 자본주의 현실을 파악하고 분석하는 마르크스의 비판적 정치경제학은 여전히 유용하다. 그는 저술을 통해 아담 스미스, 맬서스, 리카도, 밀 등의 학자들과 끊임없는 토론을 전개하며 영국의 자본주의 모형 분석에 기여했기 때문이다. 그러나 무엇보다 중세 14세기부터 19세기까지의 자본주의로 이행하는 역사를 서술하면서 그는 반짝이는 분석과 깊은 통찰력을 발휘하였다. 마르크스는 무척 훌륭한 역사학자였고 유용한 주류 정치경제학 비판자였지만 예언자나 사회 운동가로서의 역할은 부족했다는 말이다. 이 책에서는 마르크스의

31 Wolfgang Streeck. *How Will Capitalism End?*

32 슘페터는 마르크스의 경제적 업적을 논의한 끝에 마르크스의 경제 이론은 실패했지만 당시로서는 상당히 훌륭한 업적이라고 할 수 있으며, 실패함으로써 유용한 목적과 방법론을 제시했다는 다소 아이러니한 결론을 제시한다: Joseph Schumpeter. *Capitalism, Socialism, and Democracy*. p.44.

다양한 개념, 분석, 주장을 각 주제와 영역에 따라 논의할 것이다.

3. 자본주의에 '정신'이?

18~19세기 독일 문학을 대표하는 괴테의 소설 가운데 『선별적 친화력』[33] 이라는 작품이 있다. 물리학에서 인력 gravity 이 사물 간에 서로 끌어당기는 힘을 의미한다면 친화력이란 사람들이 서로 끌리는 힘을 뜻한다. 물리학에서 질량 mass 을 가진 사물들은 그에 비례하여 서로를 잡아당기지만 인간 사회에서는 반드시 그런 것은 아니다. 서로 비슷한 거리에 있더라도 끌리는 사람이 있고, 그렇지 않은 사람이 있다. 괴테는 이것을 선별적 친화력이라고 불렀다.

독일에서 마르크스에 이어 사회과학의 기초를 닦은 막스 베버는 **선별적 친화력**이라는 문학적 표현을 사회 현상에 적용했다.[34] 특히 그의 대표 저서인 『프로테스탄트 윤리와 자본주의 정신』[35]에서 종교와 경제체제를 선별적 친화력이라는 개념으로 연결하여 해석하였다. 개신교라는 종교가 제시하는 윤리가 자본주의 경제체제의 핵심 정신과 서로 잘 어울려 친화력을 갖고 있다는 설명이다.

모든 종교는 물질적 가치를 추구하는 행위를 그리 긍정적으로 바

33 Johann Wolfgang von Goethe. *Elective affinities.*

34 일부에서는 선택적 친화력(selective affinity)으로 번역하여 사용하기도 하지만 실제로 베버의 개념은 행위자의 적극적이고 주체적인 선택 행위 없이 자연스럽게 나타나는 친화력이라는 점에서 선별적이라는 표현이 더 적절하다고 판단한다.

35 Max Weber. *Protestant Ethic and the Spirit of Capitalism.*

라보지 않는다. 예를 들어 유대교나 기독교, 이슬람 모두 돈을 빌려주고 이자를 받는 행위를 금지하고 있다. 돈을 빌려야 하는 사람은 어려움에 처한 자이고, 여유가 있는 사람이 그를 도와주는 것은 당연하기 때문이다. 종교의 입장에서 타인의 어려운 형편을 이용하여 이자까지 받아내는 행위는 인정하기 어려웠던 것이다. 구약 성경 시대에는 돈을 빌린 사람이 이를 갚지 못하면 차주의 노예가 되곤 했다. 하지만 유대교는 노예가 된 사람이 6년을 열심히 일하면 빚을 탕감해 줘야 한다고 설파했다. 그만큼 종교가 허용하는 물질적 가치는 인간성의 보호라는 범주에 묶여 있었다.

베버는 16세기 종교개혁 이후 등장한 개신교의 일부 종파에서 이런 물질적 가치를 추구하는 행위를 허용하거나 심지어 용인하면서 결과적으로 장려하는 놀라운 경향이 존재한다는 사실을 발견했다. 그는 프랑스 신학자 칼뱅의 **예정설**(predestination)에서 그 친화력의 기원을 찾는다. 예정설이란 하느님으로부터 구원을 받을 사람이 이미 정해져 있다는 믿음이다. 각 개인의 선한 행동이 쌓이고 쌓여 구원으로 가는 길이 열리는 것이 아니라, 구원할 자들을 하느님이 미리 정해 놓았다는 교리다. 선행의 축적이 천국의 문을 연다고 착각해서는 안 된다는 말이다.

하지만 예정설은 현실에서 행동을 통제하는 매우 강력한 장치로 작동한다. 누군가가 선한 행동을 쌓아 구원을 받는다면 그것은 신과 거래를 하는 계산적 행위가 된다. 가톨릭교회에서 면죄부를 사고 파는 행위를 프로테스탄트에서 강력하게 비판했던 이유다. 종교개혁을 통해 신의 절대적 존재와 권위를 다시 세우려 했던 칼뱅은 예정설을 통해 인간은 정해진 신의 섭리를 받아들이고 복종하는 존재일 수밖에 없다는 사실을 강조한 것이다. 신도(信徒) 개인은 자신이 선택받은 구원의 대상이라는 사실을 **증명하기라도 하듯** 신을 열심히 믿고 성실하게 살게 된다. 왜냐하면 게으르고 나태하게, 마음대로 엉망으로 사는 사람이 신의 선택을 받았을 리는 만무하기 때문이다. 예정설의 결과는 신과 거래하려는 인간상을 몰아내고 신의 절대적 권위에 자신을 맞추기 위해 복종하고 노력하는 인간인 것이다.

4. 새끼를 낳는 돼지

예정설은 칼뱅주의나 청교도들의 생활습관을 지배하는 윤리관에 결정적인 영향을 미친다. 신이 인간 가운데 누구를 선택했는지 모른다면 마치 내가 선택받은 사람처럼 열심히 살아야 한다는 말이다. 칼뱅은 또 현세에서의 사회적 성공에 대해 긍정적인 가치를 부여했다. 따라서 근검절약하여 저축을 하고, 저축한 돈을 차곡차곡 쌓아 더 많은 결실을 얻는 행동은 신의 선택을 받았다는 축복과 은혜의 증명으로 돌변하게 되었다. 똑같은 저축 행위가 과거에는 이기적 탐욕으로 비판받았지만 이제는 새로운 교리를 통해 부정에서 긍정으로, 이기심의 발로에서 신도의 성실한 행동으로 변하게 되었다.

베버가 인용하는 18세기 벤저민 프랭클린의 생활 윤리는 청교도 전통의 미국사회에서 바람직한 삶의 방향이 얼마나 자본주의와 긴밀하게 연결되었는지를 보여준다 :

"시간이 돈임을 잊지 말라 [......] 신용이 돈임을 잊지 말라 [......] 돈이 번식력을 갖고 결실을 맺는 성격을 가진다는 점을 잊지 말라 [......] 돈이 많을수록 돈은 더욱 늘어나며 결국 효용은 보다 급속하게 증가한다. 한 마리의 암퇘지를 죽이는 것은 그로부터 번식될 1천 마리의 새끼 돼지를 죽이는 것이다."[36]

사실 삶을 영유하고 즐기기 위한 수단으로 돈을 생각한다면 자본주의는 이해하기 어려운 현상이다. 자본주의란 무한대의 자본 팽창을 지향하는 운동이기 때문이다. 평생 쓸 만큼 돈을 벌어놓았다면 더 이상 버는 일을 중단하고 인생을 즐기는 것이 정상이리라. 하지만 자본가는 만족을 모른다. 자전거를 타는 사람이 페달 돌리는 일을 중단하면 쓰러지듯이 자본가는 지속적인 자본 팽창을 목표로 일한다. '자본=돈=수단'에서 '자본의 팽창=삶의 목표'가 되어 버리는 신기한 현상을 베버는 프로테스탄티즘의 교리를 통해 설명하는 것이다.

이처럼 베버의 자본주의는 물질적 성격이 강한 마르크스의 자본주의와는 여러 면에서 대비된다.[37] 마르크스가 보는 자본주의의 발생은 과학이나 기술, 자연과 인구 등 생산력이라 부르는 물질적 토대에서 비롯된다. 하지만 베버의 자본주의는 종교라고 하는 정신적 영역과 밀접

36 Max Weber. 박성수 옮김. *Protestant Ethic and the Spirit of Capitalism*. pp.34~35. "돈을 낳는 돈" money which begets money 이라는 개념은 마르크스의 『자본론』에도 자주 등장한다: Karl Marx. *Das Kapital*. p.249.

37 물론 마르크스와 베버의 자본주의관을 반드시 기계적이거나 대립적으로 볼 수만은 없다. 예를 들어 마르크스도 자본가가 화폐에 대한 집착을 갖는 현상을 물신주의로 해석하며 '포기의 복음'을 추종한다고 설명한다. 이런 해석은 사실 베버의 프로테스탄트 윤리를 통한 해석과 유사하다: Karl Marx. *Das Kapital*. p.224. 슘페터는 이런 현상을 두고 기독교의 초기 신학자들이 성경에서 다양한 결론을 도출해 냈듯이 마르크스처럼 방대한 저작을 남긴 사상가에서는 무척 다양한 이야기를 집어낼 수 있다고 지적한다: Joseph Schumpeter. *Capitalism, Socialism, and Democracy*. p.34.

한 관계를 맺고 있다. 종교는 이 세상을 바라보는 시각이고 생각이다. 이런 점에서 베버는 '자본주의의 발전'이 실질적으로 이뤄지기 전에 이미 '자본주의의 정신'이 존재했다는 점을 강조한다.[38]

마르크스는 또 자본주의를 인간의 역사 발전 과정에서 나타나는 필연적 현상으로 본다. 봉건적 생산양식 다음에 자본주의적 생산양식이 등장한 것은 인류의 자연스런 진보 과정이라는 시각이다.[39] 여기서 자본가는 자본주의라는 구조 속에서 자신에게 주어진 역사적 사명 – 노동자를 착취하고, 이윤을 모아 다시 투자하며, 다른 자본가들과 경쟁하는 등 – 을 다한다. '자본가는 자본의 화신'이라는 표현을 마르크스는 자주 사용한다.[40] 사회과학에서 **구조적 기능주의라고** 부르는 입장이다.

이에 대비하여 베버는 개인의 역할에 대해 더 세밀한 관심을 표명한다. 일례로 칼뱅의 지적 활동이나 칼뱅주의 교리 등은 역사적 필연이라고 보기 어렵다. 다만 종교 분야의 변화와 경제 영역의 변화가 선별적인 친화력을 발휘하는 역사적 상황이 우연히 만들어졌다고 할 수 있다.[41] 이런 베버의 입장과 태도는 사회과학 안에서 개인 행위자의 역할을 강조하면서 역사적 우연과 의미의 중요성을 파악하려는 **해석적 역**

38 Max Weber. 박성수 옮김. *Protestant Ethic and the Spirit of Capitalism*. p.40

39 마르크스는 자신이 자본론에서 주장하는 것은 자본주의 생산의 법칙이며, 이 법칙은 철칙의 필연성을 갖고 현실에 나타난다고 자신한다. 다만 영국을 사례로 빈번하게 논의하는 것은 영국이 이런 역사의 가장 첨단에 있기 때문이라고 설명한다: Karl Marx. *Das Kapital*. p.97.

40 Karl Marx. *Das Kapital*. p.247.

41 물론 베버 역시 합리성에 기초한 근대화라는 커다란 변화의 틀을 상정하고 있다는 점에서 발전주의 역사관에서 완전히 벗어난 것은 아니다.

사 사회학(Interpretative historical sociology)의 출발점이라고 할 수 있다. 베버의 접근법은 태고부터 존재해 온 '축적하는 인간'의 성향이 어떻게 '자본주의적 인간'으로 변화하는지를 이해하는데 매우 중요한 방법론적 입장이라고 할 수 있다.

5. 슘페터의 창조적 파괴

슘페터는 자본주의를 이해하는데 결정적으로 기여했다. 마르크스는 자본주의를 봉건주의에 이어 등장하는 생산양식으로 규정하고 생산수단의 사적 소유권과 임노동 관계를 자본주의 시대의 핵심으로 밝혀냈다. 이런 관점에서 본다면 19세기 영국 미들랜드의 자본주의나 21세기 미국 실리콘 밸리의 자본주의는 모두 같은 생산양식이다. 형식은 다를 수 있지만 착취와 이윤추구라는 똑같은 작동 방식을 보여주기 때문이다. 반면 슘페터는 **'창조적 파괴'** creative destruction 라는 개념을 통해 자본주의의 끊임없는 변화에 주목했으며[42] 더 나아가 변화 자체가 자본주의의 핵심이라는 사실을 지적하였다. 창조적 파괴의 개념은 자본주의의 작동에서 드러나는 **혁신**의 과정을 잘 표현하였다:

> "자본주의의 엔진을 형성하여 계속 움직이게 하는 근본적인 동력을 제공하는 것은 자본주의 기업들이 만들어 내는 새로운 소비상품, 새로운 생산이나 운송 방법, 새로운 시장, 또는 새로운 산업

42 Joseph Schumpeter. *Capitalism, Socialism, and Democracy*. pp.81~86.

조직의 형태 등이다."[43]

과거 고대 생산양식이나 봉건주의가 오랜 기간 비슷한 모습으로 반복되어 유지되었다면 자본주의는 항시적인 변화로 특징지을 수 있다는 말이다. 자본주의 역동성의 특징은 바로 여기에서 비롯된다. 따라서 "자본주의를 파악하기 위해 포착해야 하는 가장 중요한 점은 자본주의가 진화적 과정이라는 점"[44]이다.

근자에 들어 집중 논의되는 제4차 산업혁명은 자본주의의 역동성을 반영하는 개념이다. 마르크스가 관찰했던 자본주의는 제1차 산업혁명의 시대에 해당했다. 석탄 에너지와 철강 및 섬유산업을 핵심으로 하면서 철도를 발전시킨 변화였다. 베버나 슘페터가 활동하던 20세기 전반기에는 석유 에너지와 자동차, 항공, 화학 산업 등의 제2차 산업혁명이 본격적으로 발전하였다.[45]

가장 최근의 제3차 산업혁명은 20세기 후반기 원자력과 컴퓨터, 정보통신산업 등에 기초한 역동적 움직임을 말한다.[46] 다가오는 제4차 산업혁명이란 재생 가능한 에너지를 바탕으로 로봇, 인공지능, 사물 인터넷 등을 활용하는 새로운 변화라고 소개된다. 장기적으로 제3차와 제4차 산업혁명의 구분이 지속될지 아니면 하나로 통합될지는 알 수 없다. 그러나 우리의 논의에서 중요한 사실은 슘페터가 말한 창조적 파괴 현상이 자본주의의 역사를 통해 반복적으로 확인되는 핵심 맥락이라는

43 Joseph Schumpeter. *Capitalism, Socialism, and Democracy.* p.83.

44 Joseph Schumpeter. *Capitalism, Socialism, and Democracy.* p.82.

45 Henry Bogdan. *Histoire de l'Allemagne, de la Germanie à nos jours.* pp.321~327.

46 Jeremy Rifkin. *The Third Industrial Revolution.*

점이다.

슘페터가 제시한 개념이 기여한 바는 창조와 파괴의 **동시성**과 **필연성**을 강조했다는 데서 찾을 수 있다. 석탄을 활용하는 증기 기관차와 철도 교통의 발달이라는 현상은 그동안 인간이나 물자를 이동하기 위해 동원되었던 말이나 소와 같은 동물이 불필요하게 되었다는 것을 의미한다. 탄광에서 석탄을 캐는 광부, 기관차를 운전하는 기사나 기차의 승무원 등 새로운 산업이 고용하는 인력이 대폭 증가하고 새로운 직종이 만들어진다. 반면 말을 키우던 농장이나 마차를 운전하던 마부는 예전만큼 필요한 존재가 아니다. 창조와 동시에 필연적으로 파괴 현상이 나타난다는 말이다. 슘페터는 '산업의 돌연변이'라는 생물학적 표현을 동원하여 경제 구조가 내부로부터 끊임없이 변화하면서, 끊임없이 과거의 것을 파괴하고, 끊임없이 새로운 것을 만들어낸다고 설명한다.[47]

우리와 가까운 사례로 스마트폰을 들 수 있다. 이전에는 먼 거리에서도 전화로 이야기를 나누며 서로 연락을 주고받았다. 개인 컴퓨터가 보편화되면서는 우체국 대신 인터넷을 통해 편지를 주고받기도 했다. 또 카메라로 모임의 사진을 찍거나 여행지의 추억을 남겼다. 음악을 듣는 워크맨이나 CD 플레이어, 애플의 아이팟 Ipod 등이 인기를 끌었다. 그런데 스마트폰이라는 신상품이 21세기에 등장하면서 이 모든 기능을 수첩보다 작은 기기에 담아버렸다. 이전에 사용하던 수많은 전화기와 컴퓨터와 카메라, 음악 기기들이 순식간에 무용지물로 전락하는 파괴의 대상이 되었다.

창조적 파괴의 과정에서 핵심적인 역할을 담당하며 자본주의의 발

47 Joseph Schumpeter. *Capitalism, Socialism, and Democracy*. p.83.

전을 이끌어가는 행위자는 **기업가**(entrepreneur)다. 마르크스의 자본가 또는 부르주아가 생산수단을 소유하면서 노동력을 착취하는 주체였다면, 슘페터의 기업가는 자본, 토지, 노동 등 전통적 생산요소를 결합하는 한편 기술, 생산, 유통 등에서 항상 새로운 방식으로 비즈니스를 주도하는 길을 탐색함으로써 경쟁에서 앞서가려고 노력한다. 슘페터에게 기업가는 역사적 발전을 주도하는 개척자라고 할 수 있다.[48]

이처럼 창조적 파괴의 개념은 자본주의의 역동성을 통해 이 체제의 생존능력을 설명한다. 마르크스가 지적했듯이 자본주의 아래 경쟁이 점차 심화되면 자본이 거두어들일 수 있는 이윤이나 수익률이 줄어드는 경향이 실제 존재한다. 수익률 저하의 원인은 마르크스의 주장보다 더 복합적이지만 이 현상은 주어진 특정 시장의 중요한 특징이다.

하지만 마르크스의 예언과는 달리 자본주의는 소멸하지 않고 계속 새로운 모습으로 변하면서 발전해 왔다. 오랜 시장이 사라지고 새로운 시장이 나타나면서 자본주의는 강인한 생명력을 이어간 셈이다. 슘페터의 창조적 파괴라는 개념은 자본주의가 하나의 생산양식으로 고정되지 않고 과학과 기술, 상품과 생산과정, 그리고 유통방식이나 사회제도를 통해 변신해 왔다는 사실을 적절하게 대변하면서 보여준다.[49] 창조적 파괴라는 표현이 드러내듯이 자본주의란 창조를 통해 득을 보는 사람들과 파괴로 인해 피해를 입는 사람들이 동시에 필연적으로 존재한

48 슘페터는 마르크스가 자본가와 기업가를 구분하는데 실패했다고 비판하였다: Joseph Schumpeter. *Capitalism, Socialism, and Democracy.* p.32.

49 슘페터 역시 그의 저서『자본주의 사회주의 민주주의』에서 자본주의의 종말을 예언한 바 있다. 하지만 그 종말은 마르크스처럼 프롤레타리아 혁명을 통해서가 아니라 기업가 정신의 쇠퇴와 반(反)자본주의적 사회 분위기로 인한 점진적 사회 민주주의화를 통해서다.

다. 자본주의가 사회적 합의의 대상이 되지 못하고 지속적인 논쟁의 중심에 설 수밖에 없는 이유다.

6. 자본주의의 삼위일체: 생산양식, 정신, 역동성

이처럼 자본주의를 분석하는데 가장 크게 기여한 세 이론가는 자본주의가 가진 서로 다른 부분을 조명하였다. 마르크스에게 자본주의는 생산양식이었다면 베버에게는 하나의 정신이었고, 슘페터에게는 역동성의 과정이었다.

마르크스는 사적 소유권과 임 노동제라는 자본주의의 두 기둥을 파악하였다. 자본주의란 고대 노예제와 중세 봉건주의를 대신하는 근대의 생산양식이었다. 기본적으로 고대 노예제는 인간이 인간을 소유함으로써 타인의 노동을 지배하고 착취하는 양식이었다. 중세의 농노제는 지배계급이 토지를 소유하는 한편, 농노를 토지에 귀속되게 함으로써 지배하고 착취하는 새로운 양식이었다. 직접 지배에서 토지를 통한 간접 지배로 변한 것이다. 그리고 자본주의에서는 적어도 표면상 '자유 계약'에 의한 임금 노동의 관계가 등장한다. 모든 사람은 원칙적으로 자유롭기 때문에 다른 사람이나 토지에 귀속되지 않는다. 자본주의에서 사람이 소유할 수 있는 것은 다른 사람이 아니라 생산수단일 뿐이다. 과거 봉건주의에서 토지를 통해 노동의 착취를 이루었듯이 자본주의에서는 생산수단을 통해 노동의 수탈을 진행한다는 설명이다. 이처럼 마르크스에게 자본주의는 생산양식임과 동시에 사회를 지배하는 형식이자 제도였던 것이다.

베버의 광범위한 학술 연구에서 사실 자본주의 정신은 작은 부분일 뿐이다. 마르크스가 자본주의의 대표적인 이론가라면 베버는 근대화의 이론가로 불려 마땅하다.[50] 베버는 근대 세계를 이성과 합리성이 지배하는 새로운 세상의 도래라고 보았다. 정치에서 근대 국가가 등장하면서 관료제의 발전을 가져왔듯이 경제에서도 분업을 통한 생산성 향상, 기업이라는 이윤추구의 합리적 조직 등이 자본주의를 특징 짓는다고 보았다. 자본주의와 관련한 베버의 유산은 자본주의가 단순한 경제체제에 그치지 않고 집단적 윤리관이나 사고 체계와 긴밀하게 연결되어 있다는 교훈이라 할 수 있다.

슘페터는 자본주의를 어느 정도 고정된 체제로 파악했던 마르크스나 베버를 넘어 기업가의 혁신 정신을 중심으로 변화하는 체제로 규정하였다. 예술사의 영역에서 오스트리아 미술사학자 곰브리치는 유럽에서 르네상스는 자신의 이름을 내세우고 개성을 강조하는 예술가의 시대를 열었고 예술의 역사는 기존의 틀에서 벗어나 새로움을 추구하는 창조의 역사가 되었다고 설명했다.[51] 슘페터가 말하는 자본주의의 시대란 새로움을 추구한다는 면에서 이런 예술사와 맥락을 같이한다. 슘페터의 혜안은 자본주의의 변화무쌍함을 이해할 수 있는 지름길이다. 마르크스가 말했던 근본적 모순에도 아랑곳하지 않고 자본주의가 항상 새로운 모습으로 생명력을 발휘하는 비결을 설명한 셈이다.

자본주의를 이해하는 틀을 잡았다고 할 수 있는 세 학자는 공교롭

---

50 Max Weber. *Economy and Society.*

51 Ernest H. Gombrich. *The Story of Art.* p.247.

게도 모두 게르만 세계 출신이다. 마르크스는 독일이 통일되기 이전인 1818년 트리어라는 도시의 유대인 집안에서 태어났다. 본, 베를린, 예나 등의 대학에서 수학한 뒤 쾰른, 파리, 브뤼셀 등 유럽 대륙의 도시를 전전하다가 결국 1850년 영국 런던에 정착하여 사망하는 1883년까지 살았다. 베를린, 파리, 런던을 연결하는 유럽의 중심에서 생활하면서 활발하게 태동하는 자본주의를 관찰하였다.[52]

베버는 마르크스보다 반세기쯤 뒤인 1864년 프러시아 에르푸르트에서 태어나 독일 통일을 보고 빌헬름 제국시대와 제1차 세계대전, 바이마르 공화국의 초기를 경험하였다.[53] 영국보다 늦게 산업혁명을 시작했지만 독일은 이미 19세기 후반 산업 능력에서 영국을 앞서면서 제2차 산업혁명을 주도하는 입장이었다. 베버가 살았던 19세기에서 20세기로 넘어오는 시기의 유럽과 독일은 그야말로 거대 자본주의의 부상을 알리는 시대였다. 베버는 하이델베르크와 베를린, 비엔나, 뮌헨 등에서 수학하거나 가르치면서 1920년 스페인 독감으로 갑자기 사망할 때까지 활동하였다.

슘페터도 베버의 다음 세대에 해당하는 1883년 생으로 오스트리아 · 헝가리 제국의 모라비아라고 불리는 현재의 체코 지역에서 태어났다.[54] 그는 비엔나에서 수학하고 그라츠에서 교편을 잡은 뒤 제1차 대전 이후 신생 오스트리아의 재무장관을 짧게 역임하기도 했다. 슘페터는 그의 역작 『자본주의 사회주의 민주주의』에서 볼 수 있듯이 마르크스

52 Gareth Stedman Jones. *Karl Marx: Greatness and Illusion.*

53 Joachim Radkau. *Max Weber: A Biography.*

54 Thomas K. McCraw. *Prophet of Innonvation: Joseph Schumpeter and Creative Destruction.*

스의 자본주의 분석에서 큰 영향을 받았고, 베버와는 『사회경제학 요강』을 만들기 위한 작업을 실제 함께 하였다.[55] 슘페터는 1930년대부터 미국 하버드 대학에서 교수로 활동했다. 과거 마르크스가 자본주의의 중심 영국에서 생활했듯이 슘페터는 미국이 지배하는 세상이 태동하는 것을 1950년 세상을 떠날 때까지 지켜보았던 셈이다.

마르크스–베버–슘페터로 이어지는 자본주의에 관한 게르만 세계의 지적 계보는 매우 흥미롭다. 왜냐하면 스미스–맬서스–리카도–밀–마셜–케인즈로 이어지는 영국의 시장경제 계보와 대비되기 때문이다.[56] 게르만 학자들은 새롭게 등장한 사회경제적 현상을 자본주의라는 생산양식–정신–역동성의 체계, 즉 역사적 산물로 보았다면, 다른 한편에서는 방법론적 개인주의를 통해 시장경제라는 탈(脫)역사적 모델을 만들어 경제과학의 기초로 삼았던 것이다. 프랑스에서는 자본주의나 시장경제를 중심으로 이론화가 이뤄지기보다는 콩트–토크빌–뒤르켕으로 연결되는 사회과학의 전통이 뿌리를 내리면서 근대 사회의 특징에 주목한 모양새다.[57] 이처럼 근대 사회의 다양한 차원을 놓고 각각의 국가와 문화가 보여준 특징은 지식사회학의 좋은 추후 연구주제다.

---

55 Joseph Schumpeter. *Capitalism, Socialism, Democracy* ; Max Weber. ed. *Grundriss der Sozialökonomik*.

56 Adam Smith. *The Wealth of Nations* ; Thomas Robert Malthus. *An Essay on the Principle of Population* ; David Ricardo. *On the Principles of Political Economy and Taxation* ; John Stuart Mill. *The Principles of Political Economy* ; Alfred Marshall. *Principles of Economics* ; John Maynard Keynes. *The General Theory of Employment, Interest, and Money*.

57 Auguste Comte. *Cours de Philosophie Positive* ; Alexis de Tocqueville. *De la démocratie en Amérique* ; Emile Durkheim. *Les règles de la méthode sociologique*.

7. 자본주의에 대한 평가

자본주의 기원에 관해서는 다양한 학설이 존재하지만 19세기 산업혁명과 함께 자본주의가 팍스 브리타니카의 중심지 영국에서 확고한 경제체제로 자리매김했다는 사실은 모두가 인정한다. 아담 스미스는 스코틀랜드 사람이었지만 잉글랜드, 프랑스 등 유럽을 관찰하고 다른 대륙의 사례나 식민지를 연구하면서 『국부론』을 저술했다. 스미스의 연구 전통은 영국에서 정치경제라는 이름의 학문으로 계승되어 발전하였고 마셜 이후에는 결국 경제학으로 뿌리를 내렸다. 이런 전통은 다시 영국의 케임브리지나 옥스퍼드에서 미국으로 넘어가 하버드, 시카고 등의 대학에서 세계 주류 경제학으로 우뚝 선다.

경제학을 다른 방식으로 표현한다면 아마도 **시장경제**의 학문이라고 불러야 할 것이다. 그것은 자본주의를 연구하는 학문이 정치경제라는 이름으로 대체될 수 있는 현상과 유사하다.[58] 19세기 새롭게 등장한 경제체제를 왜 한편에서는 시장경제라는 개념으로 응축하여 부르고, 다른 한편에서는 자본주의라고 부르게 되었는가. 이 질문은 자본주의를 해부하는 작업을 시작하기에 앞서 제기되는 개념에 관한 도전이고 의문이다.

자본주의와 시장경제는 동일시될 수는 없지만 매우 유사한 가치와 원칙, 제도와 과정을 포괄한다. 그러나 두 개념은 사회적으로 상반

58 학문의 역사에서 보면 자본주의를 비판적으로 보는 학문이 정치경제학이라는 명칭을 갖게 된 것은 아이러니다. 마르크스의 노력은 바로 스미스나 맬서스 등 초기 정치경제학자들을 비판하면서 새로운 학문을 구성하는데 집중되었기 때문이다.

된 평가를 받는다. 도식적으로 본다면 자본주의는 부정적, 그리고 시장경제는 긍정적인 가치를 부여받는다. 앞에서 지적했듯이 자본주의는 물질만능의 돈세상이고 불평등의 근원이며 환경을 파괴하는 주범이다. 그러나 시장경제는 효율성의 대명사이며 사람들의 먹고사는 문제를 해결하는 비법이다. 게다가 개인의 자유를 보장하는 기제로도 훌륭하다.[59] 1990년대 공산주의가 붕괴되고 동유럽은 민주주의와 시장경제로의 이행을 목표로 했다. 아무도 자본주의로의 이행이라고 주장하지는 않았다. 이렇게 두 개념을 비교해 보면 같은 체제의 밝은 면은 시장경제라고 부르고 어두운 면은 자본주의라고 부르는 것이 아닌가 싶을 정도다.

조금 더 자세히 살펴보면 시장경제의 개념은 **이상형**에 기초하는 반면 자본주의는 현실을 지목한다는 점을 발견할 수 있다. 경제학 교과서에 나오는 시장의 모델은 현실에 존재하지 않는 이상형이다. 시장을 구성하는데 서로 영향을 미칠 수 없는 수많은 공급자와 수요자라는 조건을 현실에서 찾기는 불가능하다. 가격을 결정하는 과정도 이론에서 흔히 말하는 흥정보다는 과거의 가격을 그냥 따르는 관성이 더 중요하다. 모두가 공유하는 완벽한 정보도 '경제학자의 천국'에나 존재한다.

반대로 자본주의라는 이상형은 없다. 자본주의는 사회에서 나타나는 불편한 현실을 보고 만들어낸 개념이다. 생산수단을 소유하는 자본가와 피땀을 흘리는 노동자는 매일 눈으로 확인 가능하다. 자본가가 노동자 집단을 지배하고 이들이 서로 상반된 이익을 놓고 대립하는 현실

59 시장경제가 아닌 자본주의의 장점을 노골적으로 내세워 강조한 예외적 인물로는 프리드먼을 들 수 있다: Milton Friedman, *Capitalism and Freedom*.

역시 임금 협상이나 파업 현장에서 쉽게 드러난다. 소수의 자본가가 부를 독점하는 불평등한 현실은 거의 매일 언론의 스포트라이트를 받는다.

시장경제와 자본주의의 또 다른 차이는 정치와의 관계 설정이다. 시장경제는 경제학이라는 현대 사회의 지배적 학문을 통해 자신의 과학성을 앞세운다. 경제는 통계와 도표를 능수능란하게 다루는 학자와 관료, 전문가의 영역임을 강조한다. 현실 속에서 나타나는 다양한 문제는 이상형의 모델에서 벗어났기 때문이라고 진단하고 이를 수정하기 위한 '과학적 처방'을 내린다. "정책이 시장을 이길 수 없다"는 주장은 정치가 시장경제의 규칙을 누를 수 없다는 '진리'를 요약한다.

이에 비해 자본주의 개념을 사용하는 사람들은 "모든 것은 정치적"이라고 주장하는 경향이 있다. 자본주의와 시장경제의 용어 선정 자체가 정치성을 띈다고 본다. 시장경제의 과학적 담론은 자본주의의 지배관계를 은폐하고 자본계급의 이익을 위한 이데올로기 장치라는 시각이다.[60] 자본주의를 분석하고 탐구하는 목적은 보다 효과적으로 이 불평등의 제도를 소멸시키거나 개선하기 위해서다.

이성적이고 합리적으로 현실을 바라보고 이해하기 위해서는 이런 시장경제와 자본주의 개념 사이에 나타나는 간극을 줄이는 노력이 필요하다. 이 책에서는 이런 긍정과 부정의 간극, 이상과 현실의 간극, 그리고 과학성과 정치성의 간극을 줄이려고 시도할 것이다. 지금까지 비판적 정치경제학에서는 예쁘게 덧칠한 시장경제의 환상을 통해 자본주

60 상품의 가격이 노동의 가치가 담겨있다는 사실을 은폐한다는 마르크스의 비판은 유명하다. 그는 이를 상품의 페티시즘이라고 부른다: Karl Marx. *Das Kapital*. pp.152~167.

의 지배 체제가 강화되었음에 주목해 왔다. 이런 비판도 필요하지만 동시에 정치적 맹목성에서 벗어나 자본주의가 가지는 긍정적 기여를 인정하고 그 대안에 대해 현실적으로 고민해 볼 필요가 있다.

제1부
자본주의의 역사

제1부

자본주의의 역사

자본주의를 바라보는 시각에 따라 역사에 던지는 질문도 달라진다. 자본주의를 단순한 경제체제로 보았을 때 관심의 대상이 되는 역사적 시기는 대략 15세기부터 19세기까지다. 예를 들어 세계 무역을 중심으로 자본주의를 바라보는 학자들은 15세기 유럽 대항해시대를 출발점으로 삼는다. 세계체계론의 월러스타인이 대표적이다.[61] 반면 마르크스처럼 산업혁명으로 대변되는 영국을 자본주의의 원형으로 삼는다면 18~19세기가 자본주의가 시작되는 시기다.[62] 물론 마르크스도 중세를 '자본의 원시 축적'이라는 차원에서 취급하지만 그것은 어디까지나 본격적 자본주의의 시작에 앞선 준비과정에 불과하다. 마르크스의 자본주의는 대규모 공장과 대량 생산, 산업상비군을 형성하는 다수의 프

61 Immanuel Wallerstein. *The Modern World System.*

62 Karl Marx. *Das Kapital.* pp.461~547.

롤레타리아라는 전제를 갖기 때문이다. 자본주의 정신이 자본주의 경제에 앞서 존재했다고 주장하는 베버는 오히려 17~18세기를 중요하게 여긴다.[63] 이때 종교적 윤리와 경제적 생산양식이 선별적 친화력을 통해 자본주의를 잉태했다고 보기 때문이다.

이 연구에서는 자본주의 문명의 형성을 조금 더 긴 호흡으로 바라본다. 문명의 시각에서는 베버처럼 종교와 경제의 상호 관계에 큰 관심을 갖는다. 다만 베버는 프로테스탄트 윤리와 자본주의의 관계에 초점을 맞춰 미시적으로 관찰했지만, 우리는 보다 거시적으로 유럽의 어떤 문화적 요소들이 점진적으로 결합하여 자본주의 문명을 만들어 왔는지 탐색한다. 따라서 유럽, 아시아, 아프리카가 만나는 지중해의 그리스와 로마 문명부터 중세 이탈리아의 도시국가를 통해 자본주의적 정치경제의 형성을 살펴볼 것이다. 물론 '기원'을 자본주의의 '원형'이라고 보기는 어렵다. 강에 비유하자면 시냇물에 가깝다고 할 수 있다. 이탈리아의 도시국가조차 사회 전체가 물질적 축적에 동원되는 체제는 아니었기 때문이다.

기원을 살펴본 뒤 자본주의의 발전이라는 두 번째 장에서는 네덜란드와 영국에서 서서히 물질적 축적을 위해 사회 전체가 동원되는 과정과 이를 지속하기 위한 구조가 만들어지는 역사 고리를 살펴본다. 시기적으로 16세기 대항해시대의 출발점부터 산업혁명이 활발하게 진행되는 19세기까지의 이야기다. 특히 영국은 이탈리아 도시국가나 네덜란드에 비해 후발주자임에도 불구하고 상업적 이익을 추구하는 정치경제체제를 확고하게 세운 뒤 이를 공고화하여 자본주의 문명의 중심이

63 Max Weber. *The Protestant Ethic and the Spirit of Capitalism*. pp.102~125.

자 전형으로 등장하였다. 영국에서 이 모델이 완성되는 것은 1840년대 쯤이다.

이때부터 현재까지는 영국의 자본주의 모델이 전 세계적으로 확산되는 과정이다. 이 시기는 자본주의가 보편성을 확보함으로써 특정 사회가 진화하여 도달한 모델에서 모든 사회가 추구하는 풍요의 모델이 되는 과정이다. 물론 자본주의 문명이 세계화 하면서 영국의 모델은 미국의 모델로 대체되었고 다양한 변화와 도전을 경험했다. 이 또한 슘페터가 말했던 창조적 파괴의 한 과정이라고 볼 수 있다. 슘페터는 "사람들이 일반적으로 탐색하는 문제는 자본주의가 기존의 구조를 관리하는 방식이지만, 실제 중요한 문제는 자본주의가 어떻게 이런 구조를 만들고 부수는가에 있다"[64]고 설명한 바 있다. 이 접근법은 자본주의 뿐 아니라 자본주의 문명에도 그대로 적용될 수 있다. 이런 관점에서 자본주의 문명의 특징은 영국이나 미국의 세계지배 그 자체라기보다는 항상 새로운 정치경제의 조합으로 기존의 질서를 파괴하면서 새 질서를 만들어내는 혼란하면서도 힘찬 과정일 것이다.

---

64 Joseph A. Schumpeter. *Capitalism, Socialism, and Democracy*. p.84.

제3장
자본주의의 기원: 1500년 이전 시기

1. 우리는 어디서 오는가?

기원에 대한 궁금증과 갈증은 상당히 보편적인 듯하다. 유교 중심의 사회질서가 붕괴한지 한참이 지났는데도 많은 사람들은 여전히 족보를 소중히 간직하며 조상의 계보를 따진다. 이런 현상은 가문의 영향력이 강했던 동아시아 뿐 아니라 근대화를 주도한 유럽에서도 마찬가지다. 지니얼러지 genealogy 라 불리는 족보연구가 인터넷 시대에도 유행한다.[65] 민족의 기원을 찾는 노력 또한 지역마다 대단하다. 언어학이나 생물학에서 최신 기술을 활용하여 공동체의 기원을 따지는 연구는

65 Catherine Rollot, "Généalogie : grâce au numérique et à l'ADN, les Français se prennent de passion pour leurs origines".

무척 활발하다.[66]

기원의 탐구나 계보 연구는 대개 심각한 아이러니를 드러낸다. 현재 한 개인이나 민족이 존재하기 위해서는 수많은 기원이 합쳐져야 가능한 일이다. 우리는 모두 두 명의 부모와 네 명의 조부모 등 윗대로 올라갈수록 조상의 수는 늘어나기 때문이다. 따라서 대부분의 계보학이란 다수의 기원을 제대로 찾기보다는 많은 기원을 제거하고 하나로 압축하는 작업이다. 십대 또는 수 십대 위로 올라가 하나의 시조(始祖)를 찾는 작업은 '신화 만들기'의 일부일 가능성이 높다.

물론 이런 종류의 계보학을 송두리째 부정하거나 평가절하 하는 것도 곤란하다. 왜냐하면 이런 현실의 재단을 많은 사람들이 믿으며 실제 현실을 움직이는 힘으로 작동하기 때문이다. 또 이런 작업 자체가 현실의 권력관계나 인식을 반영하기 때문이다. 사람들은 초라한 기원의 진실보다는 아름다운 과거나 영광스런 신화를 열망하고 선호한다.

민족 연구에서 이런 경향은 아주 강하다. 예를 들어 많은 민족의 기원을 살펴보면 대부분 신의 세계로부터 내려오는 계보를 갖는다. 한반도의 단군(檀君)부터 중국의 상제(上帝), 일본의 아마테라스 오미카미(天照大神) 등 동아시아 민족만 보더라도 그 기원은 하늘이 땅에 투영된 결과다. 기독교가 지배하는 유럽에서 많은 민족이나 집단은 성경의 이스라엘 민족과의 관계를 강조한다. 또는 고대 그리스의 신화나 역사에서 기원을 찾는 일도 흔하다.[67]

---

66 *The Economist*, "Who do you think you are".

67 예를 들어 이탈리아의 로마, 베네치아나 프랑스 사람들은 자신들이 트로이의 전쟁에서 피난 온 왕족의 후손이라는 신화를 만들었다: Colette Beaune, "L'utilisation politique du mythe des origines troyennes en France à la fin du Moyen Age".

자본주의에서 이런 신화적 기원을 강구하려는 경향은 민족만큼 강하지는 않지만 여전히 존재한다. 『서구가 지배하는 이유』,[68] 『불평등한 발전』[69] 등 정치경제학의 주요 저술 제목에서 볼 수 있듯이 경제발전과 미발전은 긍정/부정의 대립적 의식구조를 형성하고 있다. 자본주의는 많은 문제점에도 불구하고 인류의 발전, 진보, 풍요를 의미하는 긍정적 제도인 셈이다.

이런 이유로 자본주의의 기원을 유럽 문명에서 찾는 연구가 그 동안 대부분이었다. 예를 들어 힉스는 『경제학설사』에서 그리스 도시국가에서 상업적 문화가 발달하였고 이것이 점차 시장경제의 바탕으로 발전했다는 가설을 내세운다.[70] 또 뒤몽은 그 보다 더 올라가 기독교가 갖고 있는 개인주의적 경향이 결국 자본주의 경제 이데올로기로 발전하였다고 설명한다.[71]

2천여 년 전에 뿌려진 씨앗이 나중에 자본주의를 낳았다는 이런 접근에 대해 최근 학계 일부에서는 경제발전의 기원을 유럽이 독점하는 것은 역사의 왜곡, 또는 심지어 『역사의 절도』[72]라며 비판한다. 우리가 수많은 조상의 후손이듯이 자본주의 역시 다양한 문명의 수많은 '유전자'를 받아 만들어진 혼성 결과물이라는 것이다. 이런 두 주장 사이에 균형을 잡고 진실을 파악하는 것은 어렵긴 하지만 불가능한 것은 아니

pp.331~355.

68 William H. McNeill. *The Rise of the West: A History of the Human Community.*

69 Samir Amin. *Le développement inégal.*

70 John Hicks. *A Theory of Economic History.* pp.42~58.

71 Louis Dumont. *Homo aequalis I. Genèse et épanouissement de l'idéologie économique.*

72 Jack Goody. *The Theft of History.*

다. 이 작업은 어려운 일이지만 자본주의를 제대로 이해하기 위해서는 시도할 가치가 있다.

2. 그리스와 로마

고대 그리스와 로마는 유럽 문명의 요람이라고 할 수 있다. 자본주의의 기원이라는 측면에서 살펴보면 고대 그리스-로마의 유산은 몇 가지 특수성을 가진다. 첫째, 고대 그리스는 도시국가라는 형식의 조직을 바탕으로 지중해를 누비는 무역의 그물을 형성하였다.[73] 현재 그리스와 터키 서부 해안을 포함하는 지중해 동쪽에는 그리스 문화를 공유하는 다수의 도시국가가 건설되었다. 이들은 지중해 다른 지역으로 영향력을 확장하여 식민 도시국가를 건설하곤 하였다. 고대 그리스의 중심은 현대 그리스-터키에 한정된 지역이었지만, 여기서 시작한 무역의 그물은 지중해의 각지를 연결했던 것이다.

힉스는 고대 그리스를 분석하며 시장경제의 전형이라고 할 수 있는 **상업경제**(Mercantile economy)의 부상에 초점을 맞춘다. 상업경제란 국가가 소유권과 계약을 보장해 줌으로써 상업이 적극적으로 발전할 수 있는 체제다. 예컨대 강한 전제 군주가 소유권을 무시하고 임의적으로 주민의 재산을 몰수해 버린다면 상업경제가 발전할 수 없다. 따라서 힉스는 상업경제가 부상하려면 특정 공동체 내부 정치권력의 이익보다 외부와 교역을 하여 얻을 수 있는 상업의 이익이 상대적으로 커야 한다

73 François Lefèvre, *Histoire du monde grec antique*. pp.117~141.

고 주장한다. 힉스는 결국 도시국가처럼 비교적 작은 공동체 안에서 내부 이익보다 외부 교역의 이익이 큰 상인의 공동체가 발전할 수 있었고, 이들의 영향력으로 상업경제가 형성될 수 있었다고 설명한다.[74]

둘째, 그리스가 형성한 독특한 사회구조와 사고체계는 향후 근대 유럽 문화가 발전하는데 중요한 기원으로 작동했다. 고대 그리스는 사회구조상 평등, **민주주의**, 공공성 등의 개념과 이에 기초한 제도들을 발전시켰다. 그리스의 도시국가는 시민의 평등에 기초한 공개적 토론과 참여를 원칙으로 하는 제도를 만들어 시행하였다. 평등한 시민의 개념은 향후 민주주의의 발전에 기여하였고 차별이 없는 시장의 개념이 만들어지는데도 결정적이었다. 일반적으로 사람을 차별하는 사회제도, 특히 불평등의 장벽이 높은 사회제도는 경제발전에 부정적 역할을 한다. 넘을 수 없는 신분의 벽이 존재한다면 노력해서 열심히 일할 동기가 사라질 것이기 때문이다.[75]

그리스의 사고체계는 또 서구문명에서 합리주의와 철학의 기원을 형성하였으며, 수학을 비롯한 다양한 학문의 출발점을 형성한 기초였다. 논리적 근거를 갖고 공개적 토론을 통해 진리를 탐구하는 태도나 습관은 향후 과학의 발전에 지대한 영향을 미쳤다. 복종과 믿음을 강조하는 종교와 신앙보다 인간의 이성과 합리주의를 개발하여 자연을 지배하려는 의지는 자본주의적 발전과 자연스럽게 연결되었다고 볼 수

74 John Hicks. *A Theory of Economic History.* p.38.

75 그리스나 로마 사회에서 소수의 자유인이 평등하게 정치와 경제의 권리를 누릴 수 있었던 것은 다수의 노예가 노동을 담당했기 때문이라는 비판적 지적은 정확하다. 하지만 상대적으로 보았을 때 당시 상황에서 소수만의 평등이나 권리 자체도 다른 문명에서는 발견하기 어려운 특징이었다는 점은 강조할만하다.

있다.

셋째, 고대 로마는 소유권과 법이라는 유산을 유럽에 남김으로써 향후 자본주의 발전에 기여하였다. 물론 고대 로마와 비슷한 시기에 세계 주요 문명에는 모두 소유권이라는 개념이 존재했다. 하지만 로마만큼 강력하고 자세하게 소유권을 규정한 경우는 드물다. 고대 로마는 소유권의 세 가지 측면을 구분하였다. 첫째는 사용권 usus 으로 소유하는 대상을 활용할 수 있는 권리다. 둘째는 용익권 즉 이익에 대한 권리 fructus 로 소유하는 대상에서 발생하는 소득을 차지할 수 있는 권리다. 다른 사람에게 사용권을 빌려주고 세를 받을 수 있는 권리가 이에 해당한다. 셋째는 처분권 abusus 으로 소유의 대상을 증여하거나 사고 파는 등 처분할 수 있는 권리다. 특히 이 마지막 권리는 강력한 수준의 소유권이라고 할 수 있으며 상업경제와 자본주의의 발전에 결정적인 요소로 부상하게 된다. 게다가 로마에서 이 같은 소유권은 법에 기초한 권리다.

고대 로마는 강력한 법의 개념을 유럽 대륙에 전해주었다. 기존 사회의 다양한 관습이 있더라도 법으로 정하면 얼마든지 바꿀 수 있다는 원칙이다. 프랑스 대혁명 이후 나폴레옹이 주도한 법체계는 이런 로마의 전통을 이어받은 결과다. 그리고 혁명 프랑스의 로마법 전통은 나폴레옹 점령군을 통해 유럽 대륙의 다른 국가로 확산되었다.[76] 힉스도 고대 그리스와 로마의 유산으로 법과 화폐를 중시하고 있다. 자본주의 사회에서 법은 계약을 보호하는데 중요한 기준을 제공하고 계약을 위반

76 이탈리아와 독일의 경우 다음을 참고할 것: Pierre Milza. *Histoire de l'Italie: Des origines à nos jours*. p.643 ; Henri Bogdan. *Histoire de l'Allemagne, de la Germanie à nos jours*. pp.253~271.

했을 경우 약속을 이행하도록 하는 힘을 보장한다.

넷째, 고대 그리스-로마 문명에서 비롯된 유럽의 **개인주의** 역시 경제발전에 큰 도움을 준 것으로 평가받는다. 물론 개인주의는 그리스 도시국가의 평등한 시민과 긴밀한 관계를 갖는다. 하지만 평등과 개인주의를 같다고 하기는 어렵다. 개인주의는 그리스-로마의 일부일처제 전통과 기독교가 내세우는 신의 이미지로 만들어진 인간의 존엄성 등이 결합하면서 서서히 만들어졌다는 것이 프랑스 사회학자 멍드라스의 분석이다.[77] 다른 한편 인류학자 뒤몽은 개인주의를 서구 문명의 독창적인 특수성으로 인식하면서 근대 이데올로기의 근원으로 파악한다.[78]

상업경제, 평등과 합리주의, 소유권과 법, 그리고 개인주의 등 고대 그리스-로마의 유산은 다양하다. 그리스와 로마의 기여가 각각 다른 것은 물론 각 시대의 내부에도 다양성이 존재한다. 하지만 중요한 사실은 이런 유산들이 실제로 자본주의의 생성과 발전에 기여했는가를 따져보는 일이다. 이 작업은 향후 자본주의의 정신을 논의하면서 진행하도록 하고 여기서는 일단 유산의 목록을 기록하고 간략하게 소개하는 것으로 만족한다.

---

77 Henri Mendras. *L'Europe des Européens.*

78 Louis Dumont. *Homo aequalis I. Genèse et épanouissement de l'idéologie économique.* pp.13~14.

3. 중세 '자유의 온실'

유럽의 역사에서 중세는 로마 제국이 멸망하는 5세기부터 약 천년의 기간을 지칭한다. 고대 그리스-로마 시대에 뿌리를 두고 있는 유산들은 중세에도 다양한 방식으로 계승되었고 경우에 따라 본격적으로 발전하기도 했다. 위에서 지적한 유산들을 하나씩 따져가며 중세의 상황을 체계적으로 살펴볼 수 있다.

우선 도시국가라는 틀 속에서 만들어진 상업경제의 개념이 있다. 그리스의 도시국가라는 정치공동체는 로마 제국의 시기에 축소되었지만, 중세가 되면 다시 부각되기 시작한다. 유럽의 중세는 거대한 하나의 통일된 제국이나 왕국이 지배하는 것이 아니라 굉장히 많은 수의 다양한 정치공동체, 이를 테면 왕국, 공국, 도시국가, 교회령, 지역자치공동체 등이 공존하는 형국이었다. 한편에 상당한 규모의 영토를 가진 왕국들이 있었고, 다른 한편에는 상업과 무역이 활발한 도시국가들이 존재했다. 틸리는 이것을 **영토 국가**와 **자본국가**라는 개념으로 표현했다.[79] 예를 들어 프랑스나 잉글랜드는 중세에 형성되어 성공한 대표적 영토 국가들이다.

중세 유럽의 도시국가는 이탈리아 북부와 중부 유럽 - 현대의 독일이나 스위스 등 - 에서 부흥하였고, 또 북해의 한자 동맹이라는 무역루트를 중심으로 발전하였다. 이들 도시에서 상업경제는 국가의 존재기반이자 정치를 지배하는 국익을 의미했다. 예를 들어 13세기 이탈리

---

79 Charles Tilly. *Coercion, Capital, and European States AD 990~1992*. pp.51~54.

아 중부의 피렌체라는 도시국가에서 정부를 운영하는 것은 10여 개의 '주요 산업'(Major Arts) 길드였다. 그 가운데 일곱 개의 길드는 무역 산업에 종사하는 상인들의 조합이었다.[80] 그만큼 도시국가란 상업이 중요한 뼈대를 이루는 정치공동체라는 의미다. 영토 국가가 농지의 경작과 이를 위한 농노의 지배를 중시할 수밖에 없었다면 자본국가는 외부와의 교역을 통해 번창하고 발전하는 구조였다.

다음, 평등과 민주주의라는 면에서도 중세 도시국가는 고대 그리스-로마의 전통을 이어받았다. 고대와 달리 중세에는 노예제도가 대부분 사라졌다. 또 군주가 지배하는 영토 국가에 비해 이들 도시국가는 시민이 누리는 자유가 훨씬 컸다. 예를 들어 영토 국가에서는 무장(武裝)을 할 수 있는 귀족과 농사를 짓는 농노나 자유인 사이에는 큰 신분의 차이가 존재했다. 하지만 도시국가에서는 **시민** Citizen/Cittadini 이라는 동등한 지위가 누구에게나 보장되었다. 시민들은 위에서 보았듯이 자신이 종사하는 업종이나 동네 지역별로 조직화가 가능했다. 이런 자율적 조직은 근대 **시민사회** Civil society 의 출발점이 되었다.[81] 물론 현대적 의미의 완전한 평등은 아니었지만 중세의 도시국가는 고대보다는 훨씬 평등한 사회공동체였던 것이다.

소유권의 측면에서도 중세 도시국가는 그리스와 로마의 전통을 이어받아 발전시켰다. 특히 과거 로마 시대에 확립된 소유권이 토지와 긴밀하게 연관된 것이었다면, 중세 도시국가의 소유권은 토지를 넘어 화폐라는 형식을 띰으로써 축적된 자본의 중요성이 증가하였다. 특히 중

80 John Hicks. *A Theory of Economic History*. p.40.

81 Jean-Claude Maire-Vigueur. *Cavaliers et citoyens*.

세 도시국가들은 유럽을 바탕으로 하나의 교류와 무역의 그물을 형성했다. 도시 간의 교류와 무역이 발달하면서 신뢰에 기초한 자본의 이동을 가능하게 했다는 점은 향후 자본주의 발전에 있어 결정적인 제도적 혁신이었다. 상인들 사이에 도입된 어음의 교환은 이런 '**화폐=신뢰**'라는 등식을 보편화하는데 큰 걸음을 내딛게 하였다.[82]

마지막으로 개인주의는 중세에 서서히 발전하여 무르익어 가는 과정을 거쳤다. 가족법을 관할하는 교회는 축첩이나 이혼을 금지하고 입양 및 재혼에 반대하는 입장을 제도화함으로써 핵가족이 유럽에 널리 확산되는 계기를 제공했다.[83] 핵가족이 많아지면서 개인주의가 확산되는 것은 현대 한국에서도 확인할 수 있듯이 자연스러운 현상이다. 사고의 전환에 있어서도 중세는 개인주의가 세계를 지배하는 이데올로기로 등장하는데 결정적이었다. 위에서 언급한 뒤몽은 전통적 인간 사회가 기본적으로 위계질서에 기초한 전체주의라고 본다. 이 위계질서에서 평등한 세계로 전환되는 데 기독교가 핵심적 역할을 담당했다. 상세한 설명은 자본주의의 정신에서 진행할 테지만, 여기서는 일단 기독교 교리에 있어 '세상 밖의 개인'에서 '세상 속의 개인'으로의 전환이 중세에 일어나기 시작했다는 사실을 기억할 수 있다.[84]

유럽 중세의 역사에서 도시국가는 '자유의 온실'[85]로 불렸다. 전쟁을 상시적으로 벌이던 왕과 귀족이 지배하는 영토에 비해 도시에서는 사람들이 상대적으로 더 평등했고, 더 큰 자유를 누릴 수 있는 영역이

82 Elisabeth Crouzet-Pavan. *Renaissances italiennes 1380~1500*. pp.321~322.

83 Alan MacFarlane. *The Origin of English Individualism*.

84 '제6장 4. 구원의 개인'을 참고할 것.

85 Wim Blockmans. *A History of Power in Europe: Peoples, Markets, States*. p.126.

었기 때문이다. 그리고 이 자유의 공간에서 시민사회나 대의제, 공화주의 등이 발전할 수 있었다. 상업경제와 평등, 소유권과 신용화폐, 개인주의 등 자본주의의 기본적 요소들도 이 시기에 발전할 수 있었다. 이런 점에서 이탈리아의 도시국가들은 자본주의를 향해 첨단을 걷는 개척의 공간이었다.

4. 베네치아의 '국가 자본주의'

셰익스피어의 '베니스의 상인'은 16세기 유럽에서 베네치아라는 도시와 상업이 얼마나 유기적으로 연관되어 있는지를 상징적으로 보여준다.[86] 당시 셰익스피어가 활동하는 잉글랜드는 전형적인 영토 국가요, 베네치아는 대표적인 자본국가였다. 베네치아는 상업의 도시로 성장하여 당시 지중해 무역의 중심 역할을 담당했다. 위에서 자본주의의 기원을 형성하는 요소를 추상적으로 살펴보았지만 이제 베네치아를 통해 이를 구체적으로 확인해 볼 필요가 있다.

유럽에서 상업경제가 발전한 것은 9세기부터 14세기까지다. 이 상업경제의 발전에서 가장 중요한 요소는 도시의 성장과 해외 무역의 발전이다. 유럽에서 이 5백여 년 동안 인구 1만 명 이상의 도시에 사는 인구의 비율이 두 배로 늘어나는데, 특히 이탈리아에서는 세 배로 증가했다.[87] 지중해를 중심으로 하는 해외 무역의 발전은 원래 이탈리아 남부

86 William Shakespeare. *Merchant of Venice.*

87 Jan Luiten van Zanden. *The Long Road to the Industrial Revolution.* p.40.

의 상인들이 주도했다. 이들은 지리적으로 가깝기 때문에 전통적인 관계를 맺고 있던 이슬람 세계의 상인들과 무역을 하며 시칠리아와 아말피 등을 중심으로 활동했다.[88] 남부 이탈리아에 이어 중부와 북부의 베네치아, 제노바, 피사 등이 후발주자로 달려들었다.

베네치아와 제노바는 각각 이탈리아 북부의 동쪽과 서쪽에 위치한 도시다. 이탈리아를 사람으로 치면 베네치아와 제노바는 겨드랑이에 해당하는 전략적 위치다. 바다와 유럽대륙의 육지를 연결하는 지점이기 때문이다. 베네치아는 아드리아 해를 중심으로 자신의 무역 영역을 넓혀갔고, 제노바는 지중해 서부의 티레니아 해를 활동 영역으로 삼았다. 하지만 시간이 지남에 따라 두 세력 모두 무역의 범위를 확대하면서 충돌을 피하기 어려운 운명이 되었다.[89] 이 두 도시국가는 지중해의 패권을 두고 서로 경쟁하는 관계로 발전하며 여러 차례 전쟁을 치르기도 하였다.

중세 이탈리아의 상업혁명을 주도하는 두 도시국가는 상당한 공통점을 가진다. 두 도시 모두 유사한 사회구조를 가졌다. 중세 유럽의 귀족 중심 정치 체제와는 달리 베네치아와 제노바는 농업이 아닌 상업, 보다 정확하게 해외 무역이 국가의 주요 산업이었다. 전쟁을 본업으로 하는 영토국가의 귀족과 달리 이들 도시국가의 지배계층은 기본으로 상인이었다.[90] 상업이 확산된 도시 사회란 계산적이고 합리적인 사람들로 가득 찬 사회다. 또 농업 사회보다 문맹률이 낮으며 문서를 통한 거

88 Pierre Milza. *Histoire de l'Italie. Des origines à nos jours.* pp.220~224.

89 David S. Kelly. "Genoa and Venice: An Early Commercial Rivalry". pp.125~152.

90 Yves Renouard. *Les Hommes d'affaires italiens du Moyen Age.* p.324.

래가 활발한 환경이기도 하다.

두 도시국가의 정치 구조도 유사하다. 도시의 해외 무역에서 핵심적인 역할을 담당하는 거상(巨商)의 집단이 도시의 삶과 정치를 지배한다. 일반 국가의 귀족에 해당하는 거상 집단 아래에는 다수의 일반 시민이 존재한다. 일반 시민이란 시의 모든 주민을 의미하는 것이 아니라 베네치아나 제노바에서 특별한 권리를 가지는 사람들을 지칭한다. 예를 들어 무역을 할 수 있는 권리는 본국 시민만이 갖는다.

그림 3. 베네치아는 지중해 무역의 중심 시장으로 기능했다. 도제 궁 앞의 번화한 모습을 표현한 카날레토(Canaletto)의 1727~29년 작품. 프랑스 파리 루브르 박물관.

우리가 생각하는 일반 주민은 보통사람(Commoner) 또는 상민(常民)이라고 부를 수 있을 것이다. 수공업자나 소상인, 하인 등이 이 그룹에 속한다. 이들 도시국가는 군주를 중심으로 운영되는 정치 체제가 아닌 공화국의 형식으로 집단 지도 체제를 형성했다. 지배계층의 협의체가 가장 중요한 권력 기관으로 중요한 결정을 책임졌으며 상징적으로 도제(Doge)를 선출하여 국가를 대표하게 하였다. 베네치아 공화국은 사실상 군주제와 같이 1명의 도제를 두었고, 과두제처럼 귀족 · 상인들의 소수 정예 회의를 운영했으며, 민주제와 같이 다수가 참여하는 시민회의를 두었다는 점에서 군주–과두–민주정이라는 고대 그리스–로마의 세 제도를 적절히 혼합했다고 자부했다.[91]

중세 유럽에서 해외 무역을 수행하는데 가장 커다란 문제는 안전을 보장하는 일이었다. 교통수단이 제대로 발달하지 않았기 때문에 해외 무역은 고가(高價)의 상품을 실어 나를 수밖에 없었다. 고가의 상품은 당연히 약탈의 대상이 되었다. 특히 바다에서 해적질은 매우 잦은 현상이었고, 어엿한 국가의 해군이 다른 나라 배를 약탈하는 일도 빈번했다. 무역의 안전을 보장하기 위해 베네치아는 '국가 자본주의'라고 부를 만한 시스템을 개발했다. 정부가 함대를 편성하여 무역을 주도했던 것이다.[92] 정부가 만든 전선과 화물선으로 구성된 함대는 지중해를 누비며 안전하게 물건을 실어 날랐고, 거상들은 이 함대를 이용하여 무역을 하였다.

5. 제노바의 상업 자본주의

제노바는 그리 잘 알려지지 않았지만 9세기부터 18세기까지 거의

91 Elisabeth Crouzet–Pavan, *Venise triomphante: Les horizons d'un mythe*. pp.273~339.

92 Elisabeth Crouzet–Pavan, *Venise triomphante: Les horizons d'un mythe*. pp.147~152.

천년 동안 베네치아와 함께 이탈리아의 대표 도시국가였다.[93] 제노바는 베네치아와 마찬가지로 이탈리아에 중심을 둔 도시국가이자 동시에 '도시제국'(City-empire)이었다. 모도시(母都市)를 중심으로 자도시(子都市)를 식민지로 두는 형식은 이미 그리스의 도시국가에서 찾아볼 수 있는 제국 모델이다. 베네치아나 제노바의 도시제국은 그리스의 모형을 더 큰 범위에서 재생산한 셈이다. 이들은 지중해부터 흑해까지 이르는 거대한 지역에 다수의 자도시(子都市)를 두었다.

제노바와 베네치아 모두 지중해 무역에서 중요한 거래 대상은 아시아였다. 따라서 지중해 동부와 흑해에 자도시를 두어 고가의 동방 상품 공급을 확보하는 일이 무척 중요했다.[94] 이런 전략적 이유로 베네치아와 제노바 모두 지중해 연안의 서아시아와 흑해 연안의 소아시아에 거점을 확보하기 위해 경쟁 관계에 있었다. 특히 비잔틴 제국이나 서아시아에 세워진 십자군 국가들은 베네치아와 제노바에 무역 특혜를 주고 대신 해군력을 지원받는 교환 관계를 형성했다. 다른 한편 지중해 서부는 동부에 비해 무역 경쟁의 압력이 덜했고 제노바가 지배적인 위상을 가질 수 있었다.[95]

앞서 베네치아가 무역의 안전보장을 위해 국가 자본주의 형태의 함대를 운영했다는 점을 지적했다. 이에 비해 제노바는 민간이 주도하

93 Pierre Milza, *Histoire de l'Italie. Des origines à nos jours*. pp.458~460.

94 남종국, 『이탈리아 상인의 위대한 도전: 근대 자본주의와 혁신의 기원』, pp.271~330.

95 세계사에서 대항해의 시대를 대표하는 콜럼부스는 바로 제노바 출신 모험가다. 그리고 제노바인이 스페인 왕실의 후원을 받아 대항해시대를 열었다는 사실은 우연이 아니다. 15세기말 베네치아가 강한 국가를 유지하는 동안 제노바는 외세의 침략에 시달렸고 제노바 상인은 물론 콜럼부스와 같은 모험가도 본국보다는 해외로 눈을 돌렸던 것이다.

는 함대를 매번 유연한 형식으로 모집하여 운영하였다. 개인 상인들이 보유하는 배를 모은 뒤 무장하여 이동시키는 형식이었던 것이다. 해운의 안전이라는 공공재를 만드는데 베네치아가 제노바보다 훨씬 효율적으로 작동했다고 말할 수 있다. 자도시나 무역거점을 관리하는 방법도 대조적이었다. 베네치아는 정부가 자도시를 직접 관리하면서 자도시마다 정부의 대표와 무장조직이 마련되어 있었다. 반면 제노바는 각각의 자도시에 체류하는 민간 상인들이 자율적 조직을 만들어 자치 운영하는 형식이었다. 전자가 피라미드 형식의 위계조직이었다면, 후자는 그물 형식의 자율적 망이었던 것이다.

베네치아는 국가와 정부를 통한 사회 지배계층의 협력이 원활하게 이뤄졌다면 제노바는 반대로 협력이 제대로 이뤄지지 못하고 잦은 분쟁과 정치 불안에 시달렸다. 특히 제노바 정치는 다수의 거상 가문이 경쟁하는 구도였는데, 권력을 획득하기 위해 치열하게 다투는 일이 일상이었다. 제노바 정치에서는 폭력을 통한 정부의 전복도 빈번하게 일어났다. 1257년부터 1528년 사이 제노바에는 81차례의 반란과 정권 교체가 있었던 것으로 조사되었다.[96]

이처럼 제노바 정부의 성격은 베네치아와는 커다란 차이점을 드러냈다. 유럽 초기 자본주의 연구에서 기념비적 업적을 남긴 브로델은 "베니스에서 국가가 전부였다면 제노바에서는 자본이 전부였다"고 설명하였다.[97] 또 역사학자 로페즈는 『중세의 상업혁명, 950~1350』에서

96 Steven Epstein. *Genoa and the Genoese, 958~1528.*

97 Giovanni Arrighi. *The Long Twentieth Century: Money, Power, and the Origins of Our Times*. p.145.

제노바의 정부가 "상인에 의한, 상인을 위한, 상인의 정부"였다고 표현하였다.[98] 물론 베네치아와 제노바를 너무 대립적 모델로만 보는 것도 곤란하다. 두 도시제국의 공통 목표는 하나, 즉 무역의 이익을 극대화하는 것이었다. 다만 그 방법에 있어 베네치아는 국가를 통해 공공재를 생산하는 양식이었다면 제노바는 민간을 동원하여 공공재를 생산했다는 차이점을 강조하는 것이다.

이런 차이에도 불구하고 제노바의 자본주의는 베네치아와 경쟁할 만한 강한 힘을 갖고 있었다. 제노바는 도제의 선출과 같은 정치문제에서는 강력한 거상 가문들이 치열하게 투쟁을 벌였지만, 자본의 이익을 보호하기 위해서는 놀라운 연대 의식을 보여주었다. 그 대표적인 기관이 1407년에 만들어진 산지오르조 은행(Casa di San Giorgio)이다.[99] 이 단체는 제노바 정부에 자금을 빌려준 자본가의 집단이다. 그 때까지 국채를 관리하면서 정부와 협상을 벌이기 위해 만들어진 채권자 집단이 여러 개 있었는데 이를 15세기 들어 하나로 통합한 결과다. 나중에 국가 재정을 관리하는 중앙은행의 기능적 모태를 여기서 어느 정도 발견할 수 있다. 또 베네치아 자본가들이 유럽에서 쇠퇴하는 16세기 이후에도 제노바의 자본가들은 이베리아 반도나 네덜란드 등으로 활동영역을 넓혀 대항해 시대에 동참하였다.

---

98 Robert Lopez. *The Commercial Revolution of the Middle Ages, 950~1350.* p.71.

99 Yves Renouard. *Les Hommes d'affaires italiens du Moyen Age.* pp.342~353.

6. 피렌체의 '금융/산업 자본주의'

고대 그리스의 플라톤이나 아리스토텔레스에 이어 근대 정치를 논할 때 항상 등장하는 사상가가 마키아벨리다. 그는 피렌체라는 도시국가에서 주로 활동하였지만 동시에 이탈리아라는 공간에서 서로 경쟁하는 베네치아, 제노바 등을 세밀하게 관찰하는 입장이었다. 마키아벨리는 위의 산지오르조 은행을 두고 '국가 안의 국가'라는 표현을 사용하였다.[100]

그는 또 『군주론』을 통해 국가의 역할과 정치의 본질에 대해 논하였다.[101] 당시 정치체제를 놓고 본다면 베네치아나 제노바는 공화정이었다. 마키아벨리가 활동한 피렌체는 공화정을 가진 도시국가로 출발했지만 점차 영토 국가적 특징을 갖게 되었다. 16세기 중반 공화정이 아닌 군주제로의 전환이 이를 잘 보여준다. 피렌체는 1530년대부터는 메디치가의 지배체제가 공고화되면서 이전처럼 민중 또는 과두제의 대표가 아니라 공작 개인이 상당히 독립적으로 정부를 운영하는 체제를 갖는다.

중세에 베네치아와 제노바가 해양 무역을 통해 발전하던 시기 피렌체는 내륙 무역에 뛰어들어 경제적 능력을 키워나갔다. 당시 내륙의 무역은 해양무역보다 더 위험했고 그 때문에 상거래를 위해서는 신용거래, 즉 금융이 중요한 역할을 차지하게 되었다. 피렌체는 피아첸차, 시에나 등과 치열한 경쟁을 벌인 끝에 내륙 자본주의를 대표하는 주자

---

100 Niccolo Machiavelli. *Istorie fiorentine*. Book VIII. Ch. 29.

101 Niccolo Machiavelli. *The Prince*.

로 떠올랐다.[102] 특히 피렌체의 금융업자들은 교황의 재산을 관리하면서 크게 성장할 수 있었고, 유럽 내에 금융업의 그물을 형성하여 자본을 축적하는데 놀라운 능력을 발휘했다. 금 · 은화 등 화폐의 안전한 이동이 어려운 상황에서 같은 도시 출신의 금융업자들이 형성한 유럽 차원의 그물은 모든 교역에 불가피한 서비스를 제공했기 때문이다.

기독교가 지배하는 중세에 융자에 대한 이자를 받는 것은 엄격하게 금지되어 있었다. 하지만 환전이나 송금 등 자금의 이동과 관련하여 실제로는 융자 행위와 이자 지불의 행위를 하였고 이런 관습을 교묘히 은폐할 수 있었다.[103] 이런 점에서 환전과 송금을 담당했던 피렌체 금융업자들이야말로 유럽 자본주의의 발판을 마련한 개척자들이었던 셈이다. 피렌체가 제노바나 베네치아처럼 해상 제국을 건설하지 못한 것은 내륙도시라는 지리 요인이 가장 크게 작용했다. 물론 피사 항을 통해 해외 팽창을 시도하지 않은 것은 아니었지만 한계가 명백했다.

피렌체는 금융업과 동시에 수공업의 발전을 통한 산업 자본주의의 가능성을 보여주기도 하였다. 피렌체는 특히 모직산업과 실크산업에서 유럽 최고의 상품을 생산하는 기지로 발전하였다.[104] 피렌체의 모직이나 실크 공장은 이미 많은 노동자를 고용하는 대량생산의 현장으로 발전하였다. 이는 산업혁명의 기계화 이전에 유럽에 존재했던 자본주의적 생산의 모태라고 할 수 있다. 1378년에 일어난 '치옴피(Ciompi) 반란'은 피렌체의 모직산업의 단순 노동자들이 주동한 정치적 반란으로 도

102 남종국, 『이탈리아 상인의 위대한 도전: 근대 자본주의와 혁신의 기원』, pp.331~373.

103 Henri Denis, *Histoire de la pensée économique*, p.89.

104 Yves Renouard, *Les Hommes d'affaires italiens du Moyen Age*, pp.109~110.

시 노동운동 정치화의 기원이기도 하다.[105] 이처럼 피렌체는 제노바나 베네치아와는 약간 다른 유형의 자본주의 기원을 형성하는 사례로 볼 수 있다.

7. 자본주의의 아시아 · 아프리카 뿌리

유럽이 근대 자본주의 발전의 중심이었기 때문에 유럽의 과거에서 자본주의의 뿌리를 찾는 것은 일면 당연하다. 하지만 장기 역사에서 특정 제도나 문화의 뿌리가 반드시 지리적 지속성을 갖는 것은 아니다. 언어의 사례만 보더라도 특정 지역의 언어는 집단의 이동을 통해 다른 지역으로 확산될 수도 있고, 언어가 사라지는 경우도 빈번하다.[106] 이상에서 지적한 고대 그리스-로마의 특정 요소가 중세 유럽 도시국가로 전승되어 상업 문화가 발전했다는 역사 해석은 상당 부분 타당하다. 그러나 이런 과정이 유럽이라는 고립된 섬에서 일어난 것은 아니다.

주요 문명이 그랬듯이 고대 그리스도 자신을 세계의 중심으로 보면서 서북쪽에 유럽, 동남쪽에 아시아, 그리고 바다 건너 남쪽에 아프리카라는 외부 야만의 세계가 있다고 보았다. 로마 제국은 이탈리아 반도에 수도를 두고 있었지만 유럽, 아시아, 아프리카를 모두 포함하는

105 Yves Renouard. *Histoire de Florence*. pp.69~71.

106 인도 유럽어의 원형은 우크라이나와 중앙아시아 지역에서 출발하여 인도부터 유럽대륙까지 확산되었다. 티베트 지역의 토카리언과 같은 일부 언어는 시간이 지나면서 사라져버렸다: Jared Diamond. *The Rise and Fall of the Third Chimpanzee*. p.229.

제국을 형성했다. 일단 그리스와 로마 문명의 형성에 아시아와 아프리카가 기여하였고 그리스 로마 문명이란 결국 유럽-아시아-아프리카의 합작품이다. 게다가 그리스-로마의 유산은 사실상 유럽만이 아니라 아시아와 아프리카가 공유한다.

유럽 중세에서 자본주의의 기원을 찾아가면서 우리가 위에서 지적한 요소들은 다수가 아시아나 아프리카에서 발전하여 전달된 결과다. 우선 상업경제의 전통은 비단 중세 유럽 도시국가에서만 존재한 것은 아니다. 영국의 인류학자 구디는 상업 문화라는 것은 청동기 이후 문명을 이룬 대부분의 지역에서 모두 발전하게 되었다고 설명한다.[107] 아시아의 중국이나 인도, 또 아시아와 아프리카에 걸쳐 발전한 아랍 문명은 유럽 못지않은 상업문화와 경제를 발전시켰다.[108]

고대 그리스의 무역 그물이 만들어지기 이전에 지중해 무역 그물은 서아시아의 페니키아 인들이 조성한 것이었다. 유럽에서 자본주의 발전에 중요한 역할을 했다고 평가되는 어음이나 화폐, 대차대조 형식의 회계 등은 모두 아랍 세계의 상인들로부터 유럽으로 전달되어 발전하였다. 화폐를 지폐의 형식으로 만들어 대량 생산한 것도 중국 송나라의 발명으로 서서히 유럽까지 전달되었다.

이 과정에서 중세 유라시아 중심에 만들어진 몽골 제국은 동아시아와 유럽을 연결하는 결정적 역할을 담당했다. 몽골 제국은 중국부터 아시아 대륙을 가로질러 지중해와 흑해까지 연결되었다. 베네치아

---

107 Jack Goody. *Capitalism and Modernity: The Great Debate.* pp.157~158.

108 Larry Neal and Jeffrey Williamson. eds. T*he Cambridge History of Capitalism vol. 1. The Spread of Capitalism: From 1848 to the Present.*

와 제노바, 피렌체 등 이탈리아 도시국가의 부흥은 동아시아와 인도 등에서 전해지는 고가상품을 흑해나 지중해에서 교환하는 무역에 기초한 것이었다.[109]

예를 들어 중국의 비단은 고대부터 장거리 무역의 단골 상품이었다. '실크로드'라는 표현은 유라시아를 가로질러 동아시아부터 유럽까지 다다르는 무역의 길을 의미했다. 상품의 교역은 모방을 낳는다.[110] 비단 생산의 기술이나 다수의 노동자가 일하는 공장 형식도 점차 대륙을 넘어 이동하였다. 결국 실크산업은 이탈리아에까지 도달하여 피렌체 등지에서 활발하게 꽃피우게 된다. 이어 프랑스나 영국도 이탈리아를 모방하여 고부가가치의 실크산업에 뛰어들면서 무역이 생산의 확장에 기여하는 패턴을 반복하였다.

우리가 족보에서 모계의 영향을 거의 지워버리듯이 경제발전의 역사에서 아시아나 아프리카의 기여는 상당 부분 은폐되었다. 다행히도 최근 연구들은 이런 자본주의의 다양한 기원을 부각시킨다. 물론 유럽에서 자본주의가 발전한 것이 순전히 아시아와 아프리카의 제도나 기술을 수입해서 가능했던 것은 아니다. 유럽에서 무엇인가 새로운 조합이 이뤄지면서 획기적인 양상으로 발전했다고 보는 것이 더 정확할 것이다.

---

109 Janet Abu-Lughod. *Before European Hegemony: The World System A.D. 1250~1350.*

110 Philippe Norel. *L'histoire économique globale.* pp.79~95.

8. 중세의 자본주의?

그렇다면 중세 베네치아나 제노바에서 발전한 도시국가와 상업경제를 두고 자본주의가 시작되었다고 말할 수 있을까. 우리는 자본주의를 "시간을 지배하는 물질적 축적을 위해 사회 전체가 조직되어 움직이는 체제"라고 정의하였다. '상인을 위한, 상인에 의한, 상인의 정부'가 존재하는 제노바는 자본주의의 정의에 어느 정도 부합한다. 베네치아 역시 공화국의 제도를 활용하여 상업적 이익의 축적과 팽창을 추구했다는 점에서 자본주의의 맹아(萌芽)라고 할 수 있다. 제노바와 베네치아는 민간 주도와 국가 주도라는 차이점이 존재할 뿐 실제로는 상업경제의 이익을 위해 조직된 공동체였다. 이런 점에서 중세 유럽 이탈리아의 일부 도시국가는 자본주의의 기원 또는 원형이라 부를 수 있다.

구디가 지적했듯이 이런 종류의 상업 문화나 상업경제는 유럽 뿐 아니라 아시아나 아프리카 일부 지역에도 존재했다. 그러나 이탈리아 도시국가에서처럼 상업의 이익을 중심으로 정치와 국가, 정부가 조직되지는 않았다.[111] 베네치아와 제노바는 정치 자체가 상업의 이익, 물질적 축적이라는 자본주의적 목표를 향해 조직되었다.

이탈리아 도시국가를 자본주의의 기원이라고 부를 수 있는 또 다른 이유는 이들과 근대 자본주의가 발전한 서유럽 지역이 밀접한 관계를 유지하면서 공동 진화 co-evolution 했기 때문이다. 슘페터처럼 자본주의 문명을 진화의 과정이라고 본다면 이탈리아 도시국가의 자본주

111 프랑스의 경제사학자 노렐 역시 자본주의 생성에서 국가의 역할을 강조한다: Philippe Norel. *L'histoire économique globale*. pp.195~219.

의적 성격은 이후 네덜란드와 영국, 프랑스 등으로 전파, 확산되면서 근대 자본주의를 낳았다고 할 수 있다. 서아시아나 북아프리카, 멀리 동아시아와의 교류는 유럽에 많은 자본주의의 요소를 전파하였지만 이탈리아나 서유럽과 긴밀한 공동 진화의 양상을 보이지는 않았다. 반면 네덜란드나 영국의 자본주의 발전은 단순한 모방이 아닌 이탈리아 도시국가와의 직접적 관계를 통해 이뤄졌다.

이런 기원으로서의 중요성에도 불구하고 이탈리아 도시국가의 자본주의는 명백한 한계를 안고 있었다. 우선 국가의 규모가 해당 도시 그리고 다른 지역의 무역 · 군사 거점에 한정되었기 때문에 유럽을 주도하는 다른 영토 국가와의 경쟁에서 취약했다. 특히 15세기부터 나타나는 전쟁의 변화는 자본의 중요성 못지않게 영토와 인구의 중요성을 강화하였다. 징병을 통한 전쟁 규모의 확장에서 도시국가는 영토 국가에 뒤쳐질 수밖에 없었다.[112]

또 도시국가는 무역으로 먹고 사는 체제였지만 그럼에도 불구하고 식량공급의 필요에서 해방된 지역은 아니었다. 도시 주변의 영토를 확보하여 스스로 식량을 공급하는 일이 여전히 무척 중요했다는 말이다. 피렌체가 금융과 산업 등의 분야에서 두각을 나타냈지만 군주를 중심으로 영토 국가적 특성을 가지는 정치체로 발전한 것도 이런 필요를 반영한다. 베네치아 역시 해양 제국으로 시작했지만 시간이 지나면서 포강을 따라 이탈리아 북부에 영토 국가를 만들기 시작했다.[113] 제노바의 경우 상업이익을 위해 사회 전체가 조직되어 움직이는 체제를 형성했

112 Charles Tilly, *Coercion, Capital, and European States AD 990~1992*, p.31.

113 Elisabeth Crouzet-Pavan, *Venise triomphante: Les horizons d'un mythe*, p.201.

지만 무척 불안정하였고, 그 때문에 지속 가능성에 분명한 한계를 안고 있었다.

이처럼 중세 이탈리아의 도시국가들은 자본주의의 기원이라는 역사적 기능을 충분히 수행했지만, 동시에 명백한 구조적 한계 때문에 자신들이 자본주의를 본격적으로 발전시키는 데는 실패했다. 만일 베네치아, 제노바, 피렌체 가운데 한 도시나 이탈리아의 밀라노, 교황국 등이 반도를 통일하여 상업 문화를 더 큰 범주에서 발전시킬 수 있었다면 네덜란드나 영국이 아닌 이탈리아가 자본주의 모형을 완성했을 수도 있다. 하지만 역사에서 가정은 쉬운 작업이 아니다. 중세 이탈리아의 세계는 다중심의 경쟁 체제였고 그 덕분에 자본주의의 기원이 될 수 있었다. 하지만 다중심 체제로 인해 16세기부터는 외부 영토국가의 침입이나 지배를 받는 일이 빈번해졌고, 따라서 자본주의의 발전도 한계에 부딪치게 되었던 것이다.

유럽 중세에서 자본주의 문화가 발전하던 9~14세기의 시기는 세계 경제에서 변방이던 유럽이 중심으로 부상하는 시기이기도 하다.[114] 10세기를 기준으로 보면 서아시아와 북아프리카의 이슬람 문명, 인도의 촐라 제국으로 대표되는 해상 세력의 상업 문명, 그리고 중국 송나라가 당시로서는 가장 앞선 경제발전 수준을 자랑했다. 그러나 대항해시대가 시작되기 이전인 15세기경이 되면 유럽이 이들 지역과 대등하거나 더 높은 경제 수준에 도달하게 된다. 중세 이탈리아 도시국가의 경제적 기여가 돋보이는 이유다.

114 Ronald Findlay. *Power and Plenty: Trade, War, and the World Economy in the Second Millenium.* pp.88~98.

제4장
자본주의의 발전: 1500~1840년

1. 대항해 시대

우리는 이탈리아 도시국가에서 자본주의의 원형을 어렴풋이 그려낼 수 있었다. 많은 학자들이 지적했듯이 상업문화는 다수의 상인이 활동하는 지역에는 항상 존재했다. 동아시아나 남아시아, 서아시아와 북아프리카 등의 지역은 유럽과 마찬가지로 상업의 그물로 이어져 있었고 각각 독특한 상업문화를 갖고 있었다.[115] 하지만 어느 지역에서도 이탈리아처럼 상업을 위해 국가가 조직된 경우는 찾아보기 어렵다. 결국 이탈리아 자본주의의 원형은 국가가 상업문화를 반영하고 장려한다는 점에서 다른 지역과 차별성을 드러낸다고 보아야 한다.

115 Ronald Findlay. *Power and Plenty: Trade, War, and the World Economy in the Second Millenium.*

프랑스의 정치경제학자 보는 『자본주의의 역사』라는 책에서 자본주의의 시발점을 1500년으로 잡는다.[116] 자본주의는 매우 복합적인 현상이기 때문에 단순한 기준을 정해 특정 시점에 자본주의가 형성되었다고 말하기는 어렵지만, 1500년 정도에는 활발한 자본주의적 활동이 벌어지기 시작한다는 주장이다. 이 역사는 이제 오백년을 넘어 21세기에도 지속되고 있다.

자본주의의 형성에 대한 보의 '마요네즈 비유'는 무척 인상적이다.[117] 계란의 노른자와 소금, 식초, 후추 등의 재료를 그릇에 넣고 적절한 속도로 돌리면서 섞다보면 어느 순간 마술처럼 부풀어 오르면서 마요네즈가 만들어진다. 재료의 종류나 분량, 돌리는 속도의 적절성, 심지어 만드는 장소의 기온, 습도 등 다양한 요소가 마요네즈 만들기에 영향을 미친다. 중요한 사실은 어느 한 조건이라도 부족하면 마요네즈 만들기는 실패한다는 점이다. 자본주의의 형성도 이처럼 다양한 요소가 결합되어 어느 순간 일어난다는 관점인데 상당한 설득력을 갖는다.

보 뿐 아니라 많은 학자들은 16세기를 자본주의의 출발점으로 보았다. 특히 월러스타인과 같은 세계체계론자는 16세기에 유럽의 자본이 세계로 확장되면서 자본주의 세계체계가 형성되기 시작했다고 분석한다.[118] 월러스타인의 스승 브로델은 세계체계가 형성되기 이전에 이미 유럽의 지중해를 중심으로 자본 축적의 경제체계가 형성되었다고

116 Michel Beaud. *Histoire du capitalisme 1500~2010*. pp.28~38.

117 Michel Beaud. *Histoire du capitalisme 1500~2010*. p.26.

118 Immanuel Wallerstein. *The Modern World System. Vol. 1. Capitalist Agriculture and the Origins of the European World Economy in the Sixteenth Century.*

보는 입장이었다.[119] 브로델과 월러스타인은 모두 해양 무역이 자본 축적의 기본적인 동력이라고 보았다. 브로델이 무역을 통한 자본 축적의 과정에 더 무게를 두었다면, 월러스타인은 무역이 지구 각지를 연결함으로써 하나의 통합체계가 만들어지는 과정을 더 중시하였다.

대항해 시대란 바다를 통해 지구 각지에 도달할 수 있는 시대다. 항해는 어렵고 시간은 많이 걸릴 수 있지만 둥근 지구에서 바다를 통한다면 못 갈 곳이 없는 시대다. 1492년 콜럼부스의 '아메리카 발견'이라는 상징적 출발점은 유럽 중심 대항해 시대를 열었다.[120] 콜럼부스의 여행으로 미지의 바다를 건너 지구를 반대방향으로 돌아 아시아에 갈 수 있다는 사실이 신빙성을 얻었다. 이어 1498년 바스코 다가마는 배를 타고 유럽에서 출발하여 아프리카를 돌아 인도 해안에 도착한 최초의 항해사가 되었다. 인류 최초의 세계 일주 항해는 마젤란이 1519년 시작하여 1522년까지 3년에 걸쳐 완성하였다. 마젤란이 지구를 한 바퀴 돌아 출발한 항구로 오는데 3년이 걸렸다. 그 와중에 대장 마젤란은 목숨을 잃었고 항해에 나섰던 다섯 척의 배 가운데 돌아온 배는 하나 뿐이다.

이 해양의 시대를 연 것은 유럽인들의 몫이었다. 정확하게 분석하면 이탈리아 탐험가들과 이베리아 '스폰서' 의 결합이라고 할 수 있다.[121] 콜럼부스, 베스푸치, 베라차노, 카보토 등 탐험가의 다수는 이

---

119 Fernand Braudel. *La dynamique du capitalisme*. pp.61~62. 브로델은 "자본주의가 승리하는 것은 국가와 동일화 될 때, 국가 그 자체일 때뿐이라고 말한다." 그리고 곧바로 이어 이탈리아 도시국가와 네덜란드, 영국을 사례로 들며, 프랑스에서는 1830년대가 돼서야 자본주의가 등장한다고 설명한다.

120 주경철의 역작 『대항해 시대: 해상 팽창과 근대 세계의 형성』은 15~16세기 유럽의 팽창을 친절하고 세밀하게 설명해 준다. 특히 유럽중심주의에서 벗어나 보다 객관적인 시각으로 이 시기를 바라볼 수 있는 역사 연구서다.

121 조홍식. 『문명의 그물: 유럽문화의 파노라마』. pp.489~490.

미 지중해를 누비고 다니던 이탈리아 도시국가 출신이었다. 이들은 국적에 상관없이 스페인, 포르투갈, 프랑스, 영국 등 자신의 모험을 지원해 주는 왕실을 위해 일했다. 유럽의 경쟁적 해외 진출에는 여러 동기가 공존했다. 모험가의 경우 과학적 신념이나 경제적 이윤, 종교적 헌신 등이 모두 중요한 동기였다. 탐험을 지원하는 군주들도 짭짤한 이윤과 왕국의 명예 등 다양한 동기를 가졌다.[122] 장거리 항해를 통해 축적한 유럽인들의 무역 노하우는 유럽 안에서 상당히 빠른 속도로 전파·모방되었다. 하지만 유럽 밖의 세력은 유럽인들의 초기 우위로 인해 장기적인 열세에 놓일 수밖에 없었다.

2. 지구 일주에서 아편전쟁까지

보나 월러스타인이 자본주의 역사의 출발점을 1500년쯤으로 잡은 중요한 이유는 대항해 시대가 열려 세계가 하나가 되었기 때문이다. 콜럼부스나 바스코 다가마, 마젤란의 항해는 단순한 개인의 모험이 아니라 유럽이 항해술, 조선 능력, 과학과 기술, 자본의 축적, 무역 항로 개척을 위한 노력 등 각 방면에서 높은 수준에 도달한 결과다. 특히 마젤란의 3년에 걸친 지구 일주는 새로운 시대를 여는 상징으로 전혀 부족함이 없다. 이 장은 1500년부터 1840년대까지의 시기를 자본주의가 발전한 기간으로 주목한다. 지구 일주가 시작이라면 1840년대는 자본주의가 어느 정도 완성되는 시기다. 자본주의 발전의 시작과 끝을 의미하

122 Horst Pietschmann, "Les Indes de Castille", pp.147~188.

는 사건이나 현실은 다음과 같다.

첫째, 지구를 하나로 묶는 유럽의 대항해 시대는 1840년대 아편전쟁으로 중국까지 세계체계에 강제로 편입시키는 데 성공했다.[123] 유럽 도시국가에서 시작한 자본 축적의 정치경제는 무역을 성장의 발판으로 삼았다. 당시 대표적 무역 도시국가 베네치아와 제노바는 지중해 무역을 중심으로 발전하였고, 중세에 이를 넘어 북해의 한자 동맹 등과 관계를 확장하였다. 1500년부터는 유럽의 항해 모험이 세계를 하나로 묶는데 성공했다. 그리고 무역을 통한 자본 축적은 점차 그 범위를 확대하여 스페인, 포르투갈, 네덜란드, 영국, 프랑스 등 유럽의 주요 국가들이 경쟁적으로 세계를 대상으로 활동하게 된다.[124] 이들은 아메리카 대륙을 모두 유럽의 식민지로 만들었고, 아프리카나 아시아의 연안은 물론 일부 지역에서는 내륙까지 지배의 손길을 뻗쳤다. 특히 1840년대 중국과의 아편 전쟁은 유럽이 그 때까지 세계 최강대국이었던 동아시아의 맹주 중국까지 무역과 세력의 범위를 확산하였다는 사실을 보여준다.

둘째, 자본 축적의 중심이 점차 무역에서 산업 생산으로 옮겨가기 시작하였다.[125] 무역은 중개업이고 서비스업에 속한다. 산업 생산은 현대 사회에서 획기적으로 발전한 제2차 산업이다. 자본주의 발전의 역사를 보면 농업과 광업 등 1차 산업이 지배하는 농경사회에서 무

---

123 François Gipouloux. *La Méditerranée asiatique, XVIe~XXIe siècle*. pp.174~175.

124 Michel Beaud. *Histoire du capitalisme 1500~2010*. pp.68~74.

125 마르크스는 상업이 지배하는 단계를 넘어서 대규모 공장과 다수의 노동자를 고용하는 산업이 발전해야 자본주의가 본격적으로 시작했다고 본다. 노동가치설을 신봉하는 마르크스는 상업은 아무런 가치도 창출하지 못한다는 시각을 갖는다.

역 즉 3차 산업을 통한 상업사회로 진화하였다. 그리고 다시 상업사회에서 산업 생산 즉 2차 산업이 지배하는 사회로 이행했다고 할 수 있다. 1500년 세계에서 산업의 중심은 사실 중국이나 인도, 또는 서아시아 아랍 세계와 유럽 피렌체 등의 공장에 골고루 분포되어 있었다고 할 수 있다. 어느 지역이 중심을 형성한다고 말하기 어려웠다. 그러나 1840년경에는 유럽, 특히 영국과 프랑스, 베네룩스 지역 등이 산업혁명을 통해 세계의 산업 중심으로 부상하였다.[126] 그리고 '영국은 세계의 공장'이라는 등식이 현실이 되었다. 서유럽은 이때부터 산업 생산의 우위를 앞세워 세계 시장을 지배하게 된다.

셋째, 영토국가와 자본국가가 차별화 된 상황에서 서서히 영토와 자본을 통합하는 민족국가가 부상하는 기간이다. 1500년의 유럽에는 큰 영토를 지배하는 군사대국과 자본을 축적한 경제대국이 서로 구분되어 있었다. 프랑스, 오스트리아, 영국 등이 영토 국가였다면 베네치아와 제노바는 부를 축적한 자본국가를 대표했다. 16세기부터 19세기까지 유럽은 영토와 자본의 분리가 서서히 하나의 정치경제체제로 통합되는 과정을 거쳤다.[127] 16세기 스페인과 포르투갈, 그리고 17세기 네덜란드는 이런 영토와 자본의 통합 체제를 형성하는데 결정적인 고리가 되었다. 18세기부터 영국과 프랑스는 영토와 자본을 통합하여 세계로 영향력을 확대하는 제국주의의 첨병으로 부상하였다. 19세기 중반의 강대국 영국과 프랑스는 모두 자본주의와 민족주의를 통합하여

126 Patrick Verley. *L'échelle du monde: Essai sur l'industrialisation de l'Occident*. pp.143~215.

127 Charles Tilly. *Coercion, Capital, and European States AD 990~1992*. pp.181~191.

이룩한 제국주의적 영향력을 중국까지 미치게 되었던 것이다.

이 장에서는 이상의 세 가지 변화 즉 무역의 세계 팽창, 상업에서 산업으로 자본주의의 심화, 그리고 영토와 자본을 결합한 정치체제의 등장을 차례로 살펴보고 분석한다.

3. 무역의 세계 팽창

자본주의의 기원을 논했던 중세 이탈리아 도시국가에서 16세기 대항해 시대로 넘어오면서 지속과 변화를 동시에 확인할 수 있다. 가장 커다란 지속성은 자본의 팽창이 여전히 무역이라는 상업 활동을 통해 이뤄진다는 사실이다. 이탈리아 도시국가와 16세기에 새롭게 부상하는 해양 대국 스페인, 포르투갈, 네덜란드, 영국 등은 모두 무역을 통한 자본의 팽창이라는 운동에 동참하여 발전을 이룩하였다.

또 다른 지속성은 유럽의 국가들이 자국에서 생산한 제품으로 무역에 나섰다기보다는 대부분 중개 무역을 통해 이윤을 남기면서 자본 축적을 이룩했다는 점이다. 이탈리아 도시국가들은 서아시아와 흑해에서 중국, 인도, 페르시아, 아랍 등의 상인들이 가져온 다양한 상품을 실어다 유럽에 판매하는 무역에서 뛰어난 능력을 발휘했다. 16세기 이후에도 주요 상품의 이동은 유럽이 동아시아, 동남아, 남아시아에서 향신료, 도자기, 차, 비단 등을 수입하는 패턴이었다.[128] 또 유럽은 세계 바다를 누비는 해운 경쟁력 덕분에 예를 들면 아시아나 아프리카, 아메리

128 François Crouzet, *Histoire de l'économie européenne 1000~2000*, pp.89~105.

카의 역내 중개 무역에서 톡톡한 재미를 보면서 이윤을 챙겼다.

무역이라는 용어가 오해를 가져올 수 있는데 실제 중세나 16세기의 무역이란 군사적 우위를 바탕으로 하는 불평등한 관계를 반영했다. 베네치아와 제노바는 서아시아와 흑해에 많은 식민거점을 두고 있었고, 비잔틴 제국이나 십자군 국가에 해군력을 제공하는 대가로 특혜무역을 하였다. 마찬가지로 16세기 이후 유럽의 무역 세력들도 아메리카, 아프리카, 아시아 등에 식민거점을 두고 무력으로 지배하면서 상업을 전개했다. 중국과 같은 거대한 경제대국을 대상으로 포르투갈은 1557년에 마카오라는 무역 기지를 확보할 수 있었다.[129]

이런 지속성의 바탕 위에 상당한 변화가 뒤따랐다. 우선 지리적으로 무역의 범위가 지중해를 넘어 세계가 되었다. 특히 아메리카 대륙에 드넓은 식민지를 확보한 스페인과 포르투갈은 대서양과 인도양, 태평양을 뛰어 넘는 무역의 그물을 형성하였다. 스페인과 포르투갈은 1494년 토르데시야스 조약을 통해 세계를 둘로 나누어 각각의 영향권을 설정하고 지배했다.[130] 물론 후발 주자 네덜란드와 잉글랜드, 프랑스, 스웨덴 등이 경쟁에 동참하면서 점차 유럽의 무역 경쟁은 강화되었다.

다음, 유럽 세력의 무력을 통한 지배력이 더욱 강화되었다. 과거 이탈리아 도시국가와 비잔틴 제국의 관계는 일종의 교환이고 거래였다. 베네치아나 제노바가 해군력을 제공하기 때문에 비잔틴 제국은 무역 특혜를 제공했다. 그러나 16세기부터 유럽의 스페인과 포르투갈은 아메리카를 직접 통치하는 식민지로 운영했다. 특히 스페인과 포르투

129 François Gipouloux. *La Méditerranée asiatique, XVIe~XXIe siècle*. pp.141~144.

130 Jean-François Labourdette. *Histoire du Portugal*. p.151~152.

같은 이 지역에서 주민을 대량 학살하였고, 금과 은을 약탈하거나 개발하였다. 이는 세계 자본주의가 형성되는 데 기본 자본의 '밑천'을 제공했다는 점에서 무척 중요하다.[131]

무력을 통한 유럽의 지배력은 노예무역의 발달에서도 확인할 수 있다. 16세기부터 19세기까지 유럽의 세력들은 경쟁적으로 아프리카에서 인간을 포획하여 대서양을 건너 아메리카에 노예로 판매하는 무역으로써 초기 자본 축적에 큰 도움을 얻었다. 영국의 리버풀은 노예무역을 통해 성장하고 발달한 대표적인 도시다. 노예의 노동은 아메리카에서 사탕수수, 커피, 카카오, 담배, 목화 등의 대규모 농장에 투입되었다. 그리고 세계 무역의 중요한 상품으로 등장한 열대작물은 유럽 상업 및 산업 자본주의의 발전에 결정적으로 기여하였다.[132]

끝으로 16~19세기의 무역은 유럽의 자본주의 발전, 아프리카와 아메리카 및 아시아의 약탈을 가져왔고, 동시에 이들 지역에서 경제적 변화를 초래했다. 위에서 지적한 아프리카의 노예수출은 노동력의 차출로 지역의 경제적 낙후를 초래하고, 라틴 아메리카에서 금은의 약탈과 열대작물을 위한 대농장 경제는 사회적 불평등을 가져왔다. 또 중국이나 일본, 인도에서는 초기에 유럽의 상품 수요가 경제적 자극제로 작동했다. 세계 무역의 발전으로 유럽이 선호하는 상품 – 중국이나 일본의 비단, 도자기, 차, 인도의 직물 등 – 의 생산은 강화될 수밖에 없었던 것이다.[133]

---

131 Giovanni Arrighi. *The Long Twentieth Century*. pp.116~126.

132 설탕의 사례는 다음을 참고할 것: Sidney Mintz. *Sweetness and Power*.

133 Robert Finlay. *The Pilgrim Art: Cultures of Porcelain in World History* ; Amelia Peck. ed. *Interwoven Globe: The Worldwide Textile Trade, 1500~1800*.

아편 전쟁은 유럽과 동아시아의 무역에서 동아시아가 전통적으로 가졌던 비교 우위를 잘 보여준다. 유럽은 초기에 중개무역의 차원에서 라틴 아메리카의 금이나 은, 인도의 직물 등을 동아시아에 제공하면서 도자기, 차와 비단 등을 유럽으로 가져갔다. 하지만 유럽이 자체로 생산하여 동아시아에 판매할 만한 마땅한 상품은 없었다. 게다가 유럽은 금·은이 지속적으로 중국으로 흘러들어가는 것을 못마땅해 했다. 결국 유럽은 인도의 아편을 판매함으로써 무역 불균형을 극복하려 한 것이고, 이것이 영국과 중국의 분쟁을 초래한 직접 원인으로 작용하였다.

4. 시장과 산업생산의 확산

이 시기의 자본주의는 무력을 동반한 중개무역에서 경쟁력 있는 상품을 자국에서 생산하여 수출하는 모습으로 큰 변화를 겪었다. 위에서 이미 피렌체 사례를 통해 이 내륙의 이탈리아 도시국가가 베네치아나 제노바와 비교했을 때 상대적으로 산업 자본주의의 모습이 강했음을 확인했다. 피렌체는 모직이나 비단 등 직물 공업의 분야에서 앞서나가는 모습을 보였고 이런 산업 모델은 서서히 유럽의 다른 도시로 전파되어 나갔다. 프랑스의 리옹이나 저지대(현대의 베네룩스에 해당하는 지역)의 도시들, 그리고 영국의 런던을 비롯한 도시들이 점차 직물 산업에서 이탈리아와 경쟁하는 관계를 형성했다.

유럽을 중심으로 나타난 이런 변화는 기존의 무역 패턴을 근본적으로 변화시키는 결과를 초래했다. 전통적인 원거리 무역은 고가 상품의 교환이라는 특징을 가졌다. 교통수단이 그다지 발달하지 못한 상황에서 상품의 이동은 높은 비용을 지불해야 하는 일이었다. 안전을 보장하기도 어려웠기 때문에 이동의 비용은 보호의 비용까지 초래하는 일이었다. 따라서 전통 원거리 무역은 사치품을 중심으로 이뤄질 수밖에 없었다.

다른 한편 많은 지역에서 사치품의 생산은 기본으로 국내 소비층을 위한 생산이었다. 중국이나 인도 등의 고가 상품은 국내 시장이 그 목적지였지 해외 시장, 즉 수출을 위한 생산이라고 말하기 어려웠다.[134] 이들 상품이 원거리 무역의 대상이 된 것은 말하자면 부수적 효과였던 셈이다. 그러나 16세기에서 19세기 유럽을 중심으로 하는 세계 무역의 그물이 형성되면서 거래의 대상이 사치품에서 일반 소비 상품으로 대폭 넓어졌다.

이탈리아에서 프랑스, 저지대, 영국 등으로 확산된 모직 산업은 대표적으로 수출을 위한 상품생산을 지향했으며, 동시에 산업의 수요를 충당하기 위해 원재료를 수입하는 양상이었다. 이탈리아 도시들은 스페인에서 양모를 수입하여 모직으로 만들었고, 네덜란드의 모직산업 역시 영국에서 양모를 수입하였다. 유럽에서 이렇게 기초적인 국제 분업 구조가 이미 16세기부터 자리를 잡아가기 시작한 것이다. 물론 시간이 지나면서 원재료를 수출하던 나라가 서서히 기술과 노하우를 익혀 경제발전의 사다리를 올라가기도 하였다. 영국은 대표적으로 양모 수출에서 시작하여 나중에서 직접 모직 생산으로 전환한 대 성공의 사례

134 John Guy. ""One Thing Leads to Another": Indian Textiles and the Early Globalization of Style."

다.[135]

16세기에 아름답고 화려하며 품질이 좋은 면직물은 세계에서 인도가 으뜸이었다. 캘리코라고 불리는 인도의 천은 무역을 통해 유럽으로 빠르게 수출되었고 주요 도시에서 유행하는 멋쟁이들의 상품이었다. 하지만 19세기가 되면 유럽이 면직을 생산하는 대표적인 수출 지역으로 부상하였다. 그 사이 유럽은 아메리카의 식민지 농장에서 노예 노동을 활용하여 면화를 생산하였고 이를 유럽으로 수입하여 공장에서 면직으로 만드는 국제 분업 구조를 형성했던 것이다.[136]

16세기 유럽인들이 탐냈던 고가 상품 가운데 하나가 동아시아 중국이나 일본의 도자기였다.[137] 중국 명나라의 징더전(景德鎭)이나 일본에서 생산된 도자기는 비록 향신료나 천보다는 무게가 더 나갔지만 유럽의 왕실과 귀족들, 부르주아들이 갖고 싶어 하는 장식품이자 부의 상징이었다. 유럽인들은 인도의 천을 모방하여 대량 생산하였던 것과 마찬가지로 중국이나 일본의 도자기를 모방하여 만들기 시작했다. 영국의 웨지우드는 동양 도자기를 모방하는 작업으로 사업을 시작했지만 18세기 말이 되면 디자인은 고대 그리스와 로마의 고전주의 풍으로 바꾸고, 생산과정에 기계화를 도입하여 도자기의 '유럽화'에 성공한 사례다.[138]

이처럼 자본주의가 발전하는 3백여 년의 기간에 시장과 산업생산

---

135 Ha-Joon Chang. 형성백 옮김. *Kicking away the ladder: Development strategy in historical perspective*. pp.48~51.

136 Philippe Chassaigne. *Histoire de l'Angleterre, des origines à nos jours*. pp.189~197.

137 Robert Finlay. *The Pilgrim Art*. pp.1~5.

138 Robert Finlay. *The Pilgrim Art*. pp.288~295.

의 확산은 서로를 자극하며 시너지 효과를 냈다. 유럽이 주도하는 세계 무역의 그물, 즉 시장의 확산을 통해 가장 훌륭하고 탐나는 상품들이 제한된 지역에서 더 넓은 지역 곳곳으로 퍼져나갔다. 이런 경쟁력 있는 상품들을 만드는 사회는 – 예를 들면 중국의 징더전이나 인도 해안의 직물 산업 – 초기에 생산이 자극되는 경험을 하게 된다. 하지만 이런 고가 상품은 금방 모방을 초래한다. 품질 향상을 위한 노력, 생산성을 높이는 고민, 문화 융합을 통한 창조적 개발 등은 대부분 유럽에서 더 강한 경쟁력을 가진 생산으로 이어졌다.[139] 시간이 지나면서 영국의 직물 산업은 인도 시장에 싸구려 상품을 제공하여 기존의 산업 기반을 허물어 버리는 결과를 낳았다. 물론 유럽의 고가 의류는 세계 엘리트의 제복이나 의복을 제공하는 역할도 하게 되었다. 또 유럽의 도자기 모방 산업은 고급과 대중적 상품을 모두 개발하여 세계 시장을 더욱 철저하게 공략하였다.

이런 현상을 목격하고 분석한 스미스는 『국부론』에서 시장의 규모와 분업의 정도가 비례한다고 설명하였다. 스미스가 분업을 논하면서 드는 유명한 사례는 핀 공장의 생산성이다.[140] 한 사람이 핀을 처음부터 끝까지 다 제조하는 것보다는 핀을 만드는 과정을 여러 작업으로 구분하여 각 노동자가 하나의 작업만을 담당한다면 일의 효율성이 높아진다는 설명이다. 스미스의 관찰에 따르면 분업을 통한 생산성의 증가는 240배에서 4 800배로 엄청나다.

139 Philippe Norel, *L'histoire économique globale*, pp.222~232.

140 Adam Smith, *The Wealth of Nations*, pp.109~110.

> 노동자는 아무리 열심히 일하더라도 아마 하루에 한 개의 핀도 만들 수 없을 것이며, 하루에 20개의 핀을 도저히 만들 수 없을 것이다. 그러나 이 업종이 지금 운영되고 있는 방식을 보면, 작업 전체가 하나의 특수한 직업일 뿐만 아니라, 그 작업이 다수의 부문으로 분할되어 그 각 부문의 대다수가 마찬가지로 특수한 직업으로 되고 있다.

하지만 시장의 규모가 작은 마을에 한정된다면 수 만개의 핀을 다 어디에 쓰겠는가. 분업을 할 필요도 없고, 생산성을 높일 이유도 없다. 수 만개의 핀을 소비할 수 있는 시장이 필요하다는 말이다. 거꾸로 생각해보면 시장의 규모가 커야지 분업을 통해 생산성을 높이고 상품을 판매할 유인이 생긴다는 말이다. 이처럼 무역의 세계 팽창은 시장의 규모를 확대함으로써 세계 각지의 산업을 자극하는 효과를 발휘했다. 그리고 각 산업은 더 많은 양을 생산하기 위해 분업을 더 강화하는 현상이 나타난 것이다. 그 과정에서 유럽의 산업은 인도나 중국 등 세계 각지의 선진 산업을 모방하고 학습하여 추월하는 모습을 보였다.

5. 스페인 · 포르투갈과 제노바, 영토와 자본의 결합

자본과 영토를 축으로 삼는 두 유형의 국가가 역사적으로 어떻게 하나로 결합되었는가. 16세기에 대표적 영토국가인 스페인과 포르투갈은 역시 대표적 자본국가인 제노바와 결합하여 세계 제국을 형성했다. 형식적으로 표면에 나선 것은 스페인이나 포르투갈이었지만 뒤에서 자본을 운영하는 실력을 발휘한 것은 제노바 인들이었기 때문이다. 두 유형의 결합은 처음에는 두 국가의 결합이라는 형식을 띠었던 것이다.

해양의 시대가 본격적으로 시작하기 전인 중세 후기, 영토와 자본의 상호 관계는 어느 정도 균형을 갖추고 있었다. 영토국가는 자본 중심의 도시국가의 자율성을 존중하는 한편, 전쟁을 하는 경우 도시국가의 자본을 동원하여 빌려 쓰곤 했다.[141] 영국, 프랑스, 스페인, 교황국 등은 모두 이탈리아 도시국가 자본을 빌려다 전쟁을 치르곤 했다. 또 영토 국가가 말 그대로 육지에서 영향력을 행사했다면 도시국가는 해양 무역을 통해 자본을 축적하는 일종의 영역 분리가 이뤄졌었다. 그러나 16세기에 들어서면 이런 분리와 차이가 서서히 사라지면서 균형이 깨지기 시작한다.

전쟁의 영역에서 나타나는 다양한 구조적, 기술적 변화는 영토국가의 우위를 강화했다. 예를 들어 전쟁의 기술에서 점차 기마병이나 성벽의 중요성은 약화되고 보병 또는 포병의 중요성이 강해졌다. 다수의 국민을 보병으로 징병할 수 있는 영토국가가 도시국가에 우위를 점하는 계기다. 이런 상황에서 방어를 성벽에 의존하던 도시국가는 이제 오래 저항하면서 전쟁을 치르기 어렵게 되었다.

해양에서도 도시국가들이 가지던 우위는 점차 약화되었다. 대항해의 시대 직전인 15세기에 이미 이탈리아 출신 항해사들은 포르투갈 군주의 지원을 받아 아프리카 연안을 탐험하며 대서양을 누볐다.[142] 그 사

141 남종국, 『이탈리아 상인의 위대한 도전: 근대 자본주의와 혁신의 기원』, pp.366~369.

142 Jean-François Labourdette, *Histoire du Portugal*, pp.144~148.

이 이탈리아가 가졌던 바다에서의 노하우는 빠르게 서유럽 전역으로 확산되었다. 16세기 베네치아와 제노바는 지중해에서 여전히 강한 해양 세력이었지만 오토만 제국의 부상을 막을 수 없었다. 대서양에서는 스페인, 포르투갈, 네덜란드, 영국 등이 빠른 속도로 신생 해양 세력으로 떠올랐다. 이들은 모두 이탈리아 도시국가에 비하면 영토적 성격을 강하게 가진 국가들이다.

영토와 도시의 성격이 점차 융화되는 과정에서 16세기 포르투갈과 스페인의 부흥은 매우 흥미로운 시기다. 왜냐하면 스페인과 포르투갈의 세계 지배는 실제 스페인 및 포르투갈이라는 '영토 국가의 해양 진출'로 이뤄졌기 때문이다. 이베리아 반도는 7~15세기 이슬람 세력의 지배 아래 있었지만 점차 기독교 세력이 전쟁을 통해 영토를 확보했다. 스페인과 포르투갈의 국가 정체성은 이런 영토 확장 및 전쟁과 깊은 연관성을 갖는다.[143] 이에 더해 스페인과 포르투갈은 이탈리아 항해의 기술과 인력, 노하우와 전통을 습득하여 자신의 영토 국가적 군사력과 잘 결합하였다. 이들은 적어도 군사적인 측면에서 영토국가와 도시국가의 장점을 모두 겸비한 최초의 경우라고 할 수 있다.[144]

영토와 자본의 결합은 스페인과 포르투갈의 제국이 사실은 제노바의 자본에 크게 의존하고 있었다는 점에서도 확인할 수 있다. 당시 스페인은 이베리아 반도에 기반을 두고 세계 제국을 운영하는 한편, 유럽에 합스부르크가가 지배하는 오스트리아의 드넓은 영토도 갖고 있었

143 예를 들어 아라곤 왕국의 문장(紋章)에는 아랍인을 의미하는 무어족의 잘린 머리가 그려져 있다!

144 George Modelski, *Seapower in Global Politics, 1494~1993*.

다. 당시 합스부르크가의 영토였던 네덜란드 지역에서 독립 세력이 전쟁을 일으켰다. 종교 분쟁이 한창이던 이 시기 오스트리아와 스페인은 가톨릭이었지만, 네덜란드는 프로테스탄트였다.[145] 마드리드와 비엔나로부터 제국을 지배하면서 네덜란드에 군대를 파견하여 내전을 치러야 하는 합스부르크가의 카를로스 5세는 제노바의 상인과 금융의 네트워크를 적극 활용하였다.

아메리카 대륙으로부터 들여오는 금과 은은 스페인 세비야를 통했다. 이 자금을 비엔나로 이전하는데 제노바 상인들은 중개 역할을 담당했다. 또 네덜란드 전쟁터로 자금을 이전하여 군인의 월급을 주는 일도 제노바 자본의 금융 서비스에 의존했다. 아리기와 같은 학자는 이런 제노바의 자본과 영토 국가이자 제국인 스페인의 상호 협력과 의존의 관계를 중시한다.[146] 요즘 표현을 빌린다면 금융 세력과 군사 세력의 융합이라고 할 수 있다.

중세부터 이슬람 세력과 전쟁을 벌여 전투력을 끌어올렸던 스페인 왕국, 그리고 역시 오래 전부터 지중해 무역으로 막대한 자본을 끌어모은 제노바의 자금력이 합쳐져 세계를 지배하게 된 셈이다. 하지만 이런 전투력과 자금력의 협력 체제는 점차 이 둘을 한꺼번에 보유한 새로운 세력에게 자리를 내 주게 된다.

145 Christophe de Voogd. *Histoire des Pays-Bas*. pp.67~81.

146 Giovanni Arrighi. *The Long Twentieth Century*. pp.111~129.

6. 네덜란드, 자본축적의 정치경제

자본주의 발전의 역사에서 16세기는 스페인과 포르투갈의 군사력과 제노바의 자본 조합이 지배하는 시기라면 17세기는 네덜란드라는 새로운 세력이 부상하여 '황금의 세기'를 구가하기 시대다.[147] 네덜란드의 특징은 한 나라가 군사력과 자본력을 동시에 보유하면서 세계 정치경제의 정점에 올라섰다는 점이다.

저지대라 불리는 네덜란드는 중세부터 이미 유럽의 '도시회랑' 북쪽에 위치한 상업과 도시가 발달한 지역이었다.[148] 이탈리아에서는 베네치아와 제노바, 피렌체 등이 지중해를 중심으로 명성을 날렸지만 스위스, 독일 서부, 프랑스 동부, 저지대로 이어지면서 내륙 상업이 발전했던 도시회랑도 무시할 수 없는 수준이었다. 또 지중해의 수준에 도달하지는 못했지만 저지대는 영국 런던에서 러시아 노브고로드 까지 연결되는 북해 한자 동맹의 지리적 중심에 해당했다.

이탈리아 도시국가가 정기적으로 파견하는 플랜더스 함대는 지중해와 북해를 연결하는 주요 무역을 담당했다.[149] 베네치아나 제노바의 함선은 동방 무역의 고가품이나 피렌체의 공산품을 저지대로 수출했고

---

147 Simon Schama. *The Embarrassment of Riches: An Interpretation of Dutch Culture in the Golden Age.*

148 저지대의 경제는 중세 14세기 브루헤를 중심으로 발전하여 점차 안트베르펜과 암스테르담으로 확산되어 나갔다: James M. Murray. "Entrepreneurs and Entrepreneurship in Medieval Europe". p.98; James M. Murray. *Bruges, the Cradle of Capitalism, 1280~1390.*

149 Rondo Cameron. *A Concise Economic History of the World: From Paleolithic Times to the Present.* p.65.

이탈리아로 돌아갈 때는 양모나 마른 생선 등 북해의 특산품을 싣고 갔다. 저지대는 이런 반복되는 교역을 통해 무역의 중심으로 부상하면서 자연스럽게 이탈리아 도시국가의 영향을 받았다. 네덜란드는 이탈리아의 해양 능력과 스페인 및 포르투갈의 세계 확장을 주목하며 모방하고 향상시켰다. 네덜란드를 지배하는 군주는 합스부르크가의 비엔나와 마드리드였기 때문에 이런 긴밀한 관계는 수월했다. 이로서 네덜란드는 점차 새로운 조선 및 해양 세력으로 서서히 부상하였다.

물론 정치적으로 네덜란드는 스페인으로부터 독립을 쟁취하기 위해 '80년 전쟁'(1568~1648)을 치러야 했다.[150] 이런 대립에는 가톨릭과 프로테스탄트의 종교적 반목, 세계 지배를 위한 정치적 충돌, 무역을 둘러싼 경제 주도권 다툼 등이 복합적으로 작용하였다. 네덜란드의 도시국가들은 1581년 **국가연합**(Confederation)이라는 특수한 정치체제를 만들면서 스페인이나 포르투갈과 본격적으로 경쟁할 수 있는 공동체로 부상했다.

스페인과 포르투갈이 영토 국가적 특성을 살려 해외 지배에 나서 식민지를 약탈했지만 자본과 금융의 그물은 제노바에 의존했던 것과 달리 네덜란드는 군사력과 자본력을 동시에 보유하는 특성으로 앞서 나갔다. 네덜란드의 **동인도주식회사**(VOC)는 스페인이나 포르투갈처럼 군주를 대표하는 군대가 아니었다. 민간 자본의 조합으로 무역과 경제 이익의 추구가 최대의 목적인 자본주의의 첨병 조직이었다.[151] 1602년 설립된 동인도주식회사는 자신의 함선과 함대, 군대를 보유하는 엄

150 Christophe de Voogd. *Histoire des Pays-Bas.* pp.67~136.

151 Michel Beaud. *Histoire du capitalisme 1500~2010.* pp.40~41.

청난 조직이었다. 전 세계에 위치한 네덜란드의 무역기지를 관리하는 것은 네덜란드 국가의 군대가 아니라 동인도주식회사의 군대였다. '동아시아의 보물 인도네시아'라는 식민지를 관리 · 통치하는 것도 네덜란드의 동인도주식회사였다.

그림 4. 네덜란드에서 자본주의가 발전하면서 상인이나 환전상, 세금을 징수하는 사람들의 탐욕을 표현하는 그림이 하나의 장르를 형성했다. 마리누스 반 레메르스밸레(Marinus van Reymerswaele)의 1566년 경 작품 〈세금 징수원들〉. 프랑스 파리 루브르 박물관.

네덜란드는 또 자국의 발달한 자본 시장을 통해 자본주의 역사에서 결정적인 요소인 자본 조달의 수월성을 확보하였다. 암스테르담 자본 시장은 과거 이탈리아 도시국가들보다 훨씬 세련된 대규모의 자본 거래를 가능하게 하였다. 자국의 자본 뿐 아니라 유럽 전역에서 자본이 집중되었기 때문이다.[152] 스페인의 마드리드나 포르투갈의 리스본은 이런 자본 시장을 가져본 적이 없었다.

17세기의 네덜란드는 이처럼 이탈리아 도시국가의 자본력과 이베리아 영토국가의 군사력을 조합한 최초의 자본주의 정치경제체제를 구축한 셈이다. 형식상 네덜란드의 국가연합이라는 체제는 도시국가의 연합이라고 분석할 수 있다. 그것은 베네치아와 제노바와 피렌체가 하나로 합쳐 만든 체제라고 상상할 수 있다. 네덜란드는 베네치아보다 해양 무역에서 이윤을 내는데 우수했고, 제노바나 피렌체 은행가만큼 돈을 축적하고 다루는데 능숙했으며, 피렌체처럼 자국에서 직물 산업을 발전시키는데 유능했다. 또 스페인이나 포르투갈만큼 육지와 바다에서 모두 전쟁을 잘 했다.

7. 자본주의의 온실, 영국

네덜란드가 17세기 황금의 시대를 구가했다면 영국은 네덜란드의 뒤를 이어 18세기 본격적인 세계 자본주의의 중심으로 부상하게 된다. 위에서 우리는 이탈리아 도시국가의 자본주의 요소들이 어떻게 스페인이나 포르투갈 세력과 결합하였으며, 다시 네덜란드로 이동해 왔는지 살펴보았다. 영국과 네덜란드의 관계도 이에 못지않게 긴밀하다. 무엇보다 영국과 저지대는 지리적으로 무척 가깝다. 따라서 영국과 저지대

152 François Crouzet, *Histoire de l'économie européenne 1000~2000*, pp.118~124.

는 중세에 이미 한자 동맹 등을 통해 긴밀한 무역관계를 맺어 왔다.[153] 대륙에 위치한 저지대는 일찍이 영국의 원자재를 수입하여 직물 산업을 발전시키면서 두 지역은 경제적으로 끈끈하게 연결되었다.

영국과 네덜란드의 직접적 관계를 상징적으로 가장 잘 대변하는 사건은 1688년의 명예혁명이다.[154] 이 혁명으로 영국 매리 공주와 결혼했던 네덜란드의 오렌지 공은 영국의 왕으로 취임하게 되었다. 당시 영국에서는 가톨릭과 프로테스탄트의 정쟁이 심각했고 영국의 지배층은 프로테스탄트 국왕을 임명하기 위해 해외로 시집간 공주를 다시 불러들이면서 외국 군주를 자국 왕으로 초빙했던 셈이다. 이 혁명을 통해 영국과 네덜란드는 정치경제적으로 더욱 강한 연결성을 갖게 되었다. 물론 영국은 명예혁명 이전에도 네덜란드와 유사한 자본주의의 궤도에 이미 올라있었다. 영국은 조선업과 해양사업에 적극적으로 뛰어든 결과 1588년 스페인의 무적함대를 물리친 바 있으며, 네덜란드의 선도적 역할에 도전하며 경쟁 세력으로 나섰다. 영국도 네덜란드의 동인도주식회사와 유사한 동인도주식회사(EIC)를 설립하였고, 암스테르담 자본시장과 비슷한 런던시장을 개발하였다.[155]

명예혁명이 중요한 가장 커다란 이유는 영국에 의회 민주주의의 발전을 위한 기반이 만들어졌다는 점이다. 오렌지공과 매리 공주가 영국의 국왕으로 부상했지만 그것은 의회에 중대한 정책 권리를 양보한

153 중세 영국 사회의 상업화에 대해서는 다음을 참고할 것: Richard H. Britnell. *The Commercialization of English Society,* 1000~1500.

154 Daron Acemoglu and James A. Robinson. *Why Nations Fail: The Origins of Power, Prosperity, and Poverty.* pp.191~197.

155 Philippe Chassaigne. *Histoire de l'Angleterre, des origines à nos jours.* pp.178~180.

대가다. 당시 영국의 의회란 귀족과 일부 부르주아 세력이 참여하는 소수 지배계급이 활동하는 장이었다. 이런 점에서 영국의 의회나 네덜란드 국가연합의 의회, 또는 이탈리아 도시국가의 의회는 큰 차이가 없었다. 상업이익이 국가를 지배하는 형식이었기 때문이다.

영국에서의 특징이라면 잉글랜드는 전통적으로 영토 국가의 성격을 강하게 가진 군주의 국가였다는 점이다. 네덜란드의 국가연합은 도시국가들이 모여 과거 이탈리아보다 더 넓은 영토 기반을 가졌다는 특징을 지녔다. 영국은 사실상 도시국가의 연합이라기보다는 큰 규모의 영토국가가 도시국가의 축적된 자본과 상업성을 확보하는 형식이었다. 이런 점에서 영국은 스페인이나 포르투갈에 가까운 사례였다. 다만 스페인이 제노바의 자본에 의존했지만 영국은 자국 자본을 육성하여 자본주의를 발전시켰다는 차이점이 명확하다. 영국은 1707년 스코틀랜드, 그리고 1801년 아일랜드와 통합함으로써 유럽 대륙 서북부의 섬들을 통괄하는 영토 국가로 성장하였다.[156] 이러한 영토의 확장은 기존의 상업에 기초한 도시국가의 모델에서 벗어나는 것이었다. 특히 18세기 후반부터 영국에서 진행된 산업혁명은 영토의 중요성을 강화하였다.

제도적으로 영국에서 의회 민주주의의 발전은 개인의 권리, 특히 소유권의 확립과 발전에 기여하였다. 소유권을 명확하게 규정하고 지키는 것이 의회 의석의 대부분을 차지하는 귀족과 부르주아의 이익에 부합했기 때문이다. 이들은 또 자신의 소유권을 장기적으로 유지하고

156 영토국가로의 성장과 그에 해당하는 Briton 이라는 새로운 통합민족의 역사적 형성에 대해서는 다음을 참고할 것: Linda Colley. *Britons: Forging the Nation 1707~1837.*

보호하기 위해서는 독립적인 사법부가 필요했다.[157]

후쿠야마는 『정치 질서의 기원』에서 근대 국가의 조건으로 세 가지를 들었다.[158] 하나는 강한 정부, 즉 국민과 영토를 **통제**할 수 있는 능력을 가진 행정력이다. 다음은 군주마저도 제압 · 견제할 수 있는 **독립**적 사법부다. 마지막으로는 국민에 대해 **책임**을 지는 국가를 말한다. 근대 국가의 기본이라고 할 수 있는 행정부, 사법부, 입법부를 말하면서 각각 강력한 행정력과 독립성, 책임성이라는 특성을 가져야 한다는 뜻이다. 결국 영국은 후쿠야마가 말했던 근대 국가의 조건들을 충족하는 국가 조직을 17세기부터 본격적으로 만들었다는 의미다.

8. 산업혁명

산업혁명은 자본주의의 발전과 맞물리면서 인류 역사의 구조적 변화를 초래했다. 영국을 중심으로 18세기 후반부터 진행된 산업혁명은 인간 경제활동의 중심을 식량을 생산하는 농업에서 삶의 다양한 편의를 위한 상품을 기계를 활용하여 생산하는 공업으로 전환시켰다. 마르크스가 분석한 자본주의의 부상에서 농업 중심의 봉건주의에서 공업 중심의 자본주의로의 전환을 설명하는 가장 기본적인 변화가 바로 산업혁명이다.[159]

157 Daron Acemoglu and James A. Robinson. *Why Nations Fail: The Origins of Power, Prosperity, and Poverty*. pp.208~212.

158 Francis Fukuyama. *The Origins of Political Order*. pp.198~213.

159 제2장에서 다룬 마르크스의 생산양식으로서 자본주의를 참고할 것: Karl Marx.

농업에서 공업으로의 중심 전환을 '혁명'이라고 명명하는 것이 적절한지에 대해서는 학계에서 여전히 논의가 진행 중이다. 기계를 활용하는 공장, 수천 명에 달하는 노동자들이 집중되어 일하는 생산 양식은 사실 18세기 이전에 이미 중국이나 서유럽 도시에 존재했기 때문이다. 앞서 피렌체의 직물 공장을 설명하면서 이런 생산 양식이 점차 유럽 다른 지역으로 확산되었음을 확인했다. 따라서 혁명이라는 표현보다는 점진적 변화가 어느 순간에 달해 가속되었다고 보는 것이 더 정확할 수 있다.

또 산업혁명의 기초가 되었던 과학과 기술의 발전은 적어도 르네상스 이후 유럽에서 시작된 변화다. 코페르니쿠스(1473~1543)나 갈릴레오(1564~1642), 뉴턴(1642~1727) 등 근대 과학의 개척자들이 활동하는 것은 산업혁명 훨씬 이전인 16세기부터다. 이성을 통해 세계를 이해하고 감춰진 자연의 법칙을 발견하여 활용하겠다는 생각은 비단 영국 뿐 아니라 르네상스 이후 유럽에서 유행하였다. 18세기 계몽사상은 이런 긍정적이고 진보적인 사고를 정치경제는 물론 사회의 다양한 영역에 적용하려 하였다.[160]

도시를 중심으로 하는 생산과 소비의 양상도 중세 이후 이미 자본주의의 기원에서 찾을 수 있다. 하지만 점차 농업에 종사하던 사람들이 대거 도시로 몰려들면서 노동자의 집단을 형성하였고, 이들은 생산자

Das Kapital.

160 자본주의를 역사적으로 분석한 보는 18세기를 3대 혁명의 세기로 분석하는데 첫째는 미국의 식민지 독립혁명, 둘째는 프랑스에서 계급혁명, 그리고 셋째는 영국의 산업혁명으로 본다. 미국이나 프랑스의 경우 경제 중심이라기보다는 기본적으로 정치 및 사회적 혁명이라는 의미다: Michel Beaud. *Histoire du capitalisme 1500~2010*. pp.67~112.

이자 동시에 소비자의 역할을 담당하게 되었다. 산업혁명의 시대가 오면서 도시의 인구가 점차 증가하여 19세기 중반이 되면 영국에서는 도시인구가 농촌을 능가하는 수준에 도달한다.[161]

이런 산업혁명을 이끈 동력은 자본주의다. 근대 과학과 기술의 발전이나 도시 중심의 문화, 집단적 대규모 생산양식 등에 있어 영국은 결코 다른 유럽 국가에 비해 앞섰던 것은 아니다. 하지만 영국은 다른 유럽 국가에 비해 훨씬 발전한 상업 문화를 보유하고 있었고, 영국의 정치경제체제는 상업이나 경제의 이익을 보호하는데 더 적극적이었다. 예를 들어 과학이나 기술의 교육과 발전의 수준은 프랑스가 결코 영국에 비해 뒤지지 않았다. 하지만 프랑스에는 과학과 기술을 응용하여 상품 생산에 활용하려는 노력이 영국에 비해 부족했다. 이탈리아나 독일에는 영국보다 더 밀도 높은 도시의 그물이 있었지만 이들은 해외 무역에서 이미 영국에게 주도권을 넘겨준 상황이었다. 또 대규모 공장을 돌리기 위해서는 원활한 교통의 그물로 연결된 시장이 필요했다. 영국은 운하와 철도를 통해 이런 촘촘한 전국 시장의 그물을 형성하였다.[162]

결국 대량생산과 대량소비를 의미하는 산업혁명은 18세기 말 영국에서 시작하여 점차 저지대나 프랑스로 확산되었다. 왜 영국에서 산업혁명이 일어났는가. 영국의 해외 제국이 값싼 식량을 노동자 계급에 제공했기 때문에 도시 중심 산업화를 이룰 수 있었다는 설명부터, 영국은 땅만 파면 석탄을 캘 수 있는 거대한 섬에 있었기 때문에 저렴한 에너

161 Philippe Chassaigne, *Histoire de l'Angleterre, des origines à nos jours*. p.255.

162 Jean-Pierre Rioux, *La Révolution industrielle 1780-1880*. p.80.

지 자원을 통해 산업혁명을 성공할 수 있었다는 설명까지 다양하다.[163]

여기서 제일 중요한 쟁점은 산업혁명이 자본주의의 발전에서 갖는 의미다. 물질적 축적을 통해 시간을 관리하고 통제하려는 인간 사회의 시도라는 관점에서 산업혁명은 식량 공급의 지리적 제약을 크게 완화하는 변화였다.[164] 일단 영국이 하나의 커다란 국내 시장을 형성함으로써 곡물의 유통이 전국화 되었다. 여기서 더 나아가 19세기 중반이 되면 세계 시장에서 영국으로 식량을 공급하는 체제로 전환한다.

산업혁명은 또 경제적 공급과 수요의 대상을 식량이나 사치품에서 다른 상품으로 대폭 확대하는 변화를 초래했다. 이미 상업 자본주의의 시대에 무역의 상품은 향신료나 도자기 등의 사치품에서 직물이나 식량 등으로 확대되었음을 보았다. 산업혁명과 함께 이제 대량 생산된 상품이 무역을 통해 다른 사회의 구조를 근본적으로 변화시키는 시대에 돌입했다. 영국의 직물이 인도로 수출되어 인도의 전통 수공업과 경제의 기반을 무너뜨린 사례는 무척 유명한 고전적 경험이다.[165]

163 Eric Jones. *The European Miracle* ; Kenneth Pomeranz. *The Great Divergence: China, Europe and the Making of the Modern World Economy.*

164 애플비는 자본주의 발전의 가장 커다란 영향은 '결핍의 시대'에서 '풍요의 시대'로 전환이고, 이런 경제적 변화는 공포에 기초한 전제주의 정치에서 자유주의와 민주주의가 발전하는 토양이 되었다고 분석한다: Joyce Appleby. *The Relentless Revolution.* pp.5~6.

165 Jeffrey G. Williamson. *Globalization and the Poor Periphery Before 1950.*

9. 자본주의 기본 모형의 완성

1500년 대항해의 시대를 열어 세계를 누비게 된 유럽세력은 중세 이탈리아 도시국가의 경험을 세계 차원에서 재생하였다. 물건 가격이 싼 곳에 가서 구매한 다음 비싼 곳으로 이동하여 판매함으로써 큰 이윤을 남기는 활동이 기본 양식이었다. 이런 사업이 가능했던 이유는 유럽인들이 남보다 훌륭한 함선과 항해술, 전투력과 비전을 갖고 있었기 때문이다. 이 시기 유럽은 심지어 인간조차 노예라는 상품으로 포장하여 거대한 이윤 창출의 대상으로 삼았다.

이 장에서는 이탈리아 도시국가의 자본주의 경험이 어떻게 스페인이나 포르투갈을 거쳐, 네덜란드와 영국으로 전달되고 발전하였는지 살펴보았다. 16세기 스페인의 군사력과 제노바의 자본력이 결합하여 세계를 지배하는 시대에 이어, 17세기가 되면 네덜란드가 군사력과 자본력을 겸비한 세력으로 부상하였다. 다시 18세기로 넘어오면 이번에는 영국이 네덜란드와의 경쟁에서 우위를 점하면서 세계경제를 주도하는 세력으로 부상하였다. 이 과정에서 자본주의 체제가 서서히 진화하면서 어느 정도 기본의 모형을 갖추게 되었다.

첫째, 자본주의 기본 모형은 **상업이익을 대변하는 국가**라고 할 수 있다. 이미 제노바와 베네치아는 도시국가의 차원에서 상인의 이익을 대변하는 정부를 보유하고 있었다. 제노바는 분열된 민간 자본의 이익이 서로 정치권력을 두고 투쟁하는 양상이었다면 베네치아는 확실한 공공의 상업이익을 창출하여 실천하는데 성공한 모델이었다. 하지만 둘 다 대항해 시대에 선두를 유지할 수는 없었다. 이후 네덜란드와 영국은 상업의 이익을 대변하는 두 개의 모델을 각각 제시했다.[166] 네덜란드는 도시국가 모델의 연합이었고, 영국은 영토국가가 상업성을 강화하는 형식이었다.

네덜란드와 영국은 모두 국가나 정부가 상업이익을 기본적으로 대변하면서도 이를 과도하게 간섭하지는 않는 균형을 유지했다. 양국의 동인도주식회사(VOC와 EIC)가 상징하는 형식은 민간 자본에 특혜를 부여하여 상업이익을 추구하도록 하면서 동시에 필요하면 국가가 나서 이들을 보호하는 역할을 담당했다. 특히 소유권의 차원에서 국가가 민간 자본의 기득권을 보호하는데 앞장섰다.

둘째, 자본주의 기본 모형은 **화폐**라는 자본 축적의 안정적이고 유연한 수단을 제공함으로써 지속적 자본 팽창을 가능하게 만들었다. 전통적인 의미에서 자본이란 차후 생산을 가능하게 하는 요소다. 마르크스는 자본의 형태를 상품에서 화폐로, 그리고 다시 화폐에서 상품으로 순환하는 과정으로 분석한 바 있다.[167] 결국 자본주의가 하나의 체제로 제대로 기능하기 위해서는 안정적이면서도 유연한 화폐의 공급이 결정적이다. 중세 베네치아와 제노바의 자본은 국제 무역을 가능하게 하는 신용의 네트워크를 제공하였다. 하지만 다수의 민간 은행으로 공적 성격을 가졌다고 볼 수는 없었다. 네덜란드 역시 대규모 자본시장을 보유하였고, 유럽의 다양한 이익들이 여기서 거래를 했다는 점에서 축적의 수단을 제공하였다. 네덜란드의 암스테르담 은행은 세계 최초로 중앙

166 James D. Tracy. *The Rise of Merchant Empires: Long Distance Trade in the Early Modern World, 1350~1750* ; James D. Tracy. *The Political Economy of Merchant Empires: State Power and World Trade, 1350~1750.*

167 Karl Marx. *Das Kapital.* pp.190~201.

은행 기능을 수행하기 시작했다.[168]

영국은 여기서도 가장 전형적인 자본주의 발전의 모델을 제공했다. 영란은행 Bank of England 의 설립은 안정적이면서 동시에 유연한 신용 수단을 경제에 제공하는 공공기관의 등장을 의미했다. 신용이란 현재와 미래를 연결하는 수단이다. 물론 과거 이탈리아 도시국가나 금융 서비스도 어음과 같은 신용 거래의 길을 열었다. 하지만 영란은행을 통해 비로소 공적인 기관이 중립적인 입장에서 신용수단을 관리하고 조정하는 역할을 맡게 된 셈이다.[169]

셋째, **산업혁명**은 자본주의의 지속적 팽창을 가능하게 만드는 사건이자 모델이었다. 산업혁명은 인류의 역사에서 식량에 의존하는 경제의 시대가 가고 새로운 상품의 수요와 공급이 상호 작용을 통해 생활을 변화시키는 시대가 왔음을 알렸다.[170] 과학과 기술을 활용하여 새로운 상품을 개발하고, 새로운 생산 양식을 통해 생산성을 높이며, 시장이 포화되면 다시 새로운 필요를 창출하는 창조적 파괴의 본격적 시발점이라고 할 수 있다. 영국은 자국 또는 이웃 유럽 국가의 과학과 기술을 모두 활용하여 상업적으로 개발하여 적용하는데 선두를 달렸다.[171] 증기기관은 석탄을 파는 광산부터 기관차와 함선을 움직이게 하는 엔진, 그리고 거대한 공장을 돌리는 기계까지 적용되어 영국의 팍스 브리타니카 시대를 뒷받침하였다.[172]

168 Christophe de Voogd. *Histoire des Pays-Bas.* pp.108~109.

169 Eric Helleiner. *The Making of National Money.*

170 Patrick Verley. *L'échelle du monde: Essai sur l'industrialisation de l'Occident.*

171 영국에서 산업혁명이 시작된 이유에 관해서는 다음을 참고할 것: François Crouzet. *Histoire de l'économie européenne 1000~2000.* pp.186~195.

172 Alan K. Smith. *Creating a World Economy: Merchant Capital, Colonialism, and World*

1840년대는 이런 영국 자본주의 모형의 완성을 상징하는 몇 가지 사건이 발생한다. 청나라와의 **아편전쟁**은 영국 정부가 상업이익을 대변하는 국가라는 사실을 명백하게 드러낸 사건이다. 도덕적 명분이 없는 아편판매를 위해 세계 최강대국의 함대가 동원된 전쟁이었으니 말이다.[173] 다른 한편 영국은 1840년대 **곡물의 수입**을 금지하던 법을 폐지하고 해외의 곡물을 자유롭게 수입하는 개혁을 단행한다.[174] 이는 창조적 파괴의 대표적 조치로 기존 자국 농민의 이익을 파괴하더라도 노동자의 식비를 줄여 산업 경쟁력을 강화하겠다는 의미였다. 위에서 지적한 모형의 3개 요소 가운데 하나인 화폐와 관련해 영국은 1820년대 이미 **금본위제**를 채택함으로써 가장 신뢰할 수 있는 안정적 화폐제도를 갖추었다[175]. 영국은 이제 세계 자본주의의 중심이 될 수 있는 조건을 모두 구비한 셈이었다.

실제 1840년 이후의 세계사는 영국이 자본주의 모형을 활용하여 세계를 지배하는 능력을 강화하면서 이 모델을 각지에 전파하는 과정이다. 물론 이 전파가 '주동적 영국과 피동적 세계'라는 공식을 반영하지만은 않았다. 세계의 반응과 저항이 있었고, 그 과정에서 변이와 적응도 존재했다. 그러나 아주 장기적인 관점에서 보면 영국의 자본주의 모형은 처음에는 유럽과 아메리카로, 그리고 다음에는 아시아와 아프리카로 확산되었던 것이다.

Trade, 1400~1825.

173 Eric Hobsbawm. *The Age of Revolution: Europe, 1789~1848.* p.302.

174 Karl Polanyi. *The Great Transformation.* p.138.

175 Rondo Cameron. *A Concise Economic History of the World.* pp.284~285.

제5장
자본주의의 확산: 1840~2020년

1. 제국의 시대, 팍스 브리타니카

영국의 역사학자 홉스봄은 19세기와 20세기의 세계사를 네 시기로 나누어 저술하였다. 프랑스 대혁명과 영국의 산업혁명을 하나로 묶어 『혁명의 시대』(1789~1848년)로 보았고 이후 자본주의의 발전으로 대표되는 『자본의 시대』(1848~1875년), 그리고 제국주의 팽창으로 세계전쟁까지 초래하는 『제국의 시대』(1875~1914년)를 구분하였다. 이 세 시기를 홉스봄은 '긴 19세기'라고 부른다. 이어지는 '짧은 20세기'는 『극단의 시대』(1914~1991년)라고 구분한다.[176] 이 책에서 우리가 살펴보는 자본주

176 Eric Hobsbawm. *The Age of Revolution: Europe 1789~1848* ; Eric Hobsbawm. *The Age of Capital: 1848~1875* ; Eric Hobsbawm. *The Age of Empire: 1875~1914* ; Eric Hobsbawm. *The Age of Extremes: The Short Twentieth Century, 1914~1991*. 홉스봄과는 달리 아리기는 '긴 20세기'를 주장하였다: Giovanni Arrighi. *The Long Twentieth*

의의 역사적 전개라는 기준에서 본다면 '혁명의 시대'에 영국에서 자본주의의 기본 모형이 완성된 뒤, '자본의 시대'와 '제국의 시대', 그리고 '극단의 시대'에 전 세계적으로 확산되는 과정을 거쳤다고 분석할 수 있다.

자본주의의 역사적 발전을 이해하는데 크게 기여한 오스트리아 출신의 폴라니는 역작 『거대한 전환』을 '백년의 평화'라는 장으로 시작한다.[177] 1789년 프랑스 대혁명으로 인해 시작된 전쟁의 시기가 종결되는 1815년부터 제1차 세계 대전이 발발하는 1914년까지 유럽은 상대적으로 평화적인 시대를 백여 년 동안 향유했다는 설명이다.

폴라니는 경제적 이익이 이 평화의 19세기를 설명하는데 중요한 역할을 담당했다고 말한다. 우선 국제적 차원에서 '오트 피낭스'(haute finance), 즉 로스차일드 가와 같은 국제 대자본의 네트워크가 전쟁을 피하고 평화를 지향하는 세력으로 부상하여 전쟁 억제의 역할을 담당했다는 것이다[178]. 이에 덧붙여 국내 정치에서도 전쟁보다는 평화에서 더 많은 이익을 얻을 수 있는 경제 세력의 목소리가 더 강해졌다는 사실도 지적한다.[179] 독일의 경우 중공업 자본이 전쟁이나 해외 팽창과 밀접하게 연결되어 호전적 성향을 드러내기는 했지만 이는 오히려 예외적인 현상이었다고 설명한다. 대부분의 자본은 평화를 유지함으로써 경제 이익을 실현하는 것을 선호했으며, 전쟁이 벌어지는 상황에서도 적국 경제이익을 상당히 존중했다는 것이다. 폴라니에게 백년의 평화는

Century.

177 Karl Polanyi. *The Great Transformation.* pp.3~20.

178 Niall Ferguson. *The House of Rothschild: Money's Prophets 1798~1848.*

179 Karl Polanyi. *The Great Transformation.* p.7.

경제 이익이 적극적으로 선호하기 때문에 만들어 낸 국제질서였다.

19세기 국제질서를 팍스 브리타니카라고 부르는 이유는 무엇보다 영국이 압도적인 군사의 우위를 세계에 투영할 수 있는 능력을 보유했기 때문이다. 영국은 18세기말 미국의 독립으로 커다란 식민지를 상실했지만 여전히 전 세계에 거대한 제국을 보유하는 독보적 세력이었다. 이전에 아프리카나 아시아의 연안 지역에 무역기지를 두던 패턴에서 19세기에는 내륙을 포함한 거대한 지역을 식민지로 개발하여 경제적 변화를 이끄는 모습을 보였다.[180] 영국이 형성한 자본주의 모형은 이들 식민 지역으로 자연스럽게 확산되었다. 식민지의 경제적 수탈과 동시에 화폐, 금융, 산업, 제도 등의 이식이 점진적으로 이뤄졌다.

물론 영국은 유럽 대륙의 프랑스나 독일, 러시아, 이탈리아 등과 국제질서를 놓고 경쟁하는 관계였다. 예를 들어 아프리카 대륙을 차지하기 위한 경쟁에서 영국과 프랑스는 치열한 다툼을 벌였다. 아프리카는 유럽 세력이 선점하면 손쉽게 식민지를 만들 수 있는 대륙이었다. 하지만 중국처럼 거대한 세력을 다루는 과정에서 유럽의 제국주의 세력은 서로 연합하였다. 제2차 아편전쟁(1856~60년)이나 의화단 운동에 대한 연합군 파견(1900~1901년)은 그 대표적인 사례로 영국의 주도하에 유럽의 연합군이 중국을 무릎 꿇게 만든 사건이었다.

팍스 브리타니카는 원래 국제관계 특히 안보분야에서 중요한 개념이다. 그러나 자본주의 발전이라는 측면에서도 팍스 브리타니카는 결정적인 요인이었다. 왜냐하면 19세기 세계적 자본주의의 발전과 확

180 19세기 중반 동인도주식회사가 담당하던 인도를 영국 정부가 직접 식민지로 관리하기 시작하였고, 아프리카에서도 이집트부터 남아프리카까지 영국 식민지로 관통하려는 계획을 추진하였다.

산은 영국이 주도하는 평화 속에서 본격적으로 이뤄질 수 있었기 때문이다.[181]

2. 금본위제와 자유무역

영국에서 만들어진 자본주의의 기본 모형을 분석하면서 1820년대부터 시행된 영란은행의 **금본위제**와 1840년대 곡물 수입으로 상징되는 **자유무역**의 중요성을 강조했다. 세계의 다양한 지역을 하나의 질서 안에 포함하는 대영제국에서 금에 기초한 파운드화는 확실한 자본주의 확장의 매체였다.[182] 과거 이탈리아 도시국가부터 네덜란드까지 자본축적 중심 지역의 화폐는 널리 무역이나 금융에 활용되었다. 피렌체의 플로린이나 베네치아의 두카토, 네덜란드의 휠더(gulden)는 유럽이나 식민지에서 국제 화폐로 활용되었다. 그 뒤를 이어 19세기 금본위제에 기초한 영국의 파운드화는 처음으로 세계를 하나로 묶는 화폐의 역할을 명실 공히 담당하게 된 것이다.

영국의 자본시장은 세계 경제발전에 자금을 조달하는 심장의 역할도 맡게 되었다.[183] 런던의 시티는 유럽 대륙 뿐 아니라 아메리카와 아

181 여기서 평화는 유럽 강대국들 사이에 상대적 평화라고 표현해야 정확할 것이다. 실제 이 시기 유럽은 비유럽 지역을 빈번하게 침략하였고 그 과정에서 크고 작은 충돌들이 일어났다. 또한 유럽 강대국 사이에도 전쟁이 있었지만 19세기 이전 전쟁이 상시적이던 유럽의 역사에 비추어 볼 때 평화의 시기가 상대적으로 길다고 분석할 수 있다.

182 Jean-Pierre Rioux, *La Révolution industrielle 1780~1880*, pp.131~145.

183 François Crouzet, *Histoire de l'économie européenne 1000~2000*, pp.263~267.

시아, 아프리카 등의 국가나 기업이 자금을 마련하는 중심 금융시장이 되었다. 예를 들어 라틴 아메리카의 신생국들은 영국 런던 시장을 통해 자국의 철도나 항만 등 인프라 시설 투자를 위한 돈을 빌릴 수 있었다.

영국이 시작한 금본위제는 19세기 중반을 넘어서면서 유럽의 주요 국가로 확산되었다.[184] 독일이나 프랑스는 물론 미국이나 러시아, 일본 등이 점차 금본위제를 채택함으로써 세계경제의 중심을 형성하는 강대국들은 사실상 금본위제로 통합되었다고 말할 수 있다. 나라마다 파운드, 마르크, 프랑, 달러 등 서로 다른 단어를 사용하지만 기본으로 금이라는 공동의 화폐를 사용한다고 볼 수 있다. 같은 화폐를 사용한다는 것은 결국 하나의 시장을 형성하기에 적합한 중요한 조건을 지녔다는 의미다.

많은 정치경제학자들은 이 시기(1840~1914년)를 **고전적 자유주의** 또는 제1의 세계화 시대라고 보는데,[185] 1970년대부터 시작된 제2의 세계화(신자유주의) 시대보다 훨씬 자유로운 자본과 노동의 이동 시대였다. 당시 금본위제는 특히 자본의 이동을 수월하게 만들었다. 영국을 비롯한 유럽의 주요 국가들도 자본의 해외투자에 대해 제약을 가하지 않았다. 예를 들어 프랑스 자본은 러시아의 자본주의 발전에 대거 투입되었다.

금본위제와 더불어 자유무역은 19세기 영국이 지배하는 국제질서의 핵심으로 등장했다. 영국은 곡물법 폐기를 통해 자국 농민의 단기적

184 Barry Eichengreen. *Globalizing Capital: A History of the International Monetary System.* pp.6~42.

185 John Gerard Ruggie. "International Regimes, Transactions, and Change: Embedded Liberalism in the Post War Liberal Order".

이익을 희생하면서도 자유무역의 원칙을 실현하였고 이를 다른 지역에 확산하는데 외교적 노력을 동원했다. 당시 유럽 대륙에서 가장 큰 경제규모를 가졌던 프랑스와 1860년에 자유무역을 위한 **콥덴 · 슈발리에 조약**을 체결하였고, 이어 다른 세력들과 양자 조약을 통해 자유무역의 그물을 확산하였다.[186] 영국이 무역망의 중심에 위치하고 양자 협약으로 주요 국가들이 연결되는 형식이었다.

19세기 중반까지 영국은 '세계의 공장'이라 불릴 정도로 국제적인 산업 경쟁력을 보유하고 있었다. 하지만 19세기 후반으로 넘어오면서 영국의 경쟁력은 독일, 미국 등 신흥 세력의 부상으로 점차 열세를 면치 못하게 된다. 따라서 영국은 만성적인 무역 적자를 누적하는 모습이었다. 그럼에도 불구하고 영국은 자본을 해외에 투자하여 무역적자를 보충하고도 남는 이익을 얻었기 때문에 대외수지의 균형을 유지할 수 있었다.[187]

제1차 세계대전이 발발하는 1914년, 자본주의는 세계를 하나의 경제 질서 안으로 흡입하는 무서운 힘을 발휘하는 중이었다. 그러나 '백년의 평화'는 마치 오래 지속된 만큼 더 강한 힘으로 폭발하듯 그 동안 인류가 경험하지 못했던 초유의 파괴와 혼란을 가져왔다.

186 Pierre Dockès. *Le capitalisme et ses rythmes, quatre siècles en perspective*. p.256.

187 Michel Beaud. *Histoire du capitalisme*. p.151.

3. 부르주아 민주주의에서 대중의 시대로

자본주의와 민주주의의 관계는 무척 복합적이고 역동적이다.[188] 중세 이탈리아의 도시국가는 공화정의 외형을 갖추었지만 기본적으로 소수의 시민, 특히 부를 보유한 주요 가문이 정부를 좌우하는 과두체제였다. 네덜란드나 영국도 귀족과 부르주아의 대의기구인 의회가 군주와 정부를 통제하는 과두체제였다. 자본주의의 기원이나 발전의 시기에 존재했던 정치체제는 절대 군주제는 아니었지만 그렇다고 민주주의도 아니었다는 의미다.

18세기 말 주권재민의 원칙을 처음으로 공식화한 프랑스 대혁명은 세계적 민주화의 출발점이라고 할 수 있다. 대혁명은 권리의 측면에서 평등한 인간의 원칙을 선언하였고, 실제 투표권을 인정하는 민주주의의 실천은 19세기와 20세기에 걸쳐 단계적으로 이뤄졌다. 1848년에는 프랑스가 전 국민 가운데 남성의 보통 투표권을 인정하였다.[189] 그로부터 80년 뒤 1928년에는 영국이 여성을 포함한 전 국민의 투표권을 실현하였다. 영국과 프랑스는 제국주의를 통해 국제 공간에서 자본주의를 확산시켰지만 동시에 국내에서는 민주주의를 실천하는데 앞장섰던 것이다.[190] 그러면서 부르주아가 지배했던 정부와 국가권력은 이제 점

---

188 Joseph Schumpeter. *Capitalism, Socialism and Democracy* ; Adam Przeworski. *Capitalism and Social Democracy.*

189 Pierre Rosanvallon. *Le sacre du citoyen.* p.372.

190 Olivier Le Cour Grandmaison. *La République impériale.* 『제국적 공화국』이란 저서에서 르쿠르 그랑메종은 공화국이라는 민주주의 체제가 인종주의에 기초한 제국주의를 실천했던 모순을 분석하였다.

차 대중의 목소리에 귀를 기울여야 하는 체제로 진화하였다.

자본주의에 대한 '과학적 비판'을 이끈 마르크스의 이론을 중심으로 한 사회주의 운동은 19세기 후반 독일을 비롯해 유럽 각국에서 노동계급의 거대한 호응을 이끌어냈다. 특히 독일의 사회민주당과 영국의 노동당은 수십만이 넘는 당원을 보유하게 되었다. 또 1917년 러시아 혁명은 자본주의를 부정하고 새로운 경제체제를 지향하는 소련이라는 새로운 정치경제의 실험을 가능하게 하였다.[191] 소련에서는 마르크스의 자본주의 분석을 레닌과 스탈린이 재해석하였고 사회주의의 과정을 통해 공산사회라는 이상을 실현하려 하였다. 사회주의란 국가가 생산수단을 소유하면서 경제활동을 중앙에서 계획하여 생산력 증강에 나서는 체제다. 우리는 도입부에서 이 실험도 결국은 생산력 증강을 통해 물질적으로 시간을 지배하려는 전략에서 크게 벗어나지 않았다고 지적한 바 있다.

제1차 세계대전은 자본주의의 중심인 유럽정치에서 대중의 시대를 열었다.[192] 전 국민 가운데 성인 남성을 거의 모두 동원하는 장기간의 전쟁은 역사적으로 처음 있는 일이었고, 그 과정에서 여성은 대거 경제활동에 동원되었다. 이른바 경제력이 중대한 역할을 하는 전면전 Total War 의 양상이 나타났다. 목숨을 걸고 전쟁에 나섰던 국민군인은 전후 질서에서 정치적으로 더욱 큰 목소리를 낼 수밖에 없었다. 또 후방에서 경제를 돌리는데 동참한 여성들도 평등을 요구하고 나서는 시대가 되었다. 19세기가 '부르주아 민주주의'의 시대였다면 1920년대부터는 '대

191 Julien Vercueil. *Economie politique de la Russie, 1918~2018*.

192 Michel Beaud. *Histoire du capitalisme*. pp.228~231.

중 민주주의'의 시대가 막을 올린 것이었다. 그 결과 19세기를 풍미했던 고전적 자유주의는 이제 수정을 거칠 수밖에 없는 상황이 도래했다. 왜냐하면 고전적 자유주의란 노동계급과 식민지의 일방적 수탈과 지배에 의존하고 있었기 때문이다. 정치적 권리를 요구하는 노동 대중과 식민지의 반발은 자본주의 질서의 재설정을 필요로 했다.[193]

특히 1929년의 경제 대공황은 심각한 총체적 혼란을 초래했다.[194] 세계 금융과 산업이 불황에 빠져들면서 사회적으로 심각한 실업과 빈곤이 발생했다. 미국이나 독일의 실업자 수는 수백만 명에 도달했고 실업률은 25%~30%에 달했다. 고전적 자유주의가 제1차 세계대전으로 위기를 맞았지만 그것은 전쟁이라는 특수한 상황 때문이라고 생각할 수 있었다. 그러나 1929년의 대공황은 평화의 시기에 자본주의 체제 자체가 스스로 위기의 늪에 빠진 것이었고, 자유방임의 정책으로는 위기를 극복하지 못한다는 무능력을 증명한 셈이다. 금융과 경제에서 시작한 위기는 사회와 정치로 확산되었고, 자유주의의 이데올로기적 위상을 무너뜨려 버렸다.

정치적으로 소련이라는 새로운 시도의 위협이 존재하는 가운데 이탈리아에서는 파시즘, 독일에서는 나치즘 등 대중 중심의 정치 세력이 집권하면서 국제적으로 공산주의와 파시즘의 좌우 대립이 강화되었다. 이 시기 미국에서는 경제사회적 혼란에서 벗어나기 위한 뉴딜, 즉 노동자를 보호하는 한편 국가가 나서 경제를 되살리려는 정책적 노력을 적극 시도했다. 스웨덴에서도 국가가 거시 경제를 조정하고 복지를 통해

193 Karl Polanyi. *The Great Transformation*; Jeffrey Frieden. *Global Capitalism.*

194 Pierre Dockès. *Le capitalisme et ses rythmes, quatre siècles en perspective.* pp.521~642.

국민에 안전망을 제시하려는 사회 민주주의 모델이 서서히 부상했다. 극좌의 소련이나 극우의 독일, 이탈리아가 국가 중심 경제로 전향했다면 미국과 스웨덴은 국가의 역할을 강화하는 수정 자본주의의 길을 보여주었던 셈이다.[195]

4. 팍스 아메리카나

최초의 산업혁명이 영국에서 18 · 19세기에 걸쳐 이뤄졌다면, 19세기 말부터 20세기로 넘어오면서 세계는 미국을 중심으로 제2의 산업혁명을 경험하게 된다.[196] 2차 산업혁명의 에너지 자원을 살펴보면 석탄에서 석유로 확산되면서 전기의 사용이 일반화되고, 교통수단은 철도와 해운에서 자동차와 항공 분야로 대폭 발전하였다. 영국에서 시작한 제1차 산업혁명이 유럽대륙과 미국, 러시아, 일본 등으로 확산되었지만, 두 번째 산업혁명은 미국을 중심으로 시작되어 진행되면서 세계로 확산되는 양상을 보였다.

미국경제는 18세기 말 영국으로부터 독립하면서 선진과 후진성이라는 양면성의 모순을 안고 있었다. 당시 미국은 기본적으로 농업 중심의 국가였고 남부에서는 노예제에 기초한 면화, 담배, 사탕수수 등의 농산품을 생산하여 수출하였다. 독립 당시 미국은 인류 역사 발전의 선두에서 공화정의 선진 정치 체제를 만들었지만, 동시에 노예제라는 후

195 Jeffrey Friden. *Global Capitalism*. pp.195~252.

196 Pierre Dockès. *Le capitalisme et ses rythmes, quatre siècles en perspective*. pp.103~122.

진적 사회 제도를 유지했던 것이다. 그러나 19세기에 북부를 중심으로 산업화가 진행되면서 이 모순은 서로 충돌하여 대립하였다. 결국 미국의 남북전쟁은(1860~1865년) 산업 대 농업, 근대 산업사회 대 노예제라는 대립적 구도로 치러졌다.

그림 5. 미국은 대륙적 규모의 자본주의 발전을 이룩한 성공 사례로 뉴욕 맨하튼은 세계 자본주의의 심장으로 떠올랐다. 2001년 911 테러 이후 새로 건설한 맨하튼의 마천루 광경.

내전에서 북측이 승리를 거두면서 봉건적이고 후진적 제도를 극복한 미국은 이제 영국을 능가하는 경제 세력으로 서서히 부상하였다.[197] 예를 들어 2차 산업혁명의 핵심인 석유산업에서 미국은 선두로 달려

197 Jeffrey Friden. *Global Capitalism*. pp.56~64.

나갔고 록펠러의 스탠다드 오일 사는 세계 석유산업의 주요 행위자로 부상했다. 발명왕 에디슨은 또 미국에서 전기, 자동차, 전자 등 새로운 분야에서 신상품의 시장을 여는데 적극 기여했다. 자동차 산업에서 미국의 포드는 20세기 전반에 이미 대중을 위한 모델T를 개발하여 미국 시장에 대량으로 팔기 시작했다.

영국에서 이미 기본 모형으로 발전했던 대량 생산의 산업 자본주의는 미국에 와서 더욱 넓은 영토와 시장과 인구를 중심으로 확대 발전하였던 것이다.[198] 자본주의의 핵심 지역은 이탈리아 도시국가의 범위에서 네덜란드나 영국 등 영토 국가로 확장되었지만, 이번에는 거대한 대륙의 규모를 가진 미국으로 확산되면서 세계 자본주의의 심장은 진정 세계 경제를 움직일 수 있는 동력을 확보하였다.

미국 경제의 이런 창조적 파괴의 능력은 두 차례의 세계 대전을 거치면서 더욱 강화되었다.[199] 미국은 두 대전에서 자국 영토는 상대적으로 안정과 평화를 누리는 상태에서 유럽 또는 아시아의 전선에 군대를 파견하여 이를 경제적으로 지원하는 총체적 전쟁에 나섰다. 한편으로는 전쟁을 통해 파괴에 앞장서면서 다른 한편으로는 자국 경제에서 만들어 낸 무기와 상품을 제공함으로써 세계 자본주의 중심의 위상을 확고하게 다진 셈이다.

제2차 세계 대전이 종결되는 1940년대 미국은 세계 정치와 경제의 확실한 중심으로 부상하였다.[200] 이미 제1차 세계 대전을 치르면서 미

---

198 Joyce Appleby. *The Relentless Revolution*. pp.200~205.

199 김동춘. 『미국의 엔진, 전쟁과 시장』.

200 Charles Kindleberger. *The World in Depression 1929~1939*.

국은 세계 최대의 채무국에서 세계 최대의 채권국으로 부상한 바 있다. 두 번의 세계 대전은 미국을 국제질서의 정상으로 올려 놓은 셈이다. 팍스 아메리카나라는 표현이 이보다 더 정확할 수는 없는 국제 상황이 도래한 것이다. 미국보다 먼저 자본주의를 시작했던 유럽은 폐허가 되었고, 후발주자인 러시아-소련이나 일본도 전쟁에 심각한 피해를 입었다. 미국만이 안전한 영토에서 산업 역량을 최대한 발전시킬 수 있었고, 전쟁 동안 빌려준 엄청난 채권을 통해 세계 금융도 지배할 수 있는 위치로 올라섰다.

팍스 아메리카나의 시대는 미국이 압도적 군사 패권을 가지고 세계 곳곳에 개입할 수 있는 능력을 가지게 되었다는 점에서 놀라운 변화였다. 과거 영국이나 네덜란드가 보유했던 세계 통제력과 비교하더라도 미국은 훨씬 강력한 능력을 보유하게 되었다. 특히 동아시아와 유럽에 대규모 군대를 상시 주둔시킴으로써 미국은 진정한 의미의 세계 패권이 되었던 것이다.[201] 물론 20세기 중반에 시작되는 이 시기가 미국과 소련의 냉전(冷戰)기라는 점을 잊어서는 곤란하다. 하지만 냉전이라는 표현이 잘 보여주듯이 미국과 소련은 서로 직접 충돌하지 않았고, 미국은 소련이 지배하는 공산권과 공존하면서 동시에 과거 자본주의 경제 발전을 경험했던 자유세계를 거의 완벽하게 지배하였다.

201 Peter Katzenstein, *A World of Regions.*

5. 다자주의 자유무역

20세기 중반부터 시작되어 아직도 지속되고 있는 팍스 아메리카나는 19세기 팍스 브리타니카와 비교했을 때 비슷한 점이 많다. 국제 무역과 금융에 있어 미국이 과거 영국처럼 세계 체제의 핵심을 형성한다는 점에서 두 **패권체제**는 유사하다. 미국의 정치경제학자 킨들버거에서 비롯된 패권체제의 주장은 세계 자유무역과 자본의 시장을 만들어내고 지탱하려면 패권적 세력이 존재하여 세계 경제의 안정을 제공하고 보호하는 역할을 해야 한다는 것이다. 예를 들면 무역이나 투자가 이뤄지도록 자유로운 분위기와 기본적 규칙 등의 공공재를 만들어 제공하는 것이 중요하다고 본다.[202] 공공재란 주어지는 것이 아니라 누군가 비용을 대서 생산하는 것이므로 패권국가가 없다면 얻기 어려운 결과다.

미국의 패권이 영국과 유사한 형식을 띤 것은 어쩌면 당연한 일이다. 미국은 영국의 식민지였고 두 나라 사이에는 강한 역사적, 문화적, 정치경제적 유대관계가 존재했다. 두 나라가 18세기말 서로 전쟁을 통해 충돌했지만 미국 사회의 주류는 영국에서 독립한 자식과 같은 존재였기 때문이다. 게다가 미국은 영국의 패권이 지배했던 자본주의의 황금기를 되살리려는 성향을 가졌다. 독일계 사상가들과 달리 영국의 지적 전통은 주로 경제학을 형성한 시장경제의 이론적 분석에 바탕을

202 Charles Kindleberger. *The World in Depression*. 킨들버거의 저작을 출발점으로 삼아 미국 국제정치학에서 강조하는 패권안정론에 대해서는 다양한 비판을 제기할 수 있다. 패권이 반드시 안정적 효과를 가져오는지 확실하지 않으며, 비용이 이득을 항상 초과한다고 보기도 어렵다.

두고 있었고, 미국은 영국의 이런 전통을 그대로 이어 받아 발전시켰다.[203] 영국의 고전적 자유주의 질서가 무너지고 난 뒤 전간기의 혼란을 바로잡아 다시 자유주의 질서를 재건하겠다는 의지를 미국이 대변했던 것이다.

팍스 아메리카나의 기본적인 틀은 1944년 미국의 휴양도시 브레튼우즈에서 미국과 영국, 그리고 다양한 국가의 대표들이 모인 회의에서 결정되었다.[204] 우선 전간기의 보호주의가 평화를 깨고 전쟁으로 이끌었다는 인식 아래 자유무역을 되살리기 위한 노력을 기울였다. 이를 위해 국제무역기구(ITO, International Trade Organization)를 설립하기로 합의했지만 미국 국내 정치의 고립주의적 성향으로 여의치 않자 1949년 관세와 무역에 관한 일반 협정(GATT, General Agreement on Tariffs and Trade)을 체결하였다. 과거 영국의 자유무역 질서가 영국의 일방적 개방과 이후 다수의 양자 간 조약을 통해 서서히 만들어졌다면, 미국의 질서는 다수의 국가가 자유무역체제를 수립하는 **다자주의**의 형식을 취한다는 뜻이다.

미국이 전후 수립한 자유무역의 질서는 여러 차례의 다자간 협상을 통해 점차 관세를 인하하는 성과를 거두었고, 공산품에서 농산품이나 서비스업 등으로 자유무역의 범위를 확산하는데 성공하였다.[205]

203 영국은 유럽 대륙처럼 정치나 사회운동에서 마르크시즘의 영향이 강하지는 않았지만 그래도 사회주의적 전통의 파비아니즘이나 노동당의 개혁적 성향이 강했다. 반면 미국은 영국보다도 더 자유주의적인 지적 전통을 갖고 있다고 볼 수 있다.

204 브레튼우즈 체제의 지적 구상은 영국의 경제학자 케인즈와 미국 정부를 대표하는 화이트가 맡아서 책임졌고, 사실 다른 40여 개 국가의 대표들은 이를 확인하는 정도의 역할에 만족해야 했다. Jeffrey Friden. *Global Capitalism*. pp.253~270.

205 Jeffrey Friden. *Global Capitalism*. pp.287~290.

1960년대의 딜론 라운드와 케네디 라운드, 1970년대의 도쿄 라운드, 그리고 1980년대의 우루과이 라운드는 자유무역을 세계로 확산하는데 기여한 다자간 협상들이다. 특히 1940년대에 논의되었던 무역 분야의 국제기구인 세계무역기구(WTO, World Trade Organization)를 1995년 출범시킴으로써 다자주의의 제도화에 결정적으로 기여하였다.

이런 새로운 질서 속에서 세계 자본주의의 새로운 양상은 **다국적기업**의 획기적인 발전으로 대변된다.[206] 이제 다국적기업이라는 조직을 통해 세계 각지에서 생산한 부품을 조립하고 다시 다양한 시장으로 판매하는 모습이 일반화되었다. 이는 생산의 세계화 또는 다국적화라고 부를 수 있을 것이다. 처음에 다국적기업이란 보호주의 장벽을 피하기 위해 특정 시장에 진입하여 생산하는 전략이었지만, 점차 생산의 여러 과정을 세계 다양한 지역으로 분산하여 가장 효율적이고 저렴하게 생산하는 전략이 되었다. 그만큼 국경을 넘어 국적을 달리하는 사람이나 기업의 경제 활동이 수월해졌다는 의미일 것이다.

6. 달러 중심 화폐질서

화폐 분야에서도 팍스 아메리카나는 고전적 자유주의가 제공했던 자본의 용이한 이동을 보장하려 하였다. 자본이 자유롭게 이동해야 필요한 곳에 효율적으로 투자가 이뤄질 수 있다는 자유주의 경제학의 믿음은 그대로였다. 하지만 두 대전 사이의 대공황은 고전적 자유주의에

206 Eric Thun, "The Globalization of Production", pp.174~194.

서 계승한 금본위제의 경직성이 유동성을 제한하여 위험한 역할을 할 수 있다는 사실을 보여주었다. 케인즈도 금본위제보다는 유연한 통화정책이 위기를 극복하는데 필요하다고 제안한 바 있었다.[207] 결국 브레튼우즈에서 결정한 새로운 국제통화질서는 금본위제의 안정성과 유연한 통화정책을 결합시킨 타협안이었다.[208]

미국은 과거의 금본위제를 부활시키기보다는 달러-**금태환제** Gold Exchange Standard 를 시행하였다.[209] 한편에서 미국은 달러와 금의 고정 환율(1온스에 35달러)과 태환성을 보장한다. 이는 전쟁을 치르는 과정에서 세계의 금이 채권국 미국으로 집중된 상황이기에 가능했던 일이다. 다른 한편, 달러와 다른 화폐 사이에는 준(準)고정 환율체제를 형성하였다. 이 환율은 경제적 지표의 변화에 따라 정기적으로 조정할 수 있는 것이었다. 예를 들어 영국과 프랑스, 독일, 일본 등의 화폐는 달러와 고정 환율을 유지하지만, 필요하면 협상을 통해 환율을 재조정할 수 있다는 의미다.

국제통화기금(IMF)은 이 제도를 관리하는 국제기구로 출범하여 세계 시장의 통화 관계를 책임지게 되었다. 제2차 세계 대전 이후 달러 중심 화폐질서는 미국의 압도적인 영향력 아래 국제통화기금이 협력과 관리의 역할을 담당하며 운영되었다. 그러나 문제는 미국의 달러가 미국이라는 특정 국가의 화폐임과 동시에 세계의 국제통화 역할을 동시

207 Pierre Dockès. *Le capitalisme et ses rythmes, quatre siècles en perspective*. pp.652~658.

208 John Gerard Ruggie, *Constructing the World Polity*. pp.71~76.

209 Eric Helleiner. "The Evolution of the International Monetary and Financial System". pp.203~206.

에 해야 한다는 데 있었다.[210] 미국 국내경제가 필요로 하는 통화정책과 세계경제가 요구하는 정책은 서로 다를 수 있기 때문이다.

이런 위기가 발생한 것이 1970년대다.[211] 미국은 국제정치경제 질서의 근간을 지키는데 따르는 부담에서 벗어나고 싶어 했고, 국내 경제 사정을 감안한 유연한 경제정책을 펴고 싶었기 때문이다. 브레튼우즈에서 만들어진 질서를 지킨다는 것은 외국 정부나 은행이 달러를 가져와 금으로 바꿔달라고 한다면 이에 응한다는 의미다. 하지만 미국은 전후 1950년대와 1960년대 너무 많은 달러를 발행하였다. 따라서 달러와 금을 태환하기에 어려운 상황에 처했던 것이다. 국내 정치적 사정으로 달러를 대량 발행하는 정책이 필요했던 닉슨 행정부는 1971년 금태환제를 정지시키면서 브레튼우즈 체제는 해체의 과정을 겪었다.

결국 세계는 1970년대부터 금이나 그 어떤 금속과의 관계에서 벗어난 화폐 질서를 갖게 되었다.[212] 실물 화폐가 자체로 가치를 지녔던 인류의 역사는 이제 끝나고 국가의 경제규모나 제도와 전통, 미래 성장 가능성 등에 따라 화폐의 가치가 결정되는 새로운 시대가 열린 것이었다. 이런 유연한 화폐 질서 하에서는 정부나 중앙은행이 무책임하게 화폐를 발행할 경우 하이퍼인플레이션이 발생할 위험이 존재한다.

흥미롭게도 달러의 독보적 위상은 오히려 금태환제의 시기보다 더욱 강화되는 양상으로 나타났다. 달러를 금으로 자동 환전할 수 있는 가능성은 사라졌지만 그럼에도 불구하고 달러가 경쟁하는 화폐들 가운

210 Louis W. Pauly. "The Political Economy of Global Financial Crises". pp.227~230.

211 Barry Eichengreen. *Globalizing Capital*. pp.126~132.

212 Benjamin Cohen. *Currency Power*. p.164.

데 가장 믿을만하다는 경제 행위자들의 판단 때문이다. 물론 화폐는 이제 경쟁의 시대에 돌입했다.[213] 비공식적이지만 달러가 국제기축통화의 역할을 담당하는 가운데 1999년 출범한 유로가 잠재적 경쟁 화폐로 등장하였고, 자본의 다변화 전략으로 일본의 엔화나 스위스의 프랑 등이 국제무대에서 간헐적으로 활용되는 상황이다.

7. 사회적 자유주의

자본주의의 국내 정치경제체제를 놓고 본다면 19세기의 고전적 자유주의는 부르주아의 이익이 우선시되는 시대였다. 19세기는 위에서 보았듯이 부르주아의 정치적 자유와 경제적 자유를 모두 중시하면서 서서히 대중의 중요성이 투표권의 확대와 함께 이뤄지는 시기였다. 제1차 세계대전부터 제2차 세계대전에 이르는 시기에 유럽이나 미국 등 자본주의의 중심 지역에서는 보통 투표권이 보편화되면서 대중 정치의 시대가 열렸다. 그러나 이와 동시에 자본주의의 중심 지역은 안정적 민주체제를 곧바로 굳히기보다는 무척 불안정하고 다양한 체제를 경험하였다. 독일이나 이탈리아의 파시스트 전체주의, 소련의 공산주의, 미국이나 스웨덴의 사회 민주주의 등이 대표적 사례다.[214]

제2차 세계대전이 종결되면서 서유럽과 미국, 일본 등 자본주의의 새로운 중심은 이제 자유주의 질서를 수정한 국내 정치경제체제로 어

213 Benjamin Cohen. *Currency Power*. pp.242~244.

214 Jeffrey Friden. *Global Capitalism*. pp.195~249.

느 정도 수렴되는 경향을 보였다. 미국에서 뉴딜을 통해 노동의 권익과 노조의 목소리가 강화되었고, 기초적인 사회보장 제도가 만들어졌다.[215] 전형적 자유주의 국가였던 영국도 '요람에서 무덤까지'라는 베버리지 보고서를 바탕으로 복지국가 건설에 나섰다. 프랑스 또한 국가가 경제에 적극 참여하는 혼합경제의 모델을 만들었다. 파시즘이나 나치즘으로 실패를 맛보았던 이탈리아와 독일 역시 유럽의 영국이나 프랑스와 비슷한 국가의 개입, 복지의 도입, 공공부문의 강화 등의 변화를 받아들였다. 독일은 질서 자유주의의 전통을 계승하여 사회적 시장경제의 개념을 발전시켰다.

이런 공통의 변화에 대해 학자들은 다양한 명칭을 사용하였다. 사회복지가 강화되고 노동의 목소리를 크게 했다는 점에서 사회적 자유주의라는 표현이 등장했다. 이 시기가 자본주의 체제지만 노동조합의 제도적 대표성, 노조 가입률, 노동운동의 정치세력화, 노동을 대표하는 정치세력의 집권, 노사정 공동 경제 관리의 틀 등 다양한 변화를 감안할 때 사회적 자유주의라는 명칭은 적합해 보인다. 국가의 개입을 강조하는 입장에서는 혼합경제나 국가 주도 자본주의(state-led capitalism) 등의 명칭을 사용하였다. 소련에서 국가가 전부를 담당하고, 미국에서 시장이 우세했다면 유럽에서는 혼합적 형태가 일반화되는 모습이었다.[216]

사회적 자유주의는 개인의 집합으로 구성된 시장 중심의 경제적

215 Robert Reich. *Supercapitalism: The Transformation of Business, Democracy, and Everyday Life*. pp.5~6.

216 그밖에 프랑스 조절학파에서는 포디즘(Fordism), 미국의 국제정치경제에서는 관리 자유주의(embedded liberalism) 등의 표현을 사용했다: Robert Boyer. *Economie politique des capitalismes. Théorie de la régulation et des crises*. pp.64~66 ; John Gerard Ruggie. *Constructing the World Polity*. pp.62~84.

자유주의를 고치려는 노력이다. 경제학에서 케인즈의 막강한 영향력은 이런 수정의 이론적, 실천적 중요성을 반영한다. 케인즈는 1946년 사망하였지만 그의 거시 경제학은 1970년대까지 세계를 지배했다고 볼 수 있다.[217] 개인의 합리적 판단이 모여 거시 경제적 결과를 낳는데, 그 결과가 항상 최상의 균형에 도달하는 것은 아니며, 오히려 위기와 공황으로 연결될 수도 있다는 사실을 케인즈가 이론적으로 밝혔기 때문이다. 이런 이론적 관점에서 정부는 시장을 적절하게 조정하는 역할을 부여받아 개입하게 되었다.

사회적 자유주의의 시기는 부르주아 민주주의가 대중의 시대를 맞아 적응한 형태라고 봐도 무방하다. 이 때 바야흐로 자본가뿐 아니라 노동자도 본격적으로 자본주의의 혜택을 누릴 수 있게 되었다. 국내총생산에서 자본과 노동의 부가가치 분배가 노동에 이로운 방향으로 전개되었으며, 복지국가는 국민의 전반적 건강과 수명을 향상시켰다.

하지만 한 시대를 풍미했던 사회적 자유주의는 1970년대 다시 신자유주의에게 이데올로기적 패권을 넘겨준다. 사회적 자유주의로 인해 자본주의는 활력을 잃게 되었고 인플레와 실업률이 동시에 상승하는 스태그플레이션(stagflation) 현상이 나타났다. 신자유주의는 동맥경화에 걸린 자본주의에 다시 새로운 힘을 실어 주려는 노력이었고, 계급적으로 본다면 자본가 계급의 반발이었다.

217 Peter Hall. *The Political Power of Economic Ideas: Keynesianism across Nations.*

8. 신자유주의

신자유주의는 사회적 자유주의의 시대에 다양한 사회적 고려를 반영하여 이뤄진 변화들이 결국은 자유주의의 본질을 흐리게 되었고, 동시에 자본주의의 활력을 약화시켰다는 반성에서 출발한다.[218] 신자유주의는 원래의 자유주의로 돌아가자는 운동과 다름없으며 통화주의, 자유방임주의, 공급경제학, 무정부주의 등의 다양한 이데올로기적이고 학술적인 기반을 갖고 있다. 신자유주의라는 명칭은 주로 이런 움직임을 비판하는 측에서 즐겨 사용하며 1980년대 이후 실현된 정책과 사회의 변화나 변화시키려는 노력을 지칭한다.[219]

신자유주의의 정치적 출발점이 1979/80년 영국과 미국에서 각각 대처 보수당 정부와 레이건 공화당 정부의 등장이라는데 대부분의 학자들은 동의한다. 이들의 정책적 프로그램은 그 동안 사회적 자유주의에서 추구했던 자본주의 기제에 대한 통제를 풀어 자본의 활동을 자유롭게 한다는 목표를 제시한다. 가장 대표적 정책은 영국의 경우에서 볼 수 있듯이 혼합경제체제에서 국가가 관리하던 인프라 부문 공기업의 민영화다.[220] 석유(British Petroleum, Britoil), 가스(British Gas), 전화(British Telecom), 자동차(British Leyland, Rolls–Royce), 해운(Sealink), 우주(British Aerospace) 등 영국의 대표적 공기업들이 민간 영역에 매각되었고 이런 민영화의 파도는 이후 다른 선진국으로 전파되었다.

---

218 Robert Boyer. *Economie politique des capitalismes. Théorie de la régulation et des crises*. p.75.

219 Bruno Jobert. ed. *Le tournant néo-libéral en Europe*.

220 John Vickers and Vincent Wright. eds. *The Politics of Privatization in Western Europe*.

영국과 미국은 또 다양한 산업 부문에서 탈규제 또는 규제 완화를 통한 경제 활성화에 나섰다.[221] 예를 들어 영국에서 민영화의 대상이 되었던 산업에서 독점 공급 체제는 다양한 민간 공급자 간의 경쟁으로 대체되었다. 미국의 항공 시장도 극단적 탈규제의 대상이 되어 경쟁이 더욱 심화되었다. 1986년 영국은 '빅뱅'이라 불리는 금융 산업의 자유화도 추진하였다. 이런 영국 금융의 탈규제는 이후 영국과 경쟁하는 다른 선진국으로 빠르게 전파되었다.

영국의 대처 정부는 노조의 막강한 힘이 경제의 활성화에 걸림돌이라 파악하고 노조의 권리를 제약하는 정책을 폈다. 초기 정부와 노조는 파업 등을 통해 힘겨루기에 나섰지만 결국 영국에서 노조는 구조적 약화의 궤도에 들어섰다. 영국 뿐 아니라 선진국 대부분에서 노동세력은 조직력과 가입률 등에서 돌이키기 어려운 쇠퇴의 길을 걷게 되었다.

미국과 영국은 또 공급경제학의 이름으로 사업가의 행동을 자유롭게 해야 경제가 살아난다고 주장했다. 탈규제에 덧붙여 세금을 낮추어 주는 변화가 시작되었고, 줄어드는 세수를 보상하려 다양한 분야의 정부 지출을 줄이는 경향이 나타났다. 사회적 자유주의의 복지국가가 후퇴할 수밖에 없는 구조가 만들어진 것이다.

화폐 정책 분야에서 신자유주의는 케인즈 주의의 후퇴와 통화주의의 제도화를 의미했다.[222] 케인즈는 경기의 변화에 따라 정부 또는 중앙은행이 통화 또는 재정 정책으로 경제를 조정하는 역할을 주문했다. 그

221 Martha Derthick and Paul J. Quirk. *The Politics of Deregulation.*

222 유럽의 좌파 일부에서는 신자유주의를 '획일 사고'(pensée unique)라고 부르며 전세계에서 거의 강제적으로 추진되는 사상이라고 비판한다: Jean-François Kahn. *La pensée unique.*

러나 통화주의는 정부의 개입을 최소화하고 예측가능한 통화의 안정적 공급이 필요하다고 처방했다. 대부분의 선진국에서 나타난 1970년대 높은 인플레이션은 케인즈 주의를 접고 통화주의로 전환하여 물가안정을 추구하도록 하였다.

자유무역과 개방의 원칙을 강화하는 움직임도 신자유주의의 핵심이었다. 유럽의 경우 1993년 유럽 단일시장을 추진함으로써 기존의 국가 중심 시장을 개방하여 유럽 차원의 하나의 커다란 시장을 만들었다. 이에 미국도 주변의 캐나다와 멕시코를 통합하여 북미자유무역지대(NAFTA, North American Free Trade Area)를 형성하였다.[223]

9. 팍스 시니카?

자본주의가 가장 발달한 지구의 한편에서 신자유주의로 변화가 이뤄지는 동안 공산주의 실험에 나섰던 다른 한편에서는 계획경제체제가 붕괴되는 현상이 나타났다.[224] 1980년대 소련은 계획경제의 한계에 봉착하여 더 이상 미국과 군비경쟁을 지속할 수 없는 지경에 도달했다. 소련의 고르바초프 정권은 페레스트로이카와 글라스노스트라는 이름의 개혁을 통해 계획경제와 공산당 독재의 한계를 극복하려 했지만 결국 소련의 체제는 붕괴되었다. 소련은 여러 개의 독립 공화국으로 분

223 Jeffrey Friden. *Global Capitalism*. pp.383~385.

224 Ivan T. Berend. *From the Soviet Bloc to the European Union: The Economic and Social Transformation of Central and Eastern Europe since 1973*.

산되었고, 소련이 지배하던 동유럽은 공산체제를 포기하고 시장경제와 민주주의를 향해 나아가면서 유럽연합으로 서서히 흡수되었다.

1989년 베를린 장벽의 붕괴로 상징되는 공산주의 실험의 몰락은 1917년 시작된 러시아 혁명이 하나의 주기를 완성하고 종결되었음을 의미했다. 공산주의 체제는 물질적 축적을 통한 시간의 통제라는 자본주의의 목표를 중앙 집중적 계획경제를 통해 추구했지만 실패한 셈이다. 이제 세계는 시장경제라는 분산된 자율성의 축적 체제를 통해 자본주의의 목표를 추구하는 방식으로 통일된 듯 보였다.[225]

이런 관점에서 중요하고 흥미로운 사례가 바로 중국이다. 중국은 1949년 중화인민공화국을 수립한 이래 1970년대까지 소련을 모델로 삼아 공산주의 실험을 시도하였다. 하지만 문화혁명으로 극에 달했던 정치 불안과 경제 실패는 더 이상 이런 모델을 지속할 수 없음을 보여주었다. 중국은 결국 1970년대 말부터는 점진적인 시장경제의 도입이라는 새로운 방향을 추구하게 되었다.

1979년부터 '개혁개방'이라 불리는 노선을 추진한 이래 중국은 인류 역사상 가장 놀라운 물질적 축적의 기적을 이뤄냈다.[226] 중국은 1980년대부터 2000년대까지 무려 30년이 넘는 기간 동안 지속적으로 연 10% 수준의 경제성장을 달성했다. 그리고 2010년대 들어서도 평균 5%가 넘는 고속 성장을 구가했다. 단 한 번의 위기, 단 한 해의 마이너스 성장도 없이 40여 년을, 그것도 대륙 규모 면적에 인구가 세계에서 제일 많은 나라가 이처럼 성장한 사례는 전무하다. 2010년대 중국은 이

225 Francis Fukuyama, *The End of History and the Last Man*.

226 Joyce Appleby, *The Relentless Revolution*, pp.370~384.

미 미국의 경제규모 – 물가 수준을 감안한 구매력평가(PPP) 기준으로 – 를 넘어섰다. 2020년대가 되면 중국은 명목상으로도 미국을 넘어 세계 최대 경제 강대국으로 올라설 예정이다.

과거 영국이나 미국이 세계의 공장이었듯이 21세기에는 중국이 세계의 공장이 되었다.[227] 세계의 시장은 하나가 되었고 중국은 다수의 상품을 가장 효율적이고 저렴하게 생산하는 지역으로 떠올랐다. 중국 상품이 얼마나 홍수처럼 세계 시장을 지배하고 있는지 심지어 '메이드 인 차이나'에서 벗어나 사는 것이 어려운 시대가 되었다.

그렇다면 이제 팍스 브리타니카와 아메리카나에 이어 팍스 시니카 즉 중국의 질서가 펼쳐질 것인가.[228] G2라는 표현이 함축하듯이 미국과 중국의 세계 경쟁은 이미 시작되었고 한반도는 그 중심에서 태풍의 눈처럼 어지러운 형국이다. 이런 대륙적 세력의 대결이 어떻게 전개될지는 자본주의 방향과 역사를 결정하는데 핵심적인 사안이다.

세계 차원에서 자본주의의 역사를 살펴본다면 우리가 살고 있는 21세기 초반은 1840년 중국과 유럽의 만남을 거꾸로 표상하는 듯하다. 과거 영국이 아편을 팔기위해 청의 문을 개방하려고 했는데, 이제는 중국이 일대일로라는 계획을 통해 철도와 항로를 개발하여 세계 자본주의의 중심으로 진출하여 유라시아를 하나로 묶으려 하고 있으니 말이다.[229] 또 트럼프의 미국은 자국을 중국의 상품으로부터 보호하려 나섰고, 반대로 중국이 세계 자유무역의 유지를 외치는 시대에 도달했으니

227 Kevin Honglin Zhang. ed. *China as the World Factory*.

228 중국의 부상을 문명론의 관점에서 바라보려는 시도로는 다음을 참고할 것: Peter Katzenstein. ed. *Sinicization and the Rise of China*.

229 Li Xing. ed. *Mapping China's "One Belt One Road" Initiative*.

말이다.

10. 자본주의 통합

영국에서 완성된 자본주의의 기본 모형은 19세기 대영제국의 틀 안에서 제일 먼저 자연스럽게 확산되었다. 영국의 모델은 식민지였던 미국, 캐나다, 호주, 뉴질랜드 등에서 재현되었던 것이다. 상업 또는 경제 이익을 우선시하는 정부가 독립 미국에서도 등장하였고[230] 나머지 지역에서는 영국의 이민을 통해 같은 정치적 틀과 문화가 확산되었다.

물론 아프리카나 아시아의 대영제국 다른 식민지에 자본주의 체제가 본격적으로 들어섰다고 말하기는 어렵다. 기존의 전통 사회가 유럽 문화의 침투에 강한 저항 체제를 형성하고 있던 아프리카나 아시아에서 영국의 선택은 일방적으로 상업이익을 추구하는 것이었지, 자본 축적에 전념하는 정치경제체제를 만드는 것은 아니었기 때문이다. 그럼에도 불구하고 영국의 영향 아래 놓인 지역은 자본주의적 행태와 습관, 제도와 이념을 받아들이기 시작했다.

영국의 자본주의 기본 모형은 유럽 대륙의 다른 국가를 향해 빠른 속도로 전파되었다. 이것은 서로 경쟁하는 체제에서 효율적인 모델을 모방하는 유럽이 오랜 기간 경험했던 방식이었다. 대륙에서 전통적으

230 유치 산업론으로 보호주의 무역정책을 강력하게 주장한 것은 미국 초대 재무장관 알렉산더 해밀튼이다. 잘 알려진 독일의 리스트는 오히려 1820년대 미국에 체류한 다음 보호무역주의로 전환하였다.

로 영국의 경쟁 국가였던 프랑스는 19세기 불안한 혁명들이 반복되었지만 부르주아 민주주의와 함께 자본주의의 기반을 닦았다.[231] 독일과 이탈리아 역시 19세기 후반 민족 통일을 이루면서 영토 국가를 형성했고 전국 시장에 기초한 자본주의 체제 설립에 나섰다.

유럽 대륙의 세력 가운데 영국과 비교할 만한 세계 제국 건설에 성공한 국가는 프랑스가 유일하다. 프랑스는 영국만큼 상업적 이익에 집중하지는 않았지만 그것은 동화(同化)를 지향하는 프랑스의 독특한 제국주의 이념 때문만은 아니다. 프랑스가 차지한 식민제국은 아프리카의 경우 인구도 적고 사막이 많았으며, 동아시아에서도 인도와 비교할 수 없이 작은 제한적 영역만을 차지했기 때문이다.

20세기 들어 발생한 두 차례의 세계 대전은 자본주의의 확산에 중요한 역할을 했다. 자본주의의 핵심인 유럽이 전쟁에 휩쓸린 동안 유럽인들이 정착한 아메리카의 산업화가 본격적으로 이뤄졌다.[232] 미국과 캐나다 뿐 아니라 중남미 지역의 국가들도 20세기 전반기 산업혁명에 버금가는 경제 변화를 추진하게 되었다.

같은 시기 소련에서는 공산주의 또는 사회주의 계획경제의 실험이 시작되었다. 그리고 이 모델은 자본주의와 대립하는 것으로 많은 사람들이 인식했다. 하지만 우리의 관점에서 볼 때 소련은 이데올로기적 차이점을 강조했지만 실제로는 자본주의 체제와 똑같은 생산성 향상과 생산력 증강을 통한 무한의 자본 축적이라는 목표를 추구했다.

초기에 소련은 중공업 중심의 산업화를 진행하면서 상당한 성공을

231 Jean-Pierre Rioux. *La Révolution industrielle 1780~1880.* pp.62~66.

232 Jeffrey Friden. *Global Capitalism.* pp.129~134.

거두었다. 국가의 역량을 집중적으로 모았을 때 자본 축적에서 놀라운 결과를 낳았던 셈이다. 소련이 독일과의 제2차 세계 대전에서 대항하면서 보여준 저력은 이런 경제력의 뒷받침으로 가능했던 일이다.[233] 그러나 계획경제의 축적 과정은 어느 정도 수준에 도달하면 더 이상 발전하지 않는 정체기에 돌입한다는 사실이 냉전 시기를 통해 확인되었다.

소련의 모델은 공산화된 동유럽과 중국, 그리고 탈식민화를 거치면서 독립한 신생국에서 다시 시도되었다. 기존에 이미 자본주의에 노출되었던 동유럽이나 중국에서 공산주의는 기본적 자본 축적에는 어느 정도 성공을 거두었다.[234] 하지만 제3세계라고 불리었던 신생국에서 소련의 모델은 그리 신통한 결과를 낳지 못했다.

소련의 붕괴와 공산주의 모델의 포기 이후 세계는 자본주의 체제로 통합되는 양상이다. 정치에서는 민주주의와 독재 권위주의가 여전히 서로 대립하면서 시기에 따라 오르내림을 반복하지만, 경제적인 차원에서는 자본주의의 확산이 어느 정도 일률적이라고 할 수 있다. 물론 고전적 자유주의에서 사회적 자유주의로, 그리고 다시 신자유주의로 자본주의 양식은 조금씩 변해왔다. 하지만 효율적 자본 축적을 통한 시간의 통제라는 목표는 인간 집단의 보편적인 중심 목표로 부상한 듯하다.

233 Joyce Appleby. *The Relentless Revolution*. p.290.

234 Jeffrey Friden. *Global Capitalism*. pp.317~320.

11. 왜 자본주의인가

우리는 역사적으로 자본주의의 기원과 발전, 그리고 확산을 차례로 살펴보았다. 요약하자면 자본주의의 성향은 인류 사회의 초기부터 존재했다. 자본주의란 인간이 물질적 미래를 준비하기 위해 자본을 축적하는 행위에서 비롯되기 때문이다. 이러한 행태는 농업이나 상업에서 모두 나타날 수 있지만 상업 사회에서 보다 집중적으로 발달하게 되었다.

자본주의의 기원을 다루는 장에서는 일종의 자본주의 원형이 유럽에서 만들어지는 과정을 보았다. 우리는 그리스의 도시국가 모델과 로마의 소유권, 법치 등의 전통이 중세 이탈리아 도시국가라는 틀 안에서 개화(開花)하면서 자본주의 원형의 큰 그림이 만들어졌다고 보았다. 상업 문화라는 것은 아시아나 아프리카 등지에도 존재했지만 어디서도 중세 이탈리아만큼 상업의 이익과 정치공동체의 이익이 결합된 곳은 없었다는 의미다. 이런 점에서 자본주의는 단순한 경제체제가 아니라 정치경제 질서라고 보는 것이 정확하다.

상업 또는 경제 이익을 중시하는 세력의 세계 확장을 통해 자본주의는 발전하고 세련된 기본 모형으로 완성된다. 이탈리아 도시국가에서 네덜란드를 거쳐 영국으로 오면서 자본주의의 기본 모형, 즉 자본 축적을 위해 정치경제 질서가 구비되고 이 목적을 추구하는 데 전 사회가 몰두하는 체제가 완성되었다는 의미다. 국제사회에서 이 같은 정치경제 질서는 다른 질서와 경쟁하면서, 생존을 놓고 장기 대립하거나 때로는 전쟁까지 치른다.

자본주의의 확장 과정은 바로 이러한 경쟁, 대립, 충돌의 결과다.

영국에서 만들어진 자본주의 기본 모형은 어떤 의미에서 가장 효율적이었기 때문에 전 세계로 확산되었다.[235] 영국의 모델을 유럽의 주요 세력이 따라하였고 유럽 밖에서는 미국과 일본이 성공적으로 모방하였다. 소련은 반대 모델을 만들었다고 자부했지만 실제로는 같은 목표를 다른 방법으로 추구한 데 불과하다. 이 반대 모델은 원래 모델에 비해 비교하기 어려운 정도의 형편없는 결과를 낳았고 결국은 스스로 무너지고 말았다. 문화적 자존심이 하늘을 찌르는 중국조차 민주주의와 개인주의 등 서구 문화를 거부하면서도 자본주의만큼은 적극 따라하여 성공을 거두는 모습이다.

이 책을 시작하면서 언급했던 자본주의에 대한 다양한 비판은 이런 역사적 현실에 비추어 보았을 때 아이러니다. 도대체 무엇이 자본주의로 하여금 이토록 성공적인 모델이 되게 하는 것이며, 그럼에도 불구하고 사람들은 왜 자본주의를 이토록 비판하고 싫어하는 것일까. 이 질문에 답을 구하기 위해서는 베버의 저서 『프로테스탄트 윤리와 자본주의 정신』을 상기할 필요가 있다.[236] 자본주의가 하나의 경제체제 또는 정치경제 질서가 되기 위해서는 단순히 어떤 제도를 도입하는 것으로 불충분하다. 자본주의가 하나의 체제나 질서로 사회를 지배하기 위해 자본주의는 정신을 가져야 한다. 그리고 이 정신이 사람들을 지배해야 한다.

---

235 슘페터가 기업들 간에 적용된다고 보았던 진화의 과정이 국가나 사회에도 적용될 수 있다. 예를 들면 후쿠야마는 국가의 정치질서에 이런 진화론적 시각을 적용한다: Francis Fukuyama. *The Origins of Political Order: From Prehuman Times to the French Revolution.*

236 Max Weber. *The Protestant Ethic and the Spirit of Capitalism.*

제2부
자본주의의 정신

제2부
자본주의의 정신

자본주의의 정신이란 무엇을 의미하는가? 베버가 설명하는 자본주의의 정신은 사명감 Beruf 이 가장 중요했다.[237] 사명감이란 자본의 무한 팽창과 축적을 지향하는 맹목적이고 충실한 태도와 자세를 뜻했다. 자본가는 자본가대로 사업의 무한 확장을 꾀했고, 수공업자는 자신의 작품을 성실하게 만들어냈으며, 노동자도 나름 열심히 일하면서 저축을 하고 미래를 준비하는 삶을 살았다. 베버는 이런 자본주의의 정신을 실현하는 구체적인 사회는 주로 칼뱅주의 프로테스탄트의 윤리가 스며들어 있는 곳이었다고 분석했다.

베버 이후의 학자들은 개신교와 자본주의의 상호 관계에 집중하여 논의를 진행하였다. 개신교의 다른 종파인 루터교나 성공회가 지배하는 지역에서도 자본주의가 활발하게 발전하였다는 지적부터, 유대교를

237 Max Weber, *The Protestant Ethic and the Spirit of Capitalism*, p.39.

믿는 유대인들이나 가톨릭 권역에서 오히려 중세 자본주의의 기원을 찾을 수 있다는 비판까지 다양한 이론이 제기되었다.[238] 동아시아에서도 일본에 이어 한국, 대만, 홍콩, 싱가포르 등에서 자본주의 발전이 이뤄지고, 최근에는 중국마저 자본주의 세력으로 부상하면서 칼뱅 종파와 자본주의를 연결하는 베버의 분석은 폐기되어도 좋은 상황이다.

하지만 성급한 판단은 금물이다. 베버는 프로테스탄트의 윤리만이 자본주의를 만들어낼 수 있다고 주장하지 않았다. 베버가 심혈을 기울여 보여주려고 노력한 것은 특정한 종교의 교리와 윤리관이 자본주의라는 체제와 어떻게 선별적으로 친화력을 발휘했는가의 과정이다. 그리고 그의 해석은 여전히 강한 설득력과 개연성을 보여준다. 프로테스탄트 이외의 지역에서 자본주의가 발전했다고 베버의 이론이 부정되어야 하는 것이 아니라, 다른 지역에서는 어떤 윤리적 요소와 자본주의 체제가 연결되었는지를 살펴보아야 한다는 말이다.[239]

정확히 말하자면 20세기 초 베버가 관심을 가졌던 부분은 '자본주의의 기원'이다. 그는 물질적 무한 축적을 추구하는 경제체제가 어떻게 만들어졌는가라는 질문에 몰두했던 것이다. 기원에 대한 질문과 이에 대한 답을 자본주의 전체에 적용하는 것은 곤란하다. 왜냐하면 베버의 의문은 자본주의 특유의 정신이 전통 사회의 반(反) 자본주의적 토양에서 최초로 만들어진 배경에 관한 것이었다. 일단 이 정신이 만들어지

238 Richard Henry Tawny. *Religion and the Rise of Capitalism* ; Michael Novak. *The Catholic Ethic and the Spirit of Capitalism.*

239 예를 들어 기독교와 이슬람교 등 유일신을 믿는 종교의 기원은 확실하게 유대교에서 찾을 수 있다. 하지만 그렇다고 유대인만 기독교나 이슬람교를 믿을 수 있는 것은 아니다. 다른 문화나 종교의 지역에도 기독교나 이슬람교가 전파될 수 있다.

면, 그리고 그 결과가 성공적이면 누구나 그것을 따라할 것이기 때문이다.[240]

베버로부터 백 여 년이 지난 뒤 우리가 관심을 가져야 하는 부분은 조금 다르다. 자본주의 역사 부분에서 보았듯이 그 사이에 자본주의는 19세기 고전적 자유주의에서 20세기 사회적 자유주의, 그리고 신자유주의 등으로 변화와 수정과 재조정의 과정을 거쳤다. 다른 한편으로는 공산주의라는 '또 다른 나'(alter ego)를 만들었다. 자본주의와 공산주의가 서로 적대적 경쟁을 하기는 했지만 물질적 축적을 바탕으로 풍요로운 미래의 사회를 구상했다는 점은 무척 유사했다. 이들의 결투는 물질주의라는 같은 배에서 나온 카인과 아벨의 결투였지 서로 다른 가치관의 충돌은 아니었다.[241] 그리고 결국은 여기서 자본주의가 승리를 거두어 세계를 지배하는 체제가 되었다.

자본주의는 물질적 무한 축적을 지향하는 정치경제 질서라는 점에서 이를 지탱하거나 견인하는 정신이 필요하다. 달리 말해서 자본주의 체제가 들어서기 위해서는 또는 제대로 작동하기 위해서는 자본주의의 정신, 즉 문화적 기반이 형성되어 있어야 한다는 뜻이다. 베버의 중요한 교훈은 자본주의가 시작되기 이전에 자본주의의 정신이 존재했다는 지적이다.[242] 외부에서 강요된 자본주의도 제대로 작동하기 위해서는 문화적 적응이나 변화가 필요하다고 할 수 있다.

---

240 Max Weber. *The Protestant Ethic and the Spirit of Capitalism*. pp.102~125.

241 마르크스는 사회주의가 자본주의의 자궁에서 잉태되었다는 표현을 사용한다. 이런 관점에서 자본주의와 사회주의는 형제가 아닌 부모와 자식의 관계라고 할 수도 있다: Karl Marx. *Critique of the Gotha Programme*.

242 Max Weber. *The Protestant Ethic and the Spirit of Capitalism*. pp.100~101.

자본주의가 세계 전역으로 확산된 21세기 현재 자본주의의 정신이라고 말할 수 있는 문화적 배경의 요소는 무엇일까. 제2부에서는 세 가지 요소가 자본주의 체제의 작동에 필수적이라고 분석한다. 개인, 경쟁, 소유권이라는 세 요소는 모든 인간 사회에 존재하는 근본적 조건이라고 할 수 있다. 하지만 자본주의 체제란 개인과 집단, 경쟁과 협력, 소유와 공유라는 세 차원에서 모두 전자를 강조하고 치켜세우며 정당화하는 특징을 공통적으로 보여준다.

제6장

개인, 합리적인 선택의 주체

1. 자본주의와 개인주의

여러 명이 식당에 가서 함께 밥을 먹은 뒤 계산하는 법을 보면 그 사회의 문화나 해당 집단의 성격을 어느 정도 알 수 있다. 서로 돈을 내겠다고 싸우는 문화가 있는가 하면 서로 눈치를 보며 망설이는 모습을 보이기도 한다. 한 사람이 식사비를 전담하는 문화다. 하지만 밥을 먹은 사람들이 각자 자신의 식사를 계산하는 '더치페이'(Dutch pay)가 보편적인 나라도 점차 늘어나는 추세다.[243]

매일 만나 식사를 하는 직장 동료나 친구 사이라면 더치페이가 자

243 더치 페이라는 표현은 '콩글리시'(Korean-English)에 해당하고 영미권에서는 '고잉 더치' going Dutch 라고 말한다. 막상 네덜란드에서는 이 표현을 사용하지 않으며, 이탈리아에서는 '로마식', 스페인에서는 '카탈루냐식'이라고 부른다. 프랑스의 경우 '반반' moitié moitié 이라는 표현을 사용한다.

연스러울 수 있다. 반면 오랜만에 만난 친구나 친척이라면 서로 대접을 하겠다고 나설 가능성이 높다. 하지만 한 가족이나 식구라면 더치페이는 무척 생소하다. 부부가 밥을 먹고 각자 계산을 한다면 얼마나 황당하겠는가. 이처럼 식사비 계산이라는 단순한 행동에서 우리는 자본주의의 요소, 개인주의나 공동체의 감정과 같은 미묘한 차이를 발견할 수 있다.[244]

이런 사회의 문화는 시대에 따라 변화한다. 지금부터 30여 년 전 한국에서 더치페이는 무척 생소한 행동이었다. 하지만 이웃나라 일본에서는 이미 이런 개인주의 또는 자본주의적 행동이 일반화 되어 있었다. 밥을 먹고 나면 계산대에 줄을 서서 각자 계산을 하던 모습은 충격이었다. 당시 프랑스에서도 친구들이 레스토랑에 가면 각자의 식사를 테이블에서 계산하는 방식이었다. 한 세대가 지난 요즘은 한국에서도 – 적어도 젊은 층에서는 – 더치페이가 일반화 되었다.

더치페이는 네덜란드 식 계산 방식이라고 부를 수 있다. 개인이 먹은 만큼 각자가 계산하는 이 방식은 자본주의의 기원에서 핵심적 역할을 담당했던 네덜란드라는 나라의 명칭을 계승했다. 더치페이의 확산은 그 사이 한국사회에서 개인주의가 일반화 되었다는 사실을 상기시켜준다. 1980년대 한국은 올림픽을 개최하면서 선진국의 반열에 오르려고 노력하는 중이었지만 2010년대의 한국은 일부 산업에서 세계의 중심으로 부상한 자본주의의 신흥 선진국이 되었다. 개인주의와 자본

244 프랑스 사회학자 부르디외의 『구별짓기』는 계급이 지배하는 자본주의 사회공간에서 이런 미묘한 차이를 분석한 역작이다. 부르디외의 관심이 계급적 구별에 집중되었다면 우리의 시도는 시대적 변화와 사회 간의 차이에 천착한다: Pierre Bourdieu. *La distinction*.

주의가 동시에 확산되고 심화된 현상이라고 할 수 있다.

자본주의와 개인주의의 관계를 통계적으로 정확하게 확인하기는 어렵겠지만 자본주의의 역사가 긴 나라일수록 개인주의의 성향을 쉽게 발견할 수 있다. 예를 들어 개인주의의 대표적 지표라고 할 수 있는 1인 가구의 비중을 비교해 보면 유럽과 미국이 제일 높고, 서아시아나 아프리카가 제일 낮다.[245] 20세기 후반 자본주의가 빠른 속도로 발전한 한국에서 1인 가구의 비중은 놀라운 속도로 증가하고 있다.

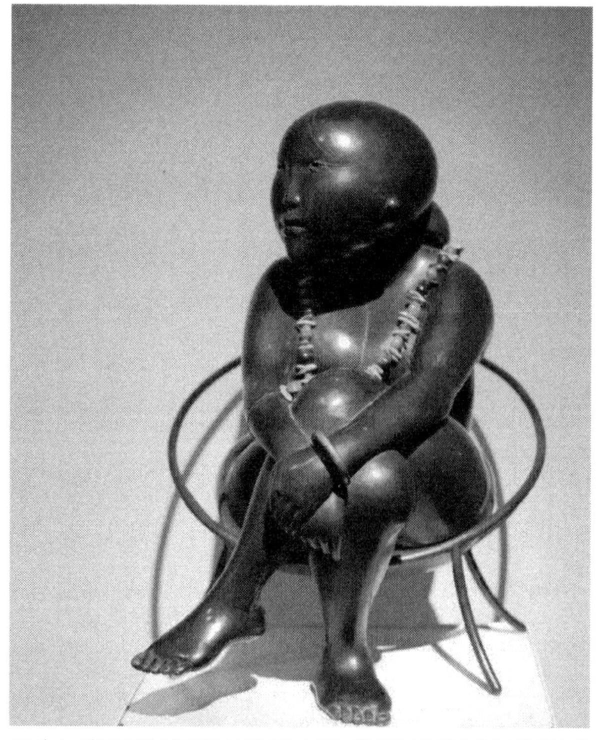

그림 6. 자본주의 사회에서 개인은 모든 생각과 판단의 출발점이자 합리적인 선택의 주체로 등장한다. 코르넬리스 지트만(Cornelis Zitman)의 〈앉아 있는 여인〉, 1973년. 러시아 모스크바 푸슈킨 미술관.

245 The Economist. *Pocket World in Figures 2015 Edition*. 2014. p.90.

반대로 한 가구의 평균 사람 수를 비교하면 자본주의가 발달한 나라일수록 적고, 미개발 지역일수록 많다. 유럽의 경우 한 가구의 평균 인원은 2인 남짓이다. 반대로 아프리카의 경우 대부분 평균 5명이 넘으며 10인에 가까운 사례도 있다. 자본주의 선진국일수록 평균 자녀수는 적으며, 후진국일수록 많다. 한국의 경우 한 여성이 평생 낳는 아이의 수가 1960년 6명에서 2017년 현재 1.052명으로 급격하게 감소하였다.[246]

이상의 사례에서 우리는 자본주의와 개인주의가 상당히 밀접한 관계를 맺고 있다는 사실을 추측할 수 있다. 개인주의가 자본주의의 발전을 가져오는 것인가. 아니면 자본주의의 발전이 개인주의를 확산시키는 것인가. 우리의 관점에서 이 논의는 '닭과 달걀의 논쟁'과 비슷하다. 자본주의는 정치경제 질서이자 체제인 반면 개인주의는 이와 선별적 친화력을 보여주는 사고체계 또는 가치관이기 때문이다. 자본주의 문명이란 단순히 시장의 제도를 의미하는 것이 아니라 자본주의적 정신을 포함한다고 보는 것이다.

2. 개인 대 전체

사회과학에서 개인과 전체를 대립시켜 바라보는 전통은 깊다. 우선 사회과학 방법론에서 개인을 중심으로 사회를 분석할 것인가, 아니면 전체를 바탕으로 사회를 설명할 것인가는 무척 중요한 논쟁이다. 크

246 통계청, 『인구동향조사』.

게 나누어 아담 스미스로부터 만들어진 정치경제학과 현재 주류 경제학의 전통은 개인이 분석의 출발점이다. 반면 마르크스에서 비롯된 사회학과 비판적 정치경제학의 전통은 전체적 구조를 더욱 중시하는 경향이 뚜렷하다.

스미스 이후 정치경제 분석은 시장을 중심으로 진행되었다. 시장이란 다수의 원자화된 공급자와 수요자가 만나 가격을 형성함으로써 균형을 이루는 체계다. 행동의 주체는 원자화된 개인이고 행동의 목적도 개인의 이익을 극대화한다는 매우 단순한 시각이다. 이런 개인 중심의 분석은 정치 분야의 선거와 정당에 정확하게 적용될 수 있다. 선거에 나서는 정당의 후보자들은 말하자면 정치 서비스를 제공하는 공급자들이고 투표를 하는 유권자는 수요자라고 볼 수 있다.[247] 사회학 분야에서는 결혼의 분석을 시장이라는 기제를 통해 진행할 수 있다.[248] 결혼을 원하는 수요자와 공급자들이 결혼이라는 시장에서 서로 만나 거래를 한다고 보는 분석이다. 일반적으로 사회과학에서 개인 중심의 분석은 **방법론적 개인주의**[249]라고 부른다.

위에 마르크스를 소개하면서 우리는 구조적 기능주의라는 표현을 사용하였다. 마르크스가 중시하는 분석의 단위는 생산양식과 같은 전체적 구조이며, 그 구조 안에서도 계급이라는 집단적 행위자다. 개인은 사라지고 구조와 기능이 남는다는 말이다. 이런 **방법론적 전체주의**는 마르크스 뿐 아니라 사회학의 또 다른 태두 뒤르켕에서도 발견할 수 있

247 Michel Offerlé. *Les partis politiques.*

248 Gary Becker. *A Treatise on the Family.*

249 Pierre Birnbaum et Jean Leca. eds. *Sur l'individualisme: Théories et méthodes.*

다. 뒤르켐은 개인의 가치와 생각과 사고가 결국은 사회적 구조에 의해 결정된다는 분석으로 유명하다. 가장 대표적인 사례가 『자살론』으로 자살을 선택하는 것은 개인의 사정이나 판단이라기보다는 그 사회가 놓여있는 구조적 상태라고 설명하였다.[250]

이상에서 살펴본 방법론적 개인/전체주의와는 달리 실천적 개인/전체주의를 구분할 수 있다.[251] 학자가 사회를 관찰하고 설명하는 방법론의 차원이 아니라 사회의 행위자가 살아가는 과정에서 개인주의 또는 집단주의를 지향하는가의 실천적 차원을 뜻한다. **실천적 개인주의**는 방법론적 개인주의에서 말하는 원자화 된 행위자가 **의식**적으로 자신의 이익을 철저하게 계산하여 결정을 내리고 행동하는 것은 물론 그것이 **규범**적으로도 옳다고 생각하는 모델이다.

예를 들어 현대 사회에서 소비자의 행태는 실천적 개인주의의 모델에 가깝다. 내가 번 돈으로 내가 원하는 상품을 '가성비'(價性比)를 계산하여 비교해 보고 사는 일은 너무나 정당하고 일상적인 일이 아닌가. 하지만 자동차나 주택처럼 상품의 가격이 높아지거나 배우자의 선택처럼 장기적인 결정을 내릴수록 실천적 개인주의가 가족이나 사회의 가치관에 의식 또는 무의식적으로 영향을 받을 가능성이 높다. 실천적 개인주의에 방법론적 전체주의가 슬며시 영향을 미치는 방식이다.

실천적 전체주의란 주어진 사회의 세계관이나 지배가치, 행동의

250 Emile Durkheim. *Le suicide.*

251 엘스터는 토크빌을 실천적 차원의 정치철학자로 볼 수 있지만 동시에 방법론적 차원의 사회과학자로 해석하는 것이 필요하다고 주장하였다. 그는 토크빌을 방법론적 개인주의의 중요한 창시자로 본다: Jon Elster. *Alexis de Tocqueville: The First Social Scientist.* p.6.

규범과 관습 등이 모두 집단을 기준으로 정해지는 모델이다. 프랑스의 인류학자 뒤몽은 인도사회를 이와 같은 실천적 전체주의의 전형으로 보았다.[252] 우주와 세계에는 하나의 질서가 존재하는 것이고 개인이란 이런 질서 안에 자신의 소속 집단과 위치에 절대적으로 종속되는 부속물이라는 시각이다. 이런 사회에서 개인의 선택권은 최소한으로 축소되고 모든 행동은 전체의 이익이나 전통에 종속된다.

3. 전체 속의 개인

이처럼 개인과 전체를 기준으로 세계를 바라보는 작업은 복합적이다. 방법론에 있어서 개인주의와 전체주의는 오랫동안 서로 대립해 왔지만 많은 부분 상호 보완적이다. 미시/거시 경제학이 서로 상반되는 것이 아니라 보완적이듯이 사회과학도 기준을 개인과 구조 양면에 모두 두고 바라봐야 한다는 말이다. 예를 들어 시장의 구조를 가진 분야나 상황에서는 개인주의적 분석이 유효할 수 있지만, 전쟁처럼 전체 구조의 강압적 압력에서 벗어나기 힘든 경우에는 전체주의적 분석이 더 적절할 수 있다.[253] 무엇보다 방법론적 개인주의와 전체주의가 상호 배타적이라고 보면 곤란하다.

일반적으로 개인주의와 전체주의 또는 집단주의를 대립시키는 것

252 Louis Dumont, *Homo hierarchicus*. pp.17~25.

253 물론 시장의 상황에서도 계급의 분석, 즉 전체주의적 분석이 더 유효할 수 있다. 마찬가지로 전쟁의 상황처럼 집단 정체성에 따라 사태가 벌어지는 구조에서도 개인주의적 계산과 선택이 더 중요한 역할을 하기도 한다.

은 우리가 실천적이라고 부른 영역에서다. 특히 근대화에 성공한 서구 사회는 개인주의가 지배하는데 전통의 어두움에 묻혀 있는 나머지 인류는 집단주의에 빠져 있다는 시각은 오랫동안 사회과학을 지배했다.[254] 여기서 개인주의는 합리성과 이성으로 덧칠되었고, 집단주의는 비합리적이고 비이성적인 그림자를 덮고 있었다. 일부 학자들은 이러한 차이의 전통이 근대화에서 만들어진 것이 아니라 고대 그리스-로마 시대부터 비롯된 것이라고 주장하기도 했다.[255]

영국의 인류학자 구디는 이런 서구의 개인주의와 동양의 전체/집단주의를 대립시키는 분석의 오류와 무리를 지적하였다. 대표적인 사례로 서양에서는 핵가족이 발달하면서 개인주의가 생성되었는데, 동양 특히 중국에서는 가문이라는 집단을 중시하기 때문에 대가 끊기는 것을 피하려고 양자 제도가 발달하게 되었다는 설명을 든다. 하지만 구디는 중국의 가문과 양자 제도라는 것을 제대로 살펴보면 집단주의적 사고의 산물이라기보다는 개인이라는 기준을 매우 충실하게 반영한다고 역설한다.[256]

구디는 중국학자들의 족보 연구를 제시하며 실제 양자를 들이는 기준은 가문의 대가 끊기는 것을 막기 위한 것이 아니라 특정 개인의 대가 끊기는 것을 막기 위한 제도라고 말한다.[257] 달리 말해서 실제 대가 끊기고 연결되고의 기준은 가문이 아니라 철저하게 개인이라는 말

254 Edward Said. *Orientalism.*

255 Richard Nisbett. *The Geography of Thought.*

256 Jack Goody. *Capitalism and Modernity: The Great Debate.* p.97.

257 구디의 설명은 다음 연구에 기초하고 있다: J.Z. Lee and Wang Feng. *One Quarter of Humanity: Malthusian Mythology and Chinese Realities 1700~2000.*

이다. 그렇다면 이런 중국 사회를 우리는 집단주의로 분석해야 하는지, 아니면 개인주의라고 판단해야 하는지는 쉽지 않은 선택이다.

구디의 중국 이야기에서 우리가 얻을 수 있는 교훈은 개인 대 집단주의의 성향을 양분법적으로 보거나 가치관으로 판단할 것이 아니라 어느 사회에나 존재하는 성향의 스펙트럼으로 보는 것이 적절하다는 점이다. 물론 특정 사회를 기준으로 보았을 때 근대화의 과정에서 집단주의적 성향은 축소되는 경향이 있고, 반대로 개인주의적 성향이 강화되는 것은 사실이다. 일반적으로 근대화 또는 자본주의가 심화되면서 개인주의가 발달하는 현상은 많은 영역에서 확인 가능하다.

하지만 이런 변화를 **본질주의**적으로 해석하거나 대립적 시각으로 고정하는 것은 곤란하다는 의미다. 우리는 21세기에 개인주의 시대를 살고 있다고 생각하고 개성을 커다란 가치로 여긴다. 그러나 어떤 의미에서 21세기만큼 세계를 휩쓰는 대유행의 시대에 살았던 적도 없다. 세계의 젊은이들은 각각 개개인이 개성을 발휘하여 상품을 선택한다고 믿지만 오늘날처럼 같은 패턴의 옷을 입고 비슷한 음악을 들으며 유행을 따른 적은 없다.

결국 근대사회와 그 정치경제 질서인 자본주의를 이해하기 위해서는 일방적으로 이를 개인주의의 질서라고 속단하기보다는 개인주의의 가치를 최고로 내세우면서 어떻게 동시에 자본주의라는 전체의 질서를 만드는지 분석해야 한다. 달리 말해 자본주의라는 전체 질서 속에 개인주의의 위상을 가늠해야 한다는 뜻이다.

4. 구원의 개인

위에서 우리는 실천적 전체주의를 소개하면서 프랑스의 인류학자 뒤몽의 명저『호모 하이에라르키쿠스』,[258] 즉 위계적 인간이라는 개념을 언급하였다. 인도 사회를 오래 전부터 지배하는 힌두교에서는 세계를 형성하는 다양한 역할의 집단을 구분하며, 개인은 이 소속 집단에 따라 세상에서 자신의 위치와 존재 이유를 찾는다. 위계적 인간으로 구성된 사회의 원칙이다.

인도 사회 뿐 아니라 대부분의 고대 사회를 지배하는 철학이나 사상, 종교는 이런 위계적 질서를 중시하고 실천적 전체주의가 중요한 역할을 담당한다. 예를 들어 유교에서 가족이나 가문에서 성별의 차이, 부모 자식의 관계, 형제의 순서 등은 핵심적인 사회 질서의 기준이며 군주와 신하의 상하관계가 정치 질서의 기본이었다.[259] 이러한 위계질서는 사회의 안정과 평화를 위한 근본이라고 여겼고 심지어 국제질서조차 중심과 주변, 군주와 신하, 부모와 자식 또는 형제의 관계에 비유되었다.

뒤몽은 인도와 유럽의 문명을 비교하면서 고대의 위계질서나 위계적 인간이 어떻게 유럽에서 평등한 인간 즉『호모 애콸리스』[260]로 전개되었는지를 분석하였다. 인도와 유럽에서 개인의 개념을 강조하면서

258 Louis Dumont, *Homo hierarchicus*.

259 고대 중국 사상이 개개인의 주체와 정체성을 강조하기보다는 관계에 주목한다는 분석은 다음 쥘리앵의 저서를 참고할 수 있다: François Jullien, *La pensée chinoise. En vis-à-vis de la philosophie*. p.27.

260 Louis Dumont, *Homo aequalis*.

등장한 종교는 각각 불교와 기독교라는 구원의 종교다. 힌두교의 교리가 지배하는 사회에서 불교는 항상 소수의 입장이었고, 전체주의 사회에서 개인의 구원을 추구한다는 점에서 개인주의의 모태였다. 인도 사회에서 힌두교의 브라만은 사회의 지배 계급이었지만 불교의 승려가 된다는 것은 속세의 질서를 떠나 개인의 구원을 추구하는 삶을 산다는 뜻이었다.

지중해 주변의 사회에서도 그리스나 로마의 신화에 기초한 전체주의 질서, 또는 이집트와 서아시아의 다수의 신이 지배하는 전체주의 질서 속에서 기독교는 개인적 구원을 추구하는 독특한 종교였다. 유일신의 형상으로 만들어진 개개인은 예수의 모델을 따라 개인의 삶을 사는 것이 중요했지 현실적 사회질서에서의 역할은 부차적인 것이었다. 뒤몽은 이런 불교와 기독교의 구원을 '세상 밖의 개인'[261] individu-hors-du-monde 이라는 개념을 통해 보았다. 속세의 관계로부터 스스로를 고립시킨 개인이 종교적 구원을 얻을 수 있었기 때문이다.

하지만 기독교는 불교와 달리 로마 제국의 국교가 되면서 지중해 세계의 상당 부분을 지배하는 종교로 부상하였다. 게다가 성 아우구스티누스부터 토마스 아퀴나스를 거쳐 칼뱅에 이르기까지 교리의 전환 과정을 거치면서 '세상 속의 개인'[262] individu-dans-le-monde 이라는

261 기독교의 초기에는 세상의 종말이 곧 올 것이라는 예언이 실현되기를 기다리는 상황에서 현존하는 세상의 정치나 경제는 커다란 의미가 없었다. 성 아우구스티누스(354~430년)만 하더라도 기존의 정치 질서를 인정하는 선에서 세계에 대한 철학적 관심을 제한한다. 기독교인은 세상에서 삶을 영유하지만 다른 세상에서 구원을 추구하는 것이다.

262 중세 토마스 아퀴나스(1225~1274년)는 고대 아리스토텔레스의 철학과 기독교의 전통 논리를 결합하여 타협점을 찾았다. 이미 예수의 시대 이후 천년 이상이 지났고 앞으로도 인간의 세계가 지속될 가능성이 높은 가운데 사회의 중심적 위

개념으로 진화하였다. 이는 세상 밖으로 나가 구원을 추구하는 것이 아니라 세상 속에서 개인의 노력을 통해 현실을 바꾸는 교리로 발전하였다는 말이다. 기독교는 원래 전체주의적 사고의 질서가 아니라 개인적 구원에서 시작하여 사회 참여와 변화로 발전했다는 말이다. 따라서 기독교 사회에서 개인과 전체는 공존하면서 긴장을 이루는 특별한 형식으로 전개되었다.

뒤몽이 동아시아의 사례를 직접 다루지는 않았지만 이 지역에도 인도와 유사한 전체주의 위계질서와 개인적 구원의 구분이 존재하는 것은 사실이다. 중국에서 유교가 현실적 전체주의 위계질서의 사상이라면 도교/불교는 개인적 구원을 우선하는 믿음이다.[263] 물론 인도, 중국, 동아시아 모두 전통적 전체주의/개인주의의 구분은 근대화 과정에서 무너지거나 약화되면서 자본주의가 발전하였다. 따라서 아시아에서 전통적 '세상 밖의 개인'이 '세상 속의 개인'으로 전환되었는지, 아니면 서구의 '세상 속의 개인'이 아시아로 들어왔는지는 흥미로운 연구 주제가 될 것이다.

치에 있었던 기독교는 속세의 정치경제에 무관심할 수만은 없었기 때문이다. 이어 칼뱅에 와서는 현세에서 정치경제 질서를 바로잡음으로써 신학과 세속적 윤리를 연결시킬 수 있는 고리를 제공한 셈이다. Henri Denis. *Histoire de la pensée économique*. pp.76~91.

263 Anne Cheng. *Histoire de la pensée chinoise*. pp.137~139.

5. 열정에서 이익으로

자본주의 사회에서 계산하는 인간은 합리성의 표본이다. 득과 실을 따지고 계산을 하여 득이 되는 행동을 하는 것은 현대인에게 너무나 당연해 보인다. 현대 자본주의 사회에 사는 사람들은 어쩌면 경리나 회계사 같은 사람들이 되어 버렸다. 대차대조표를 만들어 득과 실의 오고감을 계산하여 자신에게 가장 이로운 결정과 행동을 하는 이성적인 사람들 말이다. 심지어 슘페터는 인간 사회의 합리성이라는 것 자체가 상업 문화에서 비롯된 것이라고 주장한다. 그는 "경제적 패턴이 논리의 매트릭스"라며 "자본주의가 합리성을 발전시킨다"는 표현까지 사용한다.[264]

하지만 인류 사회가 항상 이런 계산적이고 합리적인 방식으로 돌아갔던 것은 아니다. 미국의 사회학자 허쉬만은『열정과 이익: 승리 이전 자본주의의 정치적 논리』[265]라는 고전에서 열정이 지배하는 서구 사회가 어떻게 17~18세기를 거치면서 이익이 지배하는 사회로 전환되었는지를 분석하였다.

기독교의 관점에서 탐욕은 인간의 영혼을 좀먹는 죄악에 속한다. 구두쇠와 수전노는 탐욕이 정신을 지배하는 사람들로 묘사되었고 자신

264 Joseph Schumpeter. *Capitalism, Socialism, and Democracy.* p.123. 슘페터는 경제적 영역이라는 것이 일상에서 반복되는 성격이 있어 감정의 개입이 덜하며, 한정된 자원을 양적으로 관리한다는 점에서 계산에 적합하다고 설명한다. 그리고 경제 영역에서 합리성의 유리함을 경험한 사람들은 다른 영역에서도 이를 적용해 보려 할 것이라고 추정한다.

265 Albert Hirschman. *Passions and Interests: Political Arguments for Capitalism before Its Triumph.*

의 욕심을 채우기 위해 항상 눈을 굴리며 계산하는 사람은 도덕적으로 타락한 사람이었다. 이익이라는 단어는 interest 로 사람들 사이에 있다는 뜻 inter 과 '흥미롭다'는 interesting 의미와 통한다. 사람과 사람 사이에서 이익을 얻는 상인들과 긴밀하게 연결될 수밖에 없는 의미다.

자본주의의 역사에서 보았듯이 중세 도시국가에서 상업은 중요한 위상을 차지했지만 그것은 현실적 필요에 의한 것이었다. 상업이 종교의 도덕적 세례를 받았다고 할 수는 없었다. 기껏해야 필요악이었고, 상인들 역시 자신들이 탐욕에서 벗어나 있고 물질적 관심에서 초연하다는 사실을 보여주기 위해 노력했다. 하지만 17~18세기는 네덜란드와 영국의 자본주의가 본격적으로 발달하는 시기다.[266] 허쉬만은 바로 이 때 상인의 활동에서 비롯된 이익의 개념이 기독교의 열정을 대체하는 사상적 변화가 일어난다고 지적한다.

우리는 19세기 낭만주의의 연애 감정과 유사한 열정을 상상하지만 실제 유럽에서 열정 passion 이란 '예수의 수난'을 의미한다. 세상을 구원하기 위해 고통 속에 자신의 생명까지 바치는 사랑이라는 도덕적이고 종교적인 행위를 의미하는 것이다. 열정은 이때부터 기독교 세상을 지배하는 모델이 되었다. 열정을 따르는 삶은 숭고하고 도덕적이며 모범이라는 인식이 지배했다.

그러나 17~18세기가 되면 열정이란 과도하고 극렬하며 무모한 행동의 원인이라고 생각하게 되었다. 반면 계산하는 이익을 통해 이런 과격한 열정을 길들여야 한다는 생각이 널리 퍼지기 시작했다. 이전에 비판의 대상이 되었던 탐욕은 이제 이익을 정당하고 이성적으로 추구한

---

266 Linda Colley, *Britons: Forging the Nation 1707~1837*, pp.55~101.

다는 새로운 가면을 쓰고 무대의 전면에 등장하게 되었다.[267] 반면 이전에 행동의 규범이었던 열정은 무모한 행동과 손해를 초래하는, 견제되어야 하는 대상으로 돌변하였다.

이런 허쉬만의 분석은 베버나 슘페터의 자본주의 정신과 연결되어 논의할 수 있다. 허쉬만 역시 베버처럼 자본주의가 활개 치기 전에 자본주의의 정신이라는 것이 존재했다고 설명한다. 다만 베버는 프로테스탄트라는 새로운 종교적 개혁에서 그 원인을 찾았다면 허쉬만은 기독교 사회의 내재적 변화가 열정에서 이익으로 사상적 중심의 전환을 가져왔다고 말하는 것이다.[268]

바로 앞의 종교적 설명과 연결해 보면 열정을 통해 세상 밖 천국의 구원을 추구하는 개인이 세상 안으로 돌아와 세속적 이익을 추구하게 되었다고 볼 수 있다. 이익이라는 단어 즉 interest 는 기독교나 전통 종교에서 금기시하던 이자와 같다는 점에서 이런 변화는 놀랍다. 또 국가의 차원에서도 십자군 원정과 같은 종교적이고 도덕적인 명분을 중시하는 중세에 비해 근세에는 '국가이성' raison d'Etat 이 등장했다. 그리고 궁극에는 '국가이익' national interest 으로 논리가 대체되는 현상 또한 종교에서 세속적인 방향으로의 사회 변화를 반영한다.

---

267 Albert Hirschman. *Passions and Interests: Political Arguments for Capitalism before Its Triumph*. pp.63~66.

268 허쉬만은 스스로 베버와의 차이점을 설명한 바 있다: Albert Hirschman. *Passions and Interests: Political Arguments for Capitalism before Its Triumph*. pp.129~131.

6. 사회관계의 단위로서 개인

인간의 집단적 삶에서 가장 심각하고 참혹한 결과를 낳는 열정을 꼽으라면 단연 전쟁을 들 수 있다. 전통적으로 전쟁은 공동체의 방어나 명예 등 정당한 목표를 위해 목숨까지 바쳐 희생해야 하는 집단적 활동이었다. 인류 초기 작은 규모의 공동체부터 시작해 점차 공동체의 규모가 커지면서 전쟁의 폭력과 심각성은 지속적으로 성장해 왔다. 21세기에도 사람들은 자신이 속해있는 공동체를 위해 전쟁을 일삼고 있다. 애국심, 국가관, 충성, 의무 등 전쟁에 사람들을 동원하는 기제는 여전히 열정적 에너지를 중시한다.

허쉬만이 지적한대로 열정을 길들이는 이익이 등장하는 17~18세기에도 전쟁에 대한 고민은 존재했다. 특히 프랑스 몽테스키외(1689~1755년)와 같은 저자는 상업과 전쟁을 대비시켰다.[269] 전쟁이 열정에 기초한 집단적 대립이고 충돌이라면, 상업이란 이익에 기초한 집단 간의 교류와 화합이라는 시각이다. 그는 '부드러운 교역' doux commerce 이라는 개념을 통해 국가나 지역 간에 상업 교류를 하다보면 자연스럽게 평화적인 관계가 형성된다고 주장했다.

그의 이런 주장은 현대 국제정치학에서 '민주평화론'으로 연결되어 여전히 많은 논의의 대상이다.[270] 자본주의의 관점에서 우리가 이 주장에 관심을 갖는 이유는 명확하다. 장사를 하는 사람들의 행동이 부드러운 교역의 기제를 통해 평화를 선사한다는 주장은 당시로서는 놀라운

---

269 Montesquieu. *De l'esprit des lois.*

270 Joanne Gowa. *Ballots and Bullets: The Elusive Democratic Peace.*

사고의 변화를 가져왔기 때문이다. 장사나 무역은 단지 이익을 위한 이기적 행위일 뿐이었는데 이런 행위가 빈번해지고 반복되면서 평화라는 공동의 선을 가져온다는 주장이었으니 말이다.

몽테스키외의 교역을 통한 평화론은 18세기 영국의 스미스에 다다르면 이기적 상업 활동이 결국은 사회의 공공선을 위해 결정적인 기여를 할 수 있다는 주장으로 이어진다:

> "우리가 매일 식사를 마련할 수 있는 것은 정육점 주인과 양조장 주인, 그리고 빵집 주인의 자비심 때문이 아니라, 그들 자신의 이익을 위한 그들의 계산 때문이다. 우리는 그들의 자비심에 호소하지 않고 그들의 이기심에 호소하며, 그들에게 우리 자신의 필요를 말하지 않고 그들에게 유리함을 말한다."[272]

이 단순한 사례를 자본주의 사회에 살고 있는 우리는 당연하다고 생각하지만 이기심을 부정적으로 보았던 당시 사회에서는 커다란 변화의 징표였던 것이다. 사회를 구성하고 있는 사람들이 공공의 선을 위해서 자비심을 갖고 일하는 것이 아니라, 자기 이익을 챙기려는 생각으로 똘똘 뭉쳐 행동한다면 이것은 기독교에서 가르치는 삶의 방식이 결코 아니다. 하지만 그럼에도 불구하고 사회적 결과는 무척 효율적이고 긍정적이라는 역설이 실현된다. 고기와 술과 빵을 파는 사람들이 신앙심이 깊어 자기 장사는 뒷전으로 밀어두고 기도만 한다면 과연 나는 풍족한 저녁을 먹을 수 있을까.

허쉬만이 지적했듯이 스미스가 당시에 혼자 이런 주장을 편 것은

---

271 Adam Smith, 김수행 옮김, *The Wealth of Nations*, pp.17~18.

272 Pierre Rosanvallon, *Le capitalisme utopique*, pp.39~49.

아니다. 18세기 영국과 프랑스에서는 이처럼 개인의 이익을 앞세우는 사고가 유행했다. 그만큼 자본주의의 정신이 형성되어 가고 있었다는 의미일 것이다. 예를 들어 영국의 만드빌은 18세기 초 벌집의 사례를 들어 만일 벌들이 모두 올바르고 검소한 삶을 산다면 벌집은 망할 것이라고 주장했다. 그 책의 제목은 『벌들의 우화, 또는 사적 죄악과 공적 이익』[273]이다.

스미스와 만드빌에서 발견할 수 있는 공통점은 사회관계 속에서 개개인의 행동이 각자의 이익을 추구하더라도 사회 전체를 놓고 보면 이로운 결과를 도출해 낼 수 있다는 주장이다. 이러한 역설이 바로 시장이라는 개념의 출발점이다. 사회 철학의 차원에서 본다면 시장의 기제를 통해 전통적으로 비난받던 이기주의를 개인주의라는 가치로 전환한 셈이다.

7. 개인의 소유권과 경쟁

마르크스의 자본주의 정의에서 중요한 기준은 생산수단의 사적 소유권이다. 우리는 여기서 사적이라는 용어의 의미를 짚어볼 필요가 있다. 영어 프라이빗 private 은 라틴어 프리부스 privus 에서 유래되는데 프리부스란 '스스로의, 개인의'라는 뜻이다. 라틴어에서 프리부스는 공공의 또는 국가에 속한다는 의미의 푸블리쿠스 publicus 나 콤무니스 communis 등과 대비되는 의미다. 달리 말해서 생산수단의 사적 소유

273 Bernard de Mandeville. *The Fable of the Bees: or, Private Vices, Public Benefits.*

권이란 근본적으로 개인의 소유와 일맥상통한다.

물론 생산수단의 사적 소유권은 아주 오래 전부터 존재해왔다. 소유권을 다루는 부분에서 조금 더 자세히 살펴볼 테지만 예를 들어 식량 생산에 필요한 토지나 농기구를 개인이 독점적으로 사용하는 사례는 언제나 존재했기 때문이다. 이런 사적 소유권은 서유럽 지역에서 독점적 소유권이라는 로마 전통의 법적 장치와 맞물려 발전하였다. 처음에는 엔클로저 운동의 결과로 토지에 적용되어 확산되었고 다음에는 산업 생산 시설에도 확산되었다.

자본주의와 사적 또는 개인적 소유권이 긴밀하게 연결되는 이유는 그것이 생산성을 높이는데 가장 효율적인 결과를 낳았기 때문일 것이다.[274] 사람들은 자기 것을 아끼고 잘 관리하는 성향이 있다. 토지를 활용하여 농사를 짓는데 그 결과물을 자신이 가질 수 있다면 비료도 주고 열심히 가꿔 많은 수확을 챙기려 할 것이다. 반면 그 땅에서 생산된 수확을 국가나 공동체가 가져가 버린다면 그다지 노력을 하지 않을지도 모른다. 여기서 소유권은 반드시 토지에 대한 강한 소유권이 아니라도 상관없다. 미래의 수확에 대한 소유권 또는 판매권이라도 충분히 개인적 활동이나 노력의 동기가 되는 것이다.

이처럼 개인주의가 자본주의의 발전에 중요한 이유는 명확하다. 개인주의가 보편화되고 동시에 인간의 평등사상이 뿌리를 내리면 반드시 소유권이 아니더라도 경제적 조건의 향상을 위한 강한 동기가 부여된다는 점이다. 나도 남들과 같이 잘 살겠다는 욕망, 남들 못지않은 물

274 노예 노동이 일반적이었던 고대 사회에서 생산성의 문제는 다음을 참고할 것: Alain Bresson. "Capitalism and the ancient Greek economy." pp.59~63.

질적 조건을 누려야겠다는 의지는 개인주의 사회에서 강화될 수밖에 없다.[275] 물론 여기서 말하는 개인주의란 뒤몽이 말했던 '세상 속의 개인'이다. 만일 '세상 밖의 개인' 즉 동굴에 들어가거나 절에 홀로 앉아 도를 닦는 개인이라면 자본주의에 기여할 수는 없을 것이다. '세상 속의 개인'은 사회적 동물로서의 개인이며, 물질적 축적이라는 세속적 가치를 추구하는 개인을 말한다.

또한 사회적으로 개인주의가 점차 정당성을 확보하면서 사람들의 행동을 더더욱 빠르게 변화시킨다. 개인이 가지는 은밀한 동기에 사회적 정당성의 세례를 내리는 셈이다. 위계질서를 가진 사회, 또는 유기적 관계에 기초한 사회에서 개인은 어떤 역할이나 기능을 수행하는 것으로 규정되고 그에 따른 정체성을 갖는다. 각자의 위치에서 주어진 역할을 담당하는 윤리가 지배하던 전통 사회에서는 개인이 여전히 중요했지만 불평등은 자연스러운 것이었고 경쟁은 심하지 않았다. 하지만 개인과 평등의 원칙으로 구성된 사회는 사람들 사이에 엄청난 경쟁심을 주입시키고 경쟁을 당연한 것으로 인식하게 만든다.[276]

사적 소유권이 인류 역사에서 항상 존재해 왔던 것과 마찬가지로 개인 사이의 경쟁 또한 인류의 기본 조건이었다. 그러나 자본주의와 함께 사적 소유권이나 개인의 권리가 발전하였고 사람들 사이에 평등하다는 생각이 확산되면서 경쟁이 심화되었다. 다음 장에서는 개인과 경

275 토크빌은 이런 사회를 민주적 상태라고 표현하면서 인류는 점차 민주적 상태로 진화하는 것이 자연스럽다고 분석했다: Alexis de Tocqueville. *De la démocratie en Amérique*. Vol. 1. p.33.

276 Ernest Gellner. *Plough, Sword, and Book: The Structure of Human History*. pp.211~213.

쟁의 조합에 대해 조금 더 상세하게 살펴볼 차례다.

이 장에서 우리는 자본주의 정신의 첫 번째 요소로 개인을 들었다. 사회과학에서 전통적으로 방법론적 개인주의와 실천적 개인주의를 구분해 왔는데, 실제 자본주의 사회에서는 두 종류의 개인주의가 모두 지배적 위상을 갖는다. 물론 전통사회=전체주의, 근대사회=개인주의라는 도식적 발전주의의 시각에서는 벗어날 필요가 있다. 전통과 근대 사회 모두에서 개인주의와 전체주의가 공존하며, 사회과학은 이 조합의 변화를 관찰하고 분석하는 작업을 맡아야 할 것이다.

실천적 가치의 측면에서 자본주의 정신의 특징은 과거 개인의 이익이나 욕망, 의지에 대해 억제나 통제, 자제 등을 요구했던 윤리에서 벗어나 이를 활성화하고 긍정적인 가치로 포장했다는 데 있다. 자본주의 사회에서 개인이란 모든 가치의 출발점이자 종착점이 되어버린 듯하다. 이런 점에서 "불가능을 요구하라"는 68 운동의 정신이 문화적 자본주의의 핵심이라는 지적은 의미심장하다.[277]

277 Régis Meney. *Capitalisme culturel et décadence: Ou la revanche du Veau d'Or. Essai sur la société de consommation médiatique.*

제7장

경쟁, 평화로운 투쟁의 방식

1. 자본주의는 무한 경쟁?

사람들이 자본주의에 대해서 갖는 일상의 이미지는 무한경쟁의 세상이다. 어릴 때 학교에 들어가 공부를 시작하면서부터, 상급학교에 진학하는 과정에서, 그리고 교육을 마치고 직장을 찾는 동안 사람들은 치열한 경쟁을 거친다. 일단 직업을 잡은 다음에도 시장에서 이뤄지는 경제활동이란 지속적인 경쟁을 의미한다. 경쟁에서 승리하지 못하면 낙오자가 되고 실패한 사람으로 낙인이 찍히기 때문에 자본주의 세상의 삶이란 피곤하다.

개인 차원 뿐 아니라 기업이라는 조직도 서로 치열하게 경쟁한다. 실제 시장에서 경쟁이란 대개 기업들 사이에 이뤄지며 여기서도 경쟁에서 우위를 점하거나 승리하지 못하면 파산이라는 결과가 기다릴 뿐이다. 자본주의의 역동성 때문에 한 번의 우위가 오래 지속되지는 않으며, 끊임없는 노력과 혁신으로 새로운 우위를 점해야 생존해 나갈 수 있다. 슘페테는 "사업가는 자신의 분야에 혼자 있더라도 항상 경쟁적 상황에 있다고 느낀다"며 "경쟁은 공격하기 전에 이미 압력을 행사한다 It disciplines before it attacks" 고 설명한다.[278]

세계 자본주의의 경쟁은 국가들 사이에서도 빈번하게 나타난다. 세계 시장을 놓고 국가들은 '경제 전쟁'을 치르고 있는 것으로 묘사되며 이 전쟁에서 패배하는 국가는 가난과 빈곤의 나락으로 떨어진다. 중남미 국가들처럼 어느 정도 발전의 궤도에 오르더라도 지속적인 노력과 성공이 없으면 개발도상국에서 선진국으로 진입하지 못하고 주저앉는 경우도 많다. 2019년 현재 미국과 중국의 '무역 전쟁'은 이런 국가들 사이의 대립 구도를 전형적으로 보여준다.[279]

이처럼 개인이나 사회, 국제관계에서 모두 경쟁은 자본주의 세계를 특징짓는 중요한 현상이라 불러도 모자람이 없다. 하지만 이 경쟁이 실질적으로 무엇을 의미하는가에 대해서는 깊은 고민이 필요하다. 사람들은 '무한 경쟁'이라는 표현을 사용한다. 하지만 그것은 강한 경쟁을 표현하는 방식일 뿐 실제 한계가 없는 경쟁은 아니다. 달리 말해 개인, 기업, 심지어 국가 간의 경쟁에서도 이에 대한 공통의 규칙, 즉 한계가 존재하는 경우가 더 많다.

어원을 보더라도 경쟁 competition 이란 '함께 com 추구한다 petere'는 의미다. 여러 명이 동시에 하나의 목표를 추구하는 구도가 바로 경

278 Joseph Schumpeter. *Capitalism, Socialism and Democracy.* p.85.

279 *The Economist.* "Why you should never start a trade war with an autocracy".

쟁의 게임이다. '무한 경쟁'에서 경쟁은 사실 정글의 법칙에서 말하는 '약육강식(弱肉強食)'의 의미는 아니다.[280] 경쟁하는 상대방을 먹어 없애 버리거나 죽인다면 경쟁은 사라진다. 자본주의 세계를 약육강식이 지배하는 정글로 보는 것은 경쟁이라는 개념과는 모순된다는 말이다. 자본주의가 만일 약육강식의 기제라면 수 세기에 걸친 자본주의 역사의 끝에는 하나의 제국과 기업과 개인이 지배하는 세상에 가까워졌어야 한다.[281]

자본주의의 핵심 정신이 경쟁이라는 주장은 무한 경쟁보다는 오히려 규칙 안에서 경쟁을 유도해야 자본주의가 지속될 수 있다는 사실과 연결된다. 달리 말해서 상대방의 존재를 인정하고 규칙에 따라 한 목적 – 예를 들면 이윤 –을 추구할 때 자본주의 경쟁이 유지된다는 것이다.

한 걸음 더 나아가 살펴보면 자본주의의 경쟁이란 사실상 누구에게나 경쟁에 참여할 수 있는 자격이 주어진다는 점에서 대부분 폐쇄적이었던 전통 사회를 개방하고 변화시키는 진보의 힘이었다. 예를 들어 마르크스는 프랑스 대혁명을 부르주아들이 주도한 혁명으로 규정하였다.[282] 실제 프랑스 대혁명은 시민과 인권 선언을 주창했지만 동시에 르샤펠리에 법 loi Le Chapelier 을 통해 전통 사회의 길드 독점권을 폐지하고 대부분의 수공업 시장을 경쟁에 개방하는 조치를 취했다. 여기서 경쟁의 강화는 독점을 폐지하고 참여자의 수를 늘리는 변화였다. 달리 말해서 경쟁이 존재하기 위해서는 독점을 깨고 개방하는 공정성이 필

280 Rudyard Kipling. *The Jungle Book*.

281 조홍식. "발전의 동력으로 경쟁과 협력: 유럽에 대한 거시 역사적 고찰". pp.1~21.

282 François Furet. *Marx et la Révolution française*.

요했다는 뜻이다.[283]

이처럼 경쟁의 의미는 다양하다. 따라서 자본주의에서 경쟁이 어떻게 핵심적인 정신으로 부상하였으며, 왜 그토록 강력한 변화의 동력으로 작동하였는지를 이 장에서 살펴본다.

2. 인간 사회와 경쟁

미국에서 오랫동안 활동한 프랑스의 인류학자 지라르는 인류학적으로 성경을 해석함으로써 인간 사회에서 경쟁의 핵심적 역할을 지적하였다. 그는 인간이 동물의 조건에서 벗어나는 과정을 세밀하게 살펴본다. 특히 인간이 사회를 이루고 상호 경쟁관계에 돌입하면서 '모방적 욕망'을 갖게 되며, 이 과정을 통해 인류의 문화가 시작된다고 말한다.[284]

그는 초기 인간 사회의 기록인 성경의 십계명에 주목하면서 여섯 번째부터 아홉 번째까지의 계명에는 타인에 대한 폭력을 금지하는 내용이 담겨있음을 설명한다.

"살인하지 말라
간음하지 말라
도둑질 하지 말라

283 마르크스는 프랑스 대혁명이 가져온 새로운 사회질서를 강조한다: Michael Löwy. "'The Poetry of the Past': Marx and the French Revolution". pp.111~115.

284 René Girard. *Je vois Satan tomber comme l'éclair*. pp.23~24.

네 이웃에 대하여 거짓 증거하지 말라"

살인에 대한 가장 강한 금기(禁忌)부터 시작하여 위증까지 점차 약한 부분으로 이동한다. 지라르가 가장 특별하게 여기는 십계명은 마지막 열 번째 계명이다. 내용이 제일 길고 자세하게 설명하면서 어떤 행동을 금지하는 것이 아니라 인간의 욕망 자체를 금지하는 것이기 때문이다:

"네 이웃의 집을 탐내지 말라 네 이웃의 아내나 그의 남종이나 그의 여종이나 그의 소나 그의 나귀나 무릇 네 이웃의 소유를 탐내지 말라"[285]

지라르는 십계명 이전에도 이미 아담과 이브가 에덴동산에서 추방당하는 일이나 카인과 아벨의 이야기에 모두 인간의 욕망에 대한 분석이 담겨있다고 설명한다. 그는 특히 경쟁 관계가 욕망의 근원이라는 '모방적 욕망'의 개념을 강조한다. 지라르에 따르면 인간은 어떤 것을 그 자체로서 원하는 것이 아니라, 이웃이 가지고 있는 것이기 때문에 원한다고 설명한다. 마지막 십계명에서 집, 아내, 남종, 여종, 소, 나귀, 그리고 그 어떤 소유물이라도 탐내지 말라는 것은 역설적으로 이웃이 가진 모든 것을 탐내는 인간의 욕망 구조를 반영한다는 의미다.

모방적 욕망이 무서운 이유는 사람들 사이에 경쟁관계가 작동하면서 욕망이 점차 더 강화되기 때문이다. 한 사람이 이웃이 가진 것을 탐내게 되면, 이웃은 자기가 소유하는 것들에 대해 별 관심이 없다가도 누군가 욕망을 품는다는 사실을 알게 되면 갑자기 욕망이 되살아난다

285 『성경』 출애굽기 20:17

는 말이다. 광 속에 먼지에 쌓여 방치해 놓았던 그림이 누군가 침을 흘리며 탐내는 순간 갑자기 자신이 항상 아껴왔던 소장품으로 돌변하는 원리다.

그림 7. 자본주의와 함께 인간 사이의 경쟁은 본격적으로 사회를 지배하게 되었고 사람들은 끊임없이 서로 비교하는 삶을 살게 되었다. 장 프레데릭 샬(Jean-Frédéric Schall, 1752~1825년)의 〈비교〉. 프랑스 파리 루브르 박물관.

지라르는 이처럼 인간 사회가 형성되는 순간부터 모방적 욕망이라는 굴레가 만들어졌고 인간은 여기서 벗어나지 못하고 있다고 분석한다. 이런 점에서 자본주의 정신의 핵심 요소로 경쟁이 존재한다는 의미는 인간 사회의 기본적인 조건을 앞으로 내세워 원칙으로 삼고 강화한다는 뜻이다. 기독교의 성경을 비롯해 대부분의 종교는 모방적 욕망을 억제함으로써 인간 사회의 안정과 평화를 추구하였다. 이웃과 그의 소유를 부러워하거나 탐하지 말고 정신적 가치를 추구하라는 원칙은 어느 종교에서나 공통이다.

3. 욕망의 인류학

우리는 도입부에서 자본주의에 대한 부정적 시각을 살펴보았다. 마찬가지로 욕망에 대한 부정적 시각은 인류 역사에 널리 퍼져있다. 기독교의 십계명은 욕망을 포기하라고 명령하고, 불교에서도 세속적 욕망의 굴레에서 벗어나라고 제안한다. 불교의 구원은 욕망의 그물로부터 해방되는 순간에 이뤄진다.[286] 유교가 말하는 수신제가(修身齊家)라는 군자의 길 역시 욕망의 신체와 정신을 통제하고 바른 길로 이끄는 과정이다.[287]

이처럼 종교나 도에서 말하는 욕망의 억제는 역설적으로 인간이 얼마나 욕망, 특히 모방적 욕망의 대상이며 이에 사로잡혀 있는가를 보여준다. 지라르는 모방적 욕망 자체가 인류가 동물의 단계에서 벗어나 문화와 문명을 이루는 가장 핵심적인 부분이라고 말한다.[288] 왜냐하면 동물은 인간과 마찬가지로 본능적 필요를 갖고 있지만 이웃의 것을 탐

286 Philippe Cornu. *Le bouddhisme, une philosophie du bonheur?* pp.206~212.

287 논어에서 공자는 "군자는 다투는 것이 없으나, 반드시 활쏘기 경쟁은 한다. 읍하고 사양하며 올라가고, 내려와서는 마시니, 그 다투는 모습이 군자다운 것"이라고 설명한다. 인간의 이상형인 군자는 경쟁 자체를 거부하되, 이를 행해야 한다면 최대한의 예를 갖추라는 뜻이다: 이기동. 『논어강설』. p.142.

288 René Girard. *Les origines de la culture.*

하는 모방적 욕망을 모르기 때문이다.[289]

물론 최근 사회적 동물에 대한 연구는 이런 인간과 동물의 차이가 일반적으로 생각하는 것만큼 결정적인 것은 아닐 수도 있다고 설명한다. 중요한 것은 인간만큼 사회적 경쟁 관계가 동물세계에서 강한 것 같지는 않다는 사실이다. 일부 생물 인류학의 연구는 인간의 두뇌가 이처럼 발달한 가장 큰 요인은 바로 인간이 사회를 이루고 살면서 사회관계에 대한 많은 고민과 전략에 집중하기 때문이라고 한다.

지라르가 제시하는 욕망의 삼각형에는 주체(A)와 매개인(B)과 대상(C)이 존재한다. A라는 사람이 C라는 욕망의 대상을 탐하고 원하는 이유는 매개인 B도 C를 원하기 때문이다:

> "자만한 사람에게 어떤 대상을 원하게 하려면 이 대상을 상당한 지위 prestige 를 가진 다른 제3자가 이미 원하고 있다고 설득하면 된다. 여기서 매개인이란 라이벌 관계에 있는 사람이다. ... 매개인이 실제로 대상을 원할 수도 있고 아니면 단지 원할 가능성이 있다면 족하다. 바로 매개인의 실질적 또는 잠재적 욕망 때문에 주체의 눈에 이 대상은 무한의 욕망을 초래하는 것이다. 이 매개의 기제는 동시에 첫 번째와 똑같은 두 번째의 욕망을 매개인에게도 만들어낸다. 우리는 항상 경쟁적 욕망에 직면한다는 말이다. 매개인은 주체에게 모델의 역할을 함과 동시에 장애물의 역할을 하거나 할 가능성이 있다."[290]

원래 소설의 분석에서 시작한 욕망의 인류학은 사회와 경제 활동

---

289 Jared Diamond. *The Third Chimpanzee: The Evolution and Future of the Human Animal.*

290 René Girard. *Mensonges romantiques et vérité romanesque.* pp.20~21.

에도 그대로 적용할 수 있다. 욕망의 분석에 있어 지라르는 무척 중요한 차이와 기준을 제시한다:

> "우리는 주체와 매개인이 각각 중심을 형성하고 있는 가능성의 영역이 서로 충분히 멀리 떨어져 있는 경우를 '외부적 매개' médiation externe 라고 부를 것이다. 그리고 이 거리가 상당히 축소되어 두 개의 영역이 서로 깊숙이 겹칠 때 우리는 '내부적 매개' médiation interne 라고 부를 것이다."[291]

부연하자면 여기서 외부적 매개는 예수, 부처, 공자처럼 주체와 역사적, 정신적으로 멀리 떨어진 모델을 의미한다. 내부적 매개는 이와는 반대로 일상에서 마주치고 서로 영향을 미치는 가까운 관계라고 할 수 있다. 외부적 매개란 먼 외부의 모델을 욕망을 매개하는 존재로 활용하는 셈이고, 그것이 도덕적으로 바른 방향이라면 '승화'라고 부를 만도 하다. 반면 내부적 매개는 사회를 형성하고 있는 사람들의 긴밀하고 직접적인 경쟁 관계에 훨씬 더 잘 적용되는 과정이라고 할 수 있다.

4. 긴장과 폭력

지라르가 제시하는 욕망의 인류학에 따르면 인류가 경쟁에 시달린 것은 비단 자본주의 때문만은 아니다.[292] 오히려 카인과 아벨의 사례가

291 René Girard. *Mensonges romantiques et vérité romanesque*. pp.22~23.

292 자본주의와 욕망의 긴밀한 관계를 설명한 시도로는 다음을 참고할 것: Daniel Cohen. *Le monde est clos et le désir infini*. 코엔은 "경제성장이 근대 세계의 종교"라면서 자본주의의 종교적 성격을 강조한다.

보여주듯이 인류의 초기부터 경쟁과 욕망은 인간 삶의 기본 조건이었다. 우리가 소설을 분석할 때는 한 두 사람을 중심으로 욕망의 삼각형을 그릴 수 있다. 하지만 일상의 현실에서는 경쟁 관계에 있는 모든 사람을 대상으로 세기 어려울 정도로 많은 욕망의 삼각형을 그려야 한다.

욕망의 삼각형은 위의 인용문에서 볼 수 있듯이 끊임없이 서로를 재생산한다. 분석적으로는 한 사람이 주체고 다른 사람이 매개인이지만, 다시 서로의 역할을 주고받으며 반복적으로 재생산된다는 의미다. 게다가 주체와 매개인은 서로 장애물을 형성하는 관계다. 많은 경우 내가 차지함으로써 상대방의 소유를 가로막기 때문이다. 따라서 이런 모방적 욕망은 수많은 긴장과 고통을 동반한다. 경쟁 자체가 긴장을 초래하는 것은 물론, 경쟁에서 패하면 고통스럽다.[293]

어쩌면 인간 사회가 이런 수많은 욕망의 삼각형 속에서 고통을 받기 때문에 종교에 의존하는 것인지도 모른다. 모든 것을 포기하고 세상을 등지거나 다른 세상을 추구하는 노력이야말로 욕망의 삼각형에서 벗어나려는 시도가 아니고 무엇이겠는가. 이런 입장은 개인주의의 장에서 검토한 종교가 제시하는 '세상 밖의 개인'의 전략과 일맥상통한다.[294] 예수와 부처를 모델로 삼는 외부적 매개의 선택은 일상에서 서로 상호작용하지 않는 절대적 모델이기에 긴장과 고통에서 탈출할 수 있는 길이기도 하다.

---

293 현대 자본주의에서는 계급투쟁(lutte des classes)이 자리 투쟁(lutte des places)으로 대체되었다는 분석은 집단적 경쟁보다는 개인적 경쟁이 우선하게 되었음을 암시한다: Vincent de Gaulejac et Fabienne Hanique. *Le capitalisme paradoxant: Un système qui rend fou.*

294 Louis Dumont. *Essais sur l'individualisme. Une perspective anthropologique sur l'idéologie moderne.* pp.35~81.

하지만 종교의 길에서도 홀로 사막이나 동굴로 가서 수도(修道)를 하는 선택이 아니라면 종교 집단이나 공동체 안에 존재하는 내부적 매개를 피할 길은 없다. 아무리 숭고한 종교적 목적을 달성하는 길에도 모방적 욕망의 충돌은 존재할 수 있다는 말이다.

하물며 내부적 매개가 대부분을 차지하는 일반 사회에서 사람들의 일상은 긴장과 고통의 연속이다. 우리의 존재 자체가 이웃의 것을 탐하거나 원하거나 부러워하는 모방적 욕망의 노예이기 때문이다.[295] 지라르는 이런 긴장의 상태가 고조되면 사회가 불안해 지고 결국 인간 집단이나 사회는 이런 긴장을 폭력을 통해 해결해 왔다는 또 하나의 독특한 이론을 제시한다.

그는 속죄양이나 희생양이라는 개념을 통해 이런 인류 역사의 발전을 설명한다.[296] 대개 인간 사회는 경쟁으로 인한 긴장과 고통이 누적되면 사람들 가운데 가장 취약한 노인, 병자, 어린이, 거지, 여성 등을 무자비하게 표적으로 삼아 집중적으로 폭력을 가함으로써 경쟁의 긴장을 해소한다는 것이다. 사람들은 돌팔매질을 통해 한 사람을 죽이면서 피를 목격하고, 그럼으로써 자신의 폭력이 가져온 결과를 눈으로 확인한다. 그러면 갑자기 누적된 긴장이 사라지면서 다시 일상으로 돌아갈 수 있다는 말이다.

지라르는 종교의 기원을 이런 집단적 폭력의 무자비한 행사에서

---

295 "사촌이 땅을 사면 배가 아프다"는 한국의 전통적 표현이나 현대의 "엄친아(엄마 친구 아들)"와 비교하는 현상, 영어에서 이웃과 수준을 맞춘다는 의미의 Keep up with the Joneses 등은 모두 경쟁이 인류 사회의 보편적이고 일상적인 현실임을 드러내 준다.

296 René Girard, *Les origines de la culture*, p.75.

비롯된다고 보며, 짐승의 피를 뿌리는 제사란 결국 이런 인간에 대한 폭력에서 상징적인 폭력으로 진화하는 과정이라고 설명한다.[297] 지라르의 희생양에 대한 폭력성이나 종교의 기원에 대해서는 더 자세한 논의가 필요하겠지만 적어도 물질문명의 최고봉에 달한 현대 사회에서도 폭력적 공격성이 여전히 맹위를 떨치며 격투기가 즐기는 관람의 대상이 된다는 사실은 의미심장하다.

우리 자본주의 분석에서 지라르의 기여는 핵심적이다. 욕망의 삼각형 모델은 자본주의 사회에서 경쟁이 작동하는 방식, 특히 모방적 욕망이 확대 재생산되는 과정을 무척 잘 보여주기 때문이다. 이에 덧붙여 내부적 매개의 모델은 자본주의 사회가 안고 있는 지속적 긴장과 고통, 상실감의 어두운 면을 설명한다. 자본주의 아래 인류가 역사상 가장 풍요로운 물질적 삶을 누리면서도 사람들은 항상 불만이고 스트레스를 받는 현실을 이해하는데 큰 도움을 준다.

5. 경쟁의 인정과 제도화

자본주의와 전통사회의 가장 커다란 차이점은 바로 자본주의가 경쟁이라는 요소를 사회의 기본 원칙으로 삼는다는 점이다. 지라르가 적절하게 지적했듯이 상시적인 경쟁은 긴장을 초래하고 긴장이 누적되면 어느 순간 폭력으로 치달을 가능성이 높다. 하지만 자본주의 사회는 경쟁이 치열함에도 불구하고 폭력적인 사회라고 말하기는 어렵다. 자본

297 René Girard, *Les origines de la culture*, pp.75~85.

주의 사회에 절대적으로 폭력이 적다는 의미가 아니라, 과거의 사회와 비교했을 때 폭력을 길들이거나 통제하는데 상대적으로 성공적인 결과를 얻었다는 의미다.

자본주의에서 경쟁은 가능한 한 폭력과의 격리를 통해 이뤄진다. 경쟁 과정에 폭력이 개입하게 되면 경쟁 게임은 영합적 게임으로 돌변한다. 승자와 패자가 생기고 얻어맞은 사람은 복수를 꿈꾸게 된다. 전통 사회에서 폭력은 그것이 사고(事故)라고 할지라도 보복을 가져오고, 보복이 다시 다른 보복을 초래하는 악순환을 그려왔다.[298] 개인들 간의 보복 게임은 거의 곧바로 가문이나 마을 등 집단 사이의 보복 게임으로 발전하고 폭력의 회오리바람을 만들어내곤 했다. 그렇다면 자본주의는 어떻게 경쟁과 폭력을 격리하는데 성공하였는가.

몇 가지 가능성이 존재한다. 첫째, 경쟁에 규칙을 도입하여 게임으로 만드는 일이다. 규칙이란 경쟁이 일정한 한도 내에서 주어진 대상을 목표로 이뤄지도록 하는 틀을 형성한다. 유럽 중세 사회에서 결투는 서로 이견을 가진 사람들의 폭력적 대결이었다. 결투에서 승리를 한다는 것은 하느님이 손을 들어 준다는 의미를 가졌기 때문에 명예를 중시하는 귀족 사회에서는 결투가 빈번했다. 시간이 지나면서 결투에는 다양한 규칙이 만들어졌고, 결국에는 결투를 불법화하여 폭력적 대결 자체를 금지시켰다.[299]

일반적으로 규칙을 지키도록 만드는 방식은 두 가지다. 하나는 게임에 참여하는 행위자들이 규칙을 '스스로' '알아서' 지키는 경우다. 게

298 Jared Diamond. *The World Until Yesterday.*

299 Steven Banks. *Duels and Duelling.*

임의 방식을 습득하고 그 규칙을 **내부화**한 경우에 가능하다.[300] 규칙을 지키는 것이 단기적으로는 손해일 수 있지만 장기적으로는 득이라고 생각하면 이런 규칙의 내부화가 수월하다.

다른 하나는 규칙의 준수여부를 확인하고 필요할 경우 강제할 수 있는 제3자가 존재하는 경우다. 현대 사회를 특징짓는 수많은 스포츠 경기가 제3자를 통해 규칙을 지키도록 강제한다. 심판의 제도가 그렇고, 경기 외적인 사안에 대해서는 해당 협회나 국제 위원회 등이 이런 역할을 한다.

둘째, 경쟁의 게임을 영합적 게임이 아니라 윈윈(win-win)의 게임으로 만들면 치열함을 줄일 수 있고, 따라서 폭력성을 약화시키는 것도 가능하다. 경쟁 게임에 참여하는 사람들이 승자와 패자로 나뉘는 것이 아니라 모두 조금씩이라도 얻는 것이 있다면 경쟁의 강도와 긴장은 줄어들 수 있다. 게임 이론에서는 전략적 구조를 어떻게 조직하는가에 따라 참여하는 행위자의 계산과 판단이 달라진다는 사실을 지적한다.[301] 윈윈 게임이란 전략적 구조를 잘 조정하면서 만들어 낼 수 있다. 물론 상대적 박탈감이라는 문제가 여전히 남기는 하지만 말이다.

셋째, 경쟁의 다변화와 일상화를 통해 경합성의 정도를 약화시킬 수 있다. 하나의 경쟁 게임에 참여자들이 모든 인생을 걸고 도전하고 투쟁하는 것이 아니라 게임 자체를 여러 개로 쪼개어 각각의 한정된 게임을 벌이는 것도 방법이다.[302] 예를 들어 한국에서 입시를 둘러싼 게임

300 부르디외의 아비투스 개념은 이런 내부화의 대표적인 기제를 지칭한다: Pierre Bourdieu. *Esquisse d'une théorie de la pratique*. p.282.

301 John von Neumann and Oskar Morgenstern. *Theory of Games and Economic Behavior*.

302 인간 사회가 복잡해짐으로써 제로섬 게임은 줄어들고 협력이 강화되는 논 제로

은 인생의 중요한 부분이 여기서 결정되기 때문에 그만큼 치열하고 경쟁적이다. 물론 입시 게임 자체에서 폭력이 개입하는 것은 아니지만 입시 준비 과정에서 자살을 하거나 타인에게 가하는 폭력이 왕따나 이지매 등의 형태로 학생들 사이에서 유행하는 것은 잠재적 폭력성을 드러내는 증거다. 하지만 경쟁 게임을 다양한 차원에서 한정된 형태로 진행하게 되면 매번 주어지는 긴장과 폭력성을 줄일 수 있다. 인생에 많은 도전의 기회가 주어지는 형태를 상상할 수 있다.

넷째, 경쟁에 참여하는 개인의 태도에 변화를 가져올 수 있다. 앞의 허시만의 분석에서 보았듯 자본주의는 개인과 이익이라는 개념을 통해 경쟁의 성격을 변화시켰다. 경쟁에서 열정을 내뿜기보다는 이익 중심의 계산을 하면 사람들은 덜 폭력적이 될 가능성이 높다.[303] 또 과거 전통 사회에서는 개인보다 집단이 중요한 역할을 하는데 이런 사회에서 경쟁과 폭력은 쉽게 집단으로 파생하는 경우가 많다. 하지만 개인의 차원에서 이익을 중시하는 사회라면 경쟁이 집단으로 파생되는 가능성은 줄어들고 이와 동시에 집단 정체성에 기초한 폭력성은 한층 줄어들게 마련이다.

섬 게임으로 진화한다는 주장은 다음을 참고할 것: Robert Wright. *Nonzero: The Logic of Human Destiny*.

303 Albert Hirschman. *Passions and Interests: Political Arguments for Capitalism before Its Triumph*. pp.31~42.

6. 시장경제와 경쟁

역사적으로 18세기 무렵부터 시장은 개인의 이익을 추구하면서도 공공의 선을 만들어내는 마술 상자로 포장되었다. 시장은 처음부터 개인들이 서로 경쟁하는 제도로 구상됨으로써 경쟁을 최대한 정당화 하면서 전면에 내세우는 사회적 게임으로 등장하였다.[304] 이처럼 시장은 경쟁을 인정하고 제도화하는 최초의 이상적 게임이라고 할 수 있다.

경쟁의 인정과 제도화라는 다양한 측면에서 시장은 거의 완벽한 모델이다. 시장은 **교환**의 원칙에 기초한다. 기본적으로 교환이란 폭력을 동반하는 **약탈**과 대립되는 개념으로서 폭력을 최대한 멀리 떨어뜨려 놓으려는 시도이며, 평화적인 방법으로 경제적 이익을 추구하는 제도다.[305] 베버는 교환과 약탈 사이에 존재하는 다양한 조합을 염두에 둔다면 경쟁보다는 투쟁이 더 적절한 표현이라고 보았다. 이론적인 경쟁과 현실 세계의 투쟁을 대비시킨 셈이다.

게임의 규칙이라는 측면에서도 시장은 명확한 원칙을 갖고 있다.[306] 한편에는 수요자와 다른 한편에는 공급자가 존재한다. 무수한 수요자와 공급자는 서로 담합하거나 힘을 합쳐서는 안 된다. 이들은 서로 경쟁 관계에 놓여있다. 시장이 제대로 기능하기 위해서는 이 경쟁성이 깨져서는 곤란하고 담합이나 세력형성을 막아야 **공정 경쟁**이라고 본

304 Pierre Rosanvallon. *Le capitalisme utopique.* pp.11~15.

305 Max Weber. *Economy and Society.* pp.63~68.

306 시장의 개념을 동반하는 규칙은 경제학 교과서만 보면 쉽게 확인할 수 있다. 예를 들어 최근에는 다음의 맨큐의 교과서를 확인할 수 있다. Gregory N. Mankiw. *Principles of Economics.* pp.63~110.

다. 위에서 살펴본 게임의 규칙의 내부화는 공정성에 대한 참여자들의 인식에서 확인할 수 있다. 물론 현실적으로 시장이라는 게임에 참여하는 수요자와 공급자는 세력이 불평등하여 공정한 게임을 벌이기는 어렵다. 또 실제로는 수많은 담합과 세력의 형성, 권력을 통한 지배 등이 일어나지만 적어도 이론적으로 시장은 공정 경쟁이 **균형 가격**이라는 결과를 통해 자원의 배분과 상호 교환을 가능하게 하는 기제다.

참여자의 자발적 규칙 준수가 이뤄지지 않는다면 제3자의 개입이 필요하다. 시장의 경우 공급자나 수요자의 협력을 통해 이런 규칙 준수의 제도를 만들 수도 있지만 대부분 시장 외에 존재하는 **국가**가 이런 역할을 담당한다. 역사적으로 시장이 제대로 기능하기 위해서는 국가가 나서 질서를 보장하고 계약의 준수를 강제하는 역할이 핵심적이었다. 심지어 자유주의자들조차 시장의 공정한 작동을 위해서는 국가의 질서유지와 사법체계가 필수적이라고 인정하고 있다.[307]

거래가 이뤄지는 시장은 기본적으로 윈윈 게임의 장이다. 왜냐하면 평화적 교환은 일단 행위자들이 자발적으로 참여하는 체제이며, 교환을 통해 자신이 갖지 못한 것을 얻을 수 있는 효율적인 방법이기 때문이다. 인류의 역사에서 약탈을 통한 물질적 이전에서 교환을 통한 시장으로의 진화는 분명 폭력성을 극복하고 배제하는 중요한 발전의 단계라고 볼 수 있다.

다수의 경쟁 게임을 통해 경쟁의 집중도와 그에 따른 잠재적 폭력성을 줄이는 데도 시장경제는 적합하다. 경쟁이 집중될수록 게임은 치열해진다. 하지만 시장경제란 상품만큼 다양한 다수의 시장을 형성하

307 Adam Smith, *The Wealth of Nations*.

여 경쟁의 집중도를 떨어뜨리고, 따라서 여러 시장의 게임에 개인의 노력이나 집중도를 분산시킨다.[308] 물론 한 개인에 있어 다양한 시장의 중요성은 다를 것이다. 자신이 참여하는 노동시장에서의 경쟁과 성패는 그 사람에게 가장 중요한 역할을 한다. 시장이라고 보기에는 무리가 있지만 결혼이나 가족의 형성 등에도 경쟁이 개입한다. 그리고 결혼이나 가족은 한 개인의 삶에 결정적인 영향을 미친다. 반면 매일 식사하기 위해 장을 보거나 식당에 가는 행위는 시장의 원칙을 따르더라도 삶에 미치는 중요성은 떨어진다. 과거 신분이 직업이나 결혼, 매일의 식사와 주거지 등 모든 방면을 결정하던 시대와 시장경제의 시대는 이런 점에서 커다란 차이점을 드러낸다. 경쟁이 일반화 되었지만 경쟁이 벌어지는 장이 여러 곳으로 분산되고 늘어나면서 더 견딜만하게 만들었다고 볼 수 있다.

시장경제에서 앞세우는 인간상은 자신의 이익을 극대화하기 위해 합리적으로 계산하는 사람이다. 어떤 의미에서 시장경제의 인간은 항상 계산의 세계에서 살면서 벗어나지 못한다. 아마 시장경제 모델에 따라 실제로 인간들이 살아가야 한다면 밤에 잠도 자지 않고 계속 계산만 해야 할 것이다.[309] 케인즈는 이런 사회의 변화에 대해 과거처럼 "동료 시민들보다는 자신의 은행계좌에 전제적 폭력을 행사하는 것"이 낫다고 말하곤 했다.[310] 철저하게 개인의 이익을 목표로 정하고 경쟁하는 사회가 자본주의의 정신에 해당한다는 말이다. 그리고 철저한 개인의 이

308 뒤르캥은 『사회적 분업론』에서 분업과 개성의 발달이라는 문제를 심도 있게 다룬다: Emile Durkheim. *De la division du travail social*. pp.398~401.

309 Laurent Cordonnier. *Pas de pitié pour les gueux*. pp.44~55.

310 John Maynard Keynes. *Théorie générale de l'emploi, de l'intérêt et de la monnaie*. p.368.

익에 비추어 폭력성은 위험 부담이 큰 행동 전략이며 따라서 방치될 가능성이 높다.

7. 집단적 경쟁과 폭력

지금까지 이 장에서 논의한 경쟁은 개인 간의 경쟁이다. 인류는 처음부터 공동체를 이루며 삶을 이어 왔지만 동시에 개인이 기초 단위였다. 우리는 제6장에서 인간의 조건이 바로 이 사회성과 개인성의 복합적인 관계에서 출발한다는 사실을 확인하였다. 자본주의의 정신으로서 경쟁은 바로 이 개인들 간의 경쟁을 말한다. 시장경제의 모델은 자본주의 경쟁의 이상형이라고 할 수 있다.

하지만 이상형과 현실 사이에는 항상 괴리가 존재한다. 우리가 자본주의 기원, 발전, 확산의 과정에서 확인한 것은 개인 간의 경쟁과 함께 집단 간의 경쟁이 무척 중요한 역할을 담당했다는 점이다. 자본주의의 기원에서 이미 우리는 베네치아, 제노바, 피렌체 등 도시국가 사이의 경쟁이 치열했고 이런 경쟁에서 선두를 점하기 위한 집단적 노력이 자본주의의 초기를 특징 짓는다는 사실을 보았다. 무엇보다 시장의 이상형이 제시하는 것과는 달리 이탈리아 도시국가 자본주의는 폭력적 충돌이 빈번하게 이뤄지는 양상을 드러냈다.[311]

국가들 사이의 경쟁은 위에서 개인 차원의 경쟁과는 달리 거의 항상 폭력 또는 무력을 동반하는 게임이었다. 자본주의와 국가주의의 성

311 Pierre Milza. *Histoire de l'Italie*. pp.291~364.

장을 동시에 경험한 유럽 지역에 있어 전쟁은 거의 일상적인 일이었고 특히 국가를 중심으로 살펴볼 때 경쟁이란 항상 무력을 동반하는 활동이었다. 중세에서 르네상스까지의 시기를 정밀하게 검토한 브로델은 자본주의의 기원에는 이처럼 상업과 폭력, 자본과 무력이 항상 함께 했음을 지적한다.[312]

처음 이탈리아 도시국가들 사이에 존재했던 경쟁은 자본주의가 점차 발전하면서 서유럽 국가들 사이의 집단적 경쟁으로 표출되었다. 스페인과 포르투갈에 이어 네덜란드와 영국과 프랑스가 세계 자본주의를 지배하기 위한 경쟁에 뛰어들었다.[313] 이들은 자본주의 발전의 조건이었던 해양을 지배하기 위해 폭력으로 전투를 벌였고, 상선을 공격하여 약탈하였다. 노예무역은 형식적으로 교역이었지만 실제로는 폭력 없이 불가능한 활동이었다. 이어서 19세기 말이나 20세기가 되면 서유럽이라는 범주에서 더욱 확대되어 미국, 소련, 일본, 중국 등의 세계적 집단 행위자로서 강대국들이 등장하고 서로 경쟁하는 시기가 도래하였다. 두 차례의 세계 대전은 자본주의의 발전이 무력 충돌을 동반한다는 현실을 일깨워주었다.

물론 자본주의 발전과정에 폭력이 동반되었다고 해서 자본주의와 폭력의 관계를 유기적이고 태생적이라고 볼 수 있는지는 논쟁거리다. 우리의 자본주의의 정신 논의의 단계에서 제시할 수 있는 사실은 자본주의의 발전이 이상적 시장 논리가 주장하듯이 평화만을 품고 있는 것은 아니며 폭력이 항상 결부되어 있었다는 점이다. 그것은 질서가 형성

---

312 Fernand Braudel, *La dynamique du capitalisme*, p.100.

313 Charles Kindleberger, *The World Economic Primacy: 1500~1990*, pp.210~212.

되기 위해서는 폭력에 기초한 잠재적 권위가 필요하다는 사실과 연결된다. 다만 자본주의가 발전하면서 국가 간의 관계도 게임의 규칙을 서서히 만들어가는 과정을 경험했다.

그 결과 유럽을 형성하는 다양한 국가들은 나름의 특징을 가지고 있었고 서로 끊임없이 전쟁을 벌였지만, 그럼에도 불구하고 국가의 다양성을 장기적으로 유지하는데 성공하였다. 시장경제에서 일종의 공정경쟁 개념이 존재했듯이 국가 간의 집단적 경쟁에서도 공정 경쟁의 인식이나 실천이 어느 정도 이뤄져 왔다는 말이다.[314] 만일 유럽이 약육강식의 정글과 같은 경쟁의 지역이었다면 어느 정도 시간이 지나면 유럽은 하나의 제국으로 통일되었어야 한다. 그러나 유럽은 로마 제국 이후 단 한 번도 하나로 통일된 적이 없다. 서로 지속적인 전쟁의 게임을 했지만 상대방을 완전히 부정하고 흡수하고 제거하는 전쟁은 아니었다는 말이다. 결국 집단적인 측면에서도 **국제사회** International society 의 형성은 경쟁을 제도화하면서 폭력을 제한하는 커다란 흐름이었다고 볼 수 있다.

8. 경쟁과 독점의 관계

시장의 이상적 논리와는 달리 경쟁의 게임이 폭력을 동반했듯이, 자본주의의 역사에서 경쟁은 공정하기보다는 경쟁을 빙자한 독점 체제인 경우가 많았다. 자본주의를 대변하는 기업의 발전은 독점의 형식을

314 Lucien Bély. *L'art de la paix en Europe.*

띠는 경우가 대부분이었고, 게다가 군사적 기능을 함께 수행하기도 했다. 더 나아가 국가의 차원에서도 세계 시장을 실질적으로 독점하는 경우가 빈번했다.

자본주의가 역사적으로 발전하는 과정에서 중요한 행위자는 기업이라는 조직이다. 달리 말해서 '자본주의의 정신'은 개인 간의 경쟁이라는 기제를 활용하는 이상형을 갖고 있지만 '자본주의의 현실'은 개인보다는 집단적 경쟁에 기초하고 있다는 말이다. 여기서도 우리는 역사적 전개 과정에 주목할 필요가 있다.

초기 이탈리아 도시국가의 조직화는 베네치아의 경우 국가 또는 공적인 성격이 강했고, 제노바는 민간 또는 사적인 조합의 형식을 띠었다. 그러나 둘 다 공통적으로 집단적 모험을 위해 위험을 분산하는 제도를 활용했다고 볼 수 있다. 또한 베네치아와 제노바는 모두 특혜 무역이라고 하는 독점적 상업 특권에 기초한 자본 축적의 양식을 추구했다.

이후 스페인과 포르투갈이 식민지에 대한 독점적 무역권을 바탕으로 발전했다는 사실은 잘 알려져 있다. 심지어 네덜란드와 영국 등 '자본주의의 조국'이라고 하는 나라에서도 무역의 발달과 자본의 축적은 왕이 특혜를 내려준 주식회사 chartered companies 의 형식을 이용했다. 자본을 대는 사람들은 개인으로서 주주가 되었지만 일단 거대한 주식회사가 형성되면 이들은 독점적 무역권을 갖고 특정 지역과의 상업을 추구하였다는 말이다.[315]

영국의 사례를 살펴보면 동인도와 서인도, 허드슨 만 등 다양한 지

315 George Akerlof and Robert Shiller. *Animal Spirits: How Human Psychology Drives the Economy, and Why It Matters for Global Capitalism.*

역을 담당하는 독점적 주식회사들이 자본주의 발전에 결정적으로 기여하면서 활동했다. 따라서 런던 금융시장에서 다양한 주식회사들 사이에, 아니 보다 정확하게 표현하면 다양한 주식 사이에 경쟁하는 시장제도가 존재했지만 이들 자본주의의 첨병은 사실 개인의 경쟁보다는 집단적 폭력을 활용하며 다투었다는 말이다.

국제정치경제 질서를 논할 때 19세기를 팍스 브리타니카라고 명한다. 영국이 제국을 형성하여 세계 정치경제 질서를 지배하면서 평화를 유지하는 역할을 담당했다고 여기기 때문이다. 자본주의의 발전이라는 관점에서 영국은 최초의 자본주의 국가 또는 제국의 모델을 형성한 뒤 세계에 이를 전파 확산하여 자국의 이익을 극대화하려 하였다. 팍스 브리타니카의 의미는 영국이 세계적 규모의 자본주의 경쟁 게임을 펼치려고 노력했다는 사실이다.[316] 이런 질서를 형성하고 유지하는데 가장 커다란 이익을 가진 집단 행위자는 당연히 경쟁에서 우위를 점할 수 있는 행위자다. 19세기의 영국과 20세기의 미국은 이런 대표적인 행위자였다.

팍스를 형성하는 중심 국가는 대부분 세계 경제의 절반 정도를 차지하는 압도적 선두주자였다. 산업혁명의 결과로 영국은 1840년에 이미 선철 생산량이 세계 생산량의 절반을 넘어섰으며 1845년에 세계 공업 생사량의 45%를 차지하였다. 예를 들어 19세기 중반 영국은 세계 석탄의 2/3 이상, 면제품의 1/2이상을 생산하는 세계의 공장이었다.[317] 또 20세기 2차 세계대전 이후 미국은 세계 산업생산의 약 40%를

---

316 Charles Kindleberger. *The World Economic Primacy: 1500~1990*. pp.125~148.

317 Michel Beaud. *Histoire du capitalisme*. pp.130~134.

차지했으며 1959년 미국의 금 보유 규모는 195억 달러로 세계 전체의 51.3%에 해당하는 수준이었다.[318]

이처럼 자본주의 정신의 핵심으로 우리는 경쟁이라는 개념을 분석하였지만 여기서도 정신과 현실의 차이는 무척 명백하게 드러난다.[319] 비판적인 관점에서 자본주의는 경쟁을 내세우면서 사실은 독점에 기초한 경제체제라고 볼 수도 있다. 보다 정확한 분석은 자본주의의 정신은 개인 또는 집단 간의 경쟁을 내세우지만, 자본주의의 제도와 현실은 독점이나 과점의 힘을 빌려 작동하는 경향이 무척 강하다고 할 수 있다.[320] 인간 사회가 개인과 집단의 양극에서 긴장을 경험하며 작동하듯이, 자본주의 경제 게임에서는 경쟁과 독과점의 양극이 서로 팽팽하게 상호작용하면서 발전해 왔다고 볼 수 있다.

9. 자본주의 정신의 조합

우리는 자본주의 정신의 첫 번째 요소로 개인을 들었다. 인간 사회는 항상 개인이라는 비교적 쉽게 인식할 수 있는 기초 단위의 집합이다. 개인과 집단 둘 다 인간의 기초 조건이라는 말이다. 전통사회는 개인을 집단의 종속변수로 놓고 집단의 질서와 생각, 그리고 이익을 우선시하였다. 자본주의 사회는 이런 전통을 깨고 개인을 사회 질서와 사

318 Jeffry Frieden. *Global Capitalism*. pp.253~271.

319 마르크시즘의 전통에서는 이런 괴리를 현실을 왜곡하는 이데올로기라는 차원에서 분석한다: John B. Thomson. *Studies in the Theory of Ideology*.

320 Pierre Dockès. *Le capitalisme et ses rythmes, quatre siècles en perspective*. p.10~11.

고, 이익의 중심으로 혁신적으로 부각시켰다는 특징을 가진다.[321]

이 장에서는 자본주의 정신의 두 번째 요소로 경쟁을 들었다. 경쟁이란 사회를 이루는 개인들 사이에서 발생한다. 카인과 아벨의 이야기에서 볼 수 있듯이 태초부터 인간 사회에서 경쟁은 존재해왔다. 물론 개인/집단에서와 마찬가지로 전통 사회는 경쟁이나 경쟁심을 견제하고 통제하려는 강한 경향을 가져왔다. 하지만 자본주의 사회는 여기서도 전통의 유산을 버리고 경쟁을 당연하게 여기는 획기적인 변화를 초래하였다.

개인과 경쟁이라는 두 가지 요소를 조합했을 때 자본주의 정신의 핵심은 이미 뚜렷하게 모습을 드러낸다. 집단이나 공동체를 더 중요시하고 경쟁을 회피하면서 협력을 강조했던 인류 사회의 전통은 사실 인간 사회가 필연적으로 가지는 개인주의와 경쟁을 길들이기 위한 방법이었다. 자본주의 정신은 이런 전통에서 벗어나 개인과 경쟁을 당연하고 자연스러운 것으로 인정하면서, 더 나아가 가장 효율적이고 긍정적인 사회적 결과까지 가져온다고 주장하는 것이다.

우리는 자본주의를 시간을 통제하기 위한 물질적 축적의 기제라고 보았다. 개인의 이기심을 최대한 자극하고 경쟁을 통해 노력의 정도를 극대화하는 체제는 이런 물질적 축적을 향한 집단적 노력에서 무척 효율적인 결과를 낳았다. 집단을 위한 공동의 노력에는 힘을 기울이지 않으면서 개인의 이익을 위해서는 최선을 다하는 모습은 비단 자본주의 사회뿐 아니라 인류 역사에서 쉽게 발견할 수 있는 모습이다. 또한 홀로 어떤 일을 추구하기 보다는 다른 사람과 경쟁 관계에 있을 때 더욱

321 Pierre Rosanvallon, *La société des égaux*.

열심히 노력하는 현상도 인류 사회에서 빈번하게 확인할 수 있다. 자본주의란 이런 점에서 인간의 본성을 활용하여 생산을 위해 극대화하는 성격 또는 정신을 가졌고, 그래서 성공적이었다.

이제 이런 개인의 이익을 위한 경쟁적 노력의 성과를 장기간 보유할 수 있다는 가능성에 대해 논의할 차례다. 자본주의 정신의 세 번째 요소로 소유는 노력의 결과를 오랫동안 사유화함으로써 미래를 준비하고 통제하는데 결정적인 수단이다.

제8장
소유, 축적하는 노력의 보상

1. 나는 나를 소유하는가?

보편적 자본주의 세상에 사는 21세기 사람들에게 소유란 매우 자연스러운 현상이다. '네 것'과 '내 것'을 구분하고 상대방의 소유를 존중하는 한편 자신의 소유를 보존하려는 경향은 당연해 보인다. 앞에서 경쟁을 논하면서 살펴보았듯이 태초부터 『성경』은 이웃의 것을 탐하지 말라하지 않았는가.

하지만 자연스럽고 당연하다고 생각하는 소유의 개념은 사실 조금만 자세히 들여다보면 무척 놀라운 개념임을 알 수 있다. 사람들은 태어날 때부터 자신의 신체를 소유한다고 생각하기 쉽다. 과연 나는 나를 소유하는가? 우리가 팔다리를 움직여 이동을 하거나 일을 할 때는 몸이 내 말을 들으니 내가 나를 소유한다고 말할 수 있을지 모른다.

그러나 동시에 내 몸이지만 나의 말을 듣지 않는 경우가 허다하다. 외부의 병균이 침투하여 질병을 일으키는 극단적인 사례를 논외로 하더라도, 우리는 소화나 생각, 마음의 상태 등을 스스로 통제하기 어렵다. 긴장하면 식은땀이 나고 심장이 빨리 뛴다. 입안은 마르고 위장은 쓰리다. 긴장을 하지 않으려고 심호흡도 하고 행복한 생각을 하려고 노력하지만 항상 마음대로 되는 것은 아니다.[322]

물론 자신이 무엇을 소유하는 것과 통제하는 것은 다른 차원의 이야기라고 할 수 있다. 우리는 자본주의의 역사를 살펴보면서 로마 시대에 소유권이란 적어도 세 가지 차원의 권리를 포함한다고 보았다. 이용권, 용익권, 처분권 등이다. 통제가 없이 이용하거나 이익을 내서 차지하거나 처분하기는 어렵지 않은가. 소유와 통제는 서로 다른 개념일지라도 이 둘은 밀접한 상호관계를 갖는다는 말이다.

신체가 마비된 환자에게 자신의 몸을 소유한다는 것은 어떤 의미가 있을까. 우리는 자신의 정신을 소유한다고 말한다. 정신이야말로 나와 구분할 수 없는 나의 소유가 아닐까. 하지만 "누가 나 좀 말려주세요"라는 우스운 표현이 잘 보여주듯이 내 정신을 내가 온전히 소유하는 것도 아니다. 치매가 걸리면 내 정신은 누구인지 알지 못하는 사람의 것이 되어 버린다.

자신의 몸이나 정신조차 제대로 소유하지 못하는 사람들이 세상을

322 불교는 전형적으로 개인의 존재와 정체성이 사실은 헛된 것임을 강조하는 종교이자 철학이다. 주어진 세상에서 개인은 지속되는 삼사라 Samsara 에서 한 일시적 모습에 불과하며, 이 또한 개인이라는 환상을 갖지만 실제로는 의식과 감각과 물질이 일시적으로 조합된 결과 즉 현상의 시리즈에 불과하다는 관점이기 때문이다: Dennis Gira, *Comprendre le bouddhisme: Son histoire, sa doctrine, ses diverses formes*, pp.53~55.

소유하겠다고 엄청난 제도들을 만드는 것은 물론, 이런 특별하고 놀라운 원칙으로 세상을 돌아가게 만드니 신기한 일이다.

내가 내 몸을 완전히 통제할 수는 없다고 할지라도 다른 사람이 내 몸을 만지거나 이용하는 것을 막는 것이 소유의 출발이라고 볼 수도 있다. 배타성을 원칙으로 삼는 권리 말이다. 이는 타자의 간섭이나 개입을 제거한다는 의미의 소유다.[323] 인간은 동물에 속하고 어느 정도의 자율성을 가진 하나의 개체로 살아가기 때문에 이런 배타성은 상대적으로 쉽게 이해할 수 있다. 위에서 우리는 개인의 개념을 살펴보면서 이런 특징을 분석하였다.

유교에서 말하는 '신체발부(身體髮膚) 수지부모(受之父母)'는 결국 자신의 몸이지만 효를 위해서는 함부로 다루거나 훼손해서는 안 된다는 원칙이다. 부모로부터 물려받은 신체를 보존하기 위해 "깊은 못가로 가는 듯, 엷은 얼음을 밟는 듯"이 전전긍긍(戰戰兢兢)하며 산다는 증자의 이야기는 유명하다.[324] 로마 시대의 소유권을 활용해 분석한다면 함부로 다루는 이용권도 훼손하는 처분권도 온전하지 않다는 의미다.

이상의 간단한 논의에서 우리는 이미 소유라는 개념이 처음 생각했던 것만큼 그리 간단하거나 자연스럽고 당연한 것은 아니라는 사실을 알 수 있다. 자본주의에서 소유라는 개념을 이해하기 위해 우리는 소유의 역사적 배경을 조금 더 자세히 분석해 볼 필요가 있다.

323 신체에 대한 국가의 간섭에 관해서는 다음을 참고할 것: Elisabeth Wicks, *The State and the Body: Legal Regulation of Bodily Autonomy*.

324 『논어강설』, 이기동 역해, 태백편 제3장, pp.328~329.

2. 소유에 대한 사상적 논의

고대 그리스와 로마 시대에도 상업이나 정치적 예속관계에 기초한 자본주의 활동이 존재했다. 이는 이들 사회에서 기본적으로 소유권이 존재했다는 사실을 간접적으로 보여준다. 그러나 사회를 지배하는 윤리나 사상의 관점에서 소유에 대한 인식은 무척 부정적이었다. 예를 들어 플라톤과 아리스토텔레스는 공통적으로 인간 개인보다는 사회적 삶, 즉 폴리스라는 공동체가 모든 시민 활동의 중심이 되어야 한다고 생각했다. 플라톤은 이상적인 국가란 정의를 실현하는 국가라고 보았다. 여기서 시민들은 능력에 따라 세 부류로 나뉘는데 그 기준이 개인적 이익과 쾌락에 저항할 수 있는 힘이었다.[325] 사적 이익을 극복하고 공적 목표를 지향하는 시민이 우수한 사람이었던 것이다. 플라톤은 또 시민들 사이에 부인과 자식까지 공유하는 제도를 제안하면서 재산의 평등을 주장하였다.[326]

아리스토텔레스는 플라톤만큼 강력하게 개인의 소유권을 부정하지는 않았다. 그는 플라톤의 공유제에 대해 시민의 이익이 따로 관리되는 사유제보다 더 많은 분쟁을 경험한다고 설명했다. 사유제에서는 또 주인들이 해당 소유물에 대해 더 많은 관심을 기울인다고 보았다.[327] 따라서 사유제를 인정하되 그것을 활용하거나 사용하는 것은 공적으로 운영하면 좋다고 말한다. 하지만 아리스토텔레스도 경제 활동에 대한

325 Platon, *République*, Livre III 415 a

326 Platon, *Lois*, 736d

327 Aristote, *Politique*, Livre II Ch.5 1263b 23~24; Livre II Ch.3 1261b 34

경계(警戒)와 비판적 시각은 플라톤에 못지않다. 그는 부를 무한 축적하려는 행위는 죄악에 해당하며 공동체 속에서 행복을 찾는 인간의 진정한 목표를 달성하는데 장애라고 단언한다. 따라서 도시국가는 시민들에게 상업과 금융을 금지해야 한다고까지 주장한다.[328]

로마 시대로 넘어오면서 사상은 훨씬 개인주의와 물질주의적인 방향으로 전환되었다. 예를 들어 키케로는 "재화의 평등을 주장하는 것보다 더한 재앙은 없다"고 선언한다.[329] 세네카는 "지혜로운 자에게 부(富)는 항해사에게 유리한 바람이나 추운 겨울의 햇볕 나는 날, 또는 따듯한 장소와 같은 느낌을 준다"고 찬양하였다.[330] 로마 제국은 도덕적으로 부에 대한 부정적 인식을 없앴고 이에 더해 절대적인 법의 개념으로 소유의 가능성을 확대하였다. 그리고 지중해를 포괄하는 거대한 지역에 이런 관습을 확대한 것이다.

법적으로 강력하게 보장되는 개인의 무한 소유권은 로마 제국의 붕괴와 함께 사라지는 듯했다. 로마를 무너뜨린 게르만 민족의 관습은 마을 공동체의 공유제가 일반적이었고, 새로운 국교로 부상한 기독교는 속세의 사회경제제도에 대해 무관심한 태도로 일관했기 때문이다. 이후 13세기 이탈리아 도시국가들이 경제발전을 주도할 무렵 토마스 아퀴나스(1225~1274년)는 경제체제와 소유에 대한 기독교의 교리를 새

328 아리스토텔레스는 경제 활동을 두 종류로 구분한다. 하나는 가족의 생활을 위한 경제 활동으로 '생계 경제'라고 부를 수 있는 영역이다. 다른 하나는 부의 축적을 추구하는 '크레마스티크'라고 부르는 영역인데 여기서는 사람들이 무한정 재화나 돈을 축적하려한다. 그것은 인간의 삶에 대한 욕망이 무한정이기 때문이다. 특히 무역, 이자 놀이, 임금 노동에서 이런 경향이 가장 강하다고 분석하였다: Aristote. *Politique.* Livre I Ch.9 1257 b, 36 ~ Livre I Ch.11 1258 b, 23

329 Cicéron. *Traité des devoirs.* II 21, 73

330 Sénèque. *De la vie heureuse.* Ch.XXI~XXIII.

롭게 정리하였다. 그는 '공동 선'의 이론을 통해 "한 사람의 이익보다는 다수의 이익이 더 크고 다양하다. 따라서 전체의 이익을 위해 때로는 특정인의 손해를 받아들여야 한다. 예를 들어 대다수가 평화롭게 살기 위해 도둑을 죽일 수 있는 것"[331]이라고 설명하였다. 그는 또 아리스토텔레스의 논지를 받아들여 소유권을 인정한다. 사적 소유권으로 사람들은 재산에 더 관심을 갖고, 따라서 관리를 더 잘하며, 또한 사람들 사이에 평화를 유지하기가 쉽다고 말한다.[332] 물론 이런 소유권은 상대적이다. 왜냐하면 절대적인 필요에 의해 남의 재산을 사용하는 것은 정확하게 말해서 도둑질은 아니기 때문이다.

이처럼 아퀴나스는 소유에 대해 기독교의 전통적 입장과 중세 사회의 변화 사이에서 타협적인 입장을 보였다. 중세 기독교의 세계에서 교회가 이자를 금지했던 가장 중요한 이유는 소유 문제와 관련되어 있다. 사람들은 이자란 시간에 대한 대가라고 여겼는데 시간의 주인은 하느님이라고 생각했다. 따라서 하느님의 시간에 대해 인간이 대가를 받는 것은 부도덕하다고 판단했던 것이다. 물론 이에 덧붙여 돈을 빌린다는 것은 그 사람이 어려움에 처했다는 의미인데, 곤란한 사람으로부터 이자까지 받는 행위는 악덕의 소행이라고 생각했던 것이다. 여기서도 아퀴나스는 돈을 빌려주는 행위로 이자를 받을 수는 없지만, 빌려준 돈을 갚지 않아서 보는 손해는 배상해줄 수 있다고 설명하였다.[333]

---

331 Saint Thomas Aquinas. *Political Writings.*

332 Henri Denys. *Histoire de la pensée économique.* p.83.

333 Saint Thomas d'Aquin. *Somme théologique.* II question 78 art. 2

3. 주권과 소유권

자본주의가 발달한 현재 우리는 토지를 소유의 대상으로 자연스럽게 생각한다. 하지만 아직도 하늘이 소유의 대상이라고 생각하기는 어렵다. 이 하늘과 저 하늘이 누구에 속한다고 말할 수 있는가. 또는 이 바다와 저 바다가 누구의 것이라고 선언할 수 있는가.

그러나 최근 국제 뉴스를 살펴보면 하늘과 바다를 두고 국가 간의 분쟁이 잦은 현실을 발견할 수 있다. 우선 바다의 자원을 놓고 국가들끼리 서로 경쟁하는 모습은 이제 익숙하다. 하지만 바다에 대해 국가가 권리를 갖게 된 것은 아주 최근의 일이다. 연안 지역의 바다에 대해 국가가 갖는 독점적 권리로서 영해(領海), 또는 개발권을 보유하는 경제수역(經濟水域) 등의 개념은 1982년에 와서야 보편적 국제법의 대상이 되었다.[334]

신이나 자연이 아닌 국가가 소유의 주체가 되는 경우 우리는 이를 주권(主權)이라고 부른다. 이 주권이란 군주나 영주가 가졌던 권리를 의미하는데 유럽 언어에서 군주 sovereign 가 주권 sovereignty 으로 발전했음을 확인할 수 있다. 중세에 복합적이고 중복되는 권리는 주권과 소유권의 서로 다른 개념으로 분리되었다. 주권은 공공 권력이나 국가와 관련하여 발전한 반면 소유권은 개인 또는 민간의 권리로 발전하였던 것이다.[335] 주권이 신이나 자연의 포괄적 권리에 해당한다면 소유권은 개인이나 민간의 특수한 권리라고 말할 수 있다.

---

334 Robin R. Churchill. "The 1982 United Nations Convention on the Law of the Sea".

335 Stephen Krasner. *Sovereignty.*

역사적으로 근대 국가의 발전과 자본주의의 형성은 각각 주권과 소유권의 발달 과정으로 이해해도 크게 틀리지 않는다. 흥미로운 사실은 주권의 경우 군주라는 개인 또는 가문의 소유에서 시작했지만 점차 공공성을 띄게 된다는 점이다. 사회과학에서 군주나 군주의 가문이 사적으로 국가와 영토, 재산을 소유하는 제도를 가산(家産)주의 Patrimonialism 라고 부른다.[336] 이런 제도 아래 군주의 사적 재산과 국가의 재산은 구분되지 않는다. 따라서 과거의 주권이란 왕 또는 왕실이 갖는 권리였지만 현대의 주권은 국가 또는 민족 공동체가 갖는 공동의 권리다. 현대 세계에서 주권이 누구에게 속하는가를 따지는 것은 더 이상 의미가 없다. 주권이란 공동체에 귀속된다는 사실이 명백하기 때문이다.

반면 자본주의가 발전하는 과정에서는 마을 공동체에 속하거나 여러 군주, 영주, 공동체가 나눠 갖던 소유의 다양한 권리가 점차 하나의 절대적 소유권으로 묶이면서 결국 개인에게 귀속되는 변화를 보여주었다. 자본주의 사회에서 소유권이라는 것은 궁극적으로 개인에게 속한다는 사실이 상식이 되었다. 회사와 같은 '법인(法人)'도 결국 '법적으로 개인'이라는 형식을 띄우게 되며, 법인의 소유를 다시 분석하면 결국 개인으로 귀속된다는 말이다.[337]

---

336 현대 사회에서도 종종 위정자들이 국가의 재산을 개인의 것처럼 생각하고 활용하는 현상을 발견할 수 있다. 특히 신생국의 경우 이런 현상이 잦은데 이는 현대적 국가의 주권과 전통적 가산주의가 충분히 구분되지 못했기 때문이다. 고전적 자산주의 분석은 다음 베버의 논의를 참고할 것: Max Weber. *Economy and Society*. pp.1006~1069.

337 법인에 관한 다양하고 흥미로운 논의는 다음을 참고할 것: Visa A.J. Kurki and Tomasz Pietrzykowski. eds. *Legal Personhood: Animal, Artificial Intelligence and the Unborn*.

개인주의와 자본주의의 소유가 만나는 방식이다. 최근 애완동물에 대한 사람들의 선호와 애착이 심해지면서 재미있는 현상이 발견된다. 사랑하는 동물을 남겨놓고 떠나는 사람들이 재산의 일부를 동물에게 상속하면서 이를 위탁하기 시작했다는 말이다. 원래 소유는 사람만이 할 수 있는데, 중세부터 동물의 경우 예외적으로 이를 인정해 왔다고 한다. 이런 뉴스는 역설적으로 자본주의 사회에서 소유권과 개인이 얼마나 밀접하게 연결되어 있는지를 보여준다.[338]

4. 소유의 정당화

소유가 자본주의 질서의 핵심 정신으로 부상하기 위해서는 소유를 정당화하는 작업이 결정적이다. 종교나 철학에서 보더라도 개인의 소유에 대해서는 부정적인 시각이 많았고, 특히 사물이 아닌 자연을 개인이 독점한다는 사실은 부자연스러운 것이었다. '자유주의의 아버지'라 불리는 영국의 로크(1632~1704년)는 17세기에 주로 활동하면서 소유를 정당화하는 이론을 제시하였다:

> "비록 대지와 모든 열등한 피조물은 만인의 공유물이지만, 그러나 모든 사람은 자신의 인신에 대해서는 소유권을 가지고 있다. 이것에 관해서는 그 사람 자신을 제외한 어느 누구도 권리를 가지고 있지 않다. 그의 신체의 노동과 손의 작업은 당연히 그의 것이라고 말할 수 있다. 그렇다면 그가 자연이 제공하고 그 안에 놓아 둔 것

338 *The Economist*. "Pet provisions".

을 그 상태에서 꺼내어 거기에 자신의 노동을 섞고 무언가 그 자신의 것을 보태면, 그럼으로써 그것은 그의 소유가 된다. 그것은 그에 의해서 자연이 놓아둔 공유의 상태에서 벗어나, 그의 노동이 부과한 무언가를 가지게 되며, 그 부과된 것으로 인해 그것에 대한 타인의 공통된 권리가 배제된다. 왜냐하면 그 노동은 노동을 한 자의 소유물이 분명하므로, 타인이 아닌 오직 그 만이, 적어도 그것 이외에도 다른 사람들의 공유물들이 충분히 남아 있는 한, 노동이 첨가된 것에 대한 권리를 가질 수 있기 때문이다."[339]

로크의 설명에는 몇 가지 기본 전제를 발견할 수 있다. 하나는 '만인의 공유물'이라는 표현이다. 개인의 소유를 말하기 전에 이미 세상은 만인의 것, 또는 공동체로서 인간의 것이라는 전제다. 세상의 모든 것을 하느님의 것이라고 보던 시각에서는 이미 한 발짝 더 나아가 인간이 자연을 정복이나 활용의 대상으로 생각하는 시대가 되었다는 의미다. 다음은 '대지'를 가장 중요한 소유의 대상으로 논의한다는 점이다.[340] 실제 농경 사회에서 대지 또는 토지야말로 생산 활동의 기본적 자산 또는 자본이다. 셋째, 신체와 노동은 개인에게 귀속된다는 전제다. 이는 개인이 자기 자신의 몸과 행동, 결과에 대해 권리를 갖는다는 개인주의가 이미 상당 부분 인정된다는 말이다.

이런 기본 전제 위에 로크는 만인의 공유물이었던 대지를 개인이 소유하는 것이 정당한 이유는 개인이 노동을 통해 대지에 자신의 일부를 섞었기 때문이라고 말한다. 노동이 소유를 설명하는 조건이다: "토지에 최대한의 가치를 부여하는 것은 노동이며, 그것이 없다면 토지는

339 John Locke. 강정인 옮김. *Two Treaties of Government*. pp.34~35.

340 로크의 뒤를 이어 18세기 프랑스에서 유행한 중농주의 사상이 대표적이다: François Quesnay. *Physiocratie*.

거의 아무런 가치가 없다."[341] 노동을 통해 자연에 가치를 부여하고 그 결과 변화된 자연을 소유할 수 있다는 이론이다. 뒤에서 보겠지만 자본주의의 정신에서는 노동과 가치가 긴밀하게 연결된다. 노동이 가치를 만들어낸다고 보며 이 시각이 소유권의 출발점으로 작용하는 것이다.

그렇다면 자본주의에서 소유란 어떤 한계를 갖는 것일까. 로크는 향후 자본주의 발전을 저해할만한 매우 제한적인 소유를 주장한다: "한 인간이 개간하고, 파종하고, 개량하고, 재배하고, 그 산물을 사용할 수 있는 만큼의 토지가 그의 소유이다."[342] 아무리 인간이 기계의 도움을 받는다고 할지라도 한 사람이 실행할 수 있는 개간, 파종, 개량, 재배의 능력은 무척 제한적이다. 특히 산물을 사용할 수 있는 만큼의 토지라면 대단히 작은 토지다. 한 가족이 아무리 많이 소비해도 일 년에 먹을 수 있는 식량은 그리 많지 않기 때문이다.

이처럼 17세기 로크의 소유에 대한 정당화는 양면성을 가진다. 가치를 통해 노동이 소유를 설명한다는 입장은 향후 자본주의를 정당화하는데 크게 기여하였다. '노력한 만큼 얻을 수 있는 사회'라는 인식은 이미 이때부터 시작되었다고 볼 수 있다. 하지만 이런 설명은 소유의 한계를 명확하게 제시하였다. 자신이 창출할 수 있는 부의 정도가 한계일 뿐 아니라 그 산물을 소비할 수 있는 만큼만 소유해야 한다고 말이다.

341 John Locke. 강정인 옮김. *Two Treaties of Government*. p.48.

342 John Locke. 강정인 옮김. *Two Treaties of Government*. p.38.

5. 소유의 절대성

처음에 소유를 정당화하기 위해서는 노동이라는 노력이 필수적이었다. 하지만 자유주의 이론에서 제시하는 소유의 성격과는 달리 현실에서 소유권은 무척 절대적인 양상으로 발전해 왔다. 그 첫 번째 요소가 소유의 한계에 관한 것이다. 로크는 명백하게 자신이 일굴 수 있는 만큼의 대지만을 소유할 수 있다고 하였다. 하지만 실제 토지의 소유는 이런 한도를 규칙으로 두지 않았고, 사람들은 대량의 토지를 소유할 수 있었다. 마찬가지로 토지의 산물을 자신이 소비할 만큼만 소유하는 것이 정당하다고 하였지만 실제로는 대량의 토지에서 생산한 대량의 수확을 시장에 내다 판매하는 제도가 정착하였다.

로크가 제시한 소유의 정당화는 이런 이유로 위선적이라는 비판에 노출될 수밖에 없는 것이다. 2010년대 한국에 불었던 부동산 광풍 속에 집을 여러 채 가진 사람들에 대한 비판은 이런 정당성과 긴밀한 관계를 맺는다. 한 사람이 자신의 필요 이상으로 주택이라는 삶의 중요한 수단을 소유함으로써 생기는 부작용에 대한 비판은 자본주의 체제 안에서도 여전히 존재한다는 말이다. 전통 사회에서 식량이나 주택, 현대 사회에서는 약품 등 인간의 기초적인 삶과 연관된 상품의 과도한 소유권 집중이나 시장에서의 독점은 비난의 대상이 되었다.[343]

소유의 절대성은 로마 시대의 구분인 이용권, 용익권, 처분권이라는 세 가지 차원을 모두 종합적으로 결합한다는 점에서 자본주의에서

343 *The Economist*, "The global battle over high drug prices".

강화되었다. 현대 자본주의 사회에서 토지를 소유한다는 것은 이를 직접 이용하거나, 세를 주거나, 처분을 할 수 있는 권리를 모두 포함한다. 때로는 소유권을 가진 사람은 자신의 토지에 침입하는 사람들로부터 자신과 소유를 보호하기 위해 폭력을 사용하는 것이 정당화되기도 한다.

자본주의에서 소유권은 영원한 소유권이라는 차원에서도 절대적이다. 한번 구매한 토지나 상품은 영원히 그 주인에 귀속된다. 활용하거나 이익을 내고, 처분을 하는 종합적 권리에다가 영원한 시간적 특권까지 합쳐지니 절대성은 그야말로 강화되는 것이다. 명목상 사회주의라는 형용사를 붙이는 이웃 중국에서 부동산의 소유는 절대적이지 않고 기간에 제한을 둔다. 모든 면에서 자본주의적 특징을 보여주지만 소유권에 있어서는 한계를 둠으로써 절대성을 약화시킨 셈이다.[344]

소유권은 영원하지만 사람의 삶은 영원하지 못하다. 하지만 자본주의 체제에서 대부분의 국가는 소유권을 상속할 수 있도록 허용하고 있다. 상속세에서 정도의 차이는 존재하지만 상속을 금지하는 국가는 없다. 이런 점에서 자본주의 세계에서 자유주의를 제대로 실천하는 나라는 없는 셈이다. 왜냐하면 로크나 밀 등 자유주의자들은 상속이 사회적 불평등을 대물림하는 부당한 제도라고 보았기 때문이다.[345]

이론적 소유권의 정당성은 결국 실천적으로 절대적인 권리가 되어버림으로써 위선의 대명사가 되었다고 해도 과언이 아니다. 자유주의와 자본주의가 가장 결정적으로 대립하고 충돌하는 지점이라고 할 수

---

344 Junjian Albert Cao. *The Chinese Real Estate Market: Development, regulation and investment.* p.7.

345 John Stuart Mill. *Principles of Political Economy.* p.31.

있다.[346] 또 공정한 경쟁을 주장하는 시장경제와 자본주의가 부딪치는 지점이기도 하다. 자본주의는 자유주의의 노동 가치설로 소유권을 정당화하고, 공정한 경쟁을 주장하며 시장경제의 이점을 설명한다. 하지만 자본주의의 현실은 이런 정당성이나 공정성과는 아주 거리가 먼 형태로 운영되는 것이다.

6. 영생의 꿈

오랫동안 불교의 영향을 받았던 한국 문화에서 '공수래공수거(空手來空手去)' 즉 이 세상에 빈손으로 와서 죽으면 다시 빈손으로 돌아간다는 생각은 널리 알려졌다. 이런 지혜는 기독교에서도 마찬가지로 존재한다. "내가 모태에서 알몸으로 나왔사온즉 또한 알몸이 그리로 돌아가올지라"[347] 부자 욥이 자신이 가졌던 모든 것을 잃은 뒤 자위하는 말이다. 또 다른 인류의 지혜를 담은 책 『길가메시』에서도 중요한 메시지는 죽음에 대한 인식과 세상의 한계를 이해하는 일이다.[348] 빈손과 알몸은 생명의 유한성과 소유의 부질없음을 동시에 일깨워주는 표현들이다.

특히 바로 위에서 살펴본 절대적 소유가 유한한 삶의 관점에서 얼마나 부조리한지를 보편적 지혜는 말해준다. 이런 지적은 사실 지혜라

---

346 철저한 자유주의의 입장에서 자유방임 자본주의보다는 자유적 사회주의의 방향을 고려했던 사례로는 케인즈를 들 수 있다: James Crotty. *Keynes against Capitalism: His Economic Case for Liberal Socialism.*

347 『성경』 욥기 1:21

348 N.K. Sandars. *The Epic of Gilgamesh.*

기보다는 매우 단순한 관찰의 결과이며 상식일 뿐이다. 인간이 태어나 누구나 죽는다는 사실을 깨닫는 것은 그리 어려운 일이 아니다. 단순한 상식을 굳이 지혜라고 부르는 이유는 우리가 그것을 망각하고 환상 속에서 살기 때문이다.

그림 8. 인간은 시대와 문화를 막론하고 저축을 통해 물질적 자원을 모아 미래를 준비해 왔다. 인도네시아 자바 섬에는 14~15세기에 이미 많은 토기 돼지 저금통이 있었다. 네덜란드 암스테르담 국립박물관.

이 환상이란 죽지 않을 수 있다는 착각이고, 죽어도 죽은 것이 아니라는 자기 마취일 수 있다.[349] 죽지 않고 영원히 사는 것은 많은 사람들의 꿈이었지만 특히 권력과 부를 가진 사람들일수록 이런 꿈을 많이 꾸었다. 거대한 중국을 처음으로 통일하였던 진시황의 불로초에 대한 집념이나 이집트 파라오들이 엄청난 피라미드 안에 계획한 새로운 세

349 문명이나 종교와 영구불멸의 욕구를 연결하여 분석한 대작으로는 프로이트의 『문명 속의 불만』을 들 수 있다: Sigmund Freud, *Le malaise dans la civilization.*

상은 불멸의 욕망을 표현한 것이었다.

소유는 이런 영구불멸의 환상을 뒷받침할 수 있는 장치다. 우리는 자본주의를 정의하면서 시간을 통제하려는 욕구를 지적한 바 있다. 특히 물질적으로 미래를 준비하여 안정적 생활을 꾸려가겠다는 의지가 축적의 중요한 동기라고 보았다. 농경사회에서 토지와 가축은 인간의 삶을 장기적으로 준비할 수 있는 기반이었다. 넓은 토지와 다수의 가축은 안정적 식량을 제공해 줄 수 있는 물적 토대이자 축적의 대상이었다.

위에서 자기 자신의 신체야말로 자신의 소유라는 인식을 살펴보았다. 비슷한 차원에서 자식은 자신의 소유이며 영생으로 나가는 하나의 수단이었다. 성경에 등장하는 번식의 욕망이나 동아시아 유교 사회에서 대를 이어간다는 개념에서 이를 모두 확인할 수 있다. 전통 농경 사회에서 가진 자의 영생이란 많은 토지와 가축을 소유하면서 자식을 낳아 번성토록 하는 일이었다.

여기서 개인과 경쟁이 도입되면 무한 축적의 기제가 활발하게 작동할 것이다. 지라르의 분석을 보면 이미 고대부터 개인의 소유와 경쟁의 게임이 얼마나 보편적으로 부러움, 시기, 질투 등의 문제를 낳았는지 알 수 있다.[350] 재생산, 즉 영생을 위한 배우자나 자식과 관련된 경쟁이 치열하고 생존을 위한 집, 토지, 소나 나귀 등이 왜 그토록 중요했는지 알 수 있다. 공수래공수거의 원리를 거부하면서 손에 무엇인가를 쥐고 있다면 죽지 않을 수 있다는 착각을 가질 수 있다는 말이다.

하지만 개인주의는 이런 영생의 꿈에 있어 장애물로 작동한다. 자

350 René Girard. *Les origines de la culture*. p.74.

식은 나의 소유가 아니고 나의 삶을 지속하기보다는 스스로의 독립적이고 자율적인 삶을 추구할 것이기 때문이다. 종도 나의 소유물이 아니라 자신만의 삶을 가진 존재로 부각되면서 영생의 수단이 아닌 주체로 성장하게 된다.

7. 화폐와 소유

영생을 꿈꾸는 사람은 무한 축적을 통해 영생의 조건을 갖추었다는 환상을 유지할 수 있다. 자본주의는 화폐라는 장치를 통해 절대적 소유와 무한 축적의 길을 널리 열었다.[351] 뒤에 화폐의 특징이나 역사에 대해서는 보다 상세하게 분석하겠지만 소유에 관한 우리의 논의에서 강조할 수 있는 부분은 화폐가 절대적 소유와 무한 축적에 제공하는 엄청난 편리함이다.

사냥꾼이 사슴을 한 마리 잡는다고 가정했을 때 그와 그의 가족이 이 사슴을 한 끼에 모두 먹을 수는 없다. 사냥꾼은 사슴을 자신이 속한 공동체의 구성원들과 나누어 소비할 것이다. 고기를 말려서 축적해 두는 것도 가능하지만 그 한계 역시 분명하다. 넓은 토지를 소유한 자 또한 이를 일구고 수확하는 데는 많은 사람을 동원해야 한다. 한 사람이나 가족이 토지를 개발하여 식량을 생산하는 데는 명백한 제약이 있다. 노예나 농노처럼 노동을 동원하는 사회제도가 존재한다고 할지라도 그

351 아글리에타와 오를레앙은 화폐의 본질을 폭력과 신뢰 사이에 있다고 보았다: Michel Aglietta et André Orléan, *La Monnaie entre violence et confiance*.

수확물을 축적하여 보존하는 일은 어렵다. 곡식이 고기보다는 오래 보존하기가 수월하지만 보존 자체에 비용이 들어가고 기한도 그다지 길지는 않다. 적어도 영생을 꿈꾸는 사람보다 오래 지속될 수 있어야 하는데 전통적 기술로는 불가능한 일이었다.

화폐는 이런 한계를 단숨에 기술적으로 해결해 주는 마술방망이다. 발전된 자본주의 사회에 사는 우리는 화폐의 유용성을 너무 쉽게 잊는다. 돈을 버는 것이 문제지 돈을 축적하여 보존하는 것은 부차적인 문제다. 고기나 식량은 물론 금 · 은 등의 보존비용이나 축적의 안정성과 비교했을 때 현대 자본주의의 화폐는 독보적이다. 은행에 돈을 맡기면 이자가 나온다. 한 은행에 집중하면 위험하니까 여러 은행에 분산하여 맡기면 된다. 또 한 나라의 화폐로만 가지고 있다면 위험할 수 있으니 달러나 유로, 엔화 등으로 다양한 계좌를 가지면 그만이다.

축적된 재산으로 채권과 주식을 적절하게 배분하여 살 수도 있다. 현금 계좌와 마찬가지로 해당 국가의 신뢰에 따라 채권을 나누어 여러 국가에 분산투자할 수 있다. 또 경제적 능력이나 산업 분야의 미래성을 고려하여 다양한 바구니에 투자를 할 수 있다. 원한다면 투자한 돈이나 증권을 현찰로 바꿔 손쉽게 아파트나 콘도를 살 수도 있고, 고급 자동차나 요트를 구매할 수도 있다.

이처럼 화폐는 소유의 한도를 완전하게 무한으로 열어주었고 소유의 절대성을 강화하였으며, 소유의 비용을 극소화하였다. 현대 자본주의 사회가 보여주는 자산의 불평등은 이런 특징을 여지없이 드러낸다.[352] 자본주의의 기본 모형이 작동하기 시작하는 19세기 영국에서의

352 Thomas Piketty, *Le capital au XXIe siècle.*

불평등은 21세기 현재의 상황과 비교하면 아주 완곡한 편이다. 세계에서 가장 부유한 사람 27명의 재산은 2018년 현재 1조 3900억 달러로 인류에서 가난한 절반의 재산과 맞먹는다.[353]

현대 자본주의의 시각에서 이런 질문은 한가한 수수께끼에 불과하다. 세상에 사람이 소유하지 않는 것이란 없다. 아니 사람이 소유하지 않는다면 국가가 영토권, 주권을 통해 소유한다. 화폐는 이런 소유를 정확하게 해주며, 그 가치를 측정하고 보존하는 중요한 수단이다. 이런 점에서 소유는 신의 영역에서 인간의 영역으로 내려왔으며, 소유에 대한 금기는 모두 사라지면서 완전한 해방을 맞았다고 말할 수 있다.

8. 소유는 도둑질이다!

우리가 역사적으로 자본주의의 기본 모형이 완성되는 시기로 본 1840년대 프랑스에서 이를 근본적으로 부정하는 책 한 권이 출간되었다. 프랑스 이상적 사회주의를 대표하는 프루동의 고전적 작품『소유란 무엇인가』로 그의 간단명료한 답은 "소유는 도둑질"이라는 것이다. 사람들이 무엇인가를 소유하고 있을 때 그것을 빼앗는 것이 절도이며 도둑질인데, 왜 프루동은 소유 자체가 도둑질이라고 했을까.

로크가 소유의 정당성을 설명하기 위해 노동을 동원하였듯이 프루동은 소유를 부정하기 위해 이 특수한 권리에 대한 역사 및 철학적 검토를 진행한다. 프루동은 "소유권이 가진 정당성의 토대는 두 가지, 즉

353 *The Economist.* "The picture of wealth".

'선점'(先占, occupation)과 '노동'으로 귀결된다"[354]고 분석한다. 여기까지 프루동과 로크의 차이는 크지 않다.

그는 로마 시대 사례를 들어 소유에 대한 철학적 비유를 소개하였다. "키케로는 땅을 거대한 극장에 비유하고 있다." 극장이 공공의 재산인 것처럼 각자가 차지한 좌석이 마땅히 그의 것이라고 말할 수 있다.[355] 극장에 사람들이 들어가 빈자리에 앉는다면 그것은 선점이다. 다른 사람이 와서 그 선점한 자리를 내놓으라고 할 수 없다는 점에서 선점이 점유로 연결된다는 설명이다. 극장의 좌석이라는 비유가 의미하는 것은 한 사람이 두 개나 여러 개의 자리를 차지하는 것은 용납되지 않는다는 점이다. 이를 자연에 적용하면 토지는 모두에게 속하는 공유의 자산이지만 각자가 선점함으로써 개인적으로 점유하는 것은 가능하다는 말이다.

프루동은 또 노동을 통해 선점한 토지를 일군다면 그 산물에 대해 권리를 갖는 것은 당연하다고 본다. 하지만 그는 자유, 평등, 안전, 소유 등의 프랑스 대혁명의 가치를 동원하면서 이들도 중요하기 때문에 소유가 다른 권리를 침해해서는 안 된다고 설명한다. "만일 생존권이 평등하다면 노동권도 평등하며 마찬가지로 선점권도 평등하다."[356] 한 사람이 너무 많은 땅을 차지하여 다른 사람이 일하고 수확하여 생존함으로써 자유를 누리는 권리를 침해한다면 곤란하다는 지적이다. 다시 프루동과 로크의 유사성을 발견할 수 있다.

354 Pierre Proudhon. 이용재 옮김. *Qu'est-ce que la propriété?* p.90.

355 Pierre Proudhon. 이용재 옮김. *Qu'est-ce que la propriété?* p.91.

356 Pierre Proudhon. 이용재 옮김. *Qu'est-ce que la propriété?* p.96.

소유가 도둑질이라는 프루동의 주장은 과다한 소유를 통해 다른 사람의 소유를 불가능하게 배제하는 경우를 지적하는 것이다. 프랑스어에서 도둑은 voleur 라고 부르는데 그 어원은 카드놀이에서 모든 패를 독차지하는 사람의 손바닥(라틴어로 vola)에서 유래한다고 설명한다. 달리 말해 독점 또는 과점적 소유가 도둑질이라는 것이다.

사상사의 맥락에서 로크는 자유주의의 아버지로, 그리고 프루동은 소유를 부정한 사회주의자로 기억하지만 두 사상가의 소유에 대한 논리는 그리 커다란 차이를 보여주지 않는다.[357] 특히 프루동을 단순히 슬로건으로 기억하지 않고 그 사상의 전개 과정을 추적해 보면 그가 소유가 도둑질이라는 분석 이후에 '소유가 자유'라는 설명도 덧붙였음을 확인할 수 있다. 왜냐하면 프루동에게 "소유는 국가의 강압에 맞설 수 있는 유일한 힘이며 인간의 자유를 지키는 최상의 보루"[358]였기 때문이다. 개인의 독점적 소유가 타인의 권리를 침해하듯 그는 국가나 공동체의 공유제에 대해서도 비판적 시각을 가졌다:

> "공유제는 불평등이다. 그러나 그것은 소유가 불평등이라는 것과는 정반대의 의미에서 그러하다. 소유는 약자에 대한 강자의 착취이다. 그러나 공유제는 강자에 대한 약자의 착취이다."[359]

19세기에 이미 이런 공유제의 위험에 대해 제대로 인식하고 있었다는 사실이 놀랍다. 물론 강한 국가에 대한 반감은 토크빌과 같은 프

357 고전적 자유주의에서 개인과 소유의 관계에 대해서는 다음을 참고할 것: C.B. MacPherson. *The Political Theory of Possessive Individualism from Hobbes to Locke.*

358 Pierre Proudhon. 이용재 옮김. *Qu'est-ce que la propriété?* p.457.

359 Pierre Proudhon. 이용재 옮김. *Qu'est-ce que la propriété?* p.380.

랑스의 다른 사상가에서도 쉽게 찾아볼 수 있는 특징이다. 프루동은 "공유제는 의식의 자율성과 평등을 침해한다"[360]고 비난한다. 결국 자유주의의 로크나 사회주의의 프루동 모두 소유의 긍정적 효과를 인정하면서 동시에 부정적 결과를 꼬집은 셈이다.

9. 자본주의 목표와 사회주의 정신

19세기 노동운동에서 프루동과 마르크스는 여러 가지 측면에서 서로 다른 주장을 하며 충돌하였다. 위에서 소유에 대한 입장에서 볼 수 있듯이 마르크스는 프루동을 여전히 부르주아적 사고를 하는 낭만적이고 이상적인 사회주의자라고 비난하였다.[361] 반면 프루동은 공유제의 위험을 지적하면서 개인이건 국가건 소유를 독점하게 되면 자유와 평등의 원칙이 깨지는 것이라고 설파하였다.

1917년 이후 러시아 혁명으로 소련이 탄생하면서 공산당 정부는 마르크스의 공유제를 국가 정책으로 채택하여 추진하였다.[362] 사적 소유는 최소한으로 축소하면서 공유제를 전면 실시하였다. 토지는 집단농장에서 공유하며 공동 작업을 벌였고, 기업 역시 공유제로 운영하였다. 소유의 측면 뿐 아니라 소련의 공산주의 건설에서는 개인과 경쟁이라는 요소도 최소한으로 축소하였다. 개인의 권리는 공산주의 사회 건

360 Pierre Proudhon. 이용재 옮김. *Qu'est-ce que la propriété?* p.381.

361 Karl Marx. *Misère de la philosophie.*

362 Julien Vercueil. *Economie politique de la Russie 1918~2018.* pp.21~31.

설이라는 공동의 목표에 종속되었다. 개인의 이익을 추구하는 것은 부르주아적 사고라고 비판받았다. 마찬가지로 개인의 이익을 앞세우는 경쟁은 비난의 대상이었다.

하지만 이런 공동체 정신의 강조와 동시에 소련은 자본주의가 추구하는 무한의 물질적 생산을 통해 미래를 건설하려는 목표를 따라갔다. 공동체 정신을 추구하며 검소한 수도원의 삶을 지향하며 최소한의 생산과 소비만을 목표로 삼지 않았다는 말이다. 오히려 생산의 풍요를 통해 사회주의를 넘어 공산주의를 실현할 것이라고 주장하였다.

이 과정에서 소련이 추진했던 목표와 정신의 모순을 쉽게 발견할 수 있다. 개인을 앞세우는 것은 아니었지만 개인 간의 경쟁을 통해 노력과 생산성을 높일 수 있다는 사실은 명백했다. 생산의 전사라고 할 수 있는 '사회주의 노동의 영웅' 스타하노프 모델은 이익이 아닌 명예를 위한 경쟁이었지만, 개인 간 비교를 통한 경쟁을 정책적으로 도입한 사례다.[363] 소련이나 헝가리, 중국 등에서 생산성을 높이기 위해 농업 분야에서 개인의 농장을 허용한 개혁도 공유제의 사회주의 정신을 접어두고 소유의 방향으로 – 토지는 아니지만 적어도 생산물의 소유 – 나간 사례다.

우리의 분석에서 소련 및 공산주의의 실험은 자본주의와 정반대의 어떤 모델이라기보다는 자본주의와 같은 목표를 다른 정신을 갖고 추구한 시도다. 사후적으로 이런 노력이 얼마나 힘들었고 결국 실패했다는 사실을 우리는 알고 있다. 하지만 19세기 이미 프루동과 같은 사상

363 Lewis H. Siegelbaum. *Stakhanovism and the Politics of Productivity in the USSR, 1935~1941.*

가가 공유제의 한도를 지적했다는 사실은 놀랍다. 물론 공산주의 실험의 실패가 절대적인 것은 아니다. 공산주의가 자본주의와 체제 경쟁에서 실패했지만, 역사적으로 전통 사회에서 곧바로 공산주의로 진행되었다면 성공적이라고 판단할만한 결과를 낳았을지도 모른다. 하지만 이것은 순수한 상상일 뿐이며 우리의 판단 기준은 현실이 될 수밖에 없다.

10. 소유의 확대

로크나 프루동처럼 소유의 기원과 정당성을 탐구했던 사상가들은 소유의 대상으로 토지를 놓고 고민했다. 토지란 농경사회부터 인간의 생산 활동에 필수적인 요소였기 때문이며 동시에 개인의 사물 차원을 넘어 생산 수단으로서 통제의 문제를 제기했기 때문이다. 산업이 발달하면서 토지의 소유는 점차 공장이나 주택과 같은 건물, 그리고 기계와 설비와 같은 생산 수단으로 확산되었다. 또한 화폐를 통해 소유는 점차 물질적 한계에서 해방되어 높은 이동성을 확보하게 되었다.

소유의 대상이 확대되는 과정에서 가장 중요한 단계는 생각이나 아이디어마저 소유의 대상으로 삼기 시작한 일이다. 물론 인류의 역사에서 생각과 사상은 아주 오래 전부터 특정 개인에서 유래하고 따라서 이를 개인과 긴밀한 관계로 여겨 왔다. 성경은 구약의 모세부터 다양한 예언자의 말과 행동을 담고 있으며 기독교란 그야말로 예수 그리스도의 사상이라 해도 과언이 아니다. 불교의 석가모니나 이슬람의 마호메트, 유교의 공자, 도교의 노자 등 주요 사상은 특정 인물의 가르침인 셈이다. 동서양을 막론하고 책을 저술하는 저자는 오래 전 어느 순간부터 개인이었다.[364] 백가쟁명(百家爭鳴)의 저자들이나 그리스와 로마의 철학가들은 생각을 기록하여 가르치고 남겼으며 이들의 생각은 자연스럽게 저자와 긴밀하게 연결되었다.[365]

자본주의에서 이런 경향은 아이디어가 가져다주는 경제적 이익을 독점적으로 차지하려는 노력을 통해 지적 재산권이라는 개념으로 발전하였다. 종교적 지혜나 사상의 빛을 널리 알리려는 초기의 저자들이 생각을 통해 돈을 벌려고 한 것은 아니다. 그러나 르네상스 시기 출판업이 발전하면서 책은 생각을 담은 상품으로 거듭 났다.[366] 저작권이라는 개념이 만들어지기 시작한 셈이다. 작가와 출판업자는 저작권을 통해 작품에 대한 독점적 권리를 소유하게 된 것이다.

생각에 대한 소유는 또 특허제도를 통해 확산되었다. 특정 상품이나 제작 방식과 과정 등을 포함한 아이디어는 이제 보호를 받을 수 있는 대상으로 등장하였다. 물론 특허 제도는 공익과 타협을 할 수밖에 없었다. 특허는 고유의 생각을 공개함으로써 공적 보호를 받는다는 의미다.[367] 그리고 일정한 시간이 지나면 특허가 해제되면서 누구나 이 특허 상품이나 제조법을 활용할 수 있는 개방의 원칙을 따르기 때문이다.

364 이들 종교 지도자나 철학 사상가들은 야스퍼스가 말하는 '축의 시대'에 집중적으로 무상하여 활동하였다. 축의 시대 이전에는 사실 개인 지도자나 사상가보다는 익명의 지혜가 누적되어 전해지는 형식이 많았다.

365 Anne Cheng. *Histoire de la pensée chinoise*. pp.61~292

366 앤더슨은 '인쇄 민족주의'라는 표현을 사용한다: Benedict Anderson. *Imagined Communities*. p.45.

367 Christine MacLeod. *Inventing the Industrial Revolution: The English patent system, 1660~1800.*

저작권이나 특허권을 장기간 법적으로 보호하면서 자본주의의 소유 정신은 제도적으로 공고화 되었다. 저자나 특허권자가 사망하더라도 자손이나 법인이 이를 장기간 유지하면서 이익을 독점할 수 있게 되었기 때문이다. 자본주의가 심화되면서, 그리고 기술적으로 소유를 보장하고 이익을 독점하는 방법이 발달하면서 그 대상은 무한 늘어나는 추세다.[368] 최근에 상표나 지리적 표시제 등을 통해 명칭을 보호하는 추세가 대표적이다. 애플과 같이 사과를 의미하는 단어가 특정 회사에 의해 독점되고, 샴페인, 보르도나 부르고뉴와 같은 지역의 이름도 포도주와 관련하여 아무나 사용할 수 없는 명칭이 되어버렸다.

최근 애플과 삼성은 국제적으로 특허를 놓고 법적 다툼을 벌였는데 애플이 삼성에게 보상을 요구한 안건 가운데 스마트폰의 각을 둥글게 만든 디자인을 내세운 것은 소유의 대상이 얼마나 확대되었는지를 상징적으로 보여준다. 그냥 네모 직사각형이 아니라 각을 둥글게 만든 디자인조차 특정 법인의 소유라는 주장이기 때문이다.[369] 따라서 일부 학자는 현대 자본주의의 커다란 특징으로 법이 자본주의의 부와 불평등을 초래하는 중요한 수단으로 부상했다고 지적한다.[370]

368 Stuart Banner, *American Property: The History of How, Why, and What We Own*.

369 *The Economist*, "iPhone, uCopy, iSue".

370 Katharina Pistor, *The Code of Capital: How the Law Creates Wealth and Inequality*.

11. 공유의 시대?

21세기 들어 놀라운 성공을 거둔 기업 가운데 우버 Uber 나 에어비엔비 Airb'nb 등을 들 수 있다. 이들은 공유경제라는 이름을 앞세워 발전해왔다.[371] 공유경제란 개인적 소유의 시대가 가고 함께 사용하는 시대가 온다는 의미다.

우버의 사례를 살펴보자. 자본주의 시대에 사람들은 각자 자기의 차를 소유하려 하였다. 자가용(自家用)이라는 한국어의 단어 자체가 이런 의미를 잘 내포하고 있다. 심지어 경제가 발전하면서 한 집에도 가족의 수만큼 많은 자동차를 보유하는 경향이 있다. 문제는 소유의 시대에 자동차는 출퇴근이나 여행 때만 이용될 뿐 대부분의 시간은 주차장에서 잠자고 있다는 점이다. 우버가 공유경제라 함은 한 대의 자동차를 여러 사람이 돌아가면서 활용함으로써 소유가 초래하는 낭비를 줄인다는 말이다.

에어비엔비도 마찬가지다. 자본주의에서 집을 소유한다는 것은 자연스러운 일이다. 대부분의 자본주의 국가에서 건설과 주택 부문이 가장 커다란 산업이라는 사실이 이를 증명한다. 잘 사는 나라가 되면 사람들은 기본 주택에 더해 별장을 가지게 된다. 경치가 좋은 곳에 별장을 짓거나 콘도를 분양받아 여가를 즐기는 경제수준으로 발전하는 것이다. 하지만 에어비앤비는 소유하지 않고 다른 사람의 집을 여럿이 돌아가면서 활용하는 공유경제를 지향한다.

371 Arun Sundararajan. *The Sharing Economy.*

하지만 이런 현상을 자본주의적 소유가 줄어들거나 사라진다는 의미로 해석하는 것은 곤란하다. 왜냐하면 우버나 에어비앤비 모두 소유에서 공유로의 이동을 뜻하기보다는 비생산적이고 낭비적인 소유에서 생산적인 소유로 이동하는 것이고, 이는 더욱 강한 자본주의적 특성을 드러낸다고 보는 것이 정확하다.[372] 우버의 자동차나 에어비앤비의 집은 모두 주인이 확실하다. 공유는 사용하는 사람들이 많다는 것을 의미할 뿐, 공동의 소유가 되는 것은 아니다. 달리 말해 과거에는 그냥 소유로 만족하던 집과 자동차를 이제는 최대한 활용하여 이익을 창출하도록 만든다는 변화다. 그냥 놀리지 않고 이익을 창출하는 경쟁이 그만큼 더 강화되었다는 말이다.

이런 현상을 공유경제라는 그럴듯한 이름으로 포장하는 것은 좀 지나쳐 보인다. 우버와 에어비앤비 모두 합리적 소유자와 소비자를 위한 새로운 접근법이며, 전통적 자본주의의 기제인 창조적 파괴의 현대적 형식일 뿐이다. 과거에는 기술적으로 너무 복잡했던 일이었지만 정보통신의 발달로 수요와 공급이 전 세계적으로 동시에 만나는 시장형성이 가능해졌다.[373] 과거 교통수단의 발달이 전국적 규모의 시장형성에 기여했듯이, 이제 정보통신수단의 발달이 세계적 규모의 시장을 조성하는 것일 뿐이다.

공유경제라는 미명 아래 일어나는 변화는 실제 자본주의적 소유 정신의 심화에 해당한다. 왜냐하면 한편에서는 절대적 소유로 결합되었던 소유의 다양한 차원이 다시 이용권, 용익권, 처분권으로 분산되는

---

372 *The Economist*, "Airb'nb and Uber are chalk and cheese".

373 Arun Sundararajan, *The Sharing Economy*, pp.52~65.

형식을 띄지만, 다른 한편에서는 더 많은 소득을 창출하려는 자본주의적 생산의 목적을 더 충실하게 따르기 때문이다.

12. 새로운 자본주의의 정신?

자본주의를 가능하게 한 정신으로서 개인과 경쟁, 소유라는 3개의 원칙을 제시하고 그 역사적 배경과 작동방식을 살펴보았다. 우리의 분석은 개인이나 경쟁, 소유 등의 원칙들이 인류 사회 초기부터 존재했던 단위, 기준, 또는 현상이었는데 자본주의 사회에서는 이들을 가장 전면에 내세워 강조했다는 사실에 주목했다. 달리 말해서 자본주의의 정신이란 인간 사회가 내재적으로 갖고 있는 특징을 극대화한 결과라는 주장이다.

이 책에서 자본주의의 정신에 대한 우리의 입장은 기존의 자본주의 정신을 논의하는 이론들과는 커다란 차이점을 보인다. 우리 분석의 출발점에는 당연히 '자본주의 정신'이라는 개념을 만들어 적용한 베버의 고전적 주장이 있었다.[374] 베버의 관심은 자본주의가 초기에 만들어지는 동학이었다. 그는 기존 마르크스주의에서 말하던 물질적 기반 외에도 정신적, 윤리적 기반이 선험적으로 존재했다는 사실을 강조하였다. 그 과정에서 칼뱅 종파의 역할을 구체적으로 분석하였다.

베버의 '자본주의 정신'이라는 개념을 이어받아 연구를 지속한 사례로는 프랑스 사회학의 볼탄스키와 키아펠로가 저술한 『신 자본주의

374 Max Weber. *Protestant Ethic and the Spirit of Capitalism.*

정신』을 들 수 있다.[375] 베버가 문화적 배경을 중심으로 자본주의 정신의 선별적 친화력을 연구했다면, 볼탄스키와 키아펠로는 서로 다른 시대에 자본주의 정신이 어떻게 일반 사회의 이데올로기와 결합하면서 변화해 왔는지에 더 관심을 가졌다.

자본주의는 19세기 중반 영국에서 완성된 이후에도 많은 변화를 겪었다. 볼탄스키와 키아펠로는 유럽의 자본주의를 중심으로 연구하면서 그 핵심 정신은 크게 3개의 역사적 단계를 거쳤다고 구분한다. 첫 번째는 19세기 '부르주아 사업가'의 시대다.[376] 이 시대에 부르주아 사업가는 산업의 장교 industrial captain 라고 불렸고 희망찬 새로운 시대를 열어가는 정복자의 이미지였다. 자본주의의 발전은 교통의 발전으로 국가의 통합을 추진하고 세계를 하나로 묶는 해방의 기제였으며, 임금 노동은 가족으로부터 젊은이들의 독립을 가능하게 하는 제도였다. 사람들은 합리성에 기초하여 모든 행동을 계획하였다. 또 이 단계의 기업이나 노사관계는 가족의 모델에 기초한 가부장주의가 적용되었다.

두 번째 자본주의 정신의 단계는 20세기 중반에 등장하는데 여기서 가장 중요한 것은 거대한 '기업 조직'이다.[377] 군대처럼 기업 역시 엄청난 규모로 성장하면서 장기적 계획에 따라 기업을 운영하고 영웅적 역할을 담당하는 것은 기업을 운영하는 경영진이다. 이 단계의 자본주의 정신은 대량 생산과 대량 소비를 목적으로 하며, 대중을 만족시킨다는 점에서 민주적 정신과 상통한다. 이 두 번째 단계의 자본주의 정신

375 Luc Boltanski et Eve Chiapello, *Le nouvel esprit du capitalisme.*

376 마르크스의 『자본론』은 바로 이 부르주아 시대를 대표하는 분석이라고 할 수 있다: Karl Max, *Das Kapital.*

377 John Kenneth Galbraith, *The New Industrial State.*

은 사회 정의를 이루려는 강한 의지를 보여준다.

세 번째 자본주의 정신은 우리가 일반적으로 신자유주의라고 부르는 1970년대 이후 시대에 해당하는 정신이다. 이 시대는 두 가지 대표적인 특징을 보여준다. 하나는 세계적 자본주의로 민족적 색채보다는 탈민족의 성향을 강하게 가진다는 점이다.[378] 다른 하나는 신기술을 통해 기존의 사회질서를 근본부터 흔드는 경향이 있다는 사실이다.

이처럼 베버가 문화권 또는 종교적 성향에 따라 다른 윤리관과 정신이 있었다고 보았다면 볼탄스키와 키아펠로는 시대에 따라 다른 자본주의 정신이 존재한다고 본 셈이다. 우리의 접근은 베버, 볼탄스키, 키아펠로 등의 연구와 공통점을 가진다. 자본주의는 단순히 물질적 세계에서 진행되는 운동이 아니라 정신적 세계와 밀접한 연관성을 가지며 정신적 동원이 없이는 제대로 작동하기 어렵다는 인식이다.

물론 이들의 자본주의 정신과 우리의 접근은 큰 차이도 드러낸다. 베버나 볼탄스키 · 키아펠로는 모두 자본주의 체제가 작동하는 것은 무척 신기한 일이라고 본다. 한계가 없는 축적을 추구하는 것이며, 아니면 노동자를 동원하여 열심히 일을 하게 만드는 것은 모두 강력한 동기를 부여해야 한다는 의미다. 따라서 베버는 종교를 동원하여, 그리고 볼탄스키는 이데올로기를 동원하여 설명을 시도한다.

우리는 자본주의가 인간 사회의 기본적 요소 가운데 중요한 성향을 극대화시켰다는 점에서 자본주의의 작동 자체가 그다지 어려운 일은 아니라고 본다. 보의 '마요네즈론'을 빌려 달리 표현하자면 중요하고

378 자본주의와 세계화가 하나의 짝을 이룬 것은 신자유주의 시대의 특징이다. Jeffrey Frieden. *Global Capitalism*.

어려운 것은 자본주의의 정신이 특정 사회에서 부상하여 일반화되는 것이지 일단 자리를 잡게 되면 거기서 이탈하기가 오히려 어려워진다는 사실이다. 새콤달콤한 마요네즈가 부풀어 오르면 이를 다시 계란 등의 원재료로 돌리기는 힘든 것과 마찬가지 이치다.

이 책에서 분석의 초점은 자본주의의 기원 뿐 아니라 그 발전과 확산 과정을 모두 포함할 수 있는 자본주의 정신의 공통 뼈대를 확인하는 것이었다. 시대별 차이를 지적한 볼탄스키 · 키아펠로와는 달리 우리는 개인, 경쟁, 소유의 3대 원칙을 시대를 관통하는 자본주의 정신의 핵심으로 파악했다. 이 정신은 서유럽이나 북미의 역사 속에서 때로는 칼뱅주의나 프로테스탄트티즘 안에서, 또 때로는 가톨릭이나 유대교 안에서 각각의 특징을 갖고 나름의 방법으로 설명되고, 교육되고, 전파되어, 내부화 되었다고 할 수 있다.

자본주의는 서유럽과 북미에서 초기에 발전하였지만 현재는 다른 문화적 배경을 갖고 있는 지역으로 확산되었다. 동아시아는 그 가운데 가장 성공적으로 자본주의 경제체제를 발전시켰다고 할 수 있다. 향후 연구에서는 구체적으로 동아시아 자본주의가 만들어지는 과정에서 개인, 경쟁, 소유의 요소가 어떻게 현지의 문화와 상호 작용하여 동아시아 특유의 자본주의 정신을 만들어냈는지 밝혀야 할 것이다.

이제 우리는 이런 성향의 제도화에 관심을 돌린다. 개인, 경쟁, 소유를 어떻게 제도화하는가는 자본주의를 설명하는데 핵심적인 요소다. 제도화만이 자본주의의 장기적인 생명을 보장할 수 있기 때문이다.

제3부

자본주의의 제도

제3부
자본주의의 제도

제도란 일반적으로 게임의 규칙이라고 이해할 수 있다. 마르크스가 정의한 자본주의에서 제일 중요한 게임의 규칙은 단연 생산 수단의 사적 소유권과 임금 노동제라는 사회 제도다. 고전적 정치경제학은 시장의 개념을 중심으로 자본주의의 게임의 규칙을 바라보았다. 사적 소유권이나 임금 노동제는 당연한 전제 조건으로 여기며 시장이라는 복합적 규칙의 집합을 만들어 이상적 규범으로 제시했던 것이다.

최근 정치경제학에서 제도주의 학자들은 여러 부류로 나뉜다. 주류 경제학에서 제도주의란 시장의 효율성을 당연하다고 여기면서 각 사회가 경제발전을 이루기 위해 시장을 어떻게 제도화하는가에 관심을 보인다. 가장 대표적인 사례로 애쓰모글루와 로빈슨의 『국가는 왜 실패하는가』를 들 수 있다.[379] 이들은 경제 분야에서 시장을 제도화하는 것

379 Daron Acemoglu and James Robinson, *Why Nations Fail: The Origins of Power,*

은 물론, 정치에서도 개방적인 질서를 형성하여 공정한 경쟁을 펼치는 자유 민주주의를 제도화하는 것이 특정 국가나 사회의 성공을 가져온다고 설명한다. 민주주의 정치와 시장경제 질서의 밀접한 상호 관계를 강조한다는 점에서 정치경제적 접근이라 불린다.

제도를 보다 광범위하게 살펴보는 시도로 노스의 연구를 꼽을 수 있다.[380] 위의 애쓰모글루가 제도와 문화를 구분한다면 노스는 공식/비공식 제도라는 구분을 통해 문화도 제도에 포함시킨다. 예를 들어 애쓰모글루는 남북한을 비교하면서 문화는 같지만 제도가 다르기 때문에 상반된 경제 결과를 낳았다고 설명한다. 노스는 사람들의 가치관이나 사고, 집단의식 등을 비공식적 제도라고 보며 이를 포괄하여 정치경제 질서를 다룬다. 그는 '사회질서'라는 개념을 만들어 제한적 또는 개방적 진입사회라는 개념을 제시하였다.[381] 여기서는 남북한의 차이보다는 서구/비서구의 거시 역사적 차이가 더 확연하게 드러난다. 왜냐하면 남한도 서구와 같은 개방적 진입사회로 가려고 노력하지만 아직 성공했다고 볼 수는 없다고 주장하기 때문이다.[382]

프랑스에서 발전한 정치경제학의 조절학파는 사회제도에 큰 관심을 보인다. 특히 자본주의의 제도적 형태를 분석의 대상으로 삼는다. 크게 통화체제, 경쟁의 형태, 임금관계, 국가/경제 관계, 그리고 국제

Prosperity, and Poverty.

380 Douglass North. *Institutions, Institutional Change and Economic Performance.*

381 Douglass North, John Joseph Wallis and Barry R. Weingast. *Violence and Social Orders: A Conceptual Framework for Interpreting Recorded Human History.*

382 Jongryn Mo and Barry Weingast. *Korean Political and Economic Development: Crisis, Security, and Institutional Rebalancing.*

체제라는 5개의 제도적 형태를 구분한다.[383] 애쓰모글루나 노스의 정치경제학이 인류의 역사와 자본주의의 기원 및 발전에 거시적 관심을 보였다면 조절학파는 자본주의가 일단 형성된 뒤 다양한 시기와 형태를 구분해 분석하는 중기(中期)적 관심을 가졌다고 할 수 있다.

이 책에서는 조절학파보다는 더 거시적이고 장기적인 접근을 선호한다. 자본주의의 특성을 이해하는 데는 그 내부적 변화보다는 장기(長期)에 이뤄진 커다란 변화를 보여주는 것이 더 필요하다고 여기기 때문이다. 또한 노스나 애쓰모글루 등 경제학의 제도주의보다 자본주의에 대해 비판적인 접근을 한다. 시장이 풍요로운 경제성과를 가져온 것은 부정할 수 없는 사실이지만, 동시에 시장의 사회적 결과가 반드시 이상적인 것만은 아니었다는 사실을 지적한다.

자본주의 제도의 형성과 공고화는 시장의 원칙을 다양한 분야에 도입하는 과정이라고 볼 수 있다. 폴라니가 『거대한 전환』에서 설명했듯이 자본주의란 시장이라는 개념을 처음 상품에 적용한 뒤 점차 자연과 인간과 화폐의 영역에 이를 확대한 결과다.[384] 자연의 대지는 토지라는 부동산 상품의 개념으로 돌변하였고, 인간은 노동이라는 상품으로 전환되었다. 그리고 화폐라는 상품을 통해 가치를 무한으로 보장·축적할 수 있는 제도를 발전시켰다. 결국 자본주의 제도의 핵심이란 이렇게 자연과 인간과 축적수단에 시장의 개념을 적용하여 발전시킨 결과다.

---

383 Robert Boyer, *Economie politique des capitalismes*.

384 Karl Polanyi, *The Great Transformation*.

제9장

시장, 분산과 집중의 유토피아

1. 경제적 행동과 교환

물질을 두고 벌이는 사람들의 경제 관계는 크게 두 가지다. 하나는 힘과 권력에 기초한 관계이고, 다른 하나는 평화로운 분배 또는 교환의 관계이다. 전자는 정치적 관계라고 부를 수 있는데 항상 폭력을 동반하는 것은 아니지만 잠재적으로 폭력이 동원될 수 있는 가능성이 존재한다. 이에 비해 후자는 원칙적으로 폭력을 배제하며 자발적인 상호 작용의 관계라고 볼 수 있다.

베버는 『경제와 사회』에서 경제적 행동이란 바로 이 두 번째 범주의 관계에만 적용될 수 있다고 지적했다. 경제관계란 기본으로 물질과 관련된 관계라고 할 수 있는데, 베버는 경제적 행동이란 자발적으로 물질을 주고받는 관계라고 정의한다.[385] 예를 들어 강도가 폭력으로 물건을 빼앗아 가는 행동은 경제적이라고 할 수 없다. 어떤 부족이 군사를 이끌고 이웃 부족을 공격하여 식량을 약탈한다면 이 또한 경제적인 행동은 아닐 것이다. 경제적 행동은 따라서 평화적인 물질의 이동이나 교환에만 적용된다.

베버의 경제적 행동은 무척 제한적인 영역에만 적용되는 개념이다. 물론 베버는 경제적 행동의 범주에 두 가지를 덧붙인다.[386] 하나는 '경제적 결과'를 낳는 행동이고, 다른 하나는 '경제적 원인'에 의한 행동이다. 위에서 제시한 부족 간의 약탈 현상은 폭력을 동반하는 정치적 행동이지만 공격하는 부족은 식량의 확보라는 경제적 동인을 갖고 있으며, 약탈당한 부족은 그로 인해 기아에 시달려야 한다는 결과를 안게 된다. 우리가 베버의 정의를 완벽하게 추종하는 것은 아니지만 베버의 구분은 경제적 의미가 있다고 반드시 경제적 행동으로 볼 수는 없다는 사실을 적절하게 강조한다.

물적 자원을 놓고 인류가 벌인 상호 관계는 세 가지로 나누어서 볼 수도 있다.[387] 첫째는 강도, 약탈, 징수 등의 폭력적 또는 강제적 방식으로 물적 자원을 확보하는 길이다. 둘째는 일방적으로 한쪽에서 다른 쪽에게 물적 자원을 선사하는 방식이다. 부모가 자식에게 먹이를 주거나, 같은 부족 안에서 사냥한 고기를 나눠먹는 일들이 이에 해당할 것이

385 Max Weber. *Economy and Society*. pp.67~68.

386 Richard Swedberg. *Max Weber and the Idea of Economic Sociology*. pp.30~33.

387 Karl Polanyi. *The Great Transformation*. pp.59~61.

다. 부족 간에 또는 공동체 내부에서 선물을 주는 방식도 이 부류에 속한다.[388] 그리고 마지막으로 자본주의 사회에서 너무 익숙한 교환의 방식이다. "나는 너에게 이것을 줄 테니, 너는 나에게 저것을 달라" quid pro quo 라는 무척 이성적이고 합리적으로 보이는 물적 자원 확보의 방법이다.

둘째와 셋째 방식은 둘 다 베버의 경제적 행동에 속한다. 포괄적으로 보았을 때 두 방식 모두 어느 정도의 호혜성에 바탕을 두고 있다. 차이가 있다면 선물의 경제에서는 장기적인 호혜성이 작동하는 경향이 있는 반면, 교환의 경제란 단기적 또는 즉흥적 호혜성이 실현된다. 물론 두 경우 모두 호혜성이 반드시 경제적 호혜성일 필요는 없다. 부족의 지도자는 물적 자원을 나눠주고 대가로 정치적 권위를 인정받을 수 있다. 비슷한 양식으로 선거철에 식사 대접과 같은 물질적 혜택을 나눠주고, 지지 투표를 얻는 교환 관계도 성립될 수 있기 때문이다.

이 장에서 살펴볼 시장의 문제는 전형적으로 교환에 참여하는 양측이 모두 경제적 행동을 하는 경우에 속한다. 폭력을 통한 관계를 배제하고 평화로운 물질적 교환을 하는 것이 시장에서 일어나는 가장 보편적인 현상이기 때문이다.

2. 교환의 행복

나는 사과가 있는데 바나나가 먹고 싶다. 사람들은 자신이 갖고 있

388 Marcel Mauss. *Essai sur le don: Forme et raison de l'échange dans les sociétés archaïques.*

는 물건을 반드시 선호하는 것은 아니다. "남의 떡이 더 커 보인다"는 속담도 있지 않은가. 같은 크기의 떡이라도 남의 떡이 더 커 보인다면 서로 바꿔먹으면 둘 다 배가 더 부르고 행복할 것이다. 똑같은 것을 교환만 해도 행복이 커지는데 물물교환을 통해 내 사과를 주고 상대방의 바나나를 받아먹을 수 있다면 얼마나 더 행복한 일인가.[389]

경제적 접근에서는 물건과 물건, 즉 물질적 자원의 교환에 관심을 갖지만 실제 인간관계에서 가장 기초적인 교환은 눈빛이나 언어의 교환일 것이다. 같은 공간을 공유하면서 호흡하고, 말을 주고받는 것은 비물질적 교환이지만 물질적 교환을 가능하게 하는 물리적 행동이기 때문이다. 인사를 주고받거나 제스처를 통해 평화와 공존의 메시지를 전달하는 것만으로도 사람들은 커다란 안도감이나 공존의 기쁨을 느낄 수 있다.

이런 사람들의 심리를 설명하는데 반드시 경제학의 **한계 효용의 체감**과 같은 개념을 도입할 필요는 없다. 이 개념 또는 법칙에 따르면 일반적으로 사람들은 이미 먹은 사과를 하나 더 먹는 것보다는 아직 안 먹은 향기와 맛의 바나나를 먹는 것을 더 행복해 한다. 한 종류를 먹을수록 효용은 줄어들기 때문에 다양성을 추구하는 성향은 자연스레 생긴다고 볼 수 있다. 먹는 것 뿐 아니라 소유하거나 사용하는 것, 또는 활동에도 이런 법칙은 적용된다.[390] 영화를 잇달아 보는 것보다는 음악회도 감상하고 전시회도 둘러보는 것이 더 좋을 것이다.

---

389 Philippe Simonnot. *Nouvelles leçons d'économie contemporaine*. pp.33~38.

390 물론 먹으면 먹을수록 좋아지고, 하면 할수록 더 하고 싶어지는 한계 효용 체증(중독?)의 현상도 존재한다. 교환의 행복을 설명하는데 한계 효용 체감이 반드시 필요하지 않듯이 한계 효용 체증이 교환의 행복을 없애지는 않는다.

사과나 바나나, 영화나 음악회는 이미 자본주의가 발달한 현대 사회에서나 꿈꿀 수 있는 교환의 행복이다. 인류의 역사에서 교환의 행복이란 보다 소박하면서도 결정적인 자원을 대상으로 하는 것이었다. 혼인을 통한 부족 간의 관계는 아마 가장 오래된 교환의 형식이었을 것이며, 유목민과 정주 농민 사이에 식량이나 소금, 가축 등의 교환을 상상할 수 있다.[391] 지금부터 3~4천 년 전의 고대에도 이미 금 · 은이나 보석, 철기, 직물, 장식품 등의 교환이 상당히 이뤄지고 있다는 사실을 발견할 수 있다.

인류 초기의 교역이 구체적으로 어떤 방식으로 이뤄졌는지, 그리고 어떤 과정을 거쳐 장기적 호혜성의 선물 교환에서 즉흥적 호혜성의 물물교환으로, 그리고 다시 화폐를 통한 교환으로 진화했는지 알기는 어렵다. 가족이나 부족처럼 장기적 신뢰의 관계에 바탕을 둔 공동체 내부에서는 상당히 오랜 기간 동안 선물의 관계가 유지되었을 가능성이 높다. 현대 자본주의 사회에서조차 아주 친근한 애정 또는 신뢰 공동체 안에서는 즉흥적 교환을 피하는 경향이 있으니 말이다.

물물교환과 같은 즉흥적 교환은 아마 서로 만나기 어려운 사람들 사이에 시작되었을 가능성이 높아 보인다.[392] 이번에 만났지만 다음번을 기약하기도 어렵고, 다음의 교환에 과거를 기억하기도 힘든 상황이면 할 수 없이 곧바로 등가성의 교환을 했을 것이다. 우리는 당장 이뤄지는 물물교환이 간편하고 당연하다고 생각하지만 초기 인류에게는 이런 교환의 형식을 발명해야 했을 것이다. 왜냐하면 그들이 아는 관계의

391 Claude Lévi-Strauss. *Les structures élémentaires de la parenté.*

392 Gordon V. Childe. *Social Evolution.*

범주는 공동체 내부의 가족 같은 장기 호혜의 관계이거나 외부인과의 폭력적인 관계로 제한되었을 것이기 때문이다.

3. 시장의 탄생

시장(市場)은 사람들이 모여 사는 공간에서 물건을 사고 파는 장소다. 당장 물건을 주고받는 물물교환의 거래에서 시장이라는 전문적인 교환의 공간이 탄생할 때까지 거쳐야 할 단계는 다양하다. 우선은 교환이 충분히 자주, 정기적으로 이뤄져야 특정 공간을 거래의 장소로 발전시킬 수 있다. 조선시대 시골에서 며칠에 한 번씩 장을 서는 제도만 봐도 시장의 형성이 이런 단계를 거쳤음을 짐작할 수 있다. 중세 유럽의 유명한 국제 시장인 샹파뉴는 실제 4개의 도시에서 계절마다 돌아가면서 장을 열었다.[393]

물적 자원을 교환하는 장소라면 치안의 문제가 가장 중요했을 것이다. 평화적 교환의 장소에서도 폭력을 통한 약탈의 위험은 항상 도사렸을 것이기 때문이다. 이런 이유로 충분히 많은 사람들이 참여할 수 있으려면 도시에 시장이 생성되었을 것이고, 치안을 보장하기 위해서는 특정 정치권력이 통제하는 공간일 가능성이 높다. 달리 말해 고대 문명이 형성되면서 비로소 시장이라는 도시의 전문 공간이 탄생했을 것으로 추측할 수 있다.

물물교환은 자신이 원하는 물건을 가진 사람이 동시에 내가 가진

---

393 Jérôme Baschet, *La civilisation féodale*, pp.190~191.

물건을 원해야 거래가 성사된다. 아무리 기초적인 물품 몇 종류를 거래한다고 하더라도 정확한 물물교환의 시장은 존재하기 어렵다. 따라서 특정 상품이 거래를 중개하는 화폐의 역할을 했을 가능성이 높다.

유럽연합의 통역방식을 보면 이런 원리를 쉽게 이해할 수 있다. 유럽연합의 공식 언어는 모두 23개인데 이들 사이에 동시통역을 하려면 엄청난 인력이 필요하다. 따라서 영어나 프랑스어 등 주요 언어를 중간의 매개 언어로 사용함으로써 통역 고리의 수를 절약하는 방법을 쓴다.[394] 시장에서도 마찬가지로 곡식이나 직물, 금은 등의 거래를 쉽게 하는 상품을 교환의 매개상품으로 사용했을 것이다.

실제 고대 문명을 살펴보면 도시의 등장과 시장의 탄생, 화폐의 발명이 공존한다는 사실을 알 수 있다.[395] 많은 사람이 사는 도시에서 분업이 이뤄지면서 물건을 교환하려는 사람이 늘어났고, 정치권력이 치안을 보장해 주는 공간에서 금은과 같은 화폐를 사용하여 복합적인 교환의 장이 생겨났다고 예상할 수 있다. 고대 바빌로니아에서는 이미 국가가 나서 은화의 표준을 정하고 감시하는 역할을 담당했다.[396]

시장이라는 제도는 어느 한 곳에서 발명되어 다른 지역으로 전파되었다고 보기는 어렵다. 고대 문명이 발생한 곳에서는 어디서나 시장이 존재했기 때문이다. 또한 시장의 존재를 확인하기는 어렵지만 문명이 발달하지 않는 곳에서도 조개껍질과 같이 화폐 역할을 하는 물건의 흔적을 쉽게 발견할 수 있다. 문명과 도시의 기능까지는 가지 못했더

394 Marc Abélès. *La vie quotidienne au Parlement européen.*

395 François Lefèvre. *Histoire du monde grec antique.* pp.28~29.

396 Michael Jursa. "Babylonia in the First Millenium BCE : Economic Growth in Times of Empire".

라도 지역적 시장 또는 시장의 기능을 하는 교환 체계가 존재했다고 볼 수 있다.

위에서 지적했지만 교환의 행복은 인간의 가장 기초적인 조건 가운데 하나이다. 인간이 사회적인 동물로서 공동체를 이루고 삶을 영유하는 이상 교환은 모든 인간의 삶을 가능하게 하는 기본 기제다. 시장의 형성은 이런 인간의 기본적 조건을 충족시키는데 크게 기여하는 성과라 해도 과언이 아니다.

일부 인류학이나 현대 정치경제학에서는 아담 스미스가 말했던 인간의 교역하려는 본능에 대해 비판적인 시각을 보인다.[397] 하지만 이런 비판은 아담 스미스로부터 추후 발생한 시장의 독재나 시장 중심 사회에 대한 비판으로는 적절하지만, 인간의 공동 삶에서 교역의 핵심적 역할 자체를 부정하는 것은 과도해 보인다.

4. 협력의 네트워크

시장은 일반적으로 경쟁의 기제라고 사람들은 생각한다. 하지만 시장을 제대로 이해하기 위해서는 경쟁의 측면 뿐 아니라 시장이 갖고 있는 협력의 차원을 보아야 한다. 시대를 막론하고 시장이라는 공간은 사람들이 모여 평화적으로 물건을 사고 파는 곳이었다. 폭력적 경제 관계를 벗어나 평화의 관계를 갖는다는 사실만으로도 시장은 훌륭한 협력의 제도다. 린드블롬은 "시장체제는 협력을 조직하는 데 있어서

397 Karl Polanyi. *The Great Transformation*. pp.43~44.

그 어떤 체제보다 유능해 보인다"고 단언하며 다음과 같은 사례를 제시한다[398] :

> "신발 제조에서 이루어지는 협력의 많은 연결 고리 가운데 일부를 생각해 보자. 인도네시아에서 영업하는 어떤 한국 기업은 오리건 주에 자리 잡은 회사에서 만든 디자인과 원자재, 그리고 타이완 업체의 또 다른 디자인을 사용해서 신발을 만든다. 텍사스에서 키운 후 도살해 벗겨 낸 소가죽이 갑피용 가죽으로 이용된다. [......] 신발의 중창은 석유를 원료로 하는 화학물질을 이용해서 만든다. 그 화학물질 가운데 하나는 사우디아라비아산 석유에서 증류하여 추출한 것으로 유조선에 실려 한국의 정유 공장으로 보내진 것이다. [......] 일본제 기계가 신발에 회사 상표를 박음질한다. 신발은 수마트라산 나무를 원료로 만든 종이로 싼 후에, 뉴멕시코 제지 공장에서 만든 상자에 넣어져, 초대형 컨테이너 선박에 실려 태평양 너머 미국으로 발송된다. 이렇게 협력하는 각각의 기업은 가까이에 있는 수 백 명의 협력 공급자 및 피고용인과 연결되어 있다. [......] 무엇보다 중요한 것은 [......] 살아 있는 사람들이 제공하는 노동의 연결, 즉 사람들의 수고를 서로 엮어 내는 일이다."[399]

린드블롬의 위 사례에서 협력의 네트워크는 20세기 전 세계의 다양한 행위자들을 연결해 주는 그물이다. 시장이 고대에 인류 문명에 처음 나타났을 때 중요한 사실은 교환이 이뤄지는 특정 장소가 생겼다는 점이었다. 이 때 협력의 의미는 시장이라는 공간에서 사람들이 질서를 지키며 나름의 교환 규칙에 따라 물건을 주고받는다는 뜻이었다.

그러나 여기서 논리적으로 한걸음 더 나가면, 이 시장의 존재로 인

---

398 Charles Lindblom. 한상석 옮김. *The Market System*. p.55.

399 Charles Lindblom. 한상석 옮김. *The Market System*. pp.51~53.

해 다양한 경제적 활동이 촉진되거나 새롭게 만들어 진다. 자급자족의 사회에서 한정된 양만을 생산하던 농부는 시장이 존재하기 때문에, 그곳에서 더 많이 생산한 상품을 팔 수 있기 때문에, 더 시간과 노동을 투자하여 생산력을 늘릴 것이다. 시장에서 교환되는 다양한 상품의 생산자들이 같은 논리로 생산을 늘리게 되면 '장소의 시장'을 중심으로 새로운 '네트워크로서의 시장' 개념이 만들어질 수 있다.[400] 바빌로니아의 시장에 물건을 대는 사람들은 장소 바빌로니아를 넘어 바빌로니아의 경제 네트워크에 속하게 된다.

린드블럼의 20세기 국제시장은 네트워크로서의 시장에서 더 나아가 분업의 시장을 의미한다. 시장이 존재하고 거래가 활발해지면 상품의 생산에 있어 양적인 변화가 일어나고 시장에 참여하는 지역의 범위가 늘어난다. 하지만 동시에 생산 과정 자체에 질적인 변화가 생길 수 있다. 과거 자급자족의 경제에서는 작은 지역 공동체가 거의 모든 것을 생산하는 체제였다면 시장이 등장하면 각 공동체, 각 집단, 각 개인이 자신이 가장 잘 할 수 있는 생산에 종사하게 된다는 의미다. 특화 specialization 현상이다. 신발이라는 기초적인 상품만보더라도 과거에는 스스로 짚신을 만들어 신었지만 이제는 전 세계 다양한 사업자가 분업을 통해 자신이 제일 잘하는 일로 기여하는 분업과 협력의 네트워크를 만들게 되었다.

---

400 고대 그리스의 사례는 다음을 참고할 것: François Lefèvre, *Histoire du monde grec antique*, p.234.

5. 시장의 정당화

"런던 시민이라면 침대에서 모닝 차를 마시며 전화를 걸어 전 세계의 다양한 상품을 자신이 적절하다고 생각하는 만큼 주문할 수 있으며, 상당히 빨리 자신의 집까지 배달이 될 것이라고 기대할 수 있다. 그는 또 같은 방법을 통해 자신의 재산을 세계 어느 지역의 천연 자원이나 새로운 기업에 투자하는 모험을 감행할 수 있으며 그 미래의 결실과 이익을 별 노력이나 문제없이 차지할 수 있다."[401]

이것은 교통과 통신이 발달한 21세의 현실을 말하는 것이 아니다. 케인즈가 1914년 세계 제1차 대전이 일어나기 전의 상황을 묘사한 구절이다. 지금부터 이미 100여 년 전에 세계를 하나로 묶는 시장이 형성되었다는 의미다. 하지만 고대 문명에서 장소로서의 시장이 만들어진 이후 평탄한 과정을 거쳐 오늘날 세계 협력의 네트워크로서의 시장으로 발전한 것은 아니다.

전통사회에서는 일반적으로 물질적 가치보다는 정신적 가치를 중요하게 여겼다. 고대 그리스나 로마 문명에서는 상업이 활발하게 이뤄지기는 했지만 그래도 사회를 지배하는 가치는 여전히 군사 문화와 긴밀하게 연결된 승리와 명예였다.[402] 시장이란 사람들의 편익을 위해 운영하는 제도였지 시장에서 일하는 사람들에 대한 사회적 인식은 그다지 높은 것이 아니었다. 유교 문화에서 사농공상(士農工商)이라는 구분

401 Jeffry Frieden. *Global Capitalism*. pp.27~28.

402 Alain Bresson. "Capitalism and the ancient Greek economy". pp.43~74 ; Willem M. Jongman. "Re-constructing the Roman economy". pp.75~100.

만 보더라도 상업에 대한 부정적 인식을 확인할 수 있다.

기독교가 지배하는 중세 유럽에서는 11세기부터 이탈리아를 중심으로 도시국가들이 발전하기 시작했다. 베네치아나 제노바에서 전형적으로 볼 수 있듯이 이들 국가에서는 상업의 이익이 국가에 온전히 반영되었다는 점에서 기존의 정치 체제와는 다른 모습이었다.[403] 어쩌면 상업을 통한 부의 축적이 공식적으로 정당성을 확보한 경우라고 해도 과언이 아니다. 물론 이들 도시국가에서 상인들은 부를 축적한 뒤 교회에 기부를 통해 여전히 기독교적인 삶을 유지하려고 노력했다. 부의 축적이 정당성을 확보했지만 여전히 부는 사람을 타락시킬 수 있는 잠재적 악이었기 때문이다.[404]

네덜란드와 영국이 17~18세기 발전하는 과정에서 상업 활동은 이제 이들 국가경제의 핵심으로 부상하였다. 아담 스미스가 등장하여 『국부론』에서 강조한 강력한 모토는 상업이 인간의 공동 삶에 필요한 활동일 뿐 아니라 상업을 통해 사회 전체에 이로운 선의 결과를 가져올 수 있다는 주장이다. 스미스의 설명을 직접 들어보도록 하자:

> "사실 그는, 일반적으로 말해서, 공공의 이익(public interest)을 증진시키려고 의도하지도 않고, 공공의 이익을 그가 얼마나 촉진하는지도 모른다. 외국 노동보다 본국 노동의 유지를 선호하는 것은 오로지 자기 자신의 안전(security)을 위해서였고, 노동생산물이 최대의 가치를 갖도록 그 노동을 이끈 것은 오로지 자기 자신의 이익(gain)을 위해서였다. 이 경우 그는, 다른 많은 경우에서처럼, 보이지 않는 손에 이끌려서 그가 전혀 의도하지 않았던 목적을 달성하

403 제3장의 논의를 참고할 것.

404 Jérôme Baschet. *La civilisation féodale*. pp.187~219.

게 된다. 그가 의도하지 않았던 것이라고 해서 반드시 사회에 좋지 않은 것은 아니다. 그가 자기 자신의 이익을 추구함으로써 흔히, 그 자신이 진실로 사회의 이익을 증진시키려고 의도하는 경우보다, 더욱 효과적으로 그것을 증진시킨다."[405]

여기서 그는 시장에 참여하는 개인을 의미한다. 사람들은 자기 자신의 안전과 이익을 위해서 열심히 행동하기만 하면 의도하지 않았더라도 "보이지 않는 손에 이끌려서" 공공의 이익을 증진시키게 된다는 역설을 말한다. 스미스는 심지어 공익을 위해 행동하겠다고 의도하는 경우보다 공익에 더 잘 봉사한다고 설명한다!

6. 시장경제라는 '지상천국'

전통적인 기독교 도덕의 관점에서 상인이나 수공업자들이 돈을 벌기 위해 열심히 일하는 것은 개인을 위한 탐욕의 결과일 가능성이 높았다. 이들이 구원을 받을 수 있는 길은 열심히 번 돈을 교회에 기부하는 것이었다. 말하자면 이기적 경제 활동은 필요악이었고, 이를 기부를 통해 용서받는 모양이다. 그런데 18세기 들어 영국에서는 각자가 자신을 위해 이기적으로 사는 것 자체가 공동체를 위해 좋은 일이라는 설명이 등장한 것이다.[406] 공익을 위해 좋은 일이기 때문에 결국 개인의 경제 활동은 공동선의 필수적인 출발점이 된다.

405 Adam Smith. 김수행 옮김. *The Wealth of Nations.* p.500.

406 Pierre Rosanvallon. *Le capitalisme utopique.* pp.77~82.

베버는 기독교의 윤리가 개인적인 차원에서도 자본주의 정신과 부합되는 변화를 맞았다고 분석하였다. 물론 이를 위해서는 종교 개혁이라는 기독교의 변화가 필요했고, 그 가운데 특정 교리와 종파가 세속적 사업가에 대해 특별히 우호적이고 친화적인 해석을 제공해야 했다. 그 특정 교리란 구원받을 사람이 이미 정해졌다는 예정설이다. 또 개신교의 칼뱅파는 속세에서 열심히 사는 것이 바로 하느님의 선택을 받았다는 증표가 된다고 설명해 주었다.[407] 말하자면 개신교는 개인적 차원에서 경제적 활동이 하느님의 은혜와 축복의 증표라고 설명하는 한편, 사회적 차원에서도 스미스를 비롯한 18세기 사상가들은 경제적 활동이 공공선에 기여하는 행동이라고 인정해 준 셈이다. 18세기 영국에서는 이제 종교나 윤리적 차원에서 죄악시 되던 자본주의와 시장경제가 완전히 해방되어 발전할 수 있는 정신적 토대를 얻은 셈이었다.

스미스가 『국부론』에서 분석하고 제시한 시장은 위에서 살펴본 자본주의의 정신을 실현하는 완벽한 도구다.[408] 우선 개인을 사회의 기본 단위로 삼는 것은 물론, 개인이 가지는 독립적 자율성을 인정하고 바람직한 모델로 삼는다. 시장사회가 기존의 전통사회와 다른 이유는 명령이나 관습에 따라 사람들이 행동하는 것이 아니라 개개인의 이익에 따라, 그 이익을 합리적으로 계산하여 결정하고 행동하기 때문이다. 개인 이기심의 합이 공익을 낳는다는 '마술'을 부린다는 것이다.

시장은 자본주의 정신의 두 번째 요소인 경쟁을 제도화하였다. 경쟁을 자연스럽고 당연한 현상으로 인정하는 것은 물론 시장이라는 네

407 Max Weber. *Protestant Ethic and the Spirit of Capitalism*. p.74.

408 Adam Smith. *The Wealth of Nations*.

트워크를 통해 경쟁을 평화로 이끄는 기제로 발전시킨 것이다. 공급자들은 서로 경쟁하는 관계에 있으며, 수요자들 또한 상호 경쟁의 조건에 놓인다. 그럴 경우 수요와 공급은 서로 균형을 이루는 가격을 형성하게 된다. 경쟁이 폭력으로 전개되지 않고 가격이라는 균형으로 조화롭게 귀결되는 것이 시장의 매력이다.

자본주의 정신의 마지막 요소인 소유는 개인과 경쟁을 통한 게임의 조건이자 결과물이라고 할 수 있다. 시장에 참여해 무엇인가를 사고 팔기 위해서는 소유하는 것이 있어야 한다. 자기 것이 아닌 것을 팔수는 없지 않은가. 시장에서 무엇인가를 산다는 의미는 소유권이 이전된다는 뜻이다. 따라서 사고 파는 행위의 출발과 도착지점에 모두 소유라는 자본주의의 기본 정신이 있다는 말이다.

이처럼 18세기 스미스와 함께 등장한 시장의 개념은 우리가 앞서 지적한 자본주의의 세 가지 정신을 실현하는데 매우 적합한 제도다. 개인에 대한 강조, 경쟁의 필요성, 그리고 소유를 통한 보답은 시장이라는 모델에서 완벽하게 실현된다.[409]

정부가 '보이는 손'이라면 시장은 '보이지 않는 손'이라고 할 수 있다. 정부의 보이는 손에 의해 움직이는 세상은 명령과 지배의 세상이다. 사람들은 무력이나 폭력을 통해 지배하는 제도의 굴레에 있었다.[410] 그런데 시장이 지배하는 세상은 보이지 않는 손, 즉 각자가 자신에만 충실하면 잘 운영되는 세상이라고 하니 이야말로 지상 천국이 아니겠는가. 폭력에서 해방된 평화의 세상, 명령을 받는 것이 아니라 자신의

409 Pierre Dockès. *Le capitalisme et ses rythmes, quatre siècles en perspective*. pp.268~270.

410 Max Weber. *Economy and Society*. p.212.

선택으로 살아가는 세상이 바로 시장을 통해 가능해 진 것이다.

7. 자율조정의 시장 모델

스미스가 말했듯이 시장이 개인에게는 자유를 주고, 평화롭게 경쟁을 하도록 하며, 소유권의 이전을 부드럽게 해주는 천국이라고 치자. 그렇다면 이런 상태가 지속 가능할 것인가. 시장은 가격이라는 균형을 통해 수요와 공급을 조정하는 체제이기 때문에 항상 균형을 향하는 자율조정(autoregulation)의 성격을 갖는다. 자율조정이란 외부에서 힘이나 노력을 들이지 않아도 시장 자체에서 마치 로봇처럼 스스로 조정을 하는 능력을 가졌다는 말이다.[411]

자율조정을 이해하기 위해 적절한 비유로 인체의 온도를 들 수 있다. 주변의 환경이 춥거나 더워지면 인체는 이에 적응하기 위해 몸을 떨거나 땀을 내서 온도를 조정하는 능력을 가졌다. 시장에서 이런 조정은 가격을 통해 이뤄진다. 가격이 높아지면 공급이 늘어나거나 수요가 줄어들어 다시 균형의 가격으로 향하게 된다. 가격이 반대로 낮아지면 공급이 줄고, 수요는 늘어 다시 균형의 가격으로 올라가는 경향을 보인다.[412]

---

411 로장발롱이 시장 모델을 유토피아적 자본주의라고 부르는 중요한 이유는 바로 이 자율성에 있다. 사회가 정치적 개입이 없이도 스스로 조절을 하는 능력을 가졌다고 주장하는 것이 비현실적이라는 지적이다: Pierre Rosanvallon, *Le capitalisme utopique*. pp.201~207.

412 사피르는 경제학이 이 과정에서 시간이 걸린다는 사실을 무시한다고 지적하였다: Jacques Sapir, *Les trous noirs de la science économique: Essai sur l'impossibilité de*

스미스의 설명을 계승하여 발전한 19세기 영국의 주류 경제학은 보이지 않는 손에 의해 작동하는 시장의 **모델**을 발전시켰다. 경제학 교과서는 우선 시장의 조건을 설명한다. 원자화 된 수많은 개인으로 구성된 시장을 전제하고, 이들 호모 이코노미쿠스는 독립적, 자율적으로 자신의 이익을 중심으로 계산하여 합리적 결정을 내린다. 또한 시장의 상품에 대해 완벽한 정보를 공유하고 있으며 시장에서 수요와 공급이 만나 가격을 통해 균형을 찾는다.[413]

자유주의 경제학에 따르면 인간 삶의 다양한 영역을 시장의 모델로 풀 수 있다. 이런 시도가 모든 사람의 가치관에 부합하는 것은 아니지만 권력을 가진 국가나 세력이 무력이나 폭력, 지배력과 명령으로 사회를 이끌어가는 것보다는 각자 자율성을 발휘하여 도출된 결과를 받아들이는 것이 훨씬 평화롭고 효율적인 공동 삶의 방식이라는 것이다.[414]

약간 방향이 다르긴 했지만 마르크스가 상상하는 공산주의 사회도 이런 평화적인 화합의 사회라고 할 수 있다. 마르크스의 공산주의 사회는 개인이 "능력만큼 일하고 필요만큼 가져가는" 사회다. 이런 축복이 가능한 것은 사회가 물질적 풍요를 생산하는 능력을 가졌기 때문이다. 과학과 기술, 즉 생산능력이 엄청나게 발전하여 사회는 희소성의 제약에서 해방되는 것이다. 충분히 풍요로운 사회라면 개인 간의 차이가 차별이나 불평등이 아닌 그야말로 차이 그 자체로 남아있을 것이라는 예

---

penser le temps et l'argent. pp.137~169.

413 시장의 조건은 맨큐를 참고할 것: Gregory Mankiw. *Principles of Economics*. pp.65~88.

414 Milton Friedman. *Capitalism and Freedom*.

상이다.[415] 하지만 현실에 존재하지 않는 이런 사회를 사람들은 유토피아라고 부른다.

마르크스가 상상했던 공산주의 사회가 유토피아라면 현대 경제학이 구상하는 시장사회 역시 유토피아다. 처음에 '이기주의의 세상'이었던 시장을 정당화하기 위해 시작한 지적 시도는 점차 시장을 지상천국을 만드는 방향으로 포장하기 시작했다. 그리고 다시 19세기 경제학을 통해 인간 사회를 평화롭고 효율적으로 조정하는 이상적인 모델로까지 만들게 되었다. 한편에는 자본주의의 현실을 바탕으로 시장이라는 이상 사회를 만들자는 '시장 근본주의'자들의 주장과 다른 한편에서는 자본주의를 부정하면서 새로운 공산주의 이상 사회를 만들자는 주장이 등장한 것이다. 하지만 둘 다 현실에 존재하는 사회를 묘사한 것이 아니라 이상적이라고 판단하는 사회를 그린 것에 불과하다. 이제는 자본주의의 현실과 시장의 이상적 모델 사이에 존재하는 몇 가지 괴리를 보다 구체적으로 살펴볼 차례다.

8. 분산과 집중의 패러독스

시장의 중요한 장점 가운데 하나는 권력을 가진 사람이나 집단이 물질적 배분의 결정을 내리는 것이 아니라 사람들이 각각 자율적으로 결정을 내린 뒤 이런 다수의 결정이 시장을 통해 평화적이고 자동적으로 조정이 된다는 점이다. 하지만 시장은 이런 분산적 효과와 동시에 엄청

415 Julien Vercueil, *Economie politique de la Russie, 1918~2018*, pp.35~37.

난 집중의 기제이기도 하다. 시장이 작동하기 위해서는 개개인의 분산적 결정을 집중하여 가격으로 만들어내는 과정을 거치기 때문이다.[416]

시장 모델이 말하는 수요자와 공급자가 만나 균형점에서 가격이 형성되는 과정을 구체적으로 살펴보자. 우선 공급자의 수가 충분히 많아야 서로 담합이 불가능할 것이다. 시장을 한정된 공간으로 본다면 이런 담합은 무척 수월해진다. 예를 들어 남대문 시장에서 가방을 파는 상인들은 차 한 잔 마시며 쉽게 가격에 대한 담합을 할 수 있다. 하지만 시장이 남대문이라는 지역이 아니라 전국을 대상으로 하는 것이라면, 또는 자유 무역으로 세계 시장에서 가방의 공급이 이뤄진다면 담합은 어려워질 것이다.

다음은 수요자의 수 또한 충분히 많아야 서로 담합이 불가능하다. 일반적으로 개인 소비자는 공급자에 비해 작은 수량의 물품을 구매하며 소비자의 수는 공급자보다 훨씬 많다고 할 수 있다. 위에서 언급한 가방의 사례를 든다면 당연히 소비자의 수는 공급자보다 많을 것이고 구매하는 양도 소수일 가능성이 높다. 담합 자체가 남대문 시장이라는 공간에서조차 이뤄지기 어렵다는 말이다.

일상적으로 우리는 시장에 가서 물건 가격을 보고 사거나, 말거나 결정을 내린다. 때로는 물건이 마음에 들지만 가격이 너무 비싸다고 생각하면 흥정을 할 수도 있다. 그러나 이것은 그야말로 남대문 시장과 같은 재래시장에서나 가능하지 백화점에서 물건 가격을 깎다가는 '촌사람' 취급을 받기 십상이다. 시장 모델은 우리의 이런 일상적 활동과

416 Neil Fligstein. *The Architecture of Markets: An Economic Sociology of the Twenty–First-Century Capitalist Societies*. pp.27~45.

는 거리가 있다.[417]

시장 모델이 제대로 작동하기 위해서는 소비자들이 수첩을 하나 들고 남대문의 모든 가방 가게를 돌며 가격을 확인해야 한다. 그리고 가장 저렴한 가게로 돌아가 구매를 해야 한다. 가방을 파는 공급자인 가게 주인들도 수첩을 하나 들고 더 많은 수의 소비자와 상담을 통해 누가 가장 많은 돈을 지불할 것인지 조사를 해야 한다. 그리고 가장 높은 가격을 지불할 수 있는 손님에게 가방을 파는 것이다.

남대문이라는 한정된 공간에서조차 이런 시장의 모델은 작동하기 어렵다. 누가 가방 하나 사기 위해 며칠의 시간을 투자하겠는가.[418] 시장의 모델이 제대로 작동하기 위해서는 정보를 집중할 수 있는 중앙화의 능력, 가능성이 필수적이다. 남대문을 넘어, 서울, 수도권, 전국, 세계의 시장이 하나가 되기 위해서는 공급과 수요의 만남이 실시간으로 집중되어 이뤄져야만 한다.

전통적으로 이런 모델이 어느 정도 현실적으로 시행된 경우는 대규모 집중 시장의 사례를 들 수 있다. 예를 들어 수산시장이나 농산물 시장에서는 수요와 공급이 만나 경매의 형식으로 물건을 사고 판다. 물론 경매 역시 공급자는 수동적으로 물건을 제공하고 수요에 해당하는 구매자가 가격을 결정하는데 적극적으로 참여한다는 점에서 완전한 시장 모델의 현실화는 아니다.

시장 모델에 가까운 다른 사례로는 현대 정보 기술을 활용한 주식

417 실질적 시장의 사례 연구로는 다음을 참고할 것: Michel Callon, ed. *The Laws of the Markets*.

418 노스는 경제발전에서 거래비용의 중요성을 강조한 바 있다: Douglass North. *Institutions, Institutional Change and Economic Performance*. pp.61~69.

시장의 매매 시스템을 들 수 있다.[419] 수요의 측면에서 특정 가격에 특정 양의 주식을 사겠다는 주문의 시리즈가 있고, 공급에서도 마찬가지로 특정 가격에 특정 양의 주식을 사겠다는 주문의 시리즈가 만나 상호 결합할 수 있을 때 균형 가격에서 매매가 성사되는 것이다. 달리 표현하자면 하나의 시장이 형성되기 위해서는 분산되고 원자화된 참여자들이 만날 수 있는 집중적인 중앙화가 조건이다.

담합이 없으면서도 정보가 투명한 세상이라는 시장의 이론적 조건을 현실에서 만들기는 무척 어려운 일이다. 정보를 처리하는 기술이 점차 발달한 20세기 또는 21세기나 되어서 그것도 주식처럼 한정된 품목의 상품에 관해서만 이런 시장이 작동할 수 있게 되었다. 현실의 많은 상품 시장은 정보의 비대칭성이나 시장에서의 위치와 입장의 불평등에 따라 이상적 모델에서 어느 정도 거리를 두고 작동한다고 보아야 한다.

9. 시장의 전제 조건

분산과 집중의 패러독스를 안고 있는 시장이 현실에서 이상형에 가까운 모습으로 작동하기 위해서는 몇 가지 기본적인 전제 조건을 충족해야 한다. 그 첫 번째는 평화로운 환경이다. 몽테스키외 이후 자유주의 전통에서는 사람들이 서로 평화롭게 교환하는 성향을 가졌다고

419 생산과정을 생략하고 돈이 돈을 낳는 금융시장이 자본주의를 지배하면서 부정적 방향으로 이끈다는 설명으로는 다음을 참고할 것: Michel Aglietta. *Capitalisme: Le temps des ruptures.*

주장해 왔다.[420] 그러나 인류학이나 역사학에서 보면 평화롭게 교역하기보다는 약탈과 전쟁을 일삼았다고 보는 것이 더 현실적이다. 시장이라는 게임이 벌어지기 위해서는 무엇보다 거래가 이뤄지는 장소의 평화와 안정이 필수적이다. 서로 폭력을 통해 약탈하는 것을 막는 공간이 만들어져야 한다는 의미다. 이런 평화와 안정은 저절로 주어지지 않는다.[421] 자발적 자제를 통한 평화의 유지이건, 아니면 국가라는 폭력의 독점기구가 민간의 폭력을 통제하건 정치적 개입을 통해 만들어지는 것이다.

그림 9. 시장이 제대로 작동하기 위해서는 평화로운 환경과 분쟁을 극복하는 장치가 필요하다. 클로드 지요(Claude Gillot)의 〈두 대의 마차〉, 1707년 작. 프랑스 파리 루브르 박물관.

420 Montesquieu, *De l'esprit des lois*, livre XX chap. 1: "부드러운 관습이 있는 곳에서는 어디나 상업이 존재하고, 상업이 있는 모든 곳에는 부드러운 관습이 있다는 사실은 거의 일반적인 규칙이라고 할 수 있다."

421 Neil Fligstein, *The Architecture of Markets*, pp.86~89.

둘째, 시장이 기능하기 위해서는 소유권이 명백하게 존재하는 것은 물론 이를 보호하는 제도가 있어야 한다.[422] 상품에 대한 소유가 명확하게 규정되어 있지 않다면 이를 사고 파는 일은 혼란스러울 수밖에 없다. 물론 반드시 절대적 소유권이 필요하지는 않을 수도 있다. 사용권, 용익권, 처분권 등을 나누어 시장에 적용할 수 있기 때문이다. 그러나 논리적으로 이들을 모두 하나로 묶은 절대적 소유권이라면 시장이 더욱 쉽고 간단하게 돌아갈 가능성이 높다. 권리의 분할은 더 복잡한 경우의 수를 만들고, 더 많은 참여자를 동원해야 하며, 거래가 그만큼 복합적인 양상을 띨 것이기 때문이다.

소유권을 가장 잘 지켜줄 수 있는 주체는 여기서도 국가다. 물론 사람들이 서로의 소유권을 인정하는 사회적 균형도 상상할 수 있지만 분쟁은 항상 발생하기 마련이다. 특히 시장이란 서로 소유하는 것을 교환하는 제도다. 소유의 전환이나 변화에서 분쟁은 필연적으로 따라다닌다. 국가가 소유권을 확인하고 인정해 주는, 더 나아가 보호해 주는 역할을 한다면 시장의 작동은 무척 원활해 질 것이다.

문제는 이런 소유권의 보루로서의 국가가 사실은 소유권에 대한 가장 위험한 적이 될 수 있다는 점이다. 자유주의 전통에서 문제는 항상 국가다. 국가가 소유권을 침해하고 몰수한다면 시장은 사라지거나 그게 위축될 수밖에 없다. 폭력을 독점하는 리바이어던이 그 폭력을 사용하여 소유권을 몰수하고 박탈하면 저항할 길이 없다. 실제 일부 자본주의 국가에서 진행된 국영화와 국유화는 이런 사례에 해당한다.

셋째, 시장이 제대로 작동하기 위해서는 시장의 질서를 유지하고

422 Michel Callon, "The embeddedness of economic markets in economics".

분쟁을 해결하는 기제가 필요하다. 시장을 교환의 게임이라고 한다면 모든 게임이 그렇듯이 심판이 필요하다는 말이다. 시장에서의 거래는 이론적으로 즉시 일어나지만 현실에서 거래는 항상 시간차를 두고 발생한다.[423] 달리 말해 계약이 맺어지면 이를 실천하는 과정에서 다양한 분쟁이 발생할 수 있다. 그것이 국가가 되었건, 아니면 자발적 조직이 되었건 시장의 질서를 유지하기 위한 제3의 존재가 필요하다.

이처럼 유토피아적 시장이 현실 속에 존재하지 않는 것은 물론, 최소한의 시장 게임이 벌어지기 위해서도 많은 조건을 충족시켜야 가능하다. 평화와 안정을 보장해야하고, 소유권에 대한 명백한 사회제도나 관습이 존재해야 하며, 시장의 질서를 유지하기 위한 조직이 충분한 권위와 힘을 갖고 있어야 한다. 평화유지, 소유권 보장, 심판의 역할 등을 제일 잘 수행하는 것은 사실 국가다. 하지만 국가가 시장을 위협할 지경까지 힘이 강해지는 것은 막아야 한다. 이 국가의 필요와 견제야말로 시장의 조건이고 자본주의의 기본 방정식이 되는 것이다.

일부 학자들은 시장경제의 유토피아가 결국 사회주의의 집중화나 중앙화의 계획경제와 일맥상통한다고 지적한다.[424] 시장이 필연적으로 가지는 분산과 집중의 기능에서 분산은 그대로 두되 집중의 기능을 국가가 담당하면 사회주의로 자연스럽게 발전할 수 있다는 논리다. 예를 들어 **세(Say)의 법칙**, 즉 모든 생산은 전부 소비될 수밖에 없다는 법칙은 시장경제의 통합적 시각의 출발점이다.[425] 발라스의 일반 균형 이론

423 Jacques Sapir. *Les trous noirs de la science économique.* pp.164~169.

424 Jacques Mistral. *La science de la richesse.* pp.350~354.

425 Jean-Baptiste Say. *Cours d'économie politique.*

은 이를 더욱 발전시켜 다수의 시장이 결국 연결되어 하나의 통합적 시장경제체제를 형성한다고 본다.[426] 현대 경제학의 수많은 등식들은 기본적으로 이런 일반 균형 이론을 바탕으로 삼아 만들어진 것이다.

게다가 이상적 시장에서는 이윤이라는 것이 존재할 수 없다. 어느 기업이나 완벽한 정보를 갖고 경쟁하기 때문에 사업가는 이윤을 낼 수가 없다. 언감생심 이윤을 내려고 하면 시장에서 다른 경쟁 기업에 의해 퇴출되기 때문이다. 마르크스가 자본주의 종말의 중요한 요인으로 제기했던 이윤율의 저하경향을 상기하면 된다. 이윤이 없는 기업이라면 자본가도 필요로 하지 않으며 자본가 계급이 없는 세상은 계급투쟁이 없는 세상이다. 이처럼 시장의 모델을 제시하는 경제학이 적실하다면 사회주의 계획경제가 실현되지 않을 이유도 없다.

10. 시장의 폭력성?

시장의 정상적인 작동을 위해서는 이처럼 많은 조건이 필요하다. 평화로운 환경 속에서 소유권을 잘 보장하고 분쟁 해결을 위한 제도를 발전시켰다면 시장은 이상적으로 돌아갈까. 문제는 이런 조건을 모두 충족하더라도 시장 자체가 종종 '자폭'하는 경우를 발견할 수 있다는 점이다. 세계 경제사를 살펴보면 시장이 위기에 빠져 혼란과 무질서를 초래하는 사례가 넘쳐난다. 자율조정의 능력을 가진 시장이라면 위기를 겪을 이유가 없다. 하지만 현실 속의 시장경제는 위기의 반복으로 점철

426 Léon Walras, *Eléments d'économie politique pure*.

되어 있다.[427]

시장의 장점 가운데 하나는 유연성이다. 가격이 누가 정하는 것이 아니고 원자화된 개개인이 각자 자신의 이익에 따라 가격 결정에 참여하기 때문에 총체적이고 종합적인 결과에 영향을 미칠 수 없다. 이런 점에서 가격은 개인행동의 합이 결정해 주는 하나의 외부적 결과다. 내가 가격이라는 결과를 만들어내는데 참여하지만, 일단 정해진 가격은 내게도 강제되는 조건으로 돌변한다. 분산과 집중의 모순에 덧붙여 참여와 강제의 모순이 있다고도 하겠다. 수요자와 공급자 모두 이런 결과를 받아들일 수밖에 없다. 이 가격은 원칙적으로 계속 변화한다. 수요와 공급의 상태가 계속 변화하기 때문이다. 이 유연성을 통해 수요와 공급이 서로 적응을 해 나간다는 것이 시장의 최대 장점이다.

동시에 이 유연성과 상시적 변화는 단점이기도 하다. 왜냐하면 사람들은 일반적으로 안정적 환경을 선호한다. 너무 지속적인 변화는 인간에게 불안감을 안겨주고 따라서 시장 속의 인간은 항상 스트레스를 받을 수밖에 없다. 환율이나 주식시장에 투자한 사람들은 하루 종일 오르내리는 환율과 주가를 쫓느라 정신이 없다. 만일 우리가 자주 먹는 김치찌개의 가격이 수요와 공급에 따라 매일 변하거나 먹는 시간 동안 변한다면 얼마나 혼란스러울 것인가 상상해 보라.

시장의 유연성은 지속적 변화로 스트레스를 주는 것은 물론 과도한 등락으로 인간의 삶을 파괴하기도 한다. 사람들은 군중심리에 따라 행동하는 경향이 있기 때문에 가격이 올라가기 시작하면 외면해야 하

427 도케스의 자본주의 분석은 사실 위기의 역사라고 해도 과언이 아니다. Pierre Dockès. *Le capitalisme et ses rythmes, quatre siècles en perspective.*

는데, 오히려 너도 나도 따라서 사려고 한다. 또 가격이 내려간다 싶으면 덩달아 팔아치우는 행태를 보인다. 이런 집단적 행동을 밴드배건 효과라고 부르고 과도한 시장의 반응을 오버슈팅이라고 부른다. 시장의 역사는 오버슈팅의 역사라고 해도 과언이 아니다.[428] 투기의 장이 되어 버린 부동산 시장은 전형적으로 이런 성향을 보여주어 왔다.

케인즈는 이런 인간의 성향을 '동물 정신' animal spirit 이라고 불렀다.[429] 경제학에서 가정하는 합리적이고 계산적인 호모 이코노미쿠스 못지않게 우리는 동물 정신을 갖고 있기 때문에 충동적으로 행동하기도 하고, 군중의 움직임을 따라가기도 한다는 것이다. 시장이 위기에 빠지는 중요한 이유는 시장 자체가 항상 변화하는 유동성을 갖기 때문이지만 이에 더해 인간이 충분히 이성적이지 못하고 여전히 야성을 간직하고 있기 때문이다.

특히 시장의 시스템이 전체적으로 붕괴되는 대공황의 상황은 이론과는 달리 시장이 스스로 다시 일어설 능력도 없다는 점을 확인시켜 주었다. 자율조정의 능력은 커녕 붕괴를 막을 최소한의 능력도 보유하지 못했다는 사실을 1930년대 공황으로 자본주의는 뼈저리게 경험했다. 시장의 기본적인 전제조건에서 시장 밖의 존재를 필요로 했듯이, 시장이 위기에 빠져 무너져 버린 다음에도 누군가가 시장을 다시 일으켜 세워야 한다.

428 Pierre Dockès. *Le capitalisme et ses rythmes, quatre siècles en perspective*. pp.566~572.

429 John Maynard Keynes. *Théorie générale de l'emploi, de l'intérêt et de la monnaie*. pp.149~150.

11. 시장경제와 시장사회

이 책의 제2장에서 자본주의와 시장경제를 비교하면서 전자가 현실이라면 후자는 이상형이라고 소개하였다. 우리의 목표는 이런 현실과 이상의 괴리를 좁히는 것이다. 왜 자본주의는 모든 문제의 근원으로 지적되는 반면, 시장경제는 바람직한 효율성의 제도로 인식되며 심지어 경제학은 사회과학의 꽃으로 정부 정책에서 핵심적 위상을 차지하게 되었는가.[430]

1990년대 프랑스 사회당 정부의 총리를 담당했던 조스팽은 중도좌파와 우파의 차이를 설명하였다. 우파가 시장사회를 건설하려는 목표를 추구한다면 좌파는 시장경제의 효율성을 인정하되 사회를 시장으로 만드는 데는 반대한다는 입장이었다. 시장사회의 우파와 시장경제의 좌파라는 공식을 만든 셈이다.[431]

이런 설명은 현대 사회에서 좌우를 구분하는데 어느 정도 요긴한 기준이다. 시장경제가 경제 부문에서 주로 시장의 기제를 활용하지만, 시장사회란 사회나 복지, 문화 등 거의 모든 부문에서 시장의 원칙을 적용하려 한다는 말이다.

위에서 시장경제와 공산사회가 모두 유토피아적이라고 분석한 프랑스의 역사학자 로장발롱은 사실 스미스를 비롯한 17~18세기 사상가

430 Pierre Bourdieu. 조홍식 옮김. *Les usages sociaux de la science*. p.45.

431 죠스팽의 발언을 이해하려면 프랑스 현대 정치사의 배경을 봐야 한다. 전통적으로 좌파는 사회주의 건설을 내세우며 시장을 부정해 왔는데, 1980년대부터 시장원칙을 수용하였다. 결국 좌우의 차이가 없어졌다는 일부의 비판에 죠스팽은 그럼에도 불구하고 좌파는 우파와 차이를 갖고 있다고 주장하려는 것이었다.

들은 시장의 개념을 경제에 적용하기보다는 정치와 사회적 분야에 유용한 것으로 제안했다고 지적한다.[432] 그는 시장사회가 시장경제에 앞서 구상되었다고 말한다. 예를 들어 로크의 정치사회란 경제적 목적을 위해 형성된 시장사회의 성격을 갖는다. 로크는 "인간이 공동체를 결성하고 스스로를 정부의 지배하에 두고자 하는 가장 크고 주된 목적은 그들의 재산을 보존하기 위함이다"[433]라고 설명한다. 개인들이 의지를 모아 공동체를 형성하는 이유는 재산이라는 경제적 이익을 보호하기 위해서라는 말이다. 정치사회 구성의 기원에는 경제 이익이 있다.

스미스가 발전시킨 시장의 개념은 또 물리학적이고 기계적으로 작동하는 시장이라기보다는 생물학적 모델에 가깝다. 자율조정의 시장 모델은 생명체가 다양한 세포로 구성되어 있지만 자연스럽게 상호작용을 통해 스스로를 조정하며 생명을 이어 나가는 모양새다.[434] 자본주의 정신을 살펴보면서 개인, 경쟁, 소유의 조합이 자칫 잘못하면 폭력적 양상으로 전개될 수 있다고 지적했다. 스미스는 이런 조합이 시장이라는 모델을 통해 폭력을 피하고 평화롭게 이익을 조정하면서 공익을 가져온다고 설명한 것이다.

스미스의 시장개념은 경제의 분야에 국한되기보다는 먼저 사회에서 적용되어야지만 경제까지 확장될 수 있다. 스미스에게 시장이란 교역이 일어나는 하나의 주어진 공간이 아니라 무엇보다 교역으로 연결되어 있는 그물이다. 공간에서 네트워크로의 개념적 전환이 중요한 이

432 Pierre Rosanvallon. *Le capitalisme utopique.* pp.221~226.

433 John Locke. 강정인 옮김. *Two Treaties of Government.* p.120.

434 Stefano Mancuso and Alessandra Viola. *Verde Brillante.*

유는 공간이 단순 교환의 장소를 의미한다면 네트워크는 분업이라는 사회화의 과정과 연결되기 때문이다. 스미스는 시장의 규모와 분업의 관계를 강조하면서 시장이 커질수록 분업이 심화될 수 있다는 주장을 편다.[435]

달리 표현하자면 스미스와 자유주의 사상가들은 단순히 사회에서 발견할 수 있는 자본주의의 현실을 이론화한 것이 아니다. 이들은 시장이라는 개념을 통해 경제적 이익이 지배하는 새로운 사회, 즉 유토피아를 구상하여 실현하려고 했던 것이다. 시장경제라는 제한적 목적이 아니라 시장사회라는 지상의 천국을 구상한 셈이다. 폴라니 또한 "시장경제란 시장사회 안에서만 존재할 수 있다"[436]고 단언한다.

12. 자본주의와 시장

이 장에서 우리는 시장에 대해 고민해 보았다. 우선 시장이 가지는 특징과 장점을 살펴보았다. 시장은 게임에 참여하는 모든 사람이 원칙적으로 독립적이고 자율적이며 평등하다. 이들은 누구의 압력이나 전통에 의해서 게임에 참여하는 것이 아니라 자발적으로 참여하며 스스로 생각하고 결정하는 합리적 동물들이다. 그래서 시장은 무척 효율적으로 사람과 사람을 연결하는 능력을 갖게 된다.

시장을 자연에 비교한다면 시장은 식물에 가깝다. 식물은 여러 개

435 Adam Smith, *The Wealth of Nations.*

436 Karl Polanyi, *The Great Transformation,* p.71.

의 유사한 세포로 구성이 되어있다. 잎사귀가 하나 둘 떨어지더라도 다시 그곳에서 새로운 잎이 나는 구조다. 뿌리를 잘라도 새로운 뿌리가 나온다. 기능의 차이는 있지만 하나의 중앙에서 식물을 조정하는 것이 아니라 각각의 부분과 세포에 조정 능력이 분산되어 있기 때문이다.[437] 동물과 달리 식물에는 뇌가 없다.

반면 정치권력의 역할이 강했던 전통 경제나 사회주의 계획경제는 식물이 아닌 동물과 유사하다. 동물은 뇌가 치명적으로 다치거나 심장이 멈춰버리면 온 몸이 마비된다. 다리가 잘려나가면 다시 나오지 않는다. 신경을 뇌로 모으고 피를 심장에서 전신에 보내기 때문에 이 중앙 기능이 고장 나면 생명을 지속할 수 없는 구조다.[438]

시장이 제대로 작동하기 위해서는 사회를 시장의 구조에 꿰맞추어야 한다. 왜냐하면 인간은 사실 자신의 이익이 무엇인지도 잘 모르고, 항상 합리적으로 생각하고 행동하는 것은 아니기 때문이다. 또 시장이 상상하는 원자화된 개인은 이론적 모델일 뿐이지 실제 사람들은 가족, 계급, 지역 등 다양한 사회적 집단에 소속되어 나름의 공동 윤리와 행동의 틀을 갖는다. 자유주의의 역사는 이런 유토피아 모델을 인간 사회에 적용하여 변화시키려는 계획에 다름 아니다.

장기 역사의 관점에서 자본주의를 연구한 브로델은 자본주의와 시장이 결코 동일시 될 수 없다고 강조했다.[439] 자본주의 즉 자본가의 집단은 단지 자신들에게 이로울 때 시장의 모델을 동원하여 활용할 뿐이

---

437 Stefano Mancuso and Alessandra Viola. *Verde Brillante*.

438 Julien Vercueil. *Economie politique de la Russie, 1918~2018*. pp.72~82.

439 Fernand Braudel. *La dynamique du capitalisme*. p.102.

지 시장사회를 믿고 만들려고 하는 것은 아니라는 말이다. 시장사회를 구상한 스미스가 가장 비판적으로 보았던 사람들은 독점 상인들일 것이다.[440] 하지만 자본가들이 가장 좋아하는 상태는 독점적으로 이윤을 높일 수 있는 상황이다. 또 자본가들이 가장 싫어하는 것은 완벽한 경쟁이다. 완벽한 경쟁 구조는 정보가 투명하여 이윤을 줄여버리고 사업성을 떨어뜨려 버리기 때문이다. 이렇게 보면 시장과 자본주의는 상극이다.

그렇다면 자본주의는 자신의 기반을 무너뜨릴 수 있는 시장을 왜 수용하거나 심지어 대표 깃발로 삼는 것인가. 자본주의가 시장을 동원하는 가장 커다란 이유는 스스로 게임의 규칙이 필요하기 때문이다. 경쟁이나 소유를 정신으로 삼고 있는 자본주의에서 시장이라는 게임의 규칙이 없다면 폭력과 혼란이 난무할 가능성이 높다. 그리고 자본주의는 시장이라는 정당성을 가진 이데올로기 장치가 필요하다. 시장이 갖고 있는 효율성과 평등성, 그리고 이를 통한 실천적 정당성은 사람들로 하여금 자본주의에 적극 참여하게 만드는 기제다. 이에 덧붙여 시장의 모델은 독립적이고 자율적인 원자로서 개인을 전제함으로써 자본주의 사회가 안고 있는 구조적 불평등과 계급의 문제를 은폐하는데 적절하게 기여한다. 이처럼 시장사회의 논리는 자본주의를 곤란에 빠지게 만들기도 하지만 동시에 질서를 유지하고 정당성을 부여하며 현실을 은폐하는 요긴하고 필수적인 서비스를 제공한다는 뜻이다.

---

440 Adam Smith. 김수행 옮김. *The Wealth of Nations*. p.517.

제10장

토지, 자연과 상품의 긴장

1. 인류초기의 자연

과거에 자연과 인간의 관계는 부모와 자식의 관계에 종종 비유되었다. 자연이라는 어머니, 즉 Mother nature 의 이미지는 하느님 아버지라는 인식과 짝을 이루며 자연스럽게 제시되었다. 인류가 이처럼 하늘과 땅이 만나 만들어진 존재라는 인식은 여러 전통 문화에서 발견할 수 있다.[441] 권위적인 아버지의 이미지로 하늘은 인류를 지배하고 명령하는 존재였다면 어머니 자연은 인간에게 다양한 선물을 주고 보살피는 존재로 각인되었는지도 모른다. 특히 자연은 인간의 생존을 가능하게 하는 식량의 영원한 생산자라고 할 수 있었다.[442]

441 그리스 신화의 경우 다음을 참고할 것: Pierre Grimal. *La mythologie grecque*.

442 프랑스의 중농주의자들은 농산물을 선물하는 토지만이 진정한 가치를 생산한다

인류의 초기에 자연은 숭배의 대상이었다. 무서운 아버지, 보살피는 어머니, 모두 미약한 인간이 의존하고 기대며 복종해야 하는 존재였던 것이다. 거대한 체계의 종교관이 만들어지기 전 인류는 공통적으로 자연에 대한 믿음과 신앙, 숭배와 기복의 전통을 이어왔다. 이를 초기 자연 종교 즉 애니미즘 animism 이라고 부를 수 있다. 이는 자연의 요소마다 신이나 정신 anima 이 깃들어 있어 그것들이 살아 숨 쉬는 존재라고 보는 시각이다.[443]

한반도에는 과거부터 이런 샤머니즘과 애니미즘의 전통이 전해져 내려왔으며 일본은 아예 이런 전통이 신도(神道)라는 명칭의 국교로 발전하였다. 한국의 경우 오랜 기간 불교와 유교와 기독교 등의 보다 보편적 종교나 사상이 들어와 엘리트를 중심으로 확산되었지만 대중은 여전히 초기의 전통에서 완전히 벗어났다고 보기는 어렵다.

인류가 농경문화로 발전하면서 자연은 여전히 두려움과 숭배의 대상이었지만 수렵채취의 시기에 비하면 보다 적극적으로 자연을 활용하는 시대가 왔다. 농사를 짓는다는 것은 인간 집단이 한 곳에 정착하여 땅을 일구어 씨를 뿌리고 열매를 수확할 때까지 기다린다는 의미다. 그리고 미래를 생각하여 수확의 일부는 향후 씨앗으로 비축하며 생활한다는 뜻이다. 인간과 자연, 특히 인간과 토지의 관계가 보다 유기적으로 발전하는 단계다. 인간의 노력을 통해 자연을 변화시키는 것이고, 이 변화 속에서 인간의 생존이 가능하게 되기 때문이다.

자연이라는 어머니 안에서 인간이 만든 문화는 농경시대를 거쳐

고 설명했다: Jacques Valier. *Brève histoire de la pensée économique*. p.44.

443 Graham Harvey. *Animism: Respecting the Living World*.

점차 발전하였다. 자연과 문화의 대립적 시각이 서서히 부각되었다는 말이다.[444] 유럽의 언어에서 문화를 의미하는 culture 는 동시에 농사 agriculture 나 나무를 키우는 임업 sylviculture 과 통한다. 이 과정에서 자연을 활용하는 인간은 더욱 성장하여 자연을 지배하고 명령하는 인간으로 커 나간다.

서구 문명의 발전과정에서 인간 중심의 세계관이 부상하는 르네상스는 이런 점에서 핵심적 고리다. 절대적 신에 대한 복종의 가치가 지배하던 기독교의 세계관은 프로메테우스처럼 신에게 도전하는 이미지에 자리를 내준다.[445] 이카로스처럼 자연에 도전하여 하늘을 날기 위해 노력하는 이미지도 이 시기에 부각된다.[446] 인간은 이제 자연을 알 수 있고, 이 지식을 바탕으로 자연을 활용하고 지배할 수 있다는 생각이 점점 유럽에서 일반화 되었던 것이다.

아시아에서는 서양의 사상이 자연에 도전하는 인간 중심의 사상이고 동양은 자연친화적이라는 시각이 있었다. 하지만 세밀하게 살펴보면 이런 동서양의 대립구도보다는 동서양을 막론하고 전통의 자연숭배에서 근대의 자연 지배로 전환되었다고 보는 것이 역사적으로 더 적절한 해석이다.

부모와 자식의 관계에 비유할 수 있었던 자연과 인간의 관계는 이제 주체적인 인간이 대상으로서의 자연을 지배하고 활용하는 모

---

444 Bruno Latour. *Nous n'avons jamais été modernes.*

445 그리스 신화에서 프로메테우스는 제우스 몰래 인간에게 불을 선사한 뒤 바위에 묶여 독수리가 간을 파먹는 고통을 받는 존재다.

446 그리스 신화에서 이카로스는 아버지 다이달로스와 미궁에 갇혔다가 밀랍으로 만든 날개를 달고 탈출하는데 성공했다. 다만 나는 것이 너무 신기해 하늘 높이 올라갔다가 태양에 밀랍이 녹아 바다에 떨어져 죽었다.

양이 된 것이다. 베버는 근대 세계에 대해 disenchantment (독일어 Entzauberung) 라는 표현을 사용했는데[447] 이는 사전에서 환멸, 각성 등으로 번역한다. 베버가 전달하고자 한 의미는 세계가 살아있는 것과 같은 마술의 영역이었는데, 근대에 지식과 합리성의 차가운 시각으로 세계를 바라보게 되면서 마술이 사라진 지루하고 생명력조차 없는 존재로 돌변했다는 뜻이다.[448] '사물이 되어버린 세상에 대한 실망' 정도로 부연한다면 그 뜻을 어느 정도 전달할 수 있을 것이다.

베버는 이 개념을 시인 실러에게서 가져왔다. 종교적 의미로 가득한 세상은 축복과 은혜로 가득 차 있었는데 이제 자연은 한낱 H_2O, CO_2 등의 화학기호로 라벨을 붙일 수 있는 사물의 집합으로 타락한 셈이다. 근대화 과정에서 세상의 변화에 대한 또 다른 비슷한 묘사로는 니체의 "신은 죽었다"[449]라는 말을 상기할 수 있다. 신이 없는 세상은 유한한 인간의 경쟁과 사물의 차가운 세상일 뿐이다.

2. 사탄의 맷돌

자본주의의 발전은 어머니 자연을 자원과 토지로 전환하였다. 어머니라는 표현은 인간과 자연의 성스러운 관계, 사랑이 담긴 상호 관계

447 Max Weber. *Economy and Society.*

448 실제 자연의 사물화라는 것은 신화에 불과하다는 해석도 있다: Jason A. Josephson-Stone. *The Myth of Disenchantment: Magic, Modernity and the Birth of Human Sciences.*

449 Nietsche. *Thus Spoke Zarathoustra.*

를 상상하게 만든다. 하지만 근대 자본주의의 시각에서 자연은 수십만 ㎢의 면적에 농경지가 몇 십 퍼센트를 차지하고 수백만 톤의 석탄이나 광물 등 자원을 보유하는 통계의 집합일 뿐이다. 이처럼 감정이 담겼던 자연이 토지나 자원으로 돌변하는 과정을 정치경제학자 폴라니는 '사탄의 맷돌' Satanic mill 이라고 표현했다.[450]

한반도는 호랑이의 모습을 품고 있는 지형이며, 백두산 천지에서 한라산 백록담까지 연결되는 상징의 땅을 갖고 있다. 백두대간은 반도의 척추라고 할 수 있는 민족정신이 흐르는 보루이며 서울, 평양, 개성, 경주, 부여 · 공주 등의 고도(古都)는 민족의 정기가 고조되어 만발했던 터전이다. 하지만 이런 의미의 자연 환경은 이제 여의도 면적 몇 배에 달한다며 개발 광풍의 대상이고 평당 얼마라는 가격이 그 어떤 묘사보다 중요한 자본주의의 세상이 되었으니, '사탄의 맷돌'이라는 표현은 참 적절해 보인다.

자연을 토지라는 부동산 상품으로 전환하면서 이뤄진 변화를 폴라니를 통해 직접 들어보자:

> "토지는 인간 존재에 대해 절대적 기능들을 여러 가지 수행해 주고 있으며 경제적 기능이란 그중 하나에 불과한 것이다. 토지는 인간의 삶에 안정성을 가져다준다. 토지는 인간의 삶의 터전이며, 계절도 아름다운 경치도 모두 거기에 담겨 있다. 토지가 없이 삶을 영위한다는 말은 차라리 손발 없이 세상에 태어난다고 상상하는 것보다 더 황당한 일이다. 그런데 토지를 인간에서 떼어내고 사회 전체를 부동산 시장의 작동 조건을 충족하는 방식으로 조직하는 것이

450 Karl Polanyi. *The Great Transformation*. p.33.

야말로 시장경제라는 유토피아적 아이디어의 절대적 핵심이다."[451]

폴라니가 제시하는 사탄의 맷돌은 사회과학적 개념은 아니다. 하지만 그 표현은 사회과학의 개념을 설명하는데 매우 유용하고 강력한 이미지를 전달한다. 자본주의라는 맷돌에 자연을 넣으니 자연이 으깨지고 갈려서 토지 또는 부동산이 되어 흘러나온다는 상상은 기막히게 현실적이다. 다음 장에서 보겠지만 맷돌의 위에서 인간을 밀어 넣으니 맷돌에 파괴되어 노동이 되어 흘러나오는 이미지 또한 무척 현실에 가깝다. 맷돌을 통해 온전한 모양의 사물을 파괴해 버린다는 의미를 잘 전달한다.

사탄의 맷돌이란 소수의 자본가들을 위한 유토피아 사회제도를 실현하기 위해 다수의 인간과 자연을 파괴하거나, 적어도 부자연스러운 상황으로 몰아간다는 도덕적 판단이다. 역사적으로 이런 과정은 적어도 토지의 상품화, 상업 농업의 발전, 그리고 도시 부동산의 등장이라는 세 단계를 통해 형성되었다고 할 수 있다.

3. 토지의 상품화

첫 번째 단계는 자연을 토지라는 상품으로 만드는 작업이다. 여기서 토지는 일단 농업에서 사용하는 논과 밭 등의 개념으로 이해할 수 있다. 인류가 농사를 짓기 전에 자연에서 획득한 식량은 사냥이나 채집

451 Karl Polanyi. 홍기빈 옮김. *The Great Transformation*. p.465.

을 통해서 얻는 그야말로 어머니와 같은 신의 선물이었다. 먹을 것을 생산하는 것은 자연이었고 그것을 사냥이나 채집으로 수확하는 것만이 인간이었던 것이다.

그러나 농사를 짓기 시작하면서 인간은 점차 자연을 자신의 필요에 따라 변화시키는 노력을 기울이게 되었다. 처음에는 아마도 단순히 씨앗을 뿌리고 자연이 씨앗을 성장하게 하면 돌아와 수확하는 단순한 형식의 농사였을 것이다.[452] 그러나 시간이 지나면서 땅을 일구면 수확을 늘릴 수 있고, 아시아에서처럼 물을 끌어와 관개(灌漑)를 통해 농사를 발전시켰다. 동물이나 도구를 활용하여 농업에 동원하였으며 비료를 주거나 작물의 변화를 통해 생산성을 높였다. 이처럼 인간의 노동이 자연과 결합하면서 점차 인간은 토지라는 개념을 발전시켰다고 추측할 수 있다.[453]

근대적 의미의 소유는 아니었지만 이런 농업의 발전은 공동체가 자연의 특정 범위에 대해 권리를 갖는 것 또한 자연스럽게 여기도록 만들었다. 그것은 씨족이나 부족의 영역일수도 있고, 종족이나 마을 공동체, 국가 등의 영역일 수도 있었다. 이 같은 공동의 권리는 점차 개인의 소유라는 개념과 결합하면서 자본주의 시장경제에서 말하는 토지의 개념을 낳았다. 고대 바빌로니아에 대한 최근 연구는 이미 기원전 1천년 경노에는 메소포타미아 지역에 개인이 소유하는 토지를 사고 파는 일이 흔했음을 보여준다.[454]

---

452 Daniel Cohen. *Le monde est clos et le désir infini*. p.35.

453 Jared Diamond. *Guns, Germs, and Steel*. pp.83~192.

454 Michael Jursa. "Babylonia in the First Millenium BCE : Economic Growth in Times of Empire".

이쯤에서 다시 폴라니의 '사탄의 맷돌'을 상기해 보자. 그는 왜 자연을 토지로 변화시키는 과정을 이렇게 비판적으로 보았을까. 원래 **상품** commodity 이란 사고팔기 위해서 만든 물건을 지칭한다. 대장장이가 칼을 만들거나 목수가 식탁을 만들었다면 이는 팔기 위해 만들었다는 점에서 상품이다. 문제는 신이 준 자연의 일부를 토지라는 상품으로 명명하여 사고판다는 것은 무척 신기한 현상이라는 점이다. 폴라니는 그 때문에 토지나 노동, 화폐의 시장을 **허구적 상품** fictitious commodity 의 시장이라고 부른다.[455] 상품이 아닌데도 불구하고 인간들이 소유권으로 포장하여 상품처럼 사고팔기 때문이다.

자본주의의 기본 모형이 만들어지는 영국에서는 16세기부터 19세기에 걸쳐 이런 토지의 상품화를 대변하는 엔클로저 Enclosure 운동이 전개되었다.[456] 엔클로저 운동이란 기본적으로 울타리 치기다. 마을이 공동으로 경작하던 밭이나 토지를 개인의 소유로 돌리면서 자신의 소유권을 명확하게 표시하기 위해 울타리를 치는 운동이다.

마르크스는 자본론에서 이런 움직임이 자본주의를 발전시키는데 결정적으로 기여했다고 분석한다. 자본론 제27장의 제목은 '농민들로부터 토지를 빼앗음'이며 이것이 바로 "많은 인간이 갑자기 그리고 폭력적으로 그들의 생존수단에서 분리되어 무일푼의 자유롭고 '의지할 곳 없는' 프롤레타리아들로 노동시장에 투입되는 순간이었다"[457]고 말한다. 마르크스의 분석에서는 토지의 상품화가 결국 노동의 상품화를

455 Karl Polanyi. 홍기빈 옮김. *The Great Transformation*. p.439~487.

456 Philippe Chassaigne. *Histoire de l'Angleterre, des origines à nos jours*. pp.185~188.

457 Karl Marx. 김수행 옮김. *Das Kapital*. p.981.

낳았다고 설명한다. 삶의 터전이었던 토지가 부자들의 독점적 소유가 됨으로써 수많은 사람들이 떠도는 신세가 되었고, 결국 산업에 동원될 수 있는 프롤레타리아를 형성했기 때문이다.

4. 상업 농업의 등장

자연을 경작지로 만든 뒤 토지로 쪼개 상품으로 사고 파는 제도는 분명 획기적인 변화였다. 개인의 소유권이 토지에 적용되면서 다수 인간 공동체의 필요에 따라 사용하던 자연은 이제 소수의 권리에 의해 독점되는 시대가 되었다. 이런 변화는 사실 독립적으로 진행된 것은 아니다. 농업의 산물을 자급자족을 위해 소비하는 것이 아니라 시장에 내다 파는 상업 농업의 등장과 토지의 상품화는 긴밀하게 맞물려 있다.

물론 고대부터 식량을 거래하는 전통은 존재했다. 예를 들어 로마의 거대한 인구를 먹여 살리기 위해 이탈리아 남부나 이집트 등에서 밀을 수입하곤 했다. 중세 서유럽 또한 인구가 밀집한 지역으로 동유럽이나 러시아의 밀을 수입하였다. 하지만 자본주의적 발전과 밀접하게 연결된 토지의 상품화는 양모(羊毛)라는 원자재를 얻기 위해 진행된 엔클로저 운동이다.

자본주의의 역사를 살펴보면서 네덜란드나 영국에서 모직 산업의 초기 기여를 확인하였다. 이런 모직 산업에 양모를 대기 위해 영국에서는 특히 땅에서 사람을 몰아내고 양을 키우는 일들이 벌어지기 시작했다. 16세기 토마스 모어는 저서 『유토피아』에서 "양이 ... 사람을 잡아

먹는" 괴상한 나라에 대해 이야기 할 정도로 당시 시대 상황을 반영한다.[458] 이 표현은 매우 적절한 것이었는데 영국에서 초기 자본주의에 벌어진 일은 이후 세계적 차원에서 다양한 대륙과 지역에서 재생되었다.

상업 농업 Commercial Agriculture 이란 자본주의와 함께 크게 부상한 농업의 특수한 형태다. 전통적 농업이 지역적으로 제한된 인간 공동체를 위해 식량을 생산하는 것이 목적이었다면, 상업 농업은 시장에 내다 팔기 위해 농사를 짓는 양식을 뜻한다. 우리 시대 자본주의에서 자급자족형의 농업은 도시민들의 주말농장에서나 찾아볼 수 있다. 하지만 농업이 지역 공동체가 아닌 다른 지역의 소비자를 위해 생산하게 된 것은 사실 수 천 년의 역사를 뒤바꾸는 변화였다.[459]

산업혁명으로 자본주의가 본격 발전하기 전부터 상업 농업은 지구의 각지를 변화시키기 시작했다. 영국과 같이 자본주의의 첨단을 걸었던 나라는 자국의 국민들을 농지에서 내쫓으면서 상업 농업 혁명을 진행하였다. 하지만 도버 해협 건너 유럽 대륙만 하더라도 이런 극단적인 변화를 추진하기는 어려웠다.

상업 농업이 본격적으로 발전한 것은 신대륙의 영토를 유럽이 강제로 차지하고 주민들을 학살하거나 내쫓음으로써 가능했다. 16세기부터 19세기까지, 달리 말해 영국에서 엔클로저 운동이 진행되는 시기에 신대륙에서는 상업 농업의 발전이 이뤄졌다. 대표적인 작물로는 면화,

458 Karl Marx. 김수행 옮김. *Das Kapital*. p.986. 각주 4

459 이미 고대 바빌로니아에서 도시의 시장을 위해 양파를 생산한 기록이 존재한다: Michael Jursa. "Babylonia in the First Millenium BCE : Economic Growth in Times of Empire".

담배, 사탕수수, 커피 등을 들 수 있다.[460]

21세기의 시각으로는 이런 일상 소비재나 기호품을 가볍게 여기는 경향이 있지만 이들 상품은 산업혁명 이전 세계 자본주의의 핵심 상품이었다. 미국 남부에서 생산한 면화와 담배는 영국으로 수입되어 섬유산업과 담배산업의 원자재로 활용되었다. 사탕수수와 커피는 설탕과 기호음료의 발달에 기여한 뒤 점차 대중화 되어 유럽인의 일상에서 대량으로 소비되는 상품으로 발전하였다.[461] 이들을 생산하기 위해 아메리카 대륙이 동원되었으며 다수의 노예를 거느리는 농장제도가 생성되었다.

아프리카나 아시아 등에서도 세계 시장에 내다 팔수 있는 상품을 생산하기 위해 기존의 식량 생산을 포기하는 일이 빈번했다.[462] 말레이시아는 고무를, 중국과 인도는 차를, 세네갈은 땅콩을, 코트디부아르는 코코아를 생산하기 위해 식량 생산을 포기하도록 강요당했다. 방법은 다양했다. 때로는 식민 제국이 강제로 상업 농업을 강요했고, 때로는 현지 농민들이 세계 시장의 유혹에 넘어갔다. 아무튼 농작물의 변화는 이후 이들 지역에서 식량의 심각한 문제를 야기했다. 그리고 상업 농업이 특정 국가 뿐 아니라 세계의 다양한 지역에서 발전함으로써 토지의 상품화 역시 확산되는 결과를 낳았다.

---

460 Michel Beaud. *Histoire du capitalisme*. pp.68~74.

461 Sidney Mintz. *Sweetness and Power*.

462 Jeffry Frieden. *Global Capitalism*. pp.98~103.

5. 산업의 등장과 토지의 변화

영국 농촌에서 진행된 토지의 상품화, 그리고 상업 농업의 상품을 생산해 내기 위한 유럽 세력의 제국주의에 이어 토지 수요는 산업혁명과 함께 급격하게 증가하였다. 거대한 규모의 공장들이 들어서면서 도시와 그 주변에 산업 시설을 위한 땅을 필요로 하였고 철도망과 고속도로가 국토를 가로지르는 혈관의 역할을 담당하면서 철도나 도로 건설에 토지를 동원하는 일이 빈번해졌다.

그림 10. 중국 후베이성, 삼협댐으로 인한 수몰에 대비하여 기존 도시를 포기하고 높은 지역에 신도시를 만드는 광경이다. 2004년 6월.

전체적인 면적으로 보았을 때 공장 시설이나 철도 등이 토지에서 차지하는 비중은 농경지에 비교했을 때 작을 수 있다. 하지만 이들 시설이 도시 또는 그 주변 교외에 중점적으로 위치하고 있다는 점에서 그

경제적 가치는 중요할 수밖에 없다. 따라서 산업 용지로서 토지는 자본가의 자산에서 중요한 가치를 지니게 되었다. 게다가 산업혁명을 통한 대공장의 등장으로 노동자의 공간적 집중이 필요했다. 수 백 명이 일하는 공장에서부터 수 만 명까지 동원하는 공업 도시들이 속속 등장하면서 공장의 부지뿐 아니라 노동자가 살 수 있는 공간이 필요했던 것이다.

19세기 유럽에 등장하는 공업 또는 산업 도시의 성장은 엄청난 규모의 토지를 집어 삼키는 변화였다고 말할 수 있다.[463] 이런 토지의 전환은 대부분 자연을 새롭게 개간하여 이뤄지기보다는 기존 농토의 용도를 변경하면서 진행되었다. 당연히 기존 농토에서 삶의 터전을 갖고 있던 농민들은 추방당할 수밖에 없었다. 이들은 위에서 이미 지적한 엔클로저 운동의 피해자이기도 했지만 여기에 덧붙여 공장 지대의 확산으로 인해 추방당하기도 했다. 19세기 유럽에서 산업화와 도시화는 그나마 상대적으로 긴 시간대에 이뤄졌다고 할 수 있다.

한국이나 중국의 경우 이런 산업화와 도시화는 매우 집중적으로 짧은 시간대에 진행되었다. 한국은 1960년대 이후 집중적인 산업화에 돌입하였고, 중국은 이보다도 늦은 1980년 경부터 산업화의 고속 궤도에 올랐다.[464] 물론 그 이전 시기에 도시화나 근대화가 전무했다는 의미가 아니라 이때부터 고속 성장이 시작되어 불과 수 십 년 사이에 엄청난 산업화와 도시화가 진행되었다는 뜻이다. 물론 이 시기는 인구 폭발의 현상과 맞물려 수많은 사회적 문제를 발생시켰다.

463 Jean−Luc Pinol et François Walter, *La ville contemporaine jusqu'à la Seconde Guerre mondiale*. pp.34~46.

464 Fan Zhang, *China's Urbanization and the World Economy*.

가장 최근에, 가장 엄청난 규모의 국가로서 발전을 이룩한 중국을 보면 산업 시설을 위한 토지의 전환이 농민 불만과 저항의 중요한 이유였음을 알 수 있다. 과거 영국에 대한 연구에 의하면 농촌에서 엔클로저를 진행하면서 쫓겨난 농민들이 도시의 프롤레타리아 계층을 형성하게 되었다는 것이 일반적인 분석이다. 공산 중국의 경우 도시의 프롤레타리아가 발생하는 경로가 약간은 다른 듯하다. 공산화로 이미 농장의 집단화를 이뤘던 중국에서 도시 산업의 발전이 진행되자 농민들은 자발적으로 도시로 이동하여 더 나은 삶의 조건을 추구했던 것이다. 중국에서 이들은 '민공(民工)'이라는 이름으로 불리는데 도시에서 호구(戶口)를 갖고 있는 기존 시민에 비해 제도적인 차별을 받음에도 불구하고 경제적 기회를 찾아 이주한 사람들이다.[465]

반면 도시 주변의 농민들은 산업 시설의 확장으로 농업 종사자의 기존 직업을 박탈당하고 추방되는 존재였다. 세계의 공장이라고 불리는 중국에서 지난 40여 년 간 얼마나 많은 토지를 산업용으로 전환하였겠는가. 게다가 중국은 놀라운 규모의 인프라 건설에 나섰다. 이 과정에서도 많은 농지가 수용되거나 사라지는 경험을 할 수밖에 없었다. 예를 들어 장강 중류, 후베이 성 이창 시에 삼협댐이 생기면서 사천 성이나 충칭 시 등 강의 상류 지역은 약 100m 가까이 수위가 상승했다.[466] 농지는 물론 인구 삼천만명이 넘는 충칭 시 전체가 높아지는 수위에 적응하기 위해 기존 도시를 포기하고 더 높은 곳에 신도시를 만드는 거대

465 Marie-Claire Bergère. *Histoire de Shanghai.*

466 Gørild Heggelund. *Environment and Resettlement Politics in China: The Three Gorges Project.*

한 사업들이 진행되었다.

6. 도시 부동산의 등장

이처럼 토지의 상품화는 기존의 농토에서 경작지로, 그리고 다른 대륙에서 대농장으로, 또 산업 부지라는 이름으로 각각 진행되었다. 원래 자연의 한 부분이었던 땅이 이제 자본주의가 발전하면서 생산을 위해 동원되는 요소로 부상한 것이다. 19세기 경제 사상가들은 기본적으로 생산 요소를 토지, 자본, 노동이라고 구분하였다.[467] 여기서 토지와 자본은 사실 그 구분이 명확하지는 않다.

같은 땅이라도 농촌에 있는 경작지라면, 그래서 그곳에서 밀이나 감자, 옥수수나 과일을 생산한다면 토지로 불린다. 하지만 그 땅에 공장이 설립되어 있다면 그것은 토지가 아니라 자본으로 친다. 농업과 공업, 제1차 산업과 제2차 산업이라는 구분에 따라 같은 자연의 한 부분이 토지가 되기도 자본이 되기도 한다는 말이다.

도시를 중심으로 토지 자체도 중요하지만 그 위에 건축물을 지어 공공기관, 사무실, 주택 등으로 활용하면서 부동산이라는 새로운 개념이 등장하였다. 원래 자본이란 도시에 축적된 부를 의미하였다. 도시의 부동산은 생산의 차원보다는 소비의 차원이 강한 자연의 한 부분이라고 말할 수 있다. 자본주의 사회질서에서 도시란 자본의 축적이 가장 가시적으로 드러나는 쇼윈도이기도 하다.

467 David Ricardo. *On the Principles of Political Economy and Taxation.*

부동산이라는 표현 자체가 동산과 대비되는 개념이다. 동산이란 화폐, 채권, 주식처럼 쉽게 이전하고 이동시킬 수 있는 자산을 의미한다. 반대로 부동산은 움직이지 않는 토지나 건물을 지칭하는 것이다. 이런 구분이 드러나기 위해서는 개인의 소유권으로 보장되는 자산의 개념이 존재해야하고 이를 동산/부동산으로 구분할 만큼 보편적 현상이어야 한다.

19세기 스미스나 마르크스의 시각으로 본다면 도시 부동산은 전형적인 소비재이며 비생산적이다. 하지만 물질적 생산이 아니라 화폐의 가치로 생산성을 측정한다면 부동산은 어마어마한 이득을 소유주에게 안겨준 자본이다. 이런 현상을 설명하는데 베블런과 같이 사회학적 분석은 많은 도움을 준다. 사람들은 생산 자체보다는 과시적인 소비를 지향하기 때문에 결국 모든 사람들이 경쟁적으로, 또 모방적으로 욕망하는 도시 중심의 희소한 가치로 수요가 몰릴 수밖에 없다. **베블렌 효과**란 바로 가격이 올라가더라도 사람들의 수요가 더욱 늘어나는 현상을 말한다.[468] 뉴욕 맨하튼의 센트럴파크 부근이나 서울의 강남 등은 제한된 면적에 고급 아파트촌을 형성하면서 그 높은 부동산 가격이 사회적 신분을 상징하는 표상이 되었고, 따라서 가격이 높은데도 불구하고 더욱 많은 수요가 몰리는 현상을 볼 수 있다. 심지어 한국 자본주의에서 핵심 역할을 하는 재벌이 생산적 투자와 이윤보다는 부동산 투기를 통해 더 많은 돈을 벌었다는 인식도 존재한다.[469]

개인의 차원에서 보더라도 열심히 저축을 하여 주식을 사거나 채

468 Thorstein Veblen, *The Theory of the Leisure Class.*

469 박세길, 『한국경제의 뿌리와 열매』, p.202.

권에 투자한 사람보다 부동산을 통해 아무런 노력도 하지 않고 거대한 부를 획득한 사람이 더 많다. 개인의 차원에서 부동산은 대개 주택이고, 주택이란 살기 위한 소비재다. 그런데 소비재가 가장 많은 소득을 안겨주는 '생산적'인 요소로 돌변한 것이다.[470]

경제학에서는 이를 렌트(rent)라는 개념으로 설명한다. 렌트는 우리말로 지대(地代) 즉 땅을 빌려 쓰는 대가로 지불하는 돈을 의미한다. 제한된 농토를 소유하는 지주가 땅을 빌려주고 받는 돈은 사실 희소한 자원을 독점적으로 소유하는 주인이 앉아서 일하지 않고 돈을 번다는 의미로 발전하였다. 경제학에서는 생산적인 것과 반대되는 개념으로 지대를 활용한다. 경제 활동을 게을리 하며 석유와 같은 지하자원만을 믿고 팔아 생활하는 국가나 한국에서 부러워하는 빌딩 주인은 비판의 대상이다.

7. 어머니에서 소유의 대상으로

사탄의 맷돌을 통해 만들어진 부동산은 많은 사람들에게 부를 안겨 주었다. 한국의 경제발전과정은 부동산 투기 전개의 장이라고 말해도 과언이 아니다. 형편없는 가치의 토지가 자본주의 경제발전 과정에서 도시화와 산업화를 통해 수 십 배, 수 백 배씩 가격이 폭등하는 경우가 빈번했기 때문이다. 이제 자연은 의미가 담긴 어머니가 아니라 계산에 의한 소유와 투기의 대상으로 전락하였다. 아무리 작은 자투리땅이

470 *The Economist*, "Special Report: Housing".

라도 누군가가 소유한다는 인식이 일반화되었다.

자연은 하느님의 것이라는 생각은 자본주의 사회에서 더 이상 큰 힘을 발휘하지 못한다. 오히려 어느 땅이라도 그 누군가가 주인이라는 생각이 일반적이다. 개인이나 법인이 주인이 아니라면 국가나 공공기관이 소유하는 국유, 공유지라는 말이다. 국토개발이라는 개념은 정부가 나서 국토의 자본주의적 발전을 주도한다는 의미다.[471] 철도와 도로를 놓고, 항만과 공항을 건설함으로써 국가의 지역 간 연결을 도모하고 인간의 튼튼한 혈관이 건강한 몸과 운동을 가능하게 하듯 교통망을 통해 국토의 발전을 도모하려는 노력이다.

나라마다 조금씩 차이는 존재하지만 미국 같이 자본주의가 발달한 나라에서는 심지어 지하자원이나 해변마저도 개인이 배타적으로 소유한다. 미국에서는 개인이 소유하는 땅 아래 석유가 있다면 그것마저도 주인의 것이라는 말이다.[472] 또 개인이 해변의 땅을 사면 다른 사람들이 자신의 해변에 들어오지 못하게 울타리를 치고 막을 수도 있다는 의미다. 미국의 유명 호텔들은 해변에 철망을 치고 고객 이외의 사람들에게 입장을 금하는 경우를 심심치 않게 발견할 수 있다.

토지는 자본주의 사회에서 상품으로 다시 태어났지만 그렇다고 사람들이 오랜 역사 속에서 가졌던 토지에 대한 심리적, 정서적 애착을 완전히 사라지게 한 것은 아니다. 땅이나 집을 소유하고 싶어 하는 인간의 욕망은 어느 정도 보편적이라 부동산은 자본주의 경제의 중요한 축을 형성한다. 선진 자본주의 국가에서도 건설업은 여전히 가장 중요

471 Xavier Desjardins. *Aménagement du territoire*. pp.16~20.

472 지하자원에 대한 권리는 광산권 Mineral rights 이라는 명칭으로 불린다.

한 산업 가운데 하나이다. 인간의 보편적 욕망을 자극하는 부동산의 붐은 세계 자본주의 역사에서 여러 차례 흥망의 과정을 잉태하였다.

우리는 가까이에서 두 차례 이런 부동산의 붐과 거품붕괴를 목격하였다. 1980년대 후반 일본은 고도 경제발전 끝에 엄청난 규모의 부동산 붐을 경험했다. 당시 일본 도쿄의 부동산을 모두 팔면 미국 국토 전체를 살 수 있다는 말이 나돌았다. 하지만 1990년대 초 일본은 부동산 버블의 폭발적 붕괴를 경험하였고, 그 이후 30여 년 가까이 그 충격에서 완전히 벗어났다고 말하기 어렵다.[473]

미국 또한 2000년대 중반까지 전국에 주택을 지어 경제적 능력이 없는 사람들에게조차 낮은 이자율의 은행 융자를 통해 판매하였다. 건설과 금융 산업의 조합으로 빚을 통해 부동산 경제의 거품을 키웠던 것이다. 미국을 여행해 보면 사막 같은 황폐한 지역에 수천채의 개인 주택 단지가 들어서 있는 광경을 쉽게 발견할 수 있다. 미국 전국에 이런 단지가 우후죽순 지어졌고, 심지어 노숙자도 빚으로 집을 구매할 수 있었다고 한다. 결국 많은 사람들이 빚을 갚을 수 없는 상황이 되었고, 이는 2007년 미국 발 글로벌 금융위기를 초래했다.[474]

의식주(衣食住)라는 표현에서 볼 수 있듯이 주택이란 인간 삶의 중요한 부분이다. 하지만 주택 자체를 부동산이란 이름의 상품으로 취급하고, 시장의 원칙에 따라 가격을 결정하면서 불가피하게 잦은 위기와 불균형을 경험하게 되었다.[475] 일본의 경우 많은 사람들은 고가의 주택

473 Koichi Hamada and al. eds. *Japan's Bubble, Deflation, and Long-term Stagnation.*

474 Joseph Stiglitz. *Freefall: America, Free Markets, and the Sinking of the World Economy.*

475 부동산이나 주택은 단순히 필요를 충족하기 위해 소비하는 상품이라기보다는 이웃과 비교하여 사람들의 행복에 지대한 영향을 미치는 상징적 가치가 중요하다:

을 구매하여 큰 빚을 졌는데, 가격이 하락해 버린 뒤 남은 빚을 갚느라 고생길에 접어들었다. 일본이 아무리 이자율이 낮아도 사람들이 더 이상 소비에 관심을 갖지 않아 수십 년의 불황에 시달리는 이유다. 미국에서는 많은 사람들이 살던 집에서 쫓겨나는 수모와 피해를 감당해야 했고 정부가 엄청난 돈을 금융부문에 쏟아야 했다.

이처럼 미국과 일본이라는 세계 경제의 강대국 모두 가장 심각한 경제위기는 부동산에서 비롯되었다. 삶의 터전을 개인, 경쟁, 소유의 원칙에 따라 상품으로 만들어 시장의 원리에 맡겼다. 그리고 시장 제도의 특징에서 보았듯이 유연성이라는 장점과 함께 과도한 등락이라는 심각한 위험을 항상 안게 된 것이다.

8. 자연 파괴

인류 초기에 인간의 집단은 자연 속에서 자연과 더불어 살아가는 존재였다. 우선 인간의 수가 그다지 많지 않았고 인간의 활동이 자연에 미치는 영향도 한정적이었다. 그러나 인간이 동물을 가축으로 전환하고 땅을 일구어 농사를 짓기 시작하면서 인간은 자연을 변화시키기 시작했다. 이는 인간에게 훌륭한 식량을 제공하여 인구를 증가시키는데 기여했다. 제한적 영역에서 시작했던 농업은 이제 점점 더 넓은 영토를 필요로 하게 되었다. 그 결과 인간은 점차 지구의 더 많은 부분, 자연의

Claudia Senik, *L'Economie du bonheur*.

더 커다란 영역에 변화를 초래하였다.[476]

농사를 통해 자연의 질서를 변화시키는 것도 인간 행위의 커다란 결과였지만 이는 아직도 자연의 법칙을 활용하는 수준이었다. 하지만 대규모 산업을 동반하는 자본주의적 발전을 통해 이제는 더 광범위하고 깊게 자연을 파괴하는 단계로 돌입하였다.[477] 석탄과 석유 등 탄소 연료를 활용한 산업 발전은 지구 생태계의 돌이킬 수 없는 변화를 초래하기 시작했다. 20세기부터는 핵 발전을 통한 에너지의 활용으로 지구의 자연 질서에 대한 잠재적 위협은 더욱 커졌다.

19세기와 20세기 탄소 에너지를 태워 인류는 놀라운 경제발전을 이룩했지만 그 결과 21세기에 지구 온난화 및 기후 변화는 심각한 문제를 일으키고 있다.[478] 지구의 온도가 상승함으로써 오존층은 파괴되고 지구는 기후 질서의 혼란을 겪고 있다. 무더운 날씨와 냉혹한 추위 등 이상 기후가 빈번하게 발생하는 것은 물론 지구 수면이 상승하여 일부 저지대가 침몰할 것이란 예측이다. 국제사회는 이런 문제를 해결하기 위해 탄소 연료의 사용을 제한함으로써 지구 온난화와 기후 변화를 통제하려는 노력을 기울이고 있다. 기후 변화에 관한 파리 협정은 2015년 12월 12일 프랑스 파리에서 채택되었고, 2016년 11월 공식 발효된 국제적 합의인데 이마저도 현재 어려움을 겪고 있다.

예를 들어 중국은 가장 많은 탄소 연료 사용국이고 배출국인데 개발도상국임을 주장하며 서구 선진국의 노력을 요구하고 있다. 서구 선

476 유럽인들의 세계 진출로 인한 자연의 변화에 대해서는 다음을 참고할 것: Alfred W. Crosby. *Ecological Imperialism*.

477 Sylvie Brunel. *Le développement durable*. pp.29~30.

478 Sylvie Brunel. *Le développement durable*. pp.72~92.

진국이 이미 오랫동안 탄소를 배출해 놓고 이제 와서 개도국의 발전을 저해하려고 한다는 것이다. 선진국 가운데 미국의 트럼프는 또 탄소 연료 사용과 지구 온난화의 인과 관계가 명확하지 않다는 이유로 국제 합의에서 탈퇴해 버렸다.[479] 또 지구의 심장이라고 불리는 아마존 지역을 둘러싸고 브라질은 국토개발을 주장하지만 다른 나라들은 밀림을 유지하여 지구에 산소를 공급하는 봉사를 해야 한다는 입장이다.

기후 변화는 지구 또는 자연 파괴의 가장 뜨거운 감자일 뿐이다. 종의 다양성을 비롯하여 지구 자연 본연의 모습을 지키려는 노력은 여러 가지 차원에서 진행되고 있다. 중요한 사실은 이제 인간의 경제활동이 지구의 균형 자체를 무너뜨리는 수준까지 발전했다는 점이다. 이 광범위한 문제를 해결하기 위해서는 국제적 공조와 협력이 필수적이 되었다.[480] 2017년 7월 중국이 공해산업을 정리하기 위해 쓰레기 수입을 금지하자 당장 전 세계가 곤란을 겪었던 사례에서 지구적 자본주의 사슬의 모습을 확인할 수 있다.

탄소 에너지의 활용과 그로 인한 기후 변화는 가장 심각한 환경의 문제이지만, 보다 전반적으로 경제발전의 길이 지속가능한가에 대한 의문이 심각하게 제기되는 현실이다. 이는 기본으로 자연의 한 부분이었던 인간 사회가 자연을 개발과 활용의 대상으로 삼게 된 자본주의 발전의 결과다. 물론 자본주의 모형이 만들어져 확산되기 이전부터 인간은 서서히 자연을 활용하고 개발한 바 있다. 하지만 자본주의는 이런 노력을 체계적인 것으로 만들었고 지구 전체는 물론 이제 우주까지도 그

479 *The Economist*. "Whither the world after America's retreat?".

480 Ali Douai et Gaël Plumecocq. *L'économie écologique*. pp.85~100.

영역을 확장시키고 있다. 2010대에는 인간의 활동이 얼마나 지구를 변화시켰는지 1만 년 전부터 지속되던 홀로세 Holocene 가 종결되고 '인간의 시대' Anthropocene 라는 지질학적 새 시대 구분까지 만들어냈다.[481]

9. 환경운동의 등장

볼탄스키와 키아펠로는 『신 자본주의 정신』에서 결국 자본주의란 단순히 경제발전을 향한 운동이 아니라 그에 대한 비판에 항상 적응하고 대응하면서 스스로 변화하는 복합적 운동이라고 설명했다.[482] 이런 점에서 자본주의의 사유화로 인한 사회적 불평등이나 환경적 재앙에 대한 비판은 자본주의 자체의 변화를 초래했다고 볼 수 있다.

나라마다 조금씩 차이는 존재하지만 여전히 국토의 상당 부분은 국가가 보유하면서 공유지의 성격을 유지하고 있다. 선진국에는 상당히 발달한 시설을 가진 국립공원이 다수 있으며 심지어 개발도상국에도 관광객을 유치하기 위한 자연 공원이 개발되기 시작했다. 도시의 난개발을 막기 위해 한국에서는 그린벨트 정책을 세웠고, 도심 녹색 공간을 형성하기 위한 노력이 여러 곳에서 진행되고 있다.

지구를 하나의 범주로 삼아 자연을 보호하고 보존해서 후손에게 넘겨주어야 한다는 인식이 퍼지기 시작한 것은 1970, 80년대다.[483] 이

---

481 *The Economist*. "The Anthropocene: A man-made world".

482 Luc Boltanski et Eve Chiapello. *Le nouvel esprit du capitalisme*.

483 Ali Douai et Gaël Plumecocq. *L'économie écologique*. pp.13~30.

때 본격적으로 자연 파괴의 후과들을 경험하면서 인류 문명의 종말 가능성에 대한 인식이 생겼기 때문일 것이다. 특히 이 시기는 미국과 소련의 냉전시기이자 핵무기 개발로 지구 종말의 가능성이 어느 때보다 높았기 때문에 이런 위기의식이 생긴 것으로 보인다.

환경 운동에는 다양한 철학과 경향이 존재하지만 기본으로 지구와 자연은 인간의 소유가 아니라 인간이 생활하는 공동의 공간이라는 인식이 있다.[484] 폴라니나 프루동이 말했듯이 이제 이 자연은 인류의 공동 자산으로 보존하고 지켜서 후손들이 지속적으로 삶을 영유해 나갈 수 있도록 해야 한다는 생각이다. 이 부분에서 우리는 다시 자본주의의 정의에서 장기적 시간의 통제라는 인식과 만난다. 다만 개인에서 집단으로 범위가 넓어졌고, 더 나아가 인류로 확산되었으며, 시간적으로는 후손과 그 뒤에 오는 세대들을 모두 포함함으로써 시간의 한계 또한 확장되었다.

해당 집단과 시간적 확장은 생태계 전체를 포괄하는 보존 대상의 확대를 동반했다. 예를 들어 인간 중심의 세계관에서 동물이나 식물도 포함하여 자연을 보존하고 자연에서 삶을 영유하는 동식물이나 지형, 호수와 산, 경치와 환경을 모두 보호하려는 움직임도 발견할 수 있다.[485] 선진국에서는 예외 없이 이런 환경 운동 단체가 활발하게 활동하며, 유럽 지역에서는 환경 운동에서 출발한 정치 세력이 성공적으로 정부와 정책에 관여하고 있다.

독일은 이런 녹색당이 연합 정부의 형성으로 집권세력으로 성장하

484 Sylvie Brunel. *Le développement durable*. pp.102~105.

485 Ali Douai et Gaël Plumecocq. *L'économie écologique*. pp.27~30.

였다. 1980년대부터 의회에 진출한 독일의 녹색당은 사회민주당과 연합함으로써 1998년 집권에 성공하였고 자신들의 친 환경 어젠다를 정책에 반영하는데 성공하였다. 독일은 유럽연합의 중심을 차지하는 강대국으로 독일에서 녹색당의 발전은 유럽 전체에 정책적 영향력의 확대로 반영된다. 물론 이제는 독일 뿐 아니라 유럽 전체에서 녹색당은 상당한 지지율을 확보하고 있다.[486] 결국 유럽은 환경운동의 정치세력화를 통해 자본주의에 대한 강력한 수정을 요구하는 지역으로 부상했다.

적어도 자본주의의 역사가 시작된 서유럽에서는 국민들이 더 이상 난개발로 국토와 환경을 마구 손상시키는 일을 용납하지 않는 듯하다. 이제 경제발전과 자연보호의 균형을 적절히 맞추는 변화를 요구하는 것이다.

10. 공공재로서 토지

폴라니는 인류의 역사에서 자연이 얼마나 인간의 삶에 결정적이었는가를 설명하였다. 자연은 인간의 삶의 터전이자 아름다움을 비롯해 다양한 자원을 제공해 주는 생명의 근원이다. 그 보다 한 세기 정도 앞서서 프루동 역시 토지가 가지는 공공재로서의 성격을 강조하였다.

"토지는 우리 생명의 보존에 필수불가결한 사물이며, 따라서 공통

486 Jon Burchell. *The Evolution of Green Politics: Development and Change within European Green Parties.*

의 사물이고, 따라서 전유될 수 없는 것이다. 토지는 다른 요소들보다 훨씬 그 양이 적으므로, 토지의 이용은 특정인의 이익을 위해서가 아니라 모두의 이익과 안전을 위해서 규제되어야 한다."[487]

프루동 역시 토지와 같은 요소는 너무나 중요하고 희소하기 때문에 사유화 되어서는 곤란하고 공유의 대상으로 삼아야 한다고 주장했다. 달리 말하자면 국가나 공공기관이 나서 토지의 공적 성격을 보호하고 생성하여 규제해야 한다는 뜻이다.

경제학에서 **공공재**를 말할 때 크게 두 가지 기준을 제시한다.[488] 하나는 **비배제성** non−excludability 으로 특정한 사람을 공공재의 혜택에서 배제하지 않는다는 의미다. 앞에서 미국 해변의 사례를 들었다. 사유재란 주인이 해변에 울타리를 쳐서 다른 사람이 들어오지 못하게 할 수 있다. 하지만 공공재로서 해변이라면 누구나 모래사장과 바다의 경치, 그리고 석양의 아름다움을 즐길 수 있다.

다른 하나는 **비경쟁성** non−rivalness 이다. 다시 해변의 사례를 든다면 아름다운 경치를 내가 구경한다고 다른 사람이 즐기지 못하는 것은 아니다. 아니면 맑은 공기도 마찬가지다. 내가 맑은 공기를 호흡한다고 다른 사람이 이를 즐기지 못하는 것이 아니라는 말이다. 경제학에서는 일반적으로 공공재의 조건으로 풍요로운 상황을 상정한다. 비배제성과 비경쟁성이라는 조건을 충족시키기 위해서는 해당 재화나 서비스가 풍부하게 공급되어야만 가능하기 때문이다.

487 Pierre Proudhon. 이용재 옮김. *Qu'est-ce que la propriété?* p.146.

488 Jean Tirole. *Economie du bien commun* ; Gregory Mankiw. *Principles of Economics.* pp.215~232.

예를 들어 도로나 공원과 같은 시설은 공공재로 국가가 이에 대한 개방적 접근을 보장한다. 하지만 비경쟁성을 보장하기란 쉽지 않은 일이다. 도로에 차가 몰리면 정체 현상이 나타나 제대로 이동하기 어려우며, 공원에도 인파가 몰리면 도시의 심장으로 기능하기 어렵다. 이럴 경우 통행료나 입장료를 통해 개방성에 제한을 두기도 한다. 사유제나 시장에서 활용하는 가격을 통한 배제성의 장벽을 치는 셈이다.

국방이나 치안과 같은 공공재는 서비스에 해당한다. 대개 국가가 나서 군대를 창설하고 국토를 방어함으로써 외세로부터 국민의 안전을 보장하는 서비스다. 또 국가나 지방단체가 경찰을 통해 민간의 안전을 보장하는 서비스를 말한다. 국방과 치안의 서비스는 비배제성과 비경쟁성이 강하다. 이럴 경우 서비스 생산의 비용을 부담하지 않으면서 혜택만 누리려고 하는 **무임승차** free-riding 의 문제가 발생한다.[489]

스미스는 정치경제학의 주요 과제로 첫째 국가의 부를 생산하는 방식에 대한 연구라고 하였고, 둘째 공공재를 생산하는 비용 분담 문제에 대한 고민이라고 말했다.[490] 공공재에 대한 문제의식은 결국 정치경제학의 핵심이라고 할 수 있다. 위에서 국방이나 치안도 사실 해당 국가의 국민이나 거주하는 외국 주민이 아니라면 이런 혜택에서 제외될 수밖에 없다. 따라서 중요한 것은 공공재 혜택의 범위나 비배제성, 비경쟁성 등에 대한 기술적 가능성이 꾸준히 변화하며 이를 바탕으로 항상 새로운 정의를 내릴 수 있다는 점이다.

---

489 Mancur Olson. *The Logic of Collective Action.* ; Gregory Mankiw. *Principles of Economics.* pp.218~222.

490 Adam Smith. 김수행 옮김. *The Wealth of Nations.* p.467.

이 장에서 우리는 어머니처럼 여기던 자연을 점차 상품으로 전환시킨 자본주의 역사와 과정을 간략하게 살펴보았다. 하지만 그 과정에서 지나친 상품화가 가져오는 문제점들에 대해 많은 사람들이 저항했으며, 최근에는 지구적 차원에서 환경을 보호해야 한다는 의식이 강화되었다.[491] 자본주의의 학문이라고 할 수 있는 경제학에서는 어머니 자연보다는 공공재라는 개념을 통해 개인이나 민간이 소유하여 독점하는 상품으로서의 토지와 공유의 대상이 되는 자연을 구분하고 있다.

491 Daniel Cohen. *La prospérité du vice*. pp.247~263.

제11장
노동, 평등을 빙자한 불평등

1. '헬조선'과 '갑질'의 한국사회

한국의 민주화는 1987년을 원년으로 삼고 있다. 그로부터 10년 뒤인 1997년, 김대중 대통령의 당선으로 여야가 뒤바뀌는 최초의 평화적 정권 교체는 민주체제의 공고화 기점으로 삼을 수 있을 것이다.[492] 이후 한국은 10년을 단위로 보수와 진보가 집권하는 주기가 반복되었다. 김대중 · 노무현의 진보 정권(1997~2007년)에 이어 이명박 · 박근혜 보수 정권(2007~2017년)이 연달아 집권하였다. 많은 문제점에도 불구하고 정기적 정권 교체가 이뤄지는 민주체제가 자리를 잡았다고 할 수 있다.

정치경제나 자본주의의 관점에서 1997년의 일명 IMF 위기는 한국

492 최장집, 『민주화 이후의 민주주의』.

사회에 커다란 변화가 일어나기 시작한 분기점으로 보인다.[493] 한편으로는 경제 위기를 맞아 폴라니가 말했던 사탄의 맷돌이 본격적으로 작동하는 사회로 바뀌었다. 기업의 파산과 이에 따른 해고와 실업의 혼란이 사회를 강타했으며 시장의 원칙에 따르는 유연한 신자유주의 정책과 사고가 구조적으로 자리 잡았기 때문이다. 동아시아의 발전 모델이라고 불렸던 개발독재의 시대가 가고 신자유주의 시장의 원칙을 새로운 신조로 삼았다고 할 수 있다. 또는 정치경제학에서 말하던 발전국가론이 약화되면서 시장친화적인 국가로 이동하였다고 할 수도 있다.[494]

다른 한편에서는 민주화와 함께 경제 분야에서도 인간의 가치나 권리를 강조하는 시각이 점차 중요성을 띠게 되었다. 그 대표적인 논리는 그 동안 독재나 권위주의 정권은 성장을 중요시했기 때문에 이제는 분배의 문제를 본격적으로 다뤄야 한다는 주장이다.[495] 한국의 시장 중심 경제 개혁을 강요했던 IMF 조차 이런 사회적 안전망을 만들어 개혁을 동반해야 한다는 조건을 내세움으로써 분배 또는 재분배 정책의 정당성을 강화하였다. 재벌 개혁을 요구하는 경제 민주화는 정치 민주화를 보완하면서 동시에 완성시키는 과제로 부상하였다. 전통적 가족이 해체되면서 사회 안전망과 복지 정책의 필요성 또한 더욱 부각되었다.

2010년대 한국 사회에 중요한 쟁점으로 등장한 '헬조선'이나 '갑질'의 화두는 이런 근본적 변화, 즉 시장화와 민주화라는 두 상반된 흐름을 반영한다. 헬조선이란 한국 사회가 지옥 hell 과 같은 혼란과 고통의

493 안은별. 『IMF 키즈의 생애』; 박길성. 『IMF 10년 한국사회 다시보다』.

494 Meredith Woo-Cumings. ed. *The Developmental State*.

495 유종일. 『경제민주화: 분배 친화적 성장은 가능한가』.

공간이라는 불평이다.[496] 젊은 세대를 중심으로 등장한 이런 불만은 어린 시절부터 경쟁의 장에 투입되어 '노오력'을 해야 하고 스트레스에 시달리며 성장해 봤자 제대로 된 일자리를 찾기는 하늘에 별 따기만큼이나 어려운 세상을 향한다. 미래 지향의 의미를 가진 '코리아'가 아니라 헬 '조선'인 이유는 현재의 세상이 과거 고리타분하고 부정적 이미지로 가득 찬 조선의 봉건시대와 다를 바가 없다는 비판이다. 경쟁을 통해 공정한 결과를 도출하는 것이 아니라 조선시대처럼 경쟁을 왜곡하는 사회의 구조적 부조리가 결국 '금수저'의 재생산에 기여할 뿐이라는 '흙수저'의 한탄이다.

'갑질'은 갑과 을의 관계, 즉 불평등한 관계에 놓여있는 사람들 사이에 발생하는 부정적 관습이나 행동을 지칭한다. 갑질이란 일반적으로 권력관계에서 발생하며 구조적 권력을 가진 자가 이를 남용하는 현상이다. 과거 권위주의 시대에는 용인되던 권력 남용은 민주화의 시대에 더 이상 용납되지 않는다. 개인주의의 확산과 인권에 대한 의식의 변화는 다양한 종류의 갑질을 폭로하고 변화를 촉구하는 사회로 나아감을 뜻한다.

이 장에서 다루는 자본주의에서 인간의 문제는 헬조선이라는 사회공간 인식과 갑질이라는 권력 관계의 문제와 밀접하게 연결되어 있다. 공정성에 대한 욕구는 헬조선의 비판으로 이어지고 평등과 인권에 대한 열망은 갑질 비난으로 표출된다.

496 박노자. 『주식회사 대한민국』.

2. 노예와 농노

사람들은 가장 견디기 힘든 종속의 상황을 말할 때 종종 노예라는 조건을 동원한다. 개인주의 의식이 발달한 현대인에게 가장 불행한 상황은 자신이 자신의 주인이 아니라 다른 사람에게 종속되고 심지어 다른 사람이 자신을 소유하는 상황일 것이다. "노예처럼 산다"든지 "노예와 다름없다"는 한탄은 극단적 종속의 상태를 지칭한다.

역사적으로 노예는 고대 뿐 아니라 많은 시대와 사회에서 널리 존재했던 제도다. 노예제는 사람이 다른 사람을 소유하여 인간이 인간을 지배하는 권력 관계의 한 형태다. 대개 고대 사회에서 전쟁을 통해 포로를 획득하거나 채무의 관계에서 빚을 갚지 못할 경우 다른 사람의 노예가 되었던 것이다. 고대 그리스나 로마 시대의 노예란 자유인의 여가 활동과 정치 참여를 가능하게 하는 생산 계급이었다.[497] 경제적인 시각에서 노예제는 지배와 착취를 가능하게 하는 생산 양식의 가장 중요한 기제였던 것이다.

현대 평등의 시각으로 볼 때 노예제는 인권을 유린하는 제도이지만 역사적으로 노예제의 실상을 제대로 파악할 필요가 있다.[498] 노예는 주인의 입장에서 재산이었기 때문에 적절한 대우를 통해 생산성을 높이는 것이 스스로에게 이익이었다. 노예를 잘 먹여야 열심히 일을 할 것이고, 자식을 낳아 더 많은 노예를 제공할 것이기 때문이었다. 다른

497 플라톤의 이상적 사회란 시민들이 노동을 하지 않는 사회다. 생산에 종사하는 것은 노예거나 외국인들이다: Platon. *Lois*. 846 d

498 Jean-Pierre Vernant et Pierre Vidal-Naquet. *Travail et esclavage en Grèce ancienne*.

한편 경제적 착취와는 별개로 사회적, 정서적으로는 주인과 노예 사이에 상당히 긴밀한 관계가 형성되어 있었다. 일부 주인은 노예를 해방시켜 자유인이 되게 해 주기도 하였다.[499]

농노제는 유럽 중세 봉건주의에서 유행하던 제도였다. 자유인이 노예를 소유하던 시대에서 중세가 되면 귀족이 영토를 지배하고 농노란 영토에 속한 인간으로서 귀족에 종속되는 제도가 지배한다. 쉽게 설명하자면 인간 대 인간의 지배 및 소유관계인 노예제와 달리 인간이 토지에 귀속되는 제도가 농노제라고 할 수 있다. 귀족이 농노를 지배하는 방식은 따라서 간접적이다. 귀족은 자신이 지배하는 영토 안에서 안전을 제공하고, 농노는 땅을 일구어 생산 활동으로 귀족의 삶을 가능하게 하는 분업 체계다.[500]

경제학에서 노예나 농노 제도가 갖는 가장 심각한 문제는 동기부여다. 노예는 강제적으로 인간을 노동에 동원하는 제도다. 농노 역시 직접에서 간접적인 지배 방식으로 완화되었지만 기본으로 영주의 땅을 일구고 자신의 생산물을 영주에게 바쳐야 한다. 이기적인 경제적 인간은 이 과정에서 최대한의 노력을 통해 생산을 늘릴 동기가 없다.[501] 아

499 로마 시대 말기 기독교가 국교가 된 이후 성 아우구스티누스는 노예제에 대해 하느님의 이미지로 만든 인간인 만큼 이를 짐승처럼 다스리는 것은 자연스런 제도는 아니지만 죄를 지은 자에 대한 처벌로 본다면 가능하다는 입장을 보였다: Saint Augustin. *La Cité de Dieu*. Liv. XIX, chap. 15.

500 Jérôme Baschet. *La civilisation féodale*. pp.165~187.

501 게다가 고대 그리스와 로마를 거쳐 중세까지 노동에 대한 사회적 시각은 부정적인 것이었다. 먹고사는 문제에 결부된 노동이란 인간의 동물적 측면에 관한 것이었기 때문이다. 인간의 고귀한 활동은 이런 동물적 측면에서 벗어나 신에 가까워질 수 있는 이성을 활용하는 철학, 예술, 종교 등이었다: Dominique Méda. *Le travail*. pp.43~44.

무리 열심히 일해 봤자 득을 보는 것은 주인과 영주이기 때문이다. 달리 말해 인간을 직접 또는 간접적으로 통제하고 강제로 일을 시키는 것은 가능하지만 이들로 하여금 자발적으로 노력하도록 만들기는 어렵다는 말이다.

노예나 농노제도에서 나타나는 동기부여의 문제를 해결하는 것이 바로 자유주의 사회의 '보이지 않는 손'이다. 사람들이 자기 자신을 위해 일하면 최대한의 노력과 정성을 들일 동기가 생기기 때문이다. 이런 최대한의 노력과 정성이 사회 전체적으로 이뤄질 때 생산은 크게 늘어날 수 있다.

3. 노동 현실의 역사

서구의 전통적 역사관을 따르면 고대의 그리스-로마 시대에 이어 중세의 봉건주의, 그리고 근대의 자본주의 시대가 단계를 형성하며 진행되었다. 인간의 노동을 조직하는 제도 역시 이런 시대 구분에 따라 고대 시대에는 노예제가, 그리고 중세 봉건시대에는 농노제가 일반적이었다. 마지막으로 자본주의 시대에는 임노동 제도가 보편화되는 과정이다.[502]

하지만 역사 연구의 질이 향상되고 과거에 대한 이해가 세밀해 지면서 이런 진화론적 시각이 현실을 과도하게 단순화한다는 사실이 밝혀졌다. 노예제나 농노제, 그리고 임 노동제를 역사 단계라고 보는 시

502 Karl Marx and Friedrich Engels, *The Communist Manifesto.*

각은 곤란하다는 말이다. 실제로는 이들 제도가 각각의 특징을 갖고 특정 사회에서 공존하거나, 지역과 문화에 따라 한 종류의 제도가 지배적이었지만 인류를 놓고 보면 다양성이 존재해 왔다.

예를 들어 메소포타미아 문명에 대한 연구를 통해 이미 기원전 6세기 경 바빌로니아에서 임노동제가 가장 일반적인 노동의 형태였다는 사실이 21세기에 밝혀졌다.[503] 서남아시아 메소포타미아 문명은 고대 그리스와 함께 가장 많은 기록을 남겼다. 이들 가운데 80%가 경제사회적 내용을 담고 있다. 이 기록을 체계적으로 연구한 학자들은 기원전 6세기에는 바빌론에 수요과 공급으로 작동하는 일종의 노동시장이 존재했다는 사실을 발견했다. 노동시장에서 노동의 가격이라고 할 수 있는 임금은 시기적으로 변동을 겪었다. 농업에서 수확을 하는 계절에는 일손이 부족했기 때문에 임금이 높이 치솟는 현상이 있었다. 장기적으로 보면 임금은 다른 일반 상품의 가격과 비슷한 변화를 나타냈다는 것이다.[504]

물론 이 시기에는 우리가 쉽게 상상하듯이 노예도 존재했다. 하지만 흥미로운 사실은 토지의 주인이 땅을 임대할 때 소작인이나 노예에게 소작을 주었는데, 그 조건은 거의 유사했다는 점이다. 노예는 특히 단순 노동보다는 주인을 대신하여 농장의 노동을 감시하고 관리하는 역할이 더욱 많았다는 점이다. 자유로운 임금 노동자가 땅을 열심히 일구는 동안 부자 주인의 노예는 이를 관리하고 통제하는 역할을 담당했

503 Michael Jursa. "Babylonia in the First Millenium BCE : Economic Growth in Times of Empire".

504 Michael Jursa. "Babylonia in the First Millenium BCE : Economic Growth in Times of Empire". p.35.

다는 사실은 놀랍다.[505] 주인과 노예의 관계가 노동시장의 임노동 관계보다 얼마나 더 가깝고 장기적 신뢰에 바탕하고 있었는지를 보여주는 사례다.

고대 그리스 문명 전체가 노예제에 기초했다고 단순하게 보는 시각도 수정할 필요가 있다. 예를 들어 그리스 도시국가 가운데 아테네는 전형적으로 많은 노예가 경제의 전반에 걸쳐 생산 활동에 집중한 경우다. 농사부터 수공업, 상업 등 다양한 분야에 노예가 생산에 참여했다. 하지만 아테네의 경쟁 대상이었던 스파르타에서는 농노제에 가까운 농업 중심의 경제체제가 지배했다. 고대를 노예제도의 시기로 파악하는 이유 가운데 하나는 그리스에 이어 로마 제국이 노예제도를 대규모 활용하는 전통을 이어받았기 때문이다.[506]

하지만 이 시기에도 서남아시아의 페르시아나 북아프리카의 이집트는 노예제도보다는 농노제에 가까운 제도들을 운영하고 있었다. 마르크스처럼 노예제에서 농노제로의 역사적 전개가 단계에 따른 역사 발전의 방향이라고 보는 시각은 유럽 중심의 근시안적 인식의 결과라는 말이다.

505 Michael Hudson. "Entrepreneurs: From the Near Eastern Takeoff to the Roman Collapse". pp.8~39.

506 Alain Bresson. "Capitalism in the ancient Greek economy".

4. 임노동의 특수성

고대에도 임노동은 일부 사회에서 존재했지만 자본주의 발전 과정에서 보편적인 노동의 현실로 자리 잡은 것도 사실이다. 여기서 임노동과 노예제, 또는 농노제가 갖는 각각의 특징을 살펴볼 필요가 있다. 노예–농노–임노동의 순서나 단계는 그리 간단치 않다. 우선 시장이라는 제도가 작동할 수 있는 것은 노예와 임노동이다.

시장은 상품을 사고 파는 제도다. 여기서 상품이 노동력을 가진 인간, 즉 노예라면 시장이 유연성을 발휘하면서 작동할 수 있다. 노예제를 가장 적극적으로 활용하면서 성장한 그리스의 도시국가 아테네의 사례를 살펴보자.[507] 그리스의 대표적 도시국가 아테네는 아시아나 아프리카의 제국들과 달리 노예제에 기초한 사회였다. 아테네는 시민들이 자발적으로 정치에 참여하고 군대에 나가 전쟁을 벌이는 군인으로 활동하였다. 강제로 군인을 징집해야 했던 제국과 도시국가 모델이 다른 점이다.

아테네의 모델은 정치에 참여하는 자유로운 시민과 강력한 자발적 군대로 특징지을 수 있다. 이런 모델이 가능했던 것은 생산 활동을 노예들이 담당했기 때문이다. 아테네에서 자국의 시민은 절대 노예로 부릴 수 없었다.[508] 따라서 노예란 전쟁을 통해 포로를 확보하거나 돈을 주고 사야하는 노동력이었다. 아테네 모델의 두 번째 특징은 은을 대량 생산하는 광산을 보유하기 때문에 외부와 무역을 통해 부를 축적하는

507 Alain Bresson, "Capitalism in the ancient Greek economy".

508 Aristote, *Economique*, Livre I Ch.5 1344 b

것은 물론 돈을 주고 노예를 사올 수 있었다는 점이다.[509] 페르시아나 이집트의 제국이 농업에 기초한 경제를 갖고 있었던 반면 그리스는 무역을 통해 부를 축적하면서 영향력의 영역을 넓혀 갈 수 있었다.

위에서 바빌로니아가 이미 일반화된 임노동과 이에 해당하는 노동시장을 갖고 있었다는 점을 지적했다. 하지만 바빌로니아가 이웃 페르시아 제국에 통합되면서 이런 전통은 사라지고 다시 농노제라는 노동형식을 채택하였다. 지중해 지역에서 이런 임노동이 다시 부활하는 것은 중세 유럽 도시국가에 와야 한다.

그리스의 아테네는 왜 그럼 임노동이 아닌 노예의 제도에 의존할 수밖에 없었는가. 특히 자발적인 노동이 강제 노역보다 더 생산성이 높은데도 말이다. 임노동은 자발성에 의존하기 때문에 너무나 혹독한 노동조건이라면 시장이 형성되기 어렵다. 그 중 가장 대표적인 사례가 위험하고 힘겨운 광산 노동이다. 여기서는 노예제와 같은 제도가 더 적합할 것이다.

바빌로니아의 임노동 시장이나 그리스의 노예 시장은 둘 다 발전한 화폐 경제를 조건으로 한다. 화폐가 널리 퍼져 사용되어야지만 노동에 관한 매매가 가능하기 때문이다. 바빌로니아와 아테네는 모두 은화를 기본적으로 사용하는 발달한 화폐 경제였다. 바빌로니아는 은의 순도와 무게 등을 국가가 나서 관리하였고, 그리스는 은화 주조에 국가가 나서 법정 화폐 legal tender 라는 개념을 발전시켰다.[510]

반면 농노제에 기초한 경제는 굳이 화폐를 필요로 하지 않는다. 농

509 François Lefèvre. *Histoire du monde grec antique.* p.253.

510 William N. Goetzman. *Money Changes Everything.* pp.92~102.

노제란 노동과 안전을 '교환'하는 관계이며, 귀족과 농노 사이에 반드시 화폐를 매개로 하는 교환이 이뤄지는 것이 아니다.[511] 이처럼 유럽의 역사적 전개만을 따로 놓고 살펴보지 말고 세계의 다양한 지역을 비교 분석하면 보다 복합적인 그림이 그려진다. 농노제가 초기에 인간 노동을 확보하는 가장 기본적인 방식이었다면 노예제와 임 노동제는 화폐 경제라는 조건을 충족시켜야만 가능한 제도이다.

5. 대등한 관계?

경제적 측면에서 본다면 농노제가 보다 전통적인 성격이 강하고 노예제와 임 노동제는 화폐경제에서나 가능한 시장을 통해 운영된다. 농노제와 비교했을 때 시장을 통한 교환은 유연한 대응을 가능하게 만든다. 더 많은 노동을 필요로 한다면 시장에서 노예를 사거나 더 많은 노동자를 고용할 수 있다. 이론 상 더 이상 노동이 필요 없다면 반대로 시장에 나가 노예를 팔거나 고용하는 노동자를 해고할 수 있다. 시장에서 가격이란 공급과 수요를 조정하는 균형점이다. 노동에 대한 수요가 많아지면 노예 가격 또는 임금이 올라갈 것이고, 반대로 노동의 공급이 많아지면 노예의 가격이나 임금이 떨어질 것이다. 시장의 가격 조절을 통해 노동의 양을 조절할 수 있다는 사실은 노예제나 임노동제가 갖는 유연성의 특징을 잘 보여준다.

511 '교환'이라는 표현은 임금제와 비교하기 위한 수단이지 실제로 귀족-농노 관계는 정치적 지배의 성격이 강하다: Jérôme Baschet. *La civilisation féodale*. pp.172~179.

자본주의의 발전 과정이란 점점 더 많은 사물의 상품화라고 볼 수 있다. 특히 시장 거래를 위해 생산을 집중하고 늘리는 과정을 거치는데 그러려면 유연성이 매우 중요한 요소가 된다. 일손이 더 많이 필요할 때와 더 이상 일손을 필요로 하지 않을 때, 상황에 따라 노동의 양을 조절하는 일이 중요해 진다는 의미다.[512] 여기서 노예제와 임노동제의 차이가 드러난다. 둘 다 화폐 경제를 전제하지만 노예제는 임노동에 비해 경직성이 강하다. 노예제란 노동력을 가진 사람을 사고 파는 제도이기 때문에 일단 노예를 보유하게 되면 고정적인 비용을 지속적으로 치러야 하는 제도다. 반면 임노동은 이론적으로 고용과 해고의 과정이 노예의 매매보다는 수월하며, 임금의 수준이나 노동시간 등을 통해 노예제보다 유연하게 운영할 수 있다.

노예제와 임노동은 또 기본적으로 상호 관계의 성격이 다르다. 노예제는 주인과 소유물이라는 위계적 상하관계이지만 임노동은 원칙적으로 대등한 자유인들이 맺는 평등한 계약이다.[513] 양자가 체결하는 노동계약을 통해 갑(甲)은 을(乙)을 일정한 임금에 고용하게 되고, 을은 자신의 노동이라는 서비스를 임금이라는 보상과 맞바꾸는 일이다. 화폐경제에서 발전할 가능성이 높은 자본주의는 노예제나 임노동제와 모두 친화적일 수 있다. 실제 자본주의의 초기에 보면 아메리카 대륙에서 노예에 의존하는 상업 농업이 활발하게 발전하였다.[514] 비인도주의적이라

---

512 Karl Marx. *Das Kapital*. p.173.

513 메다는 18세기 정치경제학자들이 '노동의 발명'이라는 혁명적 변화를 이끌었다고 설명한다: Dominique Méda. *Le travail*. pp.63~97.

514 Douglass North. *Institutions, Institutional Change and Economic Performance*. pp.131~140.

는 이유로 노예제가 사라진 이후에도 아메리카의 대농장에는 노예제에 가까운 제도가 오랜 기간 유지되었다.

임노동은 노예제보다 유연한 것은 물론 평등한 계약이라는 점에서 자본주의의 개인 중심 사고와 더 친밀한 관계를 맺는다. 노예제에서 노예를 거래하는 인간들은 평등한 시장의 원칙을 따른다. 하지만 거래를 당하는 인간의 입장에서는 개인의 인권과 권리가 완벽하게 부정되는 제도다. 임노동은 거래의 당사자인 두 사람 모두가 선택을 해서 계약을 맺는 것이고, 거래의 대상은 노동이라는 서비스지 인격체가 아니다.

물론 실질적으로 사람들은 노동을 통해 임금을 벌고, 이로써 먹고 사는 일을 해결하기 때문에 노동시장을 완전히 평등한 시장으로 볼 수는 없다. 대부분의 경우 한 사람의 고용주나 자본가는 다수의 노동자를 고용하기 때문에 이는 다시 불평등의 관계로 전환된다. 게다가 노동을 하는 과정 자체에서 단순히 서비스를 주고받기보다는 위계질서를 통해 일을 진행하는 것이다. 결국 임노동은 이론적 평등 계약 관계의 탈을 쓰고 진행되는 불평등 위계질서의 현실이라고도 볼 수 있다.[515]

6. 유기적 사회의 해체

영국이 자본주의의 기본 모형을 만들었던 19세기에 노동시장의 현실을 살펴보자. 폴라니는 시장이 지배하는 사회를 만든다는 것은 기존에 있었던 유기적 사회 공동체를 해체하는 일이라고 설명한다. 유기적

515 Dominique Méda, *Le travail*, pp.155~161.

사회 공동체란 전통적으로 마을이나 지역, 가문이나 교회 등에서 빈민을 돕고 최소한의 인간적 생존을 위해 상부상조하는 공동체를 의미한다. 이를 해체해야지만 시장사회를 만들 수 있기 때문이다.

> "노동을 인간의 다른 활동들로부터 떼어내어 시장 법칙에 종속시키면 인간들 사이의 모든 유기적 존재 형태는 소멸되고 그 자리에는 대신 전혀 다른 형태의 조직, 즉 원자적 개인주의의 사회 조직이 들어서게 된다. 이러한 파괴 공작을 실행에 옮기는 최상의 방책은 자유계약의 원리를 현실에 적용하는 것이다. 현실에서 그것은 곧 친족, 이웃, 직업동료, 신념을 공유하는 모임 등 모든 계약 외적인 조직들은 개인들에게 충성을 강요하는 것이며, 따라서 그들의 자유를 제한하는 것이므로 해체되어야 한다는 것을 의미한다."[516]

자본주의의 필요를 충족시키기 위한 시장의 기능은 또한 노동자들로 하여금 열심히 일하게 만들어야 한다. 만일 유기적 사회 공동체가 노동자의 생존을 가능하게 한다면 그는 게을러지거나 노동을 거부할 수도 있다: "'기꺼이 스스로 일하는 노동자'를 만들어 내는 최종 단계는 '자연의 징벌', 즉 굶주림을 노동 기율의 방법으로 활용하는 것이다. 그런데 그렇게 굶주림이라는 힘이 한껏 효력을 발휘할 수 있으려면, 개인들 누구도 굶주려서는 안 된다는 원칙에 선 유기적 사회는 반드시 해체되어야만 하는 것이다."[517]

19세기 산업혁명 시기 영국은 놀라운 인구 폭발을 경험했다.[518] 농

---

516 Karl Polanyi. 홍기빈 옮김. *The Great Transformation*. p.439.

517 Karl Polanyi. 홍기빈 옮김. *The Great Transformation*. pp.442~443.

518 영국의 인구는 1801년 1,560만명에서 1901년 4,150만으로 두 배 이상 증가했다: Philippe Chassaigne. *Histoire de l'Angleterre, des origines à nos jours*. p.252.

촌에서 늘어나는 인구는 엔클로저 운동으로 더 이상 생존이 불가능해지자 도시로 대거 이동하여 빈민층을 늘렸다. 도시에서도 부랑자에 대한 지원 정책이 자유주의의 영향 아래 점차 사라지기 시작했고 결국 이들 잉여 인구는 산업에 동원될 수 있는 인적 자원을 제공한 셈이다. 굶주린 대중은 자유계약의 이름으로 노동자로 동원되었는데 이들은 실제 최소한의 생존만을 위한 임금에 가혹한 노동조건을 견뎌야 했다.

그림 11. 광부는 19세기 유럽 산업혁명의 대표적인 직업이다. 쥘 귀스타브 베송(Jules Gustave Besson)의 〈광부들〉, 1900년 작. 러시아 상트페테르부르크 에르미타시 미술관.

적어도 19세기 영국에서는 마르크스가 지적한 자본주의의 민낯이 현실이었다는 말이다. 공장이나 광산에서는 간신히 걷기 시작한 4~5

살의 아이들이 노동에 동원되었고 헐벗은 대중은 경제 위기가 닥치면 해고되어 실업자로 전락하곤 했다.[519] 특히 19세기는 경기 침체가 닥치면 노동자 임금이 하락하여 말 그대로 허리띠를 졸라매는 수밖에 없는 시대였다. 수많은 실업자와 농촌의 잉여 노동은 프롤레타리아 예비군을 형성하고 있었고 따라서 임금은 크게 오를 수 없는 상황이었다. 영국의 디킨스나 프랑스의 졸라와 같은 소설가는 이런 빈곤과 착취의 비참한 현실을 잘 묘사하였다.[520]

전통에서 물려받은 유기적 사회가 해체되는 것과 동시에 이런 비참한 현실을 타파하려는 새로운 현대적 사회 운동이 일어나게 된 이유다. 사회주의 운동은 노동의 조직화를 통해 자본가 계급과 대등한 위치로 올라서려 하였다. 자본가가 자본을 소유함으로써 얻는 권력에 대항하여 노동은 대중의 조직화를 추진한 것이다.

7. 노동운동과 사회주의

19세기 자본주의가 대중의 시대를 맞으면서 역사에 남긴 인상적 사건은 기계를 때려 부수는 러다이트 Luddite 운동이다. 1810년대 영국 노팅엄에서 시작한 이 운동을 주도한 것은 섬유산업에 종사하던 노동자들의 비밀 결사조직이었다. 이들은 기계의 도입으로 인해 자신들의 생존 기반이 무너지는 현상에 반발하여 공장을 점거하고 기계를 부

519 Leo Huberman. *Man's Wordly Goods: The Story of the Wealth of Nations.*

520 Charles Dickens. *Oliver Twist*; Emile Zola. *Germinal.*

수는 등의 행동을 벌였다. 이후 러다이트 운동은 기술의 도입과 이로 인한 변화에 저항하는 노동 세력의 상징이 되었다. 러다이트 운동의 주체는 섬유산업의 숙련 노동자들이었다.

19세기 중반이 되면 마르크스가 말한 프롤레타리아, 즉 자신의 근육 말고는 소유하는 것이 전혀 없는, 따라서 단순한 육체노동자라고 할 수 있는 대중 집단이 형성되었다. 광산, 철도, 철강, 섬유산업 등은 이런 단순 육체노동자를 수 천 명에서 수 만 명씩 집중적으로 고용하는 양상을 띄우기 시작했다. 1848년 마르크스와 엥겔스가 『공산당 선언』에서 주창했듯이 19세기 후반이 되면 "만국의 노동자가 단결"하기 시작했다. 물론 만국이라는 표현은 과장된 것이었다. 유럽 주요 국가의 노동 운동은 각각의 특수성을 지니고 있었지만 유럽의 틀 속에서 국제적 연대를 꾸준하게 추진하였다. 사회주의 인터내셔널이란 이런 국제적 연대의 결과였다. 노동운동의 조직화로 19세기 후반 유럽이나 미국에서는 대규모 파업이 빈번하게 일어났다. 이에 대해 국가가 군사를 동원하여 탄압하는 일도 잦았다. 국가의 권력이 자본가들의 이익을 위해 동원되었으니 당연히 이 시기에 '국가는 부르주아의 이익을 대변하는 기구'라는 인식이 광범위하게 퍼졌다.[521] 마르크스는 자유 민주주의는 결국 형식적인 민주주의에 불과하고 실제로는 부르주아의 이익을 국가가 대변하도록 한다는 이론을 내세웠다. 이런 인식은 20세기까지 여러 나라에서 깊은 영향을 미치게 된다.

노동자의 조직화와 함께 1848년은 유럽에서 '민중의 봄'을 뜻했

521 Karl Marx and Friedrich Engels. *The Communist Manifesto.*

다.[522] 1848년 혁명으로 프랑스에서는 인류 최초로 남성의 보통투표권이 인정되었다. 그리고 유럽의 다른 나라에서도 점차 투표권이 부르주아 계급에서 소시민이나 일반인으로까지 서서히 확대되었다. 투표권의 확산은 자연스럽게 사회주의를 주장하는 정치 세력의 성장을 가져왔다. 국가 단위에서 수십만 또는 백만을 넘는 인원을 확보한 노동 세력은 이를 정치적으로 전환하여 의회에 진출하기 시작하였다.

자본주의의 중심인 영국에서 노동당 Labour Party 은 그야말로 노동조합들 Trade Unions 이 결성한 정치세력이다.[523] 당명 자체가 노동을 정면에 내세우는 사실에서 확인할 수 있듯이 노동당이란 기본으로 노동세력의 정치적 투영이라고 할 수 있었다. 1900년에 출범한 영국의 노동당은 1920년대 자유당을 제치고 양당제의 한 축으로 등장한 뒤, 현재까지 백년 이상 줄곧 보수당과 함께 영국의 정치를 책임지는 정당이 되었다.

영국에 이어 자본주의의 후발주자지만 엄청난 에너지로 발전한 독일은 사회민주당 SPD 을 잉태하였다.[524] 사회민주당이라는 이름에서 추측할 수 있듯이 독일은 정치가 노동운동을 지배하는 형국이었다. 사회민주주의라는 정치적 목적을 달성하기 위해 노동세력이 동원되는 구조란 말이다. 제1차 세계 대전 직전 1910년대에 이미 사회민주주의 세

522 메다는 1848년이 되면 '노동의 자유와 권리'라는 개념을 통해 서구 사상사에서 노동의 긍정적 가치가 확실하게 지배적 위상을 차지하게 된다고 분석한다: Dominique Méda. *Le travail.* pp.127.

523 Philippe Chassaigne. *Histoire de l'Angleterre, des origines à nos jours.* pp.323~330.

524 1875년 사회주의노동자당이 형성되었고 러시아 혁명 이후 이 당이 분열하는 과정에서 현재의 사회민주당이 만들어졌다: Henri Bogdan. *Histoire de l'Allemagne, de la Germanie à nos jours.* p.315.

력은 독일에서 가장 많은 정치적 지지를 확보한 정당이 되었다. 이후 독일의 사민당은 기독교 민주당과 함께 독일 정치를 지배해 오고 있다.

영국이나 독일과는 달리 프랑스는 노동조합이 무정부주의적 성향이 강해 현실 정치에 직접 참여하는 것을 꺼려했다. 따라서 영국이나 독일과 달리 프랑스에서는 노동운동과 사회주의 세력의 유기적 관계를 찾아보기 어렵다. 다른 한편 미국은 노동운동이 한 때 강했지만 사회주의는 정치 구조에서 뿌리를 내리지 못한 특별한 경우다. 이처럼 국가별로 다른 진화과정을 거친 것은 분명하지만 노동운동과 사회주의 세력의 목소리는 자본주의 세계의 중심에서 점차 커져왔다고 할 수 있다.

8. 사회정책과 복지국가

'신 자본주의 정신'을 논의하면서 자본주의는 항상 그 비판 세력과 길항의 관계를 유지한다고 보았다.[525] 그리고 그 과정에서 서로 영향을 미치면서 변화해 간다는 사실을 확인했다. 사회정책이란 자본주의가 유기적 사회관계의 세포를 찢어버리는 결과를 낳았을 때 이를 보완하고 치료하는 역할이라고 볼 수 있다. 쉽게 말해서 빈곤과 소외에 빠진 대중을 지지하고 도와주는 정책을 말한다.

19세기 후반이 되면 자본주의 발전이 동반하는 참혹한 현실에 대한 사회적 반성과 함께 국가가 규제를 통해 경제사회 문제에 개입하기 시작한다. 예를 들어 아동이나 여성의 노동을 금지하거나 제한하는 정

525 제8장 12절을 참고할 것: Luc Boltanski et Eve Chiapello, *Le nouvel esprit du capitalisme.*

책들이 시작된다. 독일은 당시 황제가 지배하는 권위주의 제국이었지만 그럼에도 불구하고 향후 복지국가의 기반이 될 수 있는 다양한 정책을 비스마르크 수상의 정부가 추진하였다. 자본주의 역사에서 권위적 국가가 복지국가의 틀을 처음 놓기 시작했다는 아이러니는 지적할 만하다. 물론 제정 독일의 정부가 이런 정책을 시행한 역사적 배경은 그 어느 나라보다 강했던 독일의 사회주의 운동이다.[526] 정부 입장에서 노동에 대한 정책을 세워 사회적 불안을 잠재우지 않는다면 국가와 정권 자체가 위험한 상황에 놓일 것을 염려했다는 말이다. 당시 독일은 실업급여를 통해 경제 침체기나 위기 시에 노동자의 생존을 보장할 수 있도록 하였고, 연금, 산재, 의료 등 기초적인 보험이나 지원 제도를 만들었다.

19세기 후반 유럽에서는 사회주의와 자유주의의 대립이 심화되자 기독교 민주주의라는 새로운 정치적 운동이 만들어졌다.[527] 운동의 출발점에는 교회가 산업사회와 민주주의의 부상을 외면하거나 거부만 할 수는 없다는 반성이 있었다. 또 사회주의와 자유주의가 공통으로 가진 물질주의적 세계관을 비판하면서 기독교 정신을 통해 보다 평화롭고 영적인 세계를 추구한다는 운동이다. 계급 간의 대립보다는 협력을 강조하는 기독교 민주주의는 보수적이면서도 사회정책과 복지국가에는 친화적인 특수한 정치 세력으로 유럽에서 점차 성장하였다.

사회정책과 복지국가의 본격적인 발전은 전간기, 즉 제1차 대전과

---

526 제1차 세계대전 발발 직전 독일의 노동조합 가입 인원은 250만 명에 달할 정도로 노동운동은 대중적이었다: Henri Bogdan. *Histoire de l'Allemagne, de la Germanie à nos jours.* p.327.

527 Michael Fogarty. *Christian Democracy in Western Europe, 1820~1953.*

제2차 대전 사이의 1920, 30년대의 시기라고 할 수 있다.[528] 세 가지 요인이 이런 변화에 적극적으로 작용하였다. 첫째는 장기간 전 국민을 동원하는 전쟁을 치르면서 국민에게 혜택을 줘야 하는 상황이 도래했다. 국민의 희생에 대한 보상의 성격이 존재했다는 말이다. 여성들이 투표권을 확보한 것도 대개 유럽 국가에서 이 시기에 이뤄졌다.

둘째, 사회주의 정치 세력들이 주요 국가에서 집권에 성공하는 것이 이 시기다. 예를 들어 영국의 노동당은 1920년대 처음 연합 정부를 형성하는데 성공하였다. 프랑스에서도 1936년 처음으로 사회당이 참여하는 '인민전선' Front populaire 이라는 정부가 수립되었다. 독일의 바이마르 공화국에서 사민당도 여러 연정에 참여하는 집권 세력이었다.

셋째, 1929년의 경제 대공황과 이에 따른 사회적 여파는 정부의 개입을 요구하는 비상사태라고 부를 만 했다. 수백만의 실업자가 급격하게 발생하는 상황에서 정부의 개입이 없다면 폭동이나 반란, 혁명 등의 정변이 일어날 가능성이 높았다는 의미다.[529] 미국에서 루즈벨트 대통령의 당선과 그에 따른 뉴딜정책이나 스웨덴의 사회민주당 집권을 통한 사회 민주적 자본주의의 등장은 모두 이런 대공황에 대한 정치적 대응이라고 볼 수 있다.

물론 사회정책과 복지국가가 일반화 되는 것은 제2차 세계대전 이후 사회적 자본주의의 시대다. 영국에서 시작한 노동당의 '요람에서 무덤까지'의 정책은 국가가 국민 전체의 복지를 책임지는 시대정신을 반

528 Pierre Rosanvallon. *La nouvelle question sociale. Repenser l'Etat-providence.*

529 실업자의 수는 독일의 경우 1932년에 6백만명, 미국은 1933년 1,200만에 달했다: Pierre Dockès. *Le capitalisme et ses rythmes, quatre siècles en perspective.* pp.615~616.

영하는 것이다. 정도의 차이는 있지만 자본주의의 핵심지역이라고 할 수 있는 유럽과 북미에서 이제 복지국가와 사회정책은 당연한 국가의 의무로 부상하였다.

9. 유연성과 안정성

자본주의 사회에서 인간은 노동이라는 서비스 상품을 판매하는 주체다. 이미 지적했듯이 노동계약을 맺는다는 것은 대등한 관계여야 하지만 실질적으로는 불평등이 존재한다. 노동계약이 실행되는 동안, 즉 노동자가 고용주를 위해 일을 하는 동안 고용주는 노동자에게 명령을 내리고 지휘하는 권력을 행사하는 입장이다. 이 장의 도입부에서 논의했던 한국 사회의 '갑질'은 많은 부분 이런 불평등 관계에서 유래한다.

하지만 고용주의 입장에서 노동자와의 계약관계가 불안한 측면도 있다. 중고차를 산 구매자가 차가 잘 굴러갈지 고민하는 것처럼, 고용주는 노동자가 정말 성심성의껏 노동 서비스를 제공할지 확신이 없다.[530] 관리감독을 제대로 하지 않을 경우 노동자는 일을 열심히 하지 않고 시간만 때울 가능성은 언제나 존재한다. 고용주가 독과점적 상황에서 계약을 체결하고 노동과정에서 명령자의 입장이기 때문에 권력을 행사할 수 있지만, 반대로 노동자는 태업이나 파업, 이직 등으로 고용주를 곤란하게 만들 수 있는 '약자의 강점'을 가진다. 노동조합이 존재

530 George Akerlof, "The Market for 'Lemons': Quality Uncertainty and the Market Mechanism".

할 경우 이런 영향력을 강화할 수 있다.

자본주의 사회의 노동시장이라는 현실은 경제학의 이론으로 어느 정도 분석이 가능하지만, 동시에 노동의 현실은 정치학이나 사회학이 분석해야 하는 권력의 관계이고 사회적 상호작용의 현장이다.[531] 노동시장의 개념이 강조하는 목표는 유연성이다. 노동 수급의 상황에 따라 임금이라는 가격으로 자기조정을 하는 시장을 앞세우면서 말이다. 하지만 정치사회학이 주목하는 목표는 인간이 추구하는 안정성이다. 안정적 환경과 이에 기초한 미래 계획은 이성을 가진 인간이 추구하는 목표라고 할 수 있기 때문이다. 폴라니는 유연성을 강조하는 자기조정시장과 안정성을 목표하는 사회보호기능을 길항의 관계로 파악하였다.

> "이 자기조정시장이라는 아이디어는 한마디로 완전히 유토피아이다. 그런 제도는 아주 잠시도 존재할 수가 없으며, 만에 하나 실현될 경우 사회를 이루는 인간과 자연이라는 내용물은 아예 씨를 말려버리게 되어 있다. 인간은 그야말로 신체적으로 파괴당할 것이며 삶의 환경은 황무지가 될 것이다. 따라서 사회는 스스로를 보호하기 위한 조치를 취하지 않을 수가 없다. 하지만 어떤 보호조치이든 취하는 족족 시장의 자기조정기능을 망가뜨리고 산업의 일상적 작동을 혼란에 빠트렸기에 사회는 또 다른 방향에서 위태로운 지경에 처하고 말았다." [532]

폴라니의 위 문단에서 매우 중요한 부분은 사회보호 기능만을 강조할 때 도달하는 또 다른 위기다. 역사적으로 19세기 영국의 자유주의 이데올로기는 시장의 아이디어를 현실에 적용한 극단적 사례다. 인간

---

531 Pierre Bourdieu, *Les structures sociales de l'économie*.

532 Karl Polanyi, 홍기빈 옮김, *The Great Transformation*, p.94.

노동을 완전히 생산의 수단으로 만들어 버린 야만적 자본주의의 현실을 발견할 수 있다.

반면 이런 이데올로기에 대한 반발은 러시아에서 볼셰비키 혁명이나 이탈리아의 파시즘, 독일의 나치즘 등으로 나타났다. 시장은 자본가 부르주아의 이익에 봉사하는 체제이며, 민족 공동체나 인류를 위한 안정적 사회를 건설하는 것이 극우 민족주의와 공산주의의 목표가 되었던 것이다. 파시즘/나치즘이나 공산주의 사회에서 실업자라는 개념은 존재하지 않는다. 이들은 모든 인간을 공공사업의 영역으로 동원하거나 군대에 징집하는 방식으로 시장의 실패를 해결하려 하였다.[533]

10. 노동조직률의 변화

사회적 자유주의의 시기라 불렸던 제2차 세계대전 이후 유럽에서는 유연성과 안정성을 결합시킨 노동시장이 존재했다.[534] 상당수의 공무원이나 공공부문의 노동자들은 높은 안정성을 가진 집단이었고 민간부문에서도 대규모 기업들은 직원들에게 장기근속을 통한 안정성을 제공했다. 자유주의 시장 이데올로기가 가장 강력하게 뿌리내린 미국조차 1940년대부터 1970년대까지는 노동의 권익이 향상되고 소득이 지속적으로 성장한 시기다.

533 소련과 같은 공산체제에서 노동의 안정성은 보장되지만 그렇다고 상하 위계질서가 사라지는 것은 아니다: Dominique Méda, *Le travail*. pp.174~175.

534 Robert Boyer, *Economie politique des capitalismes*. p.62.

위에서 지적한 사회정책과 복지국가가 20세기 중반에 가장 발달했던 중요한 이유는 자본과 노동의 역학관계에서 노동이 우위를 점했다는 점이다. 팍스 아메리카나의 중심 미국에서 1915년 노동조직률, 즉 노동자 가운데 노동조합에 가입한 비율은 10%에 불과했다. 하지만 1950년이 되면 30%로 유럽보다는 낮지만 그래도 모든 노동자의 1/3 정도가 조합에 가입한 수준에 도달했다.[535] 2018년 현재 미국의 노동조직률은 다시 20세기 초반의 10% 수준으로 내려갔다. 유럽에서 노동조직률이 높은 나라는 예를 들어 스웨덴이다. 이 작은 나라에서는 1930년대 이미 조직률이 40%를 넘어섰다. 영국 또한 1950년대가 되면 조직률 40%를 넘겨 노동조합원이 1천 만 명을 넘었다. 영국과 이탈리아는 이후에도 노동조직률이 지속적으로 성장하여 1980년대가 되면 50% 수준에 달하게 된다. 모든 노동인구의 절반 정도가 조합원이라면 노동조합의 사회적 영향력이 얼마나 강할지 상상할 수 있다.

세계 경제에서 매우 흥미로운 시기는 1980년대다. 사회적 자유주의를 통해 노동의 안정과 유연성을 동시에 추구했던 미국과 유럽은 신자유주의, 즉 다시 시장 중심의 노동 유연성을 추진하는 쪽으로 방향을 틀었다.[536] 이와 동시에 공산주의 계획경제를 실행하던 소련과 동유럽은 기존의 모델을 포기하거나 이 모델이 스스로 붕괴한 뒤 시장의 논리로 다시 돌아오게 되었다. 서로 다른 길을 상당 기간 걸었지만 결국은 다시 비슷한 모델로 수렴되는 모습이다.

정치적으로 서구에서 1980년대란 미국의 레이건 대통령과 영국의

535 *The Economist*. "Workers of the world, log on".

536 Bruno Jobert, ed. *Le tournant néo-libéral en Europe*.

대처 총리가 장기 집권하면서 신자유주의 탈규제 정책을 본격적으로 폈던 시절이다. 영국에서는 특히 대처 총리의 정부가 노동조합이 영국병의 원인이라며 노조를 약화시키기 위한 본격적인 공세를 펼쳤던 시기다. 놀라운 점은 영국이나 미국 뿐 아니라 다른 자본주의 선진국에서도 이 시기부터 노동조직률이 급격하게 하락하기 시작했다는 점이다.

OECD 국가의 노동조직률 중앙값은 1980년대 50%에서 2018년 현재 18% 수준으로 떨어졌다. 이에 대한 다양한 연구에 따르면 신자유주의 정책이 하나의 원인으로 작용하기는 했지만 노동조직률의 하락은 이런 정책 이전에 이미 시작되었다. 또 다른 원인으로는 국가가 나서 노동자 계급을 위한 사회정책과 복지국가 건설에 힘썼기 때문에 실제로 노동조합에 가입하여 투쟁할 동인이나 계급의식이 역사적으로 약화되었다는 점이다. 기능적으로 국가가 노조를 대신한다는 의미다.

기업 내에서 최고 간부들과 일반 직원 또는 노동자의 임금 격차도 노동조직률이 높던 시기에는 제한적이었다. 대개 수 십 배 정도의 수준이라고 볼 수 있다.[537] 하지만 1980년대부터 CEO의 임금은 그야말로 하늘 높은 줄 모르고 치솟기 시작했다. 특히 2008년 글로벌 금융위기가 터지는 시기가 되면 회사에 엄청난 손해를 미치고도 천문학적 임금을 가져가는 CEO들의 부도덕성이 사회적으로 큰 쟁점이 되었다. 유럽이나 미국에서는 위기 이후 경영진의 임금을 통제하는 정책들이 입법화될 정도였다.[538] 이처럼 한 동안 평등을 지향하면서 불균형이 시정되었던 노동시장의 경향은 지난 40여 년 동안 다시 소득 불평등이 강화되

537 Robert Reich. *Supercapitalism*. pp.107~114.

538 *The Economist*. "American firms reveal the gulf between bosses' and workers' pay".

는 방향으로 전개되었다.

11. 정보 통신 시대

1990년대부터 인터넷의 등장으로 자본주의는 다시 엄청난 변화의 도가니로 빠져들게 되었다. 일명 정보기술 IT 혁명으로 현재 30여 년째 진행 중인 이 변화는 전 세계에 커다란 영향을 미치고 있다. 자본주의의 제도에 정보통신혁명이 미치는 영향은 매우 복합적이고 동시에 획기적이다.

노동조직률의 하락 또한 이런 기술의 발전에 영향을 받은 듯하다. 예를 들어 노동을 감시하고 통제하고 평가하는 기술이 발달하면서 노동자 개인 별로 성과를 계산하고 확인할 수 있는 가능성이 높아졌다.[539] 대기업의 CEO는 주가의 등락으로 개인 평가를 받는 것처럼 영업사원이나 중간 간부, 노동자 등 누구나 개별 평가의 대상이 되는 것이다. 미국에서 성과급의 비중은 1970년대 30% 대에서 1990년대 40% 대로 높아졌다. 예를 들어 대형 마켓에서 바코드의 사용은 상품의 판매뿐 아니라 계산원의 효율을 측정하는데도 결정적이었다.

이런 기술의 발전은 적어도 현재까지 노동보다는 자본에 유리하게 작동하였다. 노동자의 입장에서 노동조합의 집단행동에 동참하는 것보다는 자신의 일에 집중하여 높은 평가를 받고, 임금 수준을 높이는 것

539 Pierre Rosanvallon. *La société des égaux.*

이 더 유리한 구조가 되었기 때문이다.[540] 과거 한국이나 일본 사회에서 호봉이라는 제도를 통해 동료나 동기가 비슷한 커리어를 가질 수 있었다면, 이제는 개인별로 성과급을 주는 연봉제도가 일반화 되는 추세다.

또한 철강이나 광산 등 많은 인력을 사용하던 산업에서 자동화가 진행되면서 인력의 수요가 줄어들었다. 철강이나 광산 노동자 조합은 자본주의의 사회사(社會史)에서 가장 동원력이 높았고 투쟁적이었던 집단이었다. 제철소나 광산에는 수많은 노동자가 같은 공간에 모여 일을 했기 때문에 집단행동이 수월했다. 그런데 이들의 노동을 기계가 상당 부분 대신하면서 노동의 전반적인 목소리가 약화되는데 기여했다.

동시에 서비스 산업의 발전 역시 노동조직의 힘을 약화시키는데 기여했다. 일반적으로 공업보다는 서비스 산업에서 조직률이 낮게 나오기 때문이다.[541] 서비스업의 대표적인 은행이나 유통, 교육의 사례를 보자. 은행원은 공장 같이 커다란 공간에 모여서 일하지 않는다. 전국의 지점에 분산되어 일하는 형태다. 슈퍼마켓 체인도 마찬가지로 전국 방방곡곡의 지점으로 나눠져 있다. 학교의 교사들도 분산되어 있기는 매한가지다. 이런 서비스 산업의 노동은 조직화나 집단행동이 무척 곤란한 구조다.

물론 최근에는 역으로 정보 통신 기술을 활용하는 새로운 노동 운동이 등장하기도 했다. 소셜 미디어를 통해 분산된 노동자들을 한 데 모아 토론하고 결집하도록 하면서 때로는 집단행동에 나서는 양식이다. 2018년 초 미국 웨스트버지니아 주에서 교사들의 집단행동은 페이

540 Jeremy Rifkin. *The End of Work.* pp.66~68.

541 Robert Boyer. *Economie politique des capitalismes.* pp.226~228.

스북을 통해 준비하고 실천에 옮긴 사례다.[542] 이 지역 3만5천명의 교사 가운데 70%가 페이스북 그룹에 동참하여 참여율을 높였고 집단행동을 준비하는 과정에서 IT 기술의 덕을 톡톡히 누렸다는 분석이다. 현재까지 대체적으로 자본에 유리한 역할을 했던 정보 통신 혁명이 앞으로 노동에게도 힘을 실어줄 수 있을지는 더 두고 보아야 할 것이다.

12. 새로운 노동/자본 관계?

우리가 시장의 제도를 검토하면서 살펴보았던 집중과 분산의 복합성도 기술의 발전을 통해 쉽게 해결할 수 있게 되었다. 이제 세계 시장은 실시간으로 하나로 작동할 수 있게 되었다. 과거 19세기 텔렉스나 20세기 전화를 통한 세계 시장의 형성은 이미 커다란 진전이었다. 예를 들어 1929년 정보가 빠른 속도로 전달되면서 세계 금융시장의 위기는 무척 신속하게 대륙을 넘어 전파되었다. 하지만 전화란 두 사람이나 두 기관이 연락을 취하는 형식이다. 어떤 정보를 집중하는데 많은 시간과 노력을 필요로 하는 것이다.

하지만 21세기 현재 등장한 세계 시장이란 컴퓨터만 갖고 있으면 수많은 사람들의 선호를 나타내는 정보가 실시간으로 집중되는 것이다. 이제는 컴퓨터가 아니라 스마트폰만 갖고 있으면, 달리 말해 이동하는 사람조차 세계 시장의 중앙에 접근할 수 있는 시대가 되었다. 이제는 세계를 하나로 묶는 시장을 형성하는 것은 기술적으로 무척 저렴

542 *The Economist*. "Technology may help to revive organised labor".

하고 손쉬운 일이 되었다.

개인과 경쟁과 소유의 자본주의 정신을 최대한 발휘할 수 있는 기술적 조건이 충족되었다고 설명할 수도 있다. 이베이 Ebay 라는 가상공간은 무엇이든 사고 팔 수 있는 세계 시장이다.[543] 한국에서 '직구'라는 표현은 인터넷을 통해 외국에서 직접 구매한다는 의미다. 그만큼 이제 중간 상인이나 유통의 과정을 거치지 않고 생산자와 소비자가 직접 시장에서 만나는 일이 수월해졌다는 뜻이다.

중고 빈티지 물품도 이제 이베이를 통해 전 세계적인 유통이 가능해졌다. 음반의 사례를 들어보자. 예전에는 한 곳에 수많은 정보를 종합하여 수요와 공급을 만나게 하는 것이 불가능했다. 그러나 이제는 특정 가수의 특정 노래를 담은 특정 판 LP의 수요와 공급의 정보를 신속하게 처리하는 것이 가능해졌다. 전형적으로 정보 처리의 속도가 시장의 형성을 가능하게 한 사례다.

이런 변화는 우버의 사례에서도 쉽게 발견할 수 있다.[544] 우버란 이동하려는 소비자와 차를 운전하는 공급자가 실시간으로 서로 만나 가격을 흥정하고 거래하는 시스템이다. 미국이나 유럽의 자본주의 국가에서 우버 때문에 기존의 택시 산업은 큰 피해를 볼 수밖에 없었다. 누구나 차와 스마트폰만 있으면 택시의 서비스를 제공하는 시스템이 등장했기 때문이다. 국가가 택시 기사의 자격을 통제하고 택시 서비스의 가격을 관리하는 시스템은 이제 역할을 다했다고 볼 수 있다. 관리하는 서비스 시장에서 보다 자유로운 흥정의 서비스 시장으로 진화하는 과

543 Adam Cohen. *The Perfect Store.*

544 Henrique Schneider. *Creative Destruction and the Sharing Economy.*

정이라고 할 수 있다.

우버나 에어비앤비는 새로운 시장을 의미함과 동시에 자본과 노동의 관계 변화를 상징한다.[545] 과거 마르크스 시대에 계급투쟁은 생산수단을 가진 자본가와 맨몸으로 노동하는 프롤레타리아의 대립이었다. 그러나 우버의 운전자나 에어비앤비의 집주인은 모두 크지는 않지만 어쨌든 서비스 상품을 만들어 내는 생산수단을 소유하는 자본가들이다. 이동 서비스를 위한 자동차와 숙박 서비스를 위한 숙소를 보유한다는 뜻이다.

하지만 누가 보더라도 우버의 기사나 에어비앤비를 통해 자기 집을 세주는 사람들이 부유한 자본가로 보이지는 않는다. 오히려 자본가의 역할을 하는 것은 우버나 에어비앤비처럼 아이디어를 처음에 갖고 투자를 통해 시장의 형성을 가능하게 한 플랫폼 기업들이다. 작은 자본을 가진 우버의 기사들이나 에어비엔비의 집 주인들과 이런 회사를 운영하는 거대 초국적 자본의 대립이라고 볼 수도 있다. 프롤레타리아/자본의 대립에서 소자본/대자본의 대립으로 자본주의는 끊임없이 진화함을 이런 사례에서 확인할 수 있다.

13. 시장의 불평등

시장이 지배하는 사회에 대한 비판 가운데 초기부터 가장 빈번하게 등장한 내용은 시장이 불평등을 초래한다는 지적이다. 볼탄스키는

545 Arun Sundararajan, *The Sharing Economy*.

시장에 대한 비판은 크게 두 종류로 나눈다. 하나는 경제적 불평등에 대한 사회적 비판이고 다른 하나는 인간 소외 현상에 대한 문화적 비판이다.[546] 사회적 비판은 예를 들어 소득이나 자산의 엄청난 격차를 지칭하는 것이다. 20대 80이라는 사회구조 비판이나 1대 99의 비판을 모두 이런 부류에 속한다. 두 번째 문화적 비판은 인간이 시장 사회에서 노동에 종사하면 자율성을 상실하고 기계나 체제의 부속으로 전락하여 소외현상이 발생한다는 사실을 폭로한다.

시장사회를 체계적으로 구상했던 스미스도 이런 비판이나 문제를 인식하고 있었다. 스미스는 시장의 발달과 분업의 효율성이 비례한다고 설명했다. 하지만 분업이 진행되어 하루 종일, 그리고 매일 같이 단순한 작업을 수행해야 하는 노동자가 얼마나 피곤하고 불행할지 충분히 인식하였다. 노동자는 자신의 머리를 쓰지 않고 단순 작업을 반복하는 동안 그 어떤 생각도 하지 못할 것이라고 말이다.[547] 스미스는 또 시장경제가 발달하게 되면 경제적 불평등이 누적될 수 있다는 사실도 잘 알고 있었다. 하지만 전체적으로 스미스는 이런 문제의 해결책을 제시하기보다는 교육이나 절제 등의 도덕적 대응으로 해결할 수 있다고 넘어가 버린다.

19세기 부상하는 산업사회의 거대한 변화를 인식한 또 다른 사상가로는 헤겔을 들 수 있다. 헤겔은 시장사회가 부상함으로써 인간이 과거의 관습이나 신분에서 자율성을 갖고 독립한다는 점에서는 해방이라고 긍정적으로 평가하였다. 하지만 동시에 시장사회가 가져오는 심각

546 Luc Boltanski et Eve Chiapello. *Le nouvel esprit du capitalisme*. p.88.

547 Adam Smith. *The Wealth of Nations*. p.445

한 문제를 지적하였다. 헤겔은 시장이 계급 간의 자연적 불평등을 더욱 강화시키는 결과를 낳는다고 보았다. 시장이 가져오는 풍요는 동시에 빈곤한 계급을 동반한다는 말이다. 헤겔은 우리가 바로 위에서 지적한 시장의 위기도 혼란과 분쟁의 근원이라고 지적했다. 마지막으로 헤겔은 시장사회가 이론적으로 개인들을 독립시켰지만 결국 빈곤한 사람들이 다시 사회의 도움을 받는 노예의 상태로 빠지기 때문에 스스로 모순에 부딪친다고 보았다. 헤겔은 이런 시장사회의 문제를 국가라는 일반의지의 표상을 통해 해결할 수 있다고 보았다. 시장사회가 퇴출시킨 정치적 해결책을 다시 도입한 셈이다.[548]

보다 최근의 역사를 살펴보면 여전히 시장에 대한 문화적 비판과 사회적 비판의 사례를 발견할 수 있다. 예를 들어 1968년을 전후하여 주요 선진국에서 벌어진 68운동은 문화적 비판에 가깝다. 다람쥐가 바퀴를 돌리듯 인간이 자본주의나 시장의 부품이 되어 의미 없는 삶을 살아가기를 거부하겠다는 운동이었다. 노동 조건에서 비인간적이고 단순반복적인 작업을 줄이고 협력과 대화, 창의력과 아이디어를 도입하려는 노력은 이런 비판에 대한 대응이다. 하지만 메다는 노동은 처음부터 자본주의 생산을 위한 도구에 불과했기 때문에 노동이 인간의 자아실현이나 행복을 가져다 줄 것이라는 희망은 헛된 것이라고 비판한다.[549]

다른 한편 사회적 비판의 가장 대표적인 사례는 피케티의 『21세기 자본』이 잘 드러내듯이 분배의 문제에 집중적으로 초점을 맞춘다.[550] 피

548 Pierre Rosanvallon. *Le capitalisme utopique.* pp.168~172.

549 Dominique Méda. *Le travail.* pp.151~171.

550 Thomas Piketty. *Le capital au XXIe siècle.*

케티는 실증적인 연구를 통해 선진 자본주의 국가들이 저성장 체제로 돌입하게 되면 사실상 자본의 이윤율이 경제 성장률보다 높기 때문에 결국 불평등은 점차 심해질 수밖에 없다고 주장한다. 달리 말해서 자본주의가 발전하면 할수록 자연스럽고 근본적인 경향은 분배의 불평등이지 평등이 아니라는 주장이다. 그렇다고 이런 경향이 철칙은 아니며, 정치적인 노력으로 이를 변화할 수 있다고 피케티는 주장한다.

자연을 토지로, 그리고 부동산으로 전환시킨 자본주의는 인간을 노동이라는 생산의 요소로 바꿔놓았다. 스미스부터 피케티까지 자본주의 사회를 관찰하고 고민하는 지식인들은 결국 자본주의에서 부동산과 노동의 문제가 인간 사이의 불평등으로 종결된다는 인식을 가졌고 그것을 가장 심각한 문제로 여겼다. 이제는 이런 불평등을 가장 가시적으로 표현하는 화폐의 영역을 살펴볼 차례다.

제12장

화폐, 관계의 통일과 축소

1. 인 타임

2011년 개봉한 미국 할리우드 공상과학 영화 인타임 In Time 은 화폐의 본질에 대해 많은 질문을 던지게 한다. 이 영화가 그리는 미래 세상에서는 돈이 수명이고 수명이 곧 돈이다. 돈의 액수만큼 사람들은 오래 살 수 있는 것이다. 사람들의 팔목에는 자신의 여생 시간이 숫자로 표시된다. 일을 해서 돈을 벌면 그 대가로 삶의 시간을 벌 수 있고, 무엇인가를 구매하려면 삶의 시간을 포기해야 한다.

재산과 수명이 동일시되는 이 미래 사회에서 부자들은 수 백 년이나 수 천 년을 살 수 있는 시간을 팔뚝에 보유하고 있다. 반면 가난한 사람들은 여생이 불과 며칠에 불과해 열심히 일을 하지 않으면 먹고 살기도 어렵고 병이라도 걸리면 금방 시간이 바닥나 죽게 된다.[551] 예를 들어 빵을 사려면 삶의 두 시간을 지불하고 옷을 한 벌 사려면 삶의 다섯 시간을 지불하는 등의 형식이다.

그림 12. 공상과학 영화 〈인 타임〉은 돈을 시간으로 표현하였다. 2011년 미국 영화, 앤드류 니콜(Andrew Niccol) 연출.

551 인간을 일하게 만들기 위해서는 다양한 동인이 필요하다는 인식은 자본주의 초기부터 존재했다. 예를 들어 프랑스의 재상 콜베르는 "어릴 적 게으름은 평생 혼란의 원인"이라고 주장하며 공장에서 어린이 노동을 옹호했다. 비슷한 시기 중상주의자들은 높은 물가가 노동자들을 열심히 일하게 만들기 때문에 바람직하다고 주장하였다: Eli Heckscher, *Mercantilism*.

물론 이는 우리의 현실과는 매우 다른 이야기다. 왜냐하면 아무리 부자라도 인간이 2백년을 산 경우는 없으며, 가난하더라도 부자보다 오래 사는 일은 현실에서 빈번하기 때문이다.[552] 다만 이 영화가 그리는 세상은 불평등이 더욱 강화된 모습이다. 부자는 거의 영생을 누릴 수 있고, 가난한 사람은 빈곤과 노동의 굴레에서 벗어나기 힘든 세상이기 때문이다. 이 상상의 자본주의 체제가 목표하는 바는 가난한 사람의 생명을 단축하는 것이 아니라 생명을 담보로 충실하게 일하도록 만드는 것이다.

물론 이 가상 세계에서도 인간 사회에서와 비슷한 평등의 요소가 등장한다. 자신의 팔목에 표시된 시간, 즉 자신의 재산을 보호하는 장치가 없다. 부자의 팔목을 잡고 힘으로 삶의 시간을 도둑질해 갈 수 있다는 말이다. 그것은 부자가 자신의 재산을 현찰로 항상 몸에 지니고 다니는 것과 마찬가지다. 이런 세상에서 부자들은 자신들만의 도시를 만들어 가난한 사람들이 진입하지 못하게 한다.[553] 가난한 사람을 마주치는 것 자체가 무척 위험한 일이 되기 때문이다. 또 수많은 경호원을 두어 재산을 지키는데 골몰한다. 수 백 만년의 삶의 시간을 가진 부자를 공격해 시간을 빼앗으면 수 만 명의 사람들이 백년 이상 씩 나눠 가질 수 있지 않겠는가.

영화 제목 인 타임은 적어도 두 가지 의미를 전달한다. 인 타임은 "시간에 맞추어"라는 뜻이 있다. 죽기 전에 남은 시간, 즉 여생에 맞추

552 한국에서 소득 상위 20%의 평균수명은 85세로 하위 20%의 78세보다 7년 정도 길다: 김승섭. 『우리 몸이 세계라면』.

553 미국이나 남아공처럼 사회적 불평등이 심한 국가일수록 부자들이 거주하는 고립된 도시로서 '외부인 출입제한 공동체' gated community 가 다수 존재한다.

어 무엇인가를 해야 한다는 의미가 첫 번째다. 인간의 생존 본능을 자극하여 움직이도록 하는 동인으로서 시간이다. 인 타임의 두 번째 의미는 "시간으로"라는 뜻이다. 시간으로 물건 값을 지불하고 교환을 이루며 가치를 축적한다는 말이다. 인간 사회의 교류와 관계가 시간을 매개로 이뤄진다는 메시지인 것이다.

이상의 조건 속에서 진행되는 이야기는 흥미진진하다. 재산과 삶의 시간을 동일시함으로써 드라마적인 요소가 강화될 수밖에 없다.[554] 부자와 빈자의 차이는 사회적 불평등을 넘어 극단적인 존재 조건의 차별로 이어진다. 한편에는 상상하기 어려운 장수를 누리는 거북이가 있다면 다른 한편에는 하루살이 벌레와 같은 존재가 공존하기 때문이다. 그럼에도 불구하고 인간으로서 평등은 엄연히 살아있다. 누구나 시간을 벌면 장수가 가능하고 개인의 절도가 되었건, 사회적 제도의 개선을 통해서건 부와 생명의 재분배가 가능하기 때문이다.

다행히도 현실에서 수명을 돈을 주고 살 수는 없다. 다만 이 영화가 잘 표현하듯이 현대 자본주의 사회는 비교적 평등한 인간들이 형성하는 어마어마한 자산 불평등의 시대다.[555] 특히 영화에서 보여주는 것과는 달리 자본주의 사회는 자산을 벌고 보존하는 사회적 장치가 강력하게 형성되어 있다.

---

554 프로이트는 재산을 무한정 축적함으로써 죽음의 공포를 극복하려는 인간의 심리를 묘사한 바 있다: Sigmund Freud. *Le malaise dans la civilisation.*

555 Thomas Piketty. *Le capital au XXIe siècle.*

2. 계산의 단위

경제학 교과서는 화폐의 기능을 계산의 단위, 교환의 수단, 가치의 축적이라고 제시한다.[556] 화폐란 대부분 사람들에게 일상에서 사용하는 돈을 뜻한다. 이 돈이 계산의 단위이고 교환의 수단이며 가치의 축적을 가능하게 한다는 사실을 모르는 사람은 없다. 계산의 단위이기 때문에 물건의 가치를 돈으로 표시하는 것이 아닌가. 교환의 수단이니 상점에 가서 물건을 구매할 때 돈을 지불한다. 또 가치의 축적 수단이니 은행에 돈을 저축했다가 필요할 때 사용하는 것이다.

하지만 인류가 항상 돈의 혜택을 누리며 산 것은 아니다. 경제학에서 굳이 화폐의 기능을 나누어 분석하는 이유는 돈에 대한 이해를 높이는 데 필요하기 때문이다. 현실에서 위의 세 기능은 대부분 공존하지만 이해를 위해 하나씩 나누어 살펴보면 도움이 된다. 우선 계산의 단위를 따져보자.

아마도 순수한 계산 단위의 기능을 염두에 둔다면 가족들이 명절에 모여 화투를 치는 상황을 상상할 수 있다. 실제로 가치를 지닌 돈을 주고받는다면 따는 사람과 잃는 사람이 생길 것이고, 모처럼 명절의 즐거운 분위기를 깨뜨릴 가능성이 높다.[557] 돈이 걸린 게임이란 도박이라는 생각에 도덕적으로 불편하게 느끼는 사람이 있을 수도 있다. 하지만 동시에 게임에는 승자와 패자가 있는 것이 훨씬 재미있기 때문에 진짜

---

556 Gregory Mankiw. *Principles of Economics*. pp.592~593.

557 짐멜은 철학적으로 화폐를 욕망의 기호로 분석하였다: Georg Simmel. *Philosophie de l'argent*.

돈이 아닌 돈의 상징을 사용하곤 한다.

말하자면 돈에는 실제로 가치가 담겨 있기 때문에 친척들끼리 너무 치열하게 승부에 몰두할 수 있고 불협화음의 가능성도 있다. 하지만 돈이 걸리지 않으면 너무 싱거운 게임이 되어 버린다는 말이다. 따라서 돈 대신 돈과 비슷한 바둑알을 주고받으며 화투를 치곤 한다. 여기서 바둑알은 승리와 패배를 구분 짓고 그 정도를 나타내는 계산의 단위로 작용한다고 말할 수 있다. 바둑알은 모두 같은 크기에 무게로 균등한 모양을 갖고 있기 때문에 계산의 단위로 사용하는데 무척 요긴하다.

일상의 현실에서 순수한 계산의 단위가 필요한 경우를 상정해 보자. 예를 들어 연로한 부모님이 돌아가시고 자식들이 모여 재산을 공평하게 분배해야 하는 상황을 상정할 수 있다.[558] 시장에서 가격이 정해져 있는 부동산이나 예금 등은 변호사가 알아서 분배했다고 치자. 그래도 부모가 쓰던 가구나 유품, 미술품이나 생활용품 등을 자식들이 나누어야 한다. 자식이 다섯이라면 아마도 다섯 개의 공평한 유물의 집합을 만들어 하나씩 나눠 갖는 것이 필요하다. 여기서도 형제자매는 공평한 분배를 위해 가치의 계산 단위를 필요로 한다고 말할 수 있다. 부모님이 남겨주신 식탁과 결혼할 때 아버지가 어머니에게 선물한 다이아몬드 반지의 가치를 어떻게 비교할 것인가. 또 형제마다 각각의 유물에 대한 애착은 다를 수 있다. 어떤 사람은 추억이 담긴 가구를 꼭 갖고 싶은 반면, 또 다른 사람은 악몽 같은 과거를 상기시키는 물품을 피하고 싶을 수도 있다.

이런 점에서 각각의 형제는 자신만의 주관적 가치의 계산 단위를

558 Philippe Simmonot, *Nouvelles leçons d'économie contemporaine*, pp.218~227.

갖고 있다고 말할 수 있다.[559] 이런 다양한 주관성을 어떻게 공평하게 조절할 것인가. 한 방법은 형제가 돌아가면서 차례로 자신이 선호하는 유품을 선택해 갖는 것이다. 하지만 이런 과정에서도 유산 분배에 참여하는 형제들은 여전히 가치를 계산하는 공통의 단위를 필요로 한다. 엄청난 시장가치의 미술품이나 피아노를 한 사람이 독차지하는 것은 부당하다고 여길 수 있기 때문이다. 최종적으로 다섯 형제가 비슷한 가치의 유산을 가져야하기 때문이다.

결국 대부분의 경우 이들 형제들이 사는 나라의 법정 화폐를 이런 계산의 단위로 사용할 가능성이 높다. 한국에서는 원, 미국에서는 달러, 유럽에서는 유로, 일본에서는 엔, 중국에서는 위안을 사용할 가능성이 높다. 하지만 위의 화투에서처럼 바둑알을 사용하거나 같은 종류의 콩을 사용하더라도 문제될 일은 없다.[560] 여기서 주목해야 하는 사실은 바둑알이나 콩의 특징이다. 이들은 서로 균등한 크기와 무게 등으로 각각의 단위가 같거나 무척 유사해야 한다. 법정화폐, 바둑알이나 콩을 통해 형제들은 다양한 유산의 상대적 중요성이나 가치를 비교하는 계산의 단위로 사용한다.

---

559 화폐의 출발점이 어떤 경제적이고 객관적인 가치를 나타내는 것이 아니라 사회적 관계라는 시각은 모스 이후 부르디외까지 이어진다: Marcel Mauss, *Essai sur le don* ; Pierre Bourdieu, *Anthropologie économique*, pp.108~109.

560 케인즈는 화폐의 제일 중요한 기능으로 계산의 단위를 꼽은 바 있다: John Maynard Keynes, *A Treatise on Money*.

3. 교환의 수단

교환의 수단은 사람들이 서로 필요한 것을 주고받는 과정에서 등장한다. 스미스는 분업이 이뤄지는 사회에서 교환의 중요성이 부각될 수밖에 없다고 강조하였다.[561] 농사를 짓는 사람과 가축을 키우는 사람, 그리고 농기구를 만드는 사람으로 분업이 발전하는 사회는 자연스럽게 서로 교환을 통해 각자 필요한 곡식과 고기와 농기구를 얻어야 한다.

물물교환의 가장 불편한 현실은 내가 원하는 것과 내가 제공할 수 있는 것이 있는데, 내가 가진 것을 원하고 내가 원하는 것을 제공할 수 있는 사람을 찾아야 한다는 점이다.[562] 내가 고기를 주고 곡식을 얻고 싶을 때, 고기를 원하면서 곡식을 팔려는 사람을 찾아야 서로 만족할만한 교환이 이뤄지기 때문이다. 아무리 기초적인 분업의 사회라고 할지라도 교환의 대상이 될 수 있는 물건의 종류는 많기 때문에 교환을 통해 서로 대등한 가치의 물건을 주고받는 일은 매우 어려울 것이다.

이런 상황에서 교환의 수단으로서 화폐가 등장한다고 가정하자. 화폐는 모든 물건과 교환될 수 있는 매개 상품의 역할이기 때문에 화폐의 도입은 활발한 교환으로 이어질 가능성이 높다. 사람들은 돈을 통해 자신이 원하는 것을 살 수 있기 때문에, 자신이 가진 것을 팔 때도 돈만 받으면 그만이다. 굳이 자신과 주고받을 물건을 가진 특정인을 찾을 필

561 Adam Smith. 김수행 옮김. *The Wealth of Nations*. pp.18~19.

562 화폐의 사회적 차원을 강조하는 학자들은 물물교환의 불편함에서 화폐가 만들어졌다고 주장하는 것은 화폐를 경제적으로만 접근하려는 이론적 시도에서 비롯된다고 비판한다. 원시 사회의 물물교환이라는 것은 우리의 상상일 뿐 실제 존재했는지는 알기 어렵다는 것이다: Jean-Michel Servet. "Le troc primitif, un mythe fondateur d'une approche économiste de la monnaie". pp.15~32.

요가 없어진다는 말이다.

인류 역사의 초기에 이런 화폐가 어느 날 갑자기 등장한 것은 아니다. 화폐가 없는 상태에서도 분업은 존재했고 이런 기초적 분업 사회에서도 다양한 교환이 이뤄졌다. 하지만 우리가 현대 사회에서 익숙한 즉각적 교환이라기보다는, **선물**의 형식으로 주고받으면서 장기적으로 균형을 찾는 '관계의 경제'였던 것으로 보인다.[563] 대개의 선물 교환은 서로 잘 아는 공동체 안에서 진행되었기 때문에 사람들의 기억 속에 남아 있었을 것이다. 화폐가 필요한 것은 아마도 먼 거리에 있는 교환의 필요성에 의한 것이었을 가능성이 높다.

인류의 역사에서 다양한 물건이 화폐로 기능했다. 인도양의 많은 사회에서는 개오지 조개껍질(cowrie)을 화폐로 사용하였다. 남태평양 지역의 야프 Yap 섬에서는 커다란 돌을 화폐로 사용해 왔다.[564] 조개껍질이 콩처럼 작은 단위로 사용하기 간편했다면 돌은 반대로 제한된 지역에서 높은 단위의 거래 – 예를 들면 부동산 거래 – 에 사용되곤 하였다. 크거나 작은 크기로 모두 조작할 수 있으면서 동시에 대부분의 사람들이 갖고 싶어 했던 금과 은은 점차 다양한 사회에서 거래 수단으로 부상하였다.

고대 그리스의 플라톤과 아리스토텔레스는 화폐에 대해 서로 다른 정의를 내렸다. 플라톤은 『공화국』에서 화폐를 sumbolon 즉 표시, 심볼, 상징 등으로 정의하면서 한 도시국가 내에서 계산의 단위로만 사

563 Marcel Mauss. *Essai sur le don.*

564 Gregory Mankiw. *Principles of Economics.* p.594.

용되어야 한다고 주장했다.[565] 이에 반해 아리스토텔레스는 금 · 은화와 같이 화폐 자체가 가치를 가져야만 교환을 가능하게 한다면서 교환의 수단으로서 화폐를 주장했다.[566] 플라톤의 계약 convention 화폐와 아리스토텔레스의 상품 merchandise 화폐가 대립했던 것이다.

금 · 은화의 도입은 지구 곳곳에 상업사회가 부상하는데 크게 기여하였다.[567] 예를 들어 기원전 6세기 메소포타미아 바빌로니아에는 은화가 광범위하게 화폐로 사용되면서 제한적이지만 인류 최초의 상업사회가 만들어졌다. 그리스 역시 은화를 통해 노예 시장을 형성하면서 상업경제와 민주정치가 가능하게 되었다. 노예가 생산에 전념함으로써 도시국가의 자유인들은 상업과 군역과 정치에 집중할 수 있게 되었기 때문이다.

4. 가치의 축적

자체로 상품의 가치를 지닌 금 · 은화의 도입은 교환의 수단으로 결정적인 기여를 하는 것은 물론 동시에 가치의 축적이라는 기능도 추가해 주었다. 금이나 은은 자체로서 높은 가치를 지니며 화려한 색상을 뽐내며 빛을 반사하는 성격이 변하지 않는다. 그리고 이 성격은 시간이 지나도 매한가지다. 가치의 축적이란 상품화폐의 경우 성질의 장기

565 Platon, *République*. II 371b

566 Aristote, *Ethique à Nicomaque*. 1132b 21 – 1133b 28

567 Les économistes atterrés, *La monnaie. Un enjeu politique*. p.28.

적 보존을 통해 가능했다.[568] 곡식이나 고기처럼 썩어버리면 가치를 현재에서 미래로 보존하기가 어렵다. 이에 비해 금이나 은은 상하지 않으며 사람들이 좋아하는 반짝이는 성격을 유지하기에 가치 보존이 용이했다.

위 야프의 사회에서는 몇 미터에 달할 수 있는 동전 모양의 돌이 화폐로 통했다. 돌의 가운데 구멍을 뚫어 나무 막대기를 넣어 돌을 운반했다고 한다.[569] 하지만 대부분의 경우 이런 불편함을 겪기 보다는 사람들은 돌이 누구에게 속한다는 사실을 기억할 뿐이었다. 가치의 축적이라는 차원에서만 판단한다면 이런 돌 화폐가 불리한 것은 아니다. 돌도 금이나 은처럼 성격이 변하는 것은 아니니 말이다. 하지만 돌 화폐는 작은 단위로 나누거나 이동하기가 어렵기 때문에 교환의 수단으로 사용하기는 적절하지 않다.

금이나 은은 가치의 축적 뿐 아니라 낮은 단위로 나누기가 용이하기 때문에 계산의 단위나 교환의 수단이라는 차원에서 사용하는데 매우 적합했다. 금과 은은 쉽게 녹이고 다시 새로운 모양으로 제조하는 것이 수월하다. 커다란 금이나 은 덩어리를 바 bar 의 형태로 만들 수도 있고, 다시 작은 규모의 동전으로 바꿀 수도 있다. 역사적으로 금이나 은이 화폐의 대표적인 재료로 사용된 이유다.

예를 들어 다른 보석은 가치 보존에는 적합했지만 이를 작은 단위로 나누기가 불편하거나 불가능했다. 다이아몬드는 작은 조각으로 나

568 "역사를 거슬러 올라가도 모든 사회에서 다양한 형태의 사회제도로서 화폐를 발견할 수 있다": Les économistes atterrés. *La monnaie. Un enjeu politique.* p.9.

569 Gregory Mankiw. *Principles of Economics.* p.594.

누면 가치가 급격하게 하락한다. 아시아에서 선호하는 옥(玉)도 너무 단단해 작은 단위로 나누기가 불편했다.

위의 바빌로니아나 그리스에서 볼 수 있듯이 처음에는 제한된 도시나 도시국가의 영역에서 화폐의 사용이 일반화되었다. 이 정도 발전의 수준에 도달하면 금이나 은화는 계산의 단위, 교환의 수단, 그리고 가치의 축적이라는 주요 기능을 모두 수행하는 단계이다. 물론 역사적으로 보면 이런 화폐의 기능을 강화하기 위한 변화는 끊임없이 진행되어 왔다.

가장 대표적인 발전이 금이나 은처럼 화폐 자체의 가치를 지닌 상품화폐의 단계에서 근대의 신용화폐로의 전환이다. 금이나 은은 대량으로 운반하기는 여전히 어렵다. 특히 교통이 발달하지 않고 해적이나 도적이 들끓는 환경에서 가치의 운반은 힘들었고, 따라서 신뢰에 기초한 가치 이전의 필요가 대두되었던 것이다.

이상에서 살펴본 화폐의 세 가지 기능은 경제적 차원에서 중요하지만 이미 플라톤과 아리스토텔레스는 여기서 더 나아가 화폐 자체가 공동체를 하나로 묶는 역할을 한다는 사실을 지적했다. 화폐는 교환을 수월하게 하는데, 교환이란 사람들을 연결하는 상호성을 강화하여 도시국가라는 공동체 형성의 수단이 될 수 있다는 시각이었다.[570]

570 Etienne Helmer, "Platon et Aristote ou les pouvoirs politiques de la monnaie".

5. 신용화폐와 법정화폐

신용화폐 credit money 란 신뢰에 기초한 화폐라고 설명할 수 있다. 자본주의의 역사를 살펴보면 신용화폐가 등장하여 점진적으로 발전한 것은 중세 유럽의 도시국가인 것으로 알려졌다. 퍼거슨은 『금융의 지배』에서 중세 상인들 사이에 신용에 기초한 어음이나 교환 각서 등이 널리 활용되기 시작했고, 뒷면에 이서(裏書)를 통해 이들을 다시 유통시킴으로써 화폐의 역할을 하게 되었음을 설명한다.[571]

중세 유럽은 정치적으로 수백 또는 수천 개의 단위로 분열되어 있는 상황이었는데, 한 도시에서 다른 도시로 자금을 이동하는 것은 무척 위험한 일이었다. 따라서 유럽 여러 도시에서 금융업을 하는 가문이나 같은 지방 사람들의 그물을 통해 어음이나 교환 각서가 유통되기 시작했다.[572] 런던에서 로마로 돈을 보내려면 런던 도심의 롬바드 가에서 금을 지불하고 여기서 받은 교환 각서만 들고 로마에 가서 돈을 찾을 수 있다는 말이다. 나중에 해당 은행가의 신뢰가 보편적으로 인정받게 되면 한낱 종이 한 장의 은행권이 화폐의 역할을 담당하게 되는 것이다.

실제로 중세 유럽 이전의 바빌로니아나 고대 그리스-로마 등에서도 이런 신뢰에 기초한 화폐는 존재했던 것으로 보인다. 재력을 가진 사람이 나중에 돈을 주겠다고 약속한 증표는 이들 고대 사회에서도 화폐의 기능을 했다는 말이다. 또는 교환의 과정에서 빈번하게 등장하는 어음이나 약속 각서 등 시간적 차이를 메우기 위한 기록이나 보증은 모

---

571 Niall Ferguson. *The Ascent of Money*. pp. 42~48.

572 Larry Neal. *The Rise of Financial Capitalism*. pp. 1~19.

두 신용화폐의 한 종류라고 볼 수 있다.

자본주의가 발전한 종가(宗家)로서 유럽은 상인들의 신용화폐가 먼저 등장하였고 점차 근대국가가 만들어지면서 법정화폐가 등장하게 된다. 영어로 법정화폐는 fiat money 라고 불리는데 여기서 fiat 는 명령이라는 뜻이다. 말하자면 국가가 강제력을 동원하여 지폐의 사용을 명령한다는 의미를 담는다.

유럽의 역사를 보면 군주와 동일시되었던 국가보다는 상인들이 훨씬 믿을만한 존재였다. 국왕은 중세시대부터 빈번하게 전쟁을 위해 많은 빚을 졌고, 종종 왕실이 파산하는 일이 벌어졌기 때문이다. 은행가들은 왕실에 돈을 빌려주었다가 망하는 일도 잦았다.[573] 프랑스 왕실은 17세기 지폐를 발행하는 경험을 했지만 해당 은행은 망했고, 18세기 말에도 국가 채권을 강제로 유통시켰다가 인플레이션으로 국민들에게 손해를 미치곤 했다. 유럽에서 사람들이 국가가 발행하는 지폐에 대한 신뢰가 낮았던 이유다. 특히 프랑스 대혁명 이후 정부는 장기간 전쟁을 벌이면서 자금을 충당하기 위해 사회를 강제로 동원하는 입장이었다.

국가가 전통적으로 유럽보다 강했던 중국은 송나라 때 이미 국가가 발행하는 지폐가 일상적으로 사용되었다.[574] 유럽 자본주의가 19세기에야 도달했던 지폐라는 법정화폐의 시대를 이미 수백 년 앞서 달성했던 셈이다. 중국의 정부는 유럽의 군주들보다는 자제력을 더 발휘한 것으로 보인다. 유교의 관점에서 군주가 백성의 고혈(膏血)을 짜내서는

573 중세 이탈리아의 대표적 금융자본의 도시 피렌체만 하더라도 14세기 전반기에 모치, 스칼리, 바르디, 페루치, 아치아이우올리, 보나코르시 등이 파산하였다: Yves Renouard, *Histoire de Florence*, p.61.

574 Roy Bin Wong, "China before Capitalism".

곤란하다. 따라서 중국의 정부는 유럽에 비해 지출을 자제하는 것이 바람직한 일이라고 생각했다. 하지만 그럼에도 불구하고 송대(宋代)에 지폐 발행은 점차 늘어나 중국은 이 때 이미 심각한 인플레이션을 경험하였다.

법정화폐는 이렇게 항상 정부의 변덕에 따라 부를 나누고 재분배하는 효과를 갖는다. 현대 시대에도 법정화폐의 이런 폐단은 2009년 북한의 화폐개혁에서 확인할 수 있다. 정부가 단행한 화폐개혁으로 북한 주민의 많은 저축이 한 순간에 사라져버리는 일이 벌어졌다. 1인당 구 지폐를 신 지폐로 바꿔주는 한도를 턱없이 낮게 책정하여 시행했기 때문이다. 그 결과는 국가가 일부 부유한 주민의 저축을 몰수하는 것과 같은 것이었다.[575]

이처럼 민간의 신용화폐나 국가가 발행하는 법정화폐 모두 견고한 사회의 기반이 되고 경제 활동의 수단으로 부상하는 일은 쉽지 않았다. 자본주의 발전을 지탱하는 제도 가운데 안정적 화폐의 형성은 그만큼 지난한 과정이었다.

6. 화폐정책의 집중

19세기 자본주의가 발전했던 유럽과 아메리카에서는 금본위제라는 화폐 제도를 운영하였다. 보다 정확하게 말하자면 영국에서 금본위제를 채택한 뒤, 다른 주요 자본주의 국가들이 같은 제도를 도입함으로

575 민영기, 『북한의 화폐와 시장』, p.187.

써 결국 세계 자본주의 세력이 모두 하나의 화폐제도를 운영하는 모양이 되었다.

화폐의 측면에서 자본주의란 국가의 법정화폐와 민간의 신용화폐가 하나로 통합되는 과정이라고 할 수 있다. 영국의 사례를 보면 영란은행은 1694년 민간 은행으로 출범하면서 정부의 예산을 담당하는 역할을 맡았다.[576] 점차 영란은행은 법정화폐를 발행하고 관리하는 역할로 행동의 범위를 넓혔고, 1844년에는 지폐 발행의 독점적 권리를 얻었다. 그리고 1946년에는 국영화됨으로써 국가가 화폐정책의 기능을 총괄하는 현대 자본주의가 완성되었다.

사후적으로 이런 과정은 자연스러운 것으로 보일 수도 있지만 실제는 정부에 대한 민간의 거부감이나 의심을 극복해야 가능한 일이었다. 예를 들어 금본위제를 처음 국가 차원에서 시행한 것은 1821년 영국이다. 영국에서 유통되는 지폐는 이제 영란은행에 가져가면 금화로 바꿔준다는 의미였던 것이다. 과거 중세 상인들이 금을 보유하고 있으면서 은행으로 발전하였듯이 이제는 중앙은행도 금을 보유한 만큼만 화폐를 발행함으로써 시민들의 신뢰를 얻으려고 했던 것이다.

기술적인 면에서도 19세기 전반기 지폐를 대량으로 찍어낼 수 있는 인쇄 기술의 발달, 그리고 위조화폐 만들기를 어렵게 하는 일련번호나 서명, 숨은 그림 등의 보안 장치의 향상 등이 중앙은행의 지폐 발행을 동반하였다. 영국의 파운드화는 이런 변화를 통해 근대적 화폐의 길을 열어갔다.[577]

576 David Kynaston, *Till Time's Last Sand: A History of the Bank of England 1694~2013.*
577 Eric Helleiner, *The Making of National Money.*

물론 현대 자본주의에서 중앙은행은 정부에서 관리하거나 공공기관의 성격을 가지지만 동시에 대부분의 신용화폐를 만드는 역할은 민간은행들이 담당한다. 일반 시민들이 사용하는 지폐는 국가가 중앙은행을 통해 독점적으로 발행하게 되었고 민간은행은 더 이상 지폐 발행을 하지 못하게 되었다. 그러나 은행은 여전히 법정화폐를 계산 단위로 삼는 신용화폐를 발행한다.

이 은행에서의 신용창출은 고대나 중세, 그리고 현대에 그리 커다란 차이를 드러내는 것은 아니다.[578] 은행은 자신이 보유하고 있는 자산보다 많은 신용 창출을 통해 돈을 만들어내는 making money 역할을 항상 담당했기 때문이다. 베니스의 은행가가 가진 금화가 100 두카트 ducat 라고 하더라도 그는 이보다 많은 은행권을 발행할 수 있고 이런 증서가 화폐와 마찬가지로 유통됨으로써 실제로는 더 많은 화폐의 유통이 되는 것이다. 모든 은행은 이런 역할을 여전히 담당하고 있다.

물론 자본주의의 발전 과정에서 이런 역할이 점차 강화된 것은 사실이다. 중세에는 이런 '위험한 행동'을 합리적으로 통제하기 어려운 면이 강했다. 일단 종교의 이자 금지가 있었고, 군주들의 황당한 자존심과 전쟁 야욕이 존재했으며, 은행가는 제한된 경험에 의존할 수밖에 없었다.

그러나 수학과 통계학의 발전은 이런 위험부담을 계산하는 방식을 제공하였다. 또 과거처럼 군주와 같은 제한된 사람들에게 신용화폐를 제공하기보다는 경제의 발전과 함께 더 많은 사업가에게 신용을 제공

578 화폐는 기본적으로 '빚'이라는 시각을 참고할 것: Alain Testart. ed. *Aux origines de la monnaie.*

함으로써 위험부담을 줄일 수 있었다. 이처럼 은행은 이제 현대 자본주의 경제에서 없어서는 곤란한 자본유통의 전문 기관이자 심장으로 발전하였다.

7. 자본시장

자본주의의 유형을 논할 때 커다란 기준이 되는 것이 금융제도다. 알베르는 『자본주의 대 자본주의』에서 유럽 대륙의 독일식 라인 Rhine 자본주의와 영국과 미국에서 발달한 앵글로색슨 자본주의가 존재한다고 설명하였다.[579] 두 모델 사이에는 여러 가지 차이가 있지만 가장 대립적인 측면이 바로 금융제도다. 영국이나 미국 등 자본주의가 상대적으로 먼저 발전한 곳에서는 자본시장이 발달한 반면, 독일이나 프랑스 등 자본주의의 후발주자들은 시장보다는 은행을 통해 자본을 공급하는 양상이라는 것이다.

자본시장이란 자본을 가진 사람과 필요로 하는 사람이 시장에서 만나 계약을 맺고 거래를 하는 곳이다.[580] 채권의 경우 돈을 빌리는 기간과 이자율을 정해 교환을 하는 것이고, 주식이라면 미래 기업의 이윤에 대한 권리를 사고 파는 시장이다. 자본시장은 기본으로 이미 존재하는 자본을 필요한 영역에서 가져다 사용하는 방식이다.

은행을 통한 자본의 공급은 기존에 자본이 없더라도 은행 특유의

579 Michel Albert, *Capitalisme contre capitalisme.*

580 André Orléan, *L'empire de la valeur. Refonder l'économie.*

신용창출을 통해 자본을 먼저 공급하고 시간이 지나면서 이자나 이윤 등으로 보상하는 형식이다. 금융에서 자주 사용되는 지렛대 leverage 효과를 통해 있는 자본을 최대한 활용하는 모양새다. 하지만 은행을 통한 신용창출은 위기에 매우 취약하다. 은행권에 대한 신뢰가 낮아지면 맡긴 돈을 다시 찾겠다고 예탁자들이 달려가는 '뱅크 런' Bank run 이 일어날 가능성이 항상 존재한다.

자본시장과 신용창출은 자본주의 초기부터 공존하던 자금 공급의 방식이었다. 하지만 초기 자본주의에서는 자본시장의 역할이 더 컸다고 할 수 있다. 자본시장을 통한 자금 공급이 훨씬 안정적이었기 때문이다. 피렌체를 비롯하여 베네치아와 제노바 등의 금융업자들도 신용창출을 하기는 했지만 기본으로 자본공급은 있는 자본의 동원이었다. 특히 암스테르담과 런던 자본시장은 각각 네덜란드와 영국이 세계 자본주의의 중심으로 부상하는데 결정적으로 기여하였다.[581] 네덜란드와 영국의 동인도주식회사는 자본시장을 통해 자금을 공급하였고, 이윤으로 보상하는 전형적 모습이었다.

반면 유럽에서 독일이나 프랑스, 동아시아의 일본 등은 후발주자였기에 네덜란드나 영국, 미국만큼 자본의 여유도 없었고, 따라서 국가가 정책적으로 경제발전을 추진하는 모델이었다. 이들은 국가가 직접 운영하거나 지원하는 금융제도와 은행을 통해 자본을 공급하도록 하였다. 신용창출이 자본 공급의 가장 중요한 루트가 되었다. 이들 국가에서는 일반 시민도 자본시장에 직접 참여하여 주식이나 채권을 사기보다는 은행예금을 통해 은행이 간접투자를 선택하는 양식이었다.

581 Larry Neal. *The Rise of Financial Capitalism*. pp.44~61.

물론 21세기 자본주의에서 자본시장과 은행은 어느 나라에서나 공존한다. 1980년대 이후 신자유주의의 세계화와 함께 영미 앵글로색슨 모델이 다른 자본주의 국가로 전파 · 확산되었다.[582] 물론 유럽의 대륙이나 일본, 또는 한국에서는 은행이 여전히 중요한 역할을 담당하고 자본시장이 영국이나 미국에 비해 왜소한 편이다. 그러나 세계 자본주의의 차원에서 커다란 흐름은 자본시장이 점차 성장하여 실물경제에 막대한 영향을 미치는 상황이 되었다. 2008년 글로벌 경제위기는 자본시장 세계화의 결과라고 말해도 과언이 아니다. 미국 자본시장과 금융권의 문제가 거의 실시간으로 신속하게 전 세계로 확산되었기 때문이다.

8. 인플레와 디플레이션

자본주의가 발전하면서 화폐를 발행하고 관리하는 기관이 하나로 집중되는 현상을 발견할 수 있다. 과거에 다수의 은행가가 각자의 독특한 화폐를 발행하는 체제에서 이제 하나의 중앙은행이 해당 국가의 화폐를 독점적으로 발행하는 한편 다른 은행의 신용 창출을 관리하는 시대로 진화한 것이다.[583] 영란은행은 이 과정에서 선두주자였다. 19세기 전반기 영국은 영란은행의 화폐관리 집중과 금본위제 시행을 통해 안정적이고 신뢰를 얻을 만한 화폐 제도를 정착시켰다.

582 Eric Helleiner. *States and the Reemergence of Global Finance.*

583 Christopher Adolph. *Bankers, Bureaucrats, and Central Bank Politics: The Myth of Neutrality.*

예를 들어 영국에 이어 세계 경제를 지배하게 되는 미국도 1914년이 되면 연방준비제도이사회를 발족시킴으로써 화폐 관리의 집중을 달성했다.[584] 20세기 중반이 되면 제국주의의 종말과 함께 많은 신생국들이 생겨나게 되었는데, 이들은 1국 1화폐라는 원칙을 따라 각 나라마다 집중된 화폐관리 제도를 갖게 되었다.

화폐의 기능에서 보았듯이 화폐란 모든 상품이나 가치를 계산하는 단위이고 기준이다. 화폐는 경제활동의 핵심인 교환과정에서 지불수단으로 사용되고, 모든 사람들이 가치를 보존하여 미래를 준비하려는 저축수단이다. 문제는 화폐의 관리가 집중되면서 이에 따른 안정성과 위험성이 동시에 증가했다는 사실이다. 정부나 중앙은행이 화폐를 잘 관리하면 경제활동에 적절하게 기여하지만, 잘못된 정책은 거대한 혼란을 가져오게 되었다.

19세기부터 20세기 초반 제1차 세계대전까지의 고전적 자유주의 시기는 금본위제의 영향으로 화폐정책이 안정성을 위주로 추진되었다.[585] 화폐의 가치가 금에 연동되어 있었고 정부는 이를 확고한 원칙으로 지켰기 때문에 경제활동의 환경은 무척 안정적이었다. 주요 자본주의 국가가 금본위제를 택했기 때문에 파운드나 달러, 마르크나 프랑을 갖고 있는 것은 별로 중요하지 않았다. 모두 금을 보유하는 셈이었기 때문이다.

이 시기의 문제는 안정을 동반하는 심각한 경직성이었다. 예를 들어 적자를 기록하는 국가나 시기적으로 불황의 시대를 맞게 되면 물가

584 George Akerlof and Robert Shiller. *Animal Spirits.* p.18.

585 Barry Eichengreen. *Globalizing Capital.* pp.5~40.

가 전반적으로 하락하는 디플레이션을 경험해야 한다는 말이다. 물가 가운데 인간의 삶에 가장 큰 영향을 미치는 임금도 이런 상황에서 하락해야 한다. 결국 안정적 화폐 가치의 보존을 위해 수십만 또는 수백만 노동자의 임금과 생활여건이 긴축되어야 한다는 의미였다.

제1차 세계대전으로 이런 경직된 제도는 붕괴하였고 20세기는 오히려 그 정 반대의 위험에 노출되었다. 과거 송나라 때도 경험했지만 정부가 발행하는 화폐는 발행권 남용으로 인플레이션으로 연결될 가능성이 높았다. 인플레이션이란 화폐가 실물보다 많아질 때 나타나는 물가가 전반적으로 상승하는 현상이다. 1920년대 독일은 나름 선진국이었지만 전후 상황에서 화폐발행의 남용으로 심각한 인플레이션을 경험했다.[586] 맥주 한 잔을 마시는 동안에도 가격이 계속 오르는 일명 하이퍼인플레이션을 인류 역사상 처음으로 경험한 것이다.

이런 경험은 다른 여러 국가에서 반복되었다. 21세기 최근의 경험으로는 남아메리카의 사회주의를 추진했던 베네수엘라 우고 차베스 정권이나 아프리카의 짐바브웨 로버트 무가베 정권의 하이퍼인플레이션을 들 수 있다.[587] 하이퍼인플레이션의 수준은 아니었지만 1970년대가 되면 유럽이나 미국 등 선진국에서도 인플레이션이 누적되어 심각한 경제의 문제로 부각되었다.

1980년대 이후 세계적으로 보편화된 화폐 정책은 프리드먼의 **통화주의** 이론에 바탕을 두고 있다.[588] 화폐의 발행을 정부의 손에서 빼앗

586 Bernd Widdig. *Culture and Inflation in Weimar Germany.*

587 *The Economist.* "Zimbabwe struggles to keep its fledgling currency alive".

588 Milton Friedman. *A Monetary History of the United States 1867~1960.*

아 독립적인 중앙은행으로 이전하여 안정성과 유연성을 동시에 추진하도록 한 것이다. 정치적 판단이 아니라 통계와 경제학 이론에 기초하여 전문가가 예측 가능한 화폐의 조절을 진행하는 모델이다. 디플레이션으로 가지는 않되 성장을 동반할 정도의 완만한 인플레는 이제 주요 중앙은행의 공동 목표로 부상했다.

9. 화폐경쟁

19세기는 나라마다 화폐를 중앙에서 관리하는 체제를 기본으로 만들었다. 이를 '화폐의 민족화' nationalization 라고 부를 수 있을 것이다.[589] 한 나라에서 하나의 화폐를 만들어 관리하는 이 체제는 동시에 다른 화폐는 용납하지 않는 독점의 체제이기도 했다. 또한 19세기는 금본위제를 주요 국가들이 거의 모두 채택했기 때문에 이런 민족 화폐의 경향에도 불구하고 세계는 사실상 하나의 화폐를 가졌다고 볼 수 있었다.

전간기의 혼란을 겪은 뒤 20세기 중반부터는 달러 중심의 금태환제가 시행되었다.[590] 이 시기에는 금본위제와 같은 경직된 체제는 아니었지만 그래도 화폐 사이의 환율을 국제적으로 관리하는 준 고정적 체제였다. 이런 체제를 만든 이유는 1930년대 경제 대공황의 시기에 주요 국가들이 수출을 촉진시키기 위해 금본위제를 포기하고 **경쟁적 평**

589 Eric Helleiner. *The Making of National Money*.

590 Barry Eichengreen. *Globalizing Capital*. pp.86~126.

가절하의 전략을 택했던 경험에서 비롯된다.[591] 자국 화폐의 가치를 인위적으로 낮춤으로써 자국 산업의 수출을 촉진시키고 경제를 활성화하려는 전략이었다. 그러나 한 국가의 이런 전략은 다른 국가의 유사한 전략을 불러오고 결국은 경제 행위자들에게 혼란만 가중시키는 셈이었다.

20세기 중반부터 1970년대까지의 시기는 이런 경쟁적 평가절하를 지양하는 관리된 국제통화질서였다. 브레튼우즈 체제에서 국제통화기금은 통화질서를 관리하는 국제기구로써 필요할 경우 환율을 조정하는 역할도 맡았다. **환율**이란 화폐와 화폐 사이의 교환 비율을 의미하는데, 근본적으로 환율은 가격이며 보다 정확하게 화폐의 가격이라고 말할 수 있다. 우리가 익숙한 달러의 환율이란 달러를 원화로 표시하는 가격이며, 달러를 사고 팔면 지불해야 하는 가격이다.

브레튼우즈 체제에서 기축통화는 당연히 달러의 몫이며, 달러와 다른 화폐의 환율은 고정적이다. 다만 경제 상황이 장기적으로 변화하기 때문에 고정 환율을 영구히 유지할 수는 없다. 따라서 국제통화기금이 정기적으로 환율의 변화를 시행하는 체제다. 예를 들어 서독은 여러 차례에 걸쳐 마르크의 가치를 평가절상했다. 독일은 물가가 안정적이며 수출을 통해 무역흑자를 지속적으로 기록했기 때문이다. 반면 같은 유럽이지만 프랑스나 이탈리아는 인플레이션이 높았고 무역 적자가 빈번했기 때문에 반복적인 화폐의 평가 절하를 경험했다.[592]

591 Barry Eichengreen. *Globalizing Capital.* pp.41~84.

592 Kathleen R. McNamara. *The Currency of Ideas: Monetary Politics in the European Union.*

1970년대 초반 미국은 브레튼우즈 체제를 종결시켰다. 더 이상 달러를 금으로 바꿔주지 않겠다는 정책적 결정이었다.[593] 이로써 세계 경제는 금에 기초한 질서를 종결하게 되었다. 19세기 금본위제와 20세기 금태환제가 모두 작별을 고한 셈이다. 그리고 1970년대 이후 세계는 여러 국가의 화폐가 시장을 통해 가치를 평가받는 질서로 이전하였다. 달리 표현하자면 지속적인 화폐 경쟁의 시대에 돌입했다고 할 수 있다.

그 나라의 화폐는 해당 국가에 대한 경제 행위자들의 전반적인 판단을 반영하게 되었다. 경제학에서는 이자율, 물가, 대외 수지 등을 환율, 즉 화폐의 가치를 결정하는 요소로 제시한다. 이자율이 높은 국가로 자금이 이동하고, 물가가 안정적인 국가의 화폐를 선호하며, 대외 수지가 흑자일 경우 자금이 그 나라로 들어가기 때문이다. 하지만 해당 국가의 지정학적 안정성이나 국가 규모 역시 무척 중요하다.

미국의 역할이 제도적으로 규정되었던 브레튼우즈 체제가 붕괴되고 나서 보다 자유로운 국제통화질서가 형성되었는데도 불구하고 오히려 미국의 중요성은 강화되었다. 달러는 여전히 국제통화질서에서 가장 중요한 기축통화의 역할을 담당하고 있다. 1999년 유럽의 국가들이 모여 유로라는 새로운 화폐를 출범시켰다. 유로 역시 달러처럼 국제시장에서 널리 활용되지만 그래도 달러의 역할을 위협할 수준은 아니다. 또한 중국이 실물경제에서 미국을 위협하는 성과를 거두고 있지만 세계 통화질서에서 차지하는 비중은 제한적이다.[594]

---

593 Les économistes atterrés. *La monnaie. Un enjeu politique.* p.197.

594 Benjamin Cohen. *Currency Power: Understanding Monetary Rivalry.*

10. 암호화폐

2010년대 후반 암호화폐에 대한 국제적 관심이 고조되었다. 암호화폐란 민간에서 컴퓨터 기술을 통해 만들어낸 화폐로서 다른 종류의 화폐와 마찬가지로 사람들의 화폐에 대한 신뢰에서 기본적으로 그 가치가 좌우되는 성격을 갖는다. 가장 대표적인 비트코인의 경우 2009년 사토시 나카모토라는 이름의 사람 또는 그룹이 개발한 오픈 소스 소프트웨어를 통해 세상에 나왔다.[595] 이 소프트웨어를 사용하여 컴퓨터 작업을 하면 비트코인이라는 보상을 얻을 수 있는데, 소프트웨어의 속성상 생산할 수 있는 비트코인이 한정되어 있다는 점에서 희소성을 인정받는다.

암호화폐가 세간의 관심을 끌게 된 이유는 그 가치가 순식간에 치솟는 투자의 대상이 되었기 때문이다. 2016년 12월 비트코인은 900달러 정도에 거래되었는데 일 년 뒤 19,000달러까지 가치가 폭등했다. 하지만 2018년 들어 투기적 거품에 대한 경고와 일부 정부에서 규제의 위협을 가하자 다시 가치가 급격하게 폭락하여 7,000달러 수준까지 떨어졌다. 단기간에 나타난 이런 폭등과 폭락은 안정성이라는 측면에서 비트코인의 한계를 명백하게 드러냈다.

암호화폐를 옹호하는 가장 중요한 논리를 이것이 국가나 정부가 아닌 민간에서 분산적인 생산을 통해 만들어지며 그 때문에 시민사회의 자율성을 보장하는 화폐라는 점이다. 자본주의의 대표 제도인 시장

595 Les économistes atterrés. *La monnaie. Un enjeu politique.* p.30~33.

의 특징을 최대한 살리는 화폐이며 개인의 자유를 최고의 가치로 삼는 무정부주의적 성향을 반영한다. 예를 들어 자유주의 사상가이자 경제학자 하이예크는 『화폐의 탈 민족화』라는 저서에서 중앙은행이 가지고 있는 화폐 발행의 독점권을 폐기하고 누구나 자유롭게 화폐를 생산하고 유통시키는 권리를 가져야 한다고 주장한 바 있다.[596]

암호화폐에 대한 비판은 여러 갈래로 나뉜다. 우선 환경의 차원에서 암호화폐의 생산이 초래하는 에너지의 낭비에 대한 비판이다. 암호화폐를 생산하려면 컴퓨터를 동원하여 '마이닝' mining 즉 화폐를 캐는 작업이 필요한데 이 과정에서 전기를 소모하는 것은 물론 컴퓨터에서 발생하는 열기를 식혀주는데 에너지가 낭비된다는 점이다. 점점 더 많은 컴퓨터를 돌려야 화폐를 벌기 때문에 결국 기후가 찬 아이슬란드나 전기 가격이 싼 중국 등이 암호화폐 주요 생산국으로 성장했을 정도다.

또 다른 비판은 암호화폐가 지하 경제를 활성화시키는 수단으로 악용된다는 점이다.[597] 모든 정부는 자금의 흐름을 확인할 능력을 가졌기 때문에 범죄 조직이나 지하 경제를 통제할 수 있는 능력을 보유한다. 하지만 암호화폐는 그 분산적인 성격 때문에 자금의 흐름을 파악하기 어렵다. 고액 화폐권이 익명성을 보장하며 탈세나 범죄에 활용되듯이 암호화폐도 각종 검은 시장에서 널리 사용되었다.

그러나 무엇보다 중요한 것은 암호화폐가 기존 화폐가 제공하는 기능을 대신하지 못한다는 점이다.[598] 익명성 때문에 범죄나 탈세에 이

596 Friedrich von Hayek. *Denationalisation of Money: The Argument Refined.*

597 Louis Larue. "Le bitcoin: évaluation d'une innovation monétaire".

598 *The Economist.* "Bitcoin and other cryptocurrencies are useless".

를 활용하는 사람들이 있는가하면 반대로 보통 사람들은 여전히 기존의 화폐를 선호한다. 게다가 암호화폐의 가치가 폭등과 폭락을 거듭하며 안정성을 결여하기 때문에 이들은 계산의 단위나 거래의 수단, 가치의 축적 등 그 어떤 기능도 제대로 수행하지 못한다.

11. 화폐와 자본주의

화폐는 자본주의의 제도 가운데 어쩌면 가장 강력한 힘을 발휘하는 제도일지도 모른다. 우리는 자본주의를 시간을 통제하기 위한 인간의 노력, 특히 물질적 축적의 성향이라고 정의했다. 그렇다면 화폐의 기능 가운데 가치의 축적이라는 부분이 당연히 가장 눈에 띈다. 화폐가 만들어짐으로써 인간의 가치 축적의 노력이 훨씬 수월하게 되었다.

인류의 초기에 가축은 가치 축적과 재생산을 위한 요긴한 수단이었다. 고대 사회에서 가축의 수가 개인의 재산을 의미한다는 사실을 상기해 보자.[599] 가축은 스스로 짝짓기를 통해 재생산되는 가장 기초적인 자본이다. 물론 농사에서도 씨앗을 뿌리고 시간이 지나 수확하는 등 자본의 재생산의 형식을 발견할 수 있다. 하지만 고대에 이미 발달한 문명 지역에서는 은을 통해 화폐를 발행하기 시작하였다. 가치를 보존하는데 기존의 곡식이나 가축보다 수월하고 간편하며 보존비용도 적게 들기 때문이었을 것이다.

화폐의 등장은 또 가치 축적을 넘어 교환의 수단이나 계산의 단위

599 예를 들면 『성경』 창세기 13:2 : "아브람에게 가축과 은과 금이 풍부하였더라".

로 발전하였다. 이 두 기능은 서로 밀접하게 연관되어 있다. 가치를 측정하는 기능을 제대로 수행해야 교환의 수단으로서 적합성이 더욱 높아지기 때문이다. 화폐의 발전은 사회가 가치의 공통분모이자 척도를 갖게 되었다는 의미다. 화폐와 경제활동에 대해 비판적 시각을 가졌던 고대 그리스에서조차 플라톤은 화폐가 공동체에 '통일성과 비례성' uniformity and proportionality 을 가져온다고 하였다.[600] 처음에 화폐는 계산과 교환에 도움을 주는 기능적 역할을 담당했을 테지만 시간이 지나면서 차차 화폐는 사람들의 세계관을 바꾸는 역할을 했다.

베버가 근대화에서 말했던 '세상의 사물화로 인한 실망' Entzauberung 은 이미 고대 화폐가 등장하면서 서서히 시작되었던 운동이라고 할 수 있다. 왜냐하면 인류 문명이나 자본주의의 발전이라는 거시적 차원에서 화폐의 기능은 세상을 화폐적 가치로 통일 · 축소시키는 것이었기 때문이다. 화폐가 일상화 된 세상에서 우리는 화폐적 가치로 모든 사물을 평가하고 바라보는 경향이 자연스럽게 생긴다.[601] 달리 말해서 화폐는 인간 사회에 기여하는 하나의 수단일 뿐 아니라 인간 사회를 근본적으로 뒤바꾸는 거대한 변화의 불도저라고 할 수 있다.

인간이 가장 성스럽게 여기던 자연과 인간 자체를 토지나 부동산, 인적 자본 등으로 전환시키는 결과야말로 화폐의 장기적 기능인 셈이다. 이제 자연은 의미가 담긴 세상이라기보다는 개발의 대상이 되는 가치의 보고이며, 심지어 인간의 손이 닿지 않은 처녀림이나 천혜의 비

600 Platon. *Lois*. XI 918b~c

601 마르크스는 자본주의의 부르주아가 온 세상을 '이기적 계산의 얼음과 같이 찬 물'에 익사시켰다는 유명한 표현을 남겼다: Pierre Bourdieu. *Anthropologie économique*. p.48. 각주 1.

경(祕境)도 생태적 관광의 자원으로 돌변한다. 화폐의 세상에서는 인간 역시 교육 수준이나 숙련도에 따라 개발 가능한 인적 자원으로 다시 태어난다. 온 세상이 재생산과 축적이라는 목표를 향해 재구성되었다고 말해도 과장이 아니다.

화폐를 통한 세상의 의미 축소가 사회학적 결과라면 같은 현상의 이면은 세상을 통일하는 효과다. 특히 화폐의 역사적 진화과정에서 발견할 수 있는 법정화폐와 신용화폐의 통합과 국민국가 내에서 화폐 관리의 집중은 이런 통일성을 한층 강화하였다.[602] 게다가 환율이라는 장치를 통해 국경을 넘더라도 화폐로 측정할 수 있는 간편하게 축소된 세상은 매우 유사하게 존재한다. 화폐가 없는 세상에서도 자본주의의 성향은 발견할 수 있지만, 자본주의가 만개하기 위해서는 화폐가 결정적이었다는 말이다.

12. 제도의 조합

자본주의의 정신에 이어 그 제도를 네 부분으로 나누어 살펴보았다. 시장경제라는 표현이 간혹 자본주의와 동일시될 정도로 시장은 제도 가운데 가장 핵심적인 부분이다. 게다가 시장은 자연, 인간, 사회관계 등에 적용되어 이들을 토지, 노동, 화폐 등으로 전환시키는 역할을

602 우리가 통일과 축소의 개념을 통해 살펴본 화폐의 효과를 조절학파에서는 폭력과 신뢰라는 이중적 개념으로 분석하였다: Michel Aglietta et André Orléan, *La Monnaie entre violence et confiance.*

하는 기제다. 하지만 시장을 분석해보면 시장은 현실을 묘사하는 실제의 제도라기보다는 현실을 변환시키는 지향점으로서 이상형이나 유토피아로 기능한다.

시장의 기제가 자본주의의 발전에 특히 중점적으로 기여한 것은 바로 집중과 분산의 상반된 원칙을 조합함으로써 많은 인간과 집단의 협력을 가능하게 한다는 사실이다. 시장의 모델은 공급자와 수요자 간에 경쟁이 이뤄진다는 사실을 강조하지만, 실제로는 경쟁관계만큼이나 중요한 것이 거래를 하는 사람들 사이에 존재하는 협력관계라는 말이다. 하지만 시장은 이와 동시에 모델에서 말하는 것과는 달리 자율조정의 능력이 현저하게 부족하여 불평등과 위기 등을 초래한다. 단기적으로 빈번하게 나타나는 경기 침체나 장기적으로 찾아오는 위기와 공황은 셀 수 없을 정도로 자주 반복된다.[603]

시장은 이상의 장단점을 갖고 자연과 인간을 수세기에 걸쳐 변화시켰다. 자연은 농사를 위한 토지로 사유화되었고, 산업혁명과 함께 공장부지로 동원되었으며, 거대한 도시 건설을 위해 파헤쳐졌다. 인간의 자본주의적 발전은 기본적 생태계의 변화를 초래하여 지구의 환경 자체가 위험에 빠지는 지경에 달했다. 자연의 오염이 심각한 지경이며 기후조차 변화시킬 단계에 이르렀다. 이제는 발전의 지속가능성이라는 개념이 등장하여 인류 또는 자본주의의 자제력에 호소하는 상황이다.[604]

인간은 이제 자연스럽게 인적 자본이라는 표현이 적용되는 경제적

603 Pierre Dockès. *Le capitalisme et ses rythmes, quatre siècles en perspective.*

604 Sylvie Brunel. *Le développement durable.*

동물로 구상된다.[605] 교육의 목표는 전인교육(全人敎育)이라기보다는 시장의 필요에 적합한 인재를 길러내는 것으로 바뀌었다. 교육시장의 개념이 등장하여 수요와 공급의 논리를 적용하고 대학은 취업학원으로 전락하는 실정이다. 일의 세계는 노동시장이라는 이론적 명제가 기준으로 작용하면서 안전성과 유연성을 추진하는 핵심 기제가 되었다. 플렉시시큐리티 flexisecurity 는 이런 양면성을 조합한 개념이다.

고대부터 서서히 발전해 온 화폐는 사회관계를 조직하는 핵심 잣대로 등장했다.[606] 자본주의를 '돈 세상'이라고 부르는 이유는 명백하다. 사람들은 화폐를 통해 모든 가치를 측정하는 세상이 되었고, 세계 각 지역이 이 방향으로 변화하면서 자본주의 세계가 형성되었기 때문이다. 달러, 유로, 위안, 엔, 원 등 단위는 다를지 몰라도 사람들이 보는 세상에는 온통 가격표가 붙여져 있다.

개인과 경쟁과 소유를 핵심 정신으로 가진 사람들은 이제 온갖 가격표가 붙은 세상에서 시장 기제를 통해 자연을 사고 팔며, 자신의 노동을 사고판다. 하지만 시장은 경제학 교과서가 말하는 대등한 원자화된 개인들의 흥정의 장이 아니다. 시장은 무엇보다 권력 관계를 반영하는 상호 관계의 장이다.[607] 물론 권력 관계가 존재한다고 일방적 지배나 강요가 시장 기제라는 말은 아니다. 권력 관계의 불평등 속에서도 흥정은 언제나 가능하고 실제로 이뤄진다. 달리 말해서 시장의 이상형과 시장의 현실을 착각해서는 곤란하다는 말이다.

---

605 Daniel Cohen. *Homo Economicus, prophète (égaré) des temps nouveaux.*

606 William N. Goetzman. *Money Changes Everything.* pp.8~10.

607 Pierre Bourdieu. *Anthropologie économique.*

이런 점에서 시장과 자본주의의 관계는 민주주의의 모델과 엘리트 중심 현실 정치의 관계와 유사하다.[608] 민주주의의 이름으로 사회의 엘리트들이 경쟁을 연기하며 정치를 지배하듯이 시장의 이름으로 자본주의는 불평등한 경제적 게임을 고착시킨다. 물론 민주주의나 시장이 단순히 형식에만 그치는 것은 아니다. 이들 이상형을 모델로 내세우기 때문에 이를 부분적으로는 반드시 실천해야 한다. 또한 민주주의와 시장의 모델은 그나마 불평등한 사회관계에 이론적 평등을 제공하기 때문에 흥정이나 권력 게임을 가능하게 만든다.

608 20세기 초 민주주의 현대 정치를 분석하는 고전적 작품이 바로 과두제의 철칙을 강조하는 미켈스의 책이었다는 사실은 의미심장하다: Robert Michels. *Political Parties.*

제4부
자본주의의 비결

제4부
자본주의의 비결

공개적으로 잘 알려지지 않은 숨겨진 방식이나 방법을 비결이라 한다. 여기서 자본주의의 비결이란 우리가 자본주의의 정신이라고 분석한 개인, 경쟁, 소유, 그리고 자본주의의 제도로 소개한 시장, 토지, 노동, 화폐 등을 넘어서는, 또는 그 뒤에 감춰져 있는 비밀스런 방법을 뜻한다. 시장을 상상할 때 사람들은 수많은 원자화된 개인이 수요와 공급의 측면에서 서로 끊임없이 경쟁하는 모습을 그린다. 토지, 노동, 화폐의 시장에서 이런 원자화된 개인의 이미지는 모두 유효하다. 경제학 교과서의 기본은 이런 시장이 지배하는 자본주의의 세계다.[609]

하지만 교과서가 그리는 자본주의와 시장경제의 이런 모습을 현실에서 찾아보기는 어렵다. 자본주의와 시장경제가 서로 다른 모습이라는 점은 이 책의 서장에서 이미 다루었다. 이 둘 사이의 괴리가 어떤 것

609 Daniel Cohen. *Homo Economicus, prophète (égaré) des temps nouveaux*. pp.36~40.

인지를 파악하는 일은 중요하고, 자본주의의 정신이나 제도를 분석하면서 부분적으로 그 괴리나 차이를 드러냈다. 문제의 핵심은 이 괴리나 차이의 성격과 기능을 제대로 밝히는 일이다. 자본주의가 성공할 수 있는 이유는 시장경제와의 차이 때문인가. 아니면 그런 차이에도 불구하고 성공한 것인가.

자본주의의 성공을 시장경제와의 차이 때문이라고 보는 입장은 자본주의와 시장경제를 모두 비판적으로 보는 입장에서 확인할 수 있다. 최근 경제사 연구를 통해 시장경제의 문제점을 지적하고 경제발전의 동력은 시장경제가 아닌 국가 중심의 정책에서 비롯된다는 주장을 편 장하준이 대표적이다. 『그들이 말하지 않는 23가지: 장하준 더 나은 자본주의를 말하다』[610]에서 그는 자본주의 경제 시스템의 장점은 시장경제가 아닌 공공정책의 주도적 역할에서 원인을 찾을 수 있다고 역설한다.

주류 경제학에서는 자본주의의 성공은 시장경제의 우월성에서 비롯된다고 본다.[611] 현실 자본주의가 시장경제의 이상형과는 큰 차이를 드러내지만 그럼에도 불구하고 성공하는 이유는 시장경제의 힘이 자본주의의 현실에서 나타나는 담합이나 독과점, 국가의 부적절한 개입 등을 능가할만한 파격적 능력을 보유하고 있기 때문이라는 말이다. 이들의 시각에서 자본주의가 성공하는 것은 항상 시장 친화적 정책을 펴기 때문이라는 것이다. 세계적 차원에서 신자유주의를 대변해 온 국제통화기금(IMF, International Monetary Fund)이나 세계은행(World Bank)은

610 영어 책의 원제는 『그들이 자본주의에 대해 말하지 않는 23가지』다: Ha-Joon Chang. *23 Things They Don't Tell You About Capitalism*

611 Joseph Schumpeter. *Capitalism, Socialism and Democracy*. pp.139~142.

이런 시각을 체계적으로 전파하는 국제기구다.[612]

이상의 두 가지 입장은 모두 이데올로기적이다. 자본주의의 성공을 시장이 아니라 국가와 공공성 덕분만이라고 보는 비판적 시각은 편파적이다. 시장경제가 가지는 강력한 문화적 측면을 제대로 파악하지 못하기 때문이다. 개인, 경쟁, 소유라는 자본주의 정신은 시장경제 뿐 아니라 사회와 정치에서까지 확인할 수 있고, 이런 정신이 사람들의 에너지와 노력을 자극한다는 점을 간과한다.

시장의 장점만이 독 · 과점적 현실에도 불구하고 자본주의의 성공에 결정적이라는 시각 또한 한편으로 기울어져 있기는 마찬가지다. 시장의 힘이 단순히 경제 분야에서만 작동하는 것이 아니라 사회 전체가 개인과 경쟁이라는 정신 속에서 진행되어야 한다는 점을 간과한다. 전통사회에 시장 기제를 도입해도 제대로 작동하지 않는 이유다. 게다가 국가 또는 집단이 행사하는 자본주의에 결정적인 역할을 단순히 보조적이고 환경적인 문제로 치부한다.

이 책에서는 이런 이데올로기적 입장에서 벗어나 자본주의라는 경제체제는 개인주의의 정신과 시장경제의 제도를 바탕으로 형성되지만 이에 못지않게 중요한 구성 요소로 조직과 국가라는 '기둥'을 갖추어야 한다고 본다.[613] 자본주의와 시장경제는 인간 개개인의 자율성과 선택권을 중시하는 이데올로기를 바탕으로 하지만, 동시에 자본주의를 이

612 Masahiko Aoki et al. eds. *East Asian Economic Development: Comparative Institutional Analysis.*

613 브로델은 문명을 분석하면서 기둥의 개념이 요긴하다는 설명을 한다. 자본주의를 문명으로 보는 우리의 관점에서 기업이나 국가는 자본주의 정신이나 제도만큼이나 중요한 기둥이다: Fernand Braudel. *Grammaire des civilisations.*

끄는 동력은 개인의 협력을 조합하는 조직이다. 자본주의는 출발부터 개인이 아니라 조직에서 비롯되었고, 오늘날까지도 세계 자본주의의 주요 행위자는 거대 기업이라는 조직이다.

마찬가지로 자본주의는 초기부터 현재까지 국가라는 비(非)자본주의적 조직과 긴밀한 상호 협력 관계를 유지하며 발전해 왔다. 폭력과 강제력을 동반하는 국가를 배제하고 자율성과 교환에만 기초한 질서를 만드는데 성공한 사례는 없다. 달리 말해서 시장이 없는 자본주의를 상상할 수 없는 것만큼이나 국가가 부재한 자본주의 또한 존재할 수 없다는 말이다.[614] 자본주의 성공의 비결은 바로 조직과 국가라는 비(非)시장적 행위자의 결정적인 지원을 받았기 때문이다.

614 자본주의까지는 아니지만 화폐와 국가 기원의 밀접한 관계도 참고할 수 있다: William N. Goetzman. *Money Changes Everything*. pp.65~72.

제13장

기업, 자본주의의 행위자

1. 자본주의의 주역은 기업

시장경제의 이데올로기는 개인주의의 자유와 선택, 그리고 자율성을 찬송하지만,[615] 실제 자본주의의 주역은 개인이 아닌 조직이다. 그것도 개인 몇이 모여 만든 작은 조직, 개인의 창의력을 극대화할 수 있는 정도의 조직이 아니다. 자본주의를 이끌어 가는 조직은 예로부터 거대한 규모를 자랑해 왔다.

미국의 포춘(Fortune)지에서 조사한 바에 의하면 2017년 현재 세계에서 가장 많은 직원을 거느리는 기업은 미국의 슈퍼마켓 체인인 월마트(Walmart)로 무려 230만 명을 고용하고 있다.[616] 기업으로서 세계 10

615 Milton Friedman. *Capitalism and Freedom*. pp.7~21.

616 *Fortune*. "Global 500".

대 고용주 가운데는 석유, 우체국, 전기, 은행 등의 기초 인프라 분야의 중국 공기업이 5개나 포함되어 있다. 이들은 모두 50만 명 이상의 직원을 거느리는 공룡기업들이다. 대만에서 출발한 폭스콘(80만명), 인도의 타타그룹(70만명), 독일의 폭스바겐(69만명), 영국의 콤파스그룹(55만명) 등은 세계 자본주의에서 가장 많은 직원을 거느린 조직들이다.

이들 기업은 유통이나 전자, 자동차 등 과거 20세기 자본주의를 대표하는 집단이라고 치자. 21세기 새로운 자본주의를 열어가는 정보통신산업의 사정은 다른가. 직원 수가 작은 편이라고 할 수 있는 페이스북(Facebook)조차 3만 명의 인력을 동원한다. 세계 스마트폰 시장의 선두주자 애플은 아이폰을 대만 폭스콘을 통해 생산하지만, 그래도 직원 수는 13만 명이나 된다. 구글이 포함된 알파벳은 9만 명, 윈도즈로 유명한 마이크로소프트는 13만 명 등 최첨단 자본주의의 역군은 모두 거대한 조직이다. 유통의 혁신을 주도한 아마존은 무려 61만 명의 직원을 거느리는 새로운 공룡이 되었다.

시장경제란 수평적이고 평등한 관계 속에서 자유로운 선택을 통해 거래가 이뤄지는 장이다. 하지만 이런 시장경제를 이끄는 것은 수직적으로 위계적 관계가 지배하는 조직이다.[617] 자본주의의 엔진이라고 할 수 있는 기업은 시장적 관계 위에 세워진 역동성이 아니라 누가 시장을 지배할만한 조직을 형성하는데 성공하는가에 달려 있다.

21세기 새로운 자본주의의 주요 기업들은 모두 혁신적 기업가의 개인적 리더십과 밀접하게 연결되어 있다. 과거 칭기스칸과 같은 제국의 창시자들이 군사력을 활용하여 드넓은 대륙을 지배하는데 성공하였

617 Dominique Méda. *Le travail*. pp.151~180.

듯이, 마이크로소프트는 빌 게이츠, 애플은 스티브 잡스, 페이스북은 마크 저커버그, 아마존은 제프 베조스 등이 세계 시장의 점유율을 높여 자신의 분야를 지배하는 모습을 보여주는 듯하다.

물론 군대의 규모가 반드시 해당 국가의 군사력을 표현하지 못하듯이 고용하는 사람들의 수가 많다고 자본주의에서 중요성이 큰 것은 아니다. 자본주의에서 중요한 기업이란 세계 시장을 지배하는 능력을 보유하며, 역동적 환경에 적응하고 미래를 열어나갈 수 있는 혁신 능력을 가진 기업일 것이다. 이 장에서 주목하는 부분은 자본주의가 성공하는 이유가 개인주의 정신과 시장 제도뿐 아니라 인류 역사에서 항상 가장 중요한 부분을 차지했던 협력의 성공에서 찾을 수 있다는 점이다.[618]

그렇다고 개인, 경쟁, 소유의 정신이 자본주의 발전에 부정적이었거나 기여한 바가 없다고 주장하는 것은 아니다. 또 시장이나 토지, 노동, 화폐 등의 요소를 시장의 기제에 따라 조직하는 노력 역시 자본주의 발전에 긍정적 역할을 한 것도 부정하기 어렵다. 다만 이런 정신과 제도가 조직과 결합했을 때 자본주의가 획기적인 발전의 길을 열어 올 수는 있었다는 점을 인식해야 한다.

2. 조직이 필요한 이유: 시간과 신뢰

이 책에서는 자본주의를 정의하면서 시간의 관리라는 차원을 특별히 부각시켰다. 인간을 다른 동물들과 비교했을 때 드러나는 몇 가지

618 Mancur Olson. *The Logic of Collective Action: Public Goods and the Theory of Groups.*

차이점은 이런 시간 관리에 있어 특징과 가능성을 동시에 보여준다. 인간은 그 어느 동물보다 오랜 시간 동안 임신을 한 상태로 있다가 아이를 세상에 낳으며, 태어난 다음에 가장 오랜 시간 동안 부모의 보살핌을 받아야 한다. 세상에 나오자마자 뛰어다니고, 어미의 젖을 몇 달 먹으면 독립할 수 있는 여느 동물과는 다르다는 말이다. 경제적 관점에서 보자면 장기 투자를 필요로 하는 것이 인간의 재생산이다.[619]

그림 13. 고대 중국의 병마용(兵馬俑)은 죽은 황제를 영원히 지키는 군대다. 사람은 죽어도 사업은 지속되는 자본주의 기업의 먼 조상이라 해도 과언이 아니다. 중국 서안 병마용.

619 Jared Diamond. *The Third Chimpanzee: The Evolution and Future of the Human Animal.* pp.60~65.

이런 기능적 필요를 반영하듯 인간은 가족이라는 제도를 통해 장기적 신뢰와 연대의 관계를 형성하였다. 인류의 역사에서 가족은 인간의 기초적인 단위였다고 볼 수 있다. 문화에 따라 차이는 존재했지만 가족과 가족의 확장 개념인 다양한 공동체들은 인간의 삶을 지배하는 기본 조직이었다. 가족이란 재생산의 단위였지만 동시에 이를 동반하는 생산의 단위였다는 점에서 모든 조직의 출발점이라고 할 수 있다.[620] 여기서 생산이란 수렵채취시대의 사냥과 같은 공동의 행위를 지칭하기도 하고, 농경시대에 돌입하면 관개시설의 건설과 같은 공동 작업을 모두 포괄하는 행동이다.

인간 사회에서 조직을 필요로 하는 또 다른 커다란 이유는 집단적 무력 충돌에 대처하기 위해서다. 수렵채취시대부터 서로 다른 집단 간에 폭력을 사용하는 경우는 빈번했고, 농경사회로 진화하면서 군대는 인간 조직의 가장 기초적인 형태였다.[621] 무기를 생산하는 것은 물론 군대의 조직이 체계적으로 움직일 때 가장 성공적이라는 사실은 위계적 조직의 형성에 기여했을 것이다. 물론 군대를 순수한 강제력만으로 조직하기는 어렵다. 신과 종교, 공동의 조상에 대한 믿음 등 이데올로기적 요소를 포함하여 장기적 지속성을 갖추는 것은 군대 조직에 결정적인 역할을 했다.

가족과 군대는 시장경제나 자본주의의 정신이라는 측면에서 벗어나 있다. 가족이야말로 자신이 선택하는 것이 아니라 임의적으로 주어

620 부르디외는 가족 안에서는 오히려 경제적 관계를 부정하는 원칙이 지배한다고 분석하였다: Pierre Bourdieu. *Anthropologie économique*. pp.47~49.

621 Francis Fukuyama. *The Origins of Political Order*. pp.26~48.

지는 조건이다. 게다가 신분사회라면 가족의 신분과 유산으로부터도 벗어나기 어려웠다. 또 군대는 전형적인 위계질서의 조직인데다 평등이나 자율성이 묵살되는 조직이다. 그럼에도 불구하고 자본주의의 기원과 발전을 보면 항상 가족과 군대의 끈끈한 연결에 의존하는 경향을 발견할 수 있다. 이것이 자본주의가 항상 주변 환경에 편승하거나 기생한다는 시각이 등장하는 이유다.[622]

고대 바빌로니아나 그리스, 페니키아 등 상업과 교역의 발전에 동원되었던 장기적 관계와 신뢰의 끈은 시장이 제공한 것이 아니다. 사업을 가능하게 하였던 기본적인 연결 고리는 같은 가문이거나 같은 지역, 또는 종족이기 때문에 가질 수 있었던 신뢰 관계에서 비롯되었다.

장사하기 위해서는 거래에 동반되는 시간의 차이와 신뢰의 문제를 해결해야 한다. 매매를 위한 약속과 물건을 건네는 순간, 그리고 대가를 지불하는 순간 사이에는 항상 시간의 차이가 존재하고, 이를 극복하고 해결해야지만 거래가 이뤄지기 때문이다.[623]

동서고금을 막론하고 상업적 거래가 활발하게 이뤄지기 위해서는 이런 장기적인 신뢰의 관계가 결정적이었다. 모르는 사람들과 익명성을 갖고 거래하는 시장은 역사적으로 존재하기 어려웠다. 따라서 평화적 거래의 범위란 결국 장기적 신뢰가 형성되어 있는 만큼만 가능했다. 인류 역사에 등장한 모든 교역은 시장을 통한 자유로운 확산보다는 디아스포라나 제국의 지배에 의존한다는 사실이 이런 한계를 잘 지적하

---

622 장문석. 『자본주의 길들이기: 자본과 자본 아닌 것의 역사』. pp.16~19.

623 Avner Greif. *Institutions and the Path to the Modern Economy: Lessons from Medieval Trade.*

고 있다.

3. 노예노동의 농장과 광산

자본주의를 임노동 제도와 동일시했던 마르크스와는 달리 베버는 근대 자본주의 이전에도 이미 경제적 부의 축적을 지속적으로 추구했던 자본주의의 다양한 유형이 존재했다고 보았다. 근대적 자본주의의 임노동이 아니라도 생산물의 교역을 통한 상업적 자본주의가 존재했다는 시각이다.[624] 또 노예의 강제노동에 기초한 자본의 축적과 식민지를 개발하여 물질적 약탈을 제도화한 제국주의 형태의 정치적 자본주의도 있었다.

고대 그리스나 로마에서 농업은 경제의 축이라고 할 수 있는 기반이었다. 그리스의 도시국가가 지중해를 누비는 무역을 통해 부를 축적하였다면 로마 시대에는 다수의 노예를 동원하는 라티푼디아 latifundia 대농장이 중요한 생산의 역할을 담당하였다. 이탈리아 남부와 시칠리아 등지는 이미 그리스가 지중해의 중심부일 때부터 곡창지대로 유명했다.[625] 로마제국이 그리스를 누르고 지중해 세계의 중심이 되자 이런 지역의 농장은 규모를 키우면서 경제의 기둥으로 부상하였다.

해군 중심의 그리스에서 군대의 핵심 조직은 삼단노선 trireme 이라 불리는 함선이었다. 배의 한 위치에 높이를 달리하는 세 명의 노잡

624 Max Weber. *Economy and Society.* p.1223.

625 Pierre Milza. *Histoire de l'Italie.* pp.136~137.

이가 한꺼번에 노를 젓는 배였는데 덕분에 이 배는 높은 속도를 자랑했고 전투에서 절대적 우위를 차지할 수 있었다. 그리스 아테네를 비롯한 주요 도시국가들은 이 삼단노선 수 십 척의 함대로 페르시아 제국의 침공을 물리치고 지중해를 지배할 수 있었다.[626] 또 로마 시대에 명성을 날린 보병의 기본 조직은 백인부대 centurion 이다. 백 여 명이 한 부대를 구성하였으니 현대의 중대와 대대 정도 규모다.

이런 고대의 군사 조직을 경제적으로 반영하는 조직이 바로 대농장이라고 할 수 있다. 도시의 자유인이 제한된 수의 노예를 보유하고 있었던 것과는 달리 농촌 대농장의 주인은 수백 명 규모의 노예를 두고 거대한 영토에서 농업을 수행했던 것이다. 이런 지역에서 노예는 나름의 기능적 분업을 통해 관리직과 생산직으로 각각 자신의 임무를 수행하였다. 노예의 상층부를 형성하는 자들 가운데는 돈을 모아 스스로 해방을 획득하는 경우도 존재했다.

고대에 노예노동이 대규모로 필요했던 부분은 바로 광산의 개발에 있어서다. 예나 지금이나 광산 노동은 가장 열악한 환경에서 진행되는 위험한 일이었다. 특히 고대에는 노예의 강제노동이 아니라면 누구도 이런 환경에서 일하기를 거부하였다.[627] 그런데 역설적으로 광산의 개발이 없이 자본의 축적과 발전은 불가능에 가까웠다. 고대 바빌로니아 제국이나 그리스 시대의 특징은 은화를 대규모로 사용하는 화폐 경제를 이루었다는 점인데, 이를 위해서는 은광의 개발과 운영이 필수적이었다. 특히 아테네 부근의 라우리움 Laurium 은광은 노예를 대규모 동

626 François Lefèvre. *Histoire du monde grec antique*. pp.239~241.

627 Alain Bresson. "Capitalism and the ancient Greek economy."

원하여 은을 캐고, 도시국가 아테네가 이를 주조하여 지중해 경제의 기축 통화로 사용하였다.

노예노동을 활용하는 생산조직으로 대농장은 근대 자본주의가 출범하는 과정까지도 중요한 기여를 했다. 16세기부터 대서양을 중심으로 발전한 노예무역의 활성화는 바로 아메리카에서 사탕수수를 재배하는 대농장에 인력을 대기 위한 현상이었다. 사탕수수의 재배 역시 열대의 열악한 환경에서 대규모 노동력을 동원하는 농업이라는 점에서 고대 광산과 유사했다.[628] 또 은광의 은이 화폐 경제의 기본이 되었듯이 근대 사회의 설탕은 상품경제를 대표하는 농업의 상징이 되었다. 미국의 남부를 지배하는 담배나 면화 생산을 위한 대농장 역시 노예제도에 기초한 자본주의 축적의 결정적인 고리였다. 노예노동의 대규모 조직화가 단순히 고대 사회의 미개한 악습이 아니라 고대부터 근대까지 자본주의의 다양한 형식에서 필요했던 강제의 상징이자 규모의 확장에 해당한다는 의미이다.

4. 무다라바에서 코멘다까지

자본주의에서 노동을 조직하기 위해 대규모의 위계질서가 필요했던 것과 마찬가지로 자금 조달은 또 다른 협력과 조직의 필요성을 낳았다.[629] 돈을 가진 사람과 사업을 할 수 있는 사람이 항상 동일한 것이 아

628 Sidney Mintz. *Sweetness and Power.* pp.32~61.

629 금융이 문자를 비롯해 문명의 근원에 있다는 주장은 다음을 참고할 것: William

니었던 만큼 돈과 사업을 연결하는 동업의 형식이 고대부터 만들어졌다. 특히 화폐를 사용하게 되면서 사업을 하는데 돈과 일을 연결하는 협업의 가능성을 높여주었다.

이미 기원전 18세기 고대 바빌로니아에서는 이런 협업이 일반적이었다. 함무라비 법전에는 '타푸툼'(tappûtum)이라는 제도가 나온다: "동업을 위하여 한 사람이 다른 사람에게 은을 주고 투자하면 그 이익이나 손해를 신 앞에서 똑같이 나누도록 한다." 화폐 경제가 만들어지면서 장거리 무역과 다양한 사업에도 이런 동업이 유행했다. 선술집이나 맥주공장, 수공업 작업장이나 소규모 농장을 세우기 위한 사업들이 타푸툼의 형식을 빌려 진행되었다.

투자자와 사업가가 동업을 이루는 사례는 이후 이슬람 문명의 무다라바(mudarabah), 중세 이탈리아의 코멘다(commenda), 한자동맹의 무역 파트너십에서 비슷하게 등장한다. 무다라바는 7세기 이슬람의 창시자 무함마드에서 유래된 것으로 전해진다. 원칙은 타푸툼과 유사하다. 돈을 대는 사람과 사업을 진행하는 사람이 이익을 반반으로 나눈다는 점에서 말이다. 손해가 발생하면 자본을 대는 사람은 돈을 손해보고, 노력을 하는 사람은 헛수고를 하는 셈이다. 무함마드는 부인 카디자로부터 무다라바 형식으로 돈을 빌려 장거리 무역에 나섰던 것으로 알려졌다.[630]

이슬람 문명의 무다라바가 중세 이탈리아의 코멘다 형식으로 전해져 발달했는지, 두 형식이 독립적으로 만들어졌는지는 확실치 않다. 다

N. Goetzman. *Money Changes Everything*. pp.1~14.

630 David M. Eisenberg. "Sources and Principles of Islamic Law". p.15~53.

만 중세 10세기 정도부터 등장하는 코멘다 역시 자본을 대는 전주(錢主)와 해상 무역에 나서는 선장의 동업 형식이다.[631] 여기서 특징은 전주는 사업에 대해 무한 책임을 져야 하지만 선장은 유한 책임으로 그친다는 점이다. 바다의 위험을 무릅 쓴 사업에서 실제 항해를 책임지는 선장은 자신의 재산까지 동원하여 사업 책임을 지지는 않았다는 말이다. 다만 전주는 자신의 목숨을 걸고 사업에 나서는 선장과는 달리 전 재산을 동원하여 책임을 져야 했다.

이런 이유로 전주와 선장의 조합인 코멘다는 장기적인 조직으로 발전하지는 못하고 다만 단기 사업에 동원되는 동업의 형식이었다. 코멘다가 타푸툼이나 무다라바보다 역사적으로 더 잘 알려진 이유는 이후 한자 동맹이나 서구 자본주의 발전의 모태가 되었기 때문이다. 자금을 가진 사람과 항해에 나서는 선장은 중세 유럽에서 자본과 경영을 대변한다고 볼 수 있다. 선장은 21세기의 벤처 자본가처럼 아이디어와 용기와 능력을 보유하고 있다면, 전주는 자금력을 갖고 높은 수확을 바라는 자본가다. 또는 20세기적 비유를 한다면 전주가 기업을 소유하는 주인이라면, 선장은 기업을 경영하는 전문 경영인에 비유할 수도 있을 것이다.

중세 이탈리아 도시국가들은 다양한 민간의 코멘다를 조직하는 특별한 형태를 갖고 있었다. 국가가 함대를 조직하여 운영하는 베네치아의 국가 자본주의, 여전히 민간이 자율적으로 군사력을 포함한 함대를 운영하는 제노바의 해양 자본주의, 그리고 해양보다는 금융을 통

631 Rondo Cameron. *A Concise Economic History of the World: From Paleolitic Times to the Present*. p.66.

해 자본축적을 추구했던 피렌체 등을 이미 살펴보았다. 이에 덧붙여 북해의 한자 동맹은 다수의 도시에 형성된 상인 조합 길드가 서로 촘촘한 관계의 망을 형성하여 경제적 조직을 정치적으로 확장시킨 모습이었다.[632]

5. 주식회사와 주식시장

자본주의의 발전과정에서 주식회사의 등장은 획기적인 제도의 개혁이었다. 역사적으로 주식회사 이전에도 유사한 형식의 동업이나 협업의 가능성은 존재했다. 그러나 주식회사는 자본의 증식과 축적, 자본 활동의 확산과 지속을 훨씬 높은 차원에서 가능하게 만들어 주었다. 주식회사는 영어로 Joint-stock company 라고 부른다. Company 는 accompany (동반하다) 에서와 마찬가지로 함께 하는 집단 또는 단체라는 무척 단순한 의미다. 다만 이 단체의 주인이 주식 stock 을 함께 joint 보유하는 사람들로 이뤄졌다는 것이다.

자본주의 역사에서 최초로 등장하는 주식회사는 네덜란드의 동인도주식회사다.[633] 사실 아시아의 인도나 동남아 지역과 무역을 하는 동인도주식회사라는 형식의 조직은 유럽의 주요 국가들 모두가 보유하게 되는데, 그 가운데 네덜란드 회사가 가장 일찍 성공적으로 사업을 수행하였다. 1602년 출범한 네덜란드 동인도주식회사는 Veerinigde

632 James Murray. *Bruges, the Cradle of Capitalism, 1280~1390.*

633 Stephen Brown. *Merchant Kings: When Companies Ruled the World, 1600~1900.*

Oostindisch Compagnie 의 약자를 따 VOC로 잘 알려졌다. 네덜란드보다 조금 뒤에 등장하여 필적할 만한 성공을 거둔 영국의 동인도주식회사는 영어 약자 EIC East Indies Company를 명칭으로 한다.[634]

주식회사라는 형식 덕분에 사업 단체는 이전과는 비교할 수 없는 정도의 엄청난 자금을 동원할 수 있었다. 과거 해외 장거리 무역이란 제한된 수의 배를 운영하는 전주와 선장의 조합이었지만, 이제 주식회사는 수십, 수백 척의 배를 직접 소유하여 운영할 수 있는 규모로 성장하게 되었다. 예를 들어 1669년 VOC는 150척의 상선과 40척의 전함, 5만 여명의 직원과 1만 여명의 군인을 보유하는 거대한 조직으로 클 수 있었다. 주식회사를 통한 자본의 집중은 과거 국가만이 동원할 수 있었던 규모의 조직을 가능하게 만든 셈이다.

주식회사의 주인은 주식을 보유하는 다수의 사람들이다.[635] 한 두 사람에서 몇 명에 불과하던 소유주가 수십 명 규모의 선적을 운영하던 형태에서 이제 수백 수천 명의 주주가 수 백 척의 배와 수만 명의 직원을 거느리게 된 셈이다. 주주는 특히 주식을 공개적인 주식 시장에서 사고 팔 수 있다는 점에서 사업 참여에 있어 두 가지 장점을 누릴 수 있었다. 하나는 주주의 자격이 무척 개방적이라 원하는 사람은 누구라도 사업에 참여할 수 있는 가능성이 열렸다. 다른 하나는 일단 주주가 된 다음에 마음이 바뀌더라도 주식 시장에서 주식을 팔아버릴 수 있었다. 이와 같은 개방성과 유연성은 자본시장의 발전에 결정적으로 기여하는 요소로 자리 잡았다.

634 H.V. Bowen. *The Business of Empire.*

635 William N. Goetzman. *Money Changes Everything.* pp.310~311.

주식회사는 또 법인이라는 법적 상상력을 발휘하여 사업의 지속성을 대폭 확장하였다. 인간의 삶은 한정되어 있지만 법인은 사업이 제대로 운영되는 한 무한정 지속될 수 있는 가능성을 안게 되었던 것이다.[636] 근대 국가의 탄생과정에서 권력자의 삶은 유한하지만 국가는 영원한 존재로 등장한 것과 마찬가지로, 근대 자본주의란 유한한 자본가의 삶을 무한한 주식회사 법인으로 확장시켜 주었다.

장기적 삶을 유지하는 거대한 조직의 탄생은 조직의 성격도 본격적으로 변화시켰다.[637] 우선 거대한 조직을 작은 사업이나 배처럼 운영하기는 어렵다. 조직이 커질수록 규칙을 통해 예측 가능한 운영을 해야 한다. 베버가 국가의 관료제에 대해 설명했던 합리성의 강화와 규칙을 통한 법적 질서 legal order의 형성이 주식회사와 같은 대규모 자본주의 조직에도 적용될 수 있다는 의미다. 국가 관료제와 비교할 수 있는 또 다른 측면은 대규모 조직 내에 기능에 따라 분업이 이뤄진다는 점이다. 실제로 국가 업무 분장의 도표와 기업의 조직도는 무척 유사한 성격을 갖는다.

베버는 세계의 근대화에서 합리성의 강화를 중시하는데 기업의 경우 이윤을 지속적으로 계산해야 하는 필요가 대규모 조직에서 더욱 강해진다고 보았다. 따라서 중세 유럽에서 개발한 복식부기 회계의 중요성을 강조한다.[638] 복식부기를 통해 투자한 자금과 운영하는 자금, 그리

---

636 이슬람 세계에서 인간 수명으로 사업이 제한된 경우는 다음을 참고할 것: Seveket Pamuk. "Institutional Change and Economic Development in the Middle East, 700~1800".

637 William N. Goetzman. *Money Changes Everything*. pp.316~319.

638 베버, 슘페터, 좀바르트는 모두 자본주의의 발전과 합리성의 확산에 있어 복식회계의 중요성을 강조한다: Werner Sombart. *Economic Life in the Modern Age*

고 거기서 추출되는 이윤 등을 상시적으로 계산하고 미래를 예측하는 자본주의적 규칙과 규율이 만들어진다는 설명이다. 이를 통해 자본주의가 획기적인 발전의 계기를 맞게 된다는 것이다.

6. 왕립 식민회사

네덜란드와 VOC, 그리고 영국의 EIC는 모두 주식회사의 형식을 갖추었다는 공통점과 동시에 국가 또는 왕이 특별한 독점권을 부여한 회사라는 점에서도 유사하다. 당시 유럽에서는 이런 회사들을 차터 Chatered 회사라는 이름으로 불렀다. 차터 Charter 는 헌장이나 계약과 같은 의미로 번역할 수 있다. 과거 일부 도시나 대학 등 조직이나 단체에 황제나 왕이 자율성을 하사하는 헌장이었는데 서로의 의무와 권리를 교환한다는 점에서 계약의 차원도 포함하였다.

네덜란드의 총독이나 영국의 왕은 각각 자국의 동인도주식회사에 해당 지역 무역을 독점할 수 있는 권한을 헌장을 통해 부여해 주었다.[639] 같은 인도양 지역 무역에 대해 어떻게 유럽 일국의 정부가 독점권을 부여하는가라는 질문이 자연스럽게 제기된다. 정확히 말해 네덜란드나 영국 정부는 자신이 갖지 못한 권한을 민간 회사에 부여해 준 셈이다. 여기서 독점권이란 결국 국내의 다른 회사가 개입하는 것을

; Bruce Carruthers and Wendy Nelson Espeland. "Accounting for Rationality: Double-Entry Bookkeeping and the Rhetoric of Economic Rationality".

639 Christophe de Voogd. *Histoire des Pays-Bas.* p.109.

막아준다는 의미가 있을 뿐 해외 다른 회사와는 자유롭게 경쟁하라는 뜻이다.

네덜란드와 영국의 동인도주식회사는 물론 유럽의 주요 국가들은 모두 동인도회사를 갖고 있었다.[640] 이들도 모두 자국 왕이 하사한 헌장으로 독점권을 인정받았다. 이런 국가 독점권을 가진 회사들은 함대를 띄워 바다에서 서로 경쟁하고, 자주 전투도 벌이면서 자신의 이익을 지켰다. 자본주의의 첨병인 주식회사들이 진함을 보유하고 군대를 운영했던 중요한 요인이다.

네덜란드의 동인도주식회사는 인도네시아라고 하는 거대한 영토를 식민지로 지배했다. 영국 역시 향신료를 가장 많이 생산하는 인도네시아는 네덜란드에게 선점 당했지만 이어 인도라는 더 커다란 영토를 차지하는 식민지를 동인도주식회사가 19세기 중반까지 관리했다.[641] 이런 현실은 17~18세기만 하더라도 유럽에서 정치와 경제의 구분이라는 것이 얼마나 모호했는지를 잘 보여준다.

일반적 상식대로라면 국가는 주권을 갖고 정책을 펴는데 해외 식민 확장에 나서야 한다면 세금을 거둬 그 돈으로 군대를 양성하여 식민지배에 투자하는 형식이 되어야 한다. 하지만 17~18세기 유럽에서는 정부가 세금을 거두어 군대를 양성하기보다는 아예 민간 회사에게 공적 특권을 부여하여 해외의 식민시 개발을 맡긴 셈이다. 이를 근대적 방식으로 표현한다면 정부 기능의 민간 하청이다. 놀라운 것은 영토의

640 Philippe Haudrère. *Les Compagnies des Indes Orientales: Trois siècles de rencontre entre Orientaux et Occidentaux.*

641 Philippe Chassaigne. *Histoire de l'Angleterre, des origines à nos jours.* pp.221~223.

관리와 같은 주권 핵심 요소를 민간에 하청을 주었다는 사실이다.

다른 한편, 민간의 주식회사는 국내에서는 정부의 하청을 받는 민간회사였지만 일단 먼 바다나 식민지에 나가면 군사력과 통치력, 즉 폭력을 사용함으로써 주권 국가만의 특권을 행사한 셈이다. 이처럼 향후 자본주의 사상가들이 줄기차게 주장한 것과는 달리 자본주의의 출범기에는 국가와 사회, 주권과 사업의 경계가 뚜렷하지 않았다.[642] 국가는 자신의 폭력 행사권을 민간에 하청하는 한편, 민간 회사는 적어도 해외에서는 국가가 독점했던 폭력을 행사하며 사업을 벌였던 것이다.

7. 트러스트와 콘체른

상업 자본주의의 발전에서 선두를 점했던 두 나라 네덜란드와 영국은 국가와 기업의 경계가 모호한 특권과 독점의 무역 집단을 통해 성장했다. 그 가운데 영국은 산업혁명 과정에서 국가가 특권을 부여하거나 독점을 보장해 주지 않는 상황에서도 자본이 급격하게 성장하는 경험을 축적하였다. 그것은 마치 어느 정도 자본주의가 작동할 수 있는 사회 전체의 기반이 마련된 이후에는 국가의 개입이 없더라도 자본의 집중이 자연스럽게 일어나는 현상으로 보인다.

산업혁명의 조국 영국에서는 석탄과 철강, 철도와 섬유 등 다양한

642 현대 사회에서도 기업의 권력과 국가의 주권이 혼재되어 있다는 주장은 다음을 참고할 것: Joshua Barkan, *Corporate Sovereignty: Law and Government under Capitalism.*

산업에서 집중현상을 발견할 수 있다. 적어도 두 가지 구조적인 힘이 작동하여 집중을 이끌어 냈다고 분석할 수 있다. 하나는 모든 경쟁적 시장이 초래하는 승패의 결과가 시간이 지나면서 누적되면 승승장구하는 기업이 결국 특정 시장을 지배하게 된다는 집중 효과다.

이런 집중현상을 더욱 가속시키는 두 번째 구조적 힘은 산업혁명이 추가로 가져온 자본집중의 중요성이다. 산업혁명의 시대에는 연구와 개발을 통한 새로운 기술의 개발이 중요하다. 자본을 결집하여 더 많은 투자를 할수록 경쟁에서 승리할 가능성은 높아지기 때문에 '시장경쟁+산업혁명=산업집중'이라는 현상을 만들어낸다. 영국에서는 산업혁명의 주요 산업에서 자본이 집중되고 기업이 비대화하는 모습을 볼 수 있다.[643] 일부 석탄이나 철강 산업이 집중된 도시는 기업이 해당 도시를 대표하는 경우도 발견할 수 있다.

영국보다 산업 집중 현상을 더욱 가시적으로 보여주었던 사례는 산업혁명의 후발주자였던 미국과 독일이다.[644] 이 두 나라는 영국의 산업혁명의 주요 산업에서는 선발주자를 추격하는 입장이었지만, 창조적 파괴의 새로운 산업은 오히려 선두를 점해 앞서 나가는 모양이었다. 더 많은 연구와 투자를 필요로 하는 만큼 독일처럼 연구능력을 보유한 토양이 유리하게 작용하였고, 새로운 시장을 개척하는 데는 미국처럼 창의적인 실험을 자유롭게 할 수 있는 문화적 배경이 중요했다.

---

643 슘페터는 영국에서 산업의 집중이 제일 앞서 진행되었기 때문에 사회주의로 이행하는 것이 가능하다고 설명할 정도였다: Joseph Schumpeter. *Capitalism, Socialism and Democracy*. pp.228~231.

644 산업화에서 후발주자의 특징과 장점을 이론적으로 제시한 사례는 다음을 참고할 것: Alice Amsden. *Asia's Next Giant*.

19세기 미국을 대표하는 기업가는 이런 현상을 상징적으로 드러내준다. 철도산업의 반더빌트, 철강 산업의 카네기, 석유산업의 록펠러는 해당 분야 경쟁에서 승승장구하면서 트러스트라는 명칭의 거대한 기업군을 형성하는데 성공하였다.[645] 금융 분야의 JP 모건이나 골드만 삭스 등도 이 시기에 빠르게 성장하였다. 또한 전기를 활용한 에디슨의 웨스팅하우스, 벨의 AT&T 등은 모두 19세기의 자본과 기술 및 경험의 축적이 어떻게 20세기 미국의 주도력으로 연결되었는지를 상징적으로 보여준다.

독일에서는 미국과는 약간 다른 양상이지만 거대한 기업군이 형성된 것은 유사하다.[646] 독일은 엔지니어를 중심으로 새로운 기업을 설립하여 거대하게 성장한 경우가 많다. 기계 분야의 지멘스나 화학의 바이어, 철강의 크룹과 티센 등은 19세기 독일 산업을 대표하는 대기업으로 콘체른이라는 이름으로 불렸다. 트러스트와 콘체른의 차이를 보면 미국에서는 개인 사업가가 기업을 거대하게 성장시킨 결과라면 독일에서는 산업과 은행의 밀접한 관계에 기초한 구조가 더 일반적이다.

독일이나 미국보다 한 발짝 뒤늦게 자본주의 경제에 돌입한 일본에서도 산업 집중의 현상을 발견할 수 있다.[647] 토요다는 원래 19세기 엔지니어가 시작한 섬유산업의 기업이었으나 2대에 와서 자동차로 주력산업을 교체하여 거대한 기업으로 성장하였다. 일본에서는 또 개방

645 Joyce Appleby. *The Relentless Revolution* ; Charles R. Morris. *The Tycoons: How Andrew Carnegie, John D. Rockefeller, J. Gould and J.P. Morgan Invented the American Supereconomy.*

646 Henri Bogdan. *Histoire de l'Allemagne, de la Germanie à nos jours.* pp.325~326.

647 Karel van Wolferen. *The Enigma of Japanese Power: People and Politics in a Stateless Nation.*

이전부터 오랜 전통을 자랑하는 미쓰이, 미쓰비시, 스미토모 등의 자이바츠(財閥)라 불리는 기업군들이 다양한 분야로 사업을 확장하여 국가 경제의 뼈대를 형성하였다.

8. 다국적 기업

자본주의의 실질적 역사를 살펴보면, 특히 자본주의의 주역이라고 할 수 있는 기업의 역사를 보면 창의적으로 시장이나 조직을 개척한 기업이 점차 독점의 지위를 차지하면서 시장을 지배하는 모습을 발견할 수 있다.[648] 이런 현상은 자본주의의 기초 이념이 되는 시장 중심 경제학의 발전 방향과는 무척 상이한 흐름이다.

왜냐하면 19세기 스미스의 사상을 이어받은 영국의 경제학은 맬서스–리카도–밀–마셜 등으로 지적 계보를 그리며 점점 완결성을 가진 경쟁 시장 중심의 사상 체계로 발전을 해왔기 때문이다. 달리 말해서 학문에서는 경쟁과 시장 중심의 이론이 점차 확고하게 완성되는 과정을 거쳤지만 현실은 이와는 전혀 다른 자본과 산업 집중의 역사가 진행되어 왔다는 말이다.

그나마 자본주의 현실을 직시하고 이를 뒤쫓으며 탐구한 사례가 마르크스다. 그는 시장주의자들처럼 현실이 잘못되었다고 지적하는 것이 아니라 자본 집중이 바로 자본주의의 핵심이라고 설명했다.[649] 자본

648 Pierre Dockès. *Le capitalisme et ses rythmes, quatre siècles en perspective.* pp.373~403.

649 Karl Marx. *Das Kapital.* p.787.

가들 사이의 경쟁이 취약한 자본의 퇴출과 흡수를 초래하기 때문에 역동적인 시각에서 보면 자본은 결국 소수로 집중될 수밖에 없다는 것이다. 마르크스는 이런 집중현상의 끝에는 결국 사회 혁명을 통해 모순이 극복되는 방법밖에 없다고 예언하였다.

하지만 마르크스는 현실의 반만 제대로 적시한 셈이다. 자본 집중은 확실하게 보았지만 자본주의가 가지는 창의적 대응이나 진화를 미처 보지 못한 것이다. 자본 집중이 무너지는 한 방법은 슘페터의 창조적 파괴를 통해서다. 아무리 지배적인 위상을 차지하는 기업이 있더라도 새로운 상품이나 제조방식이 등장함으로써 언제든지 이 위상은 무너질 수 있기 때문이다.[650]

> 우리가 생각하고 있는 경쟁이 실제 작동할 때 뿐 아니라 단순히 상시적인 위협으로 존재할 때에도 힘을 발휘한다는 점을 굳이 강조할 필요는 없을 것이다. 이런 잠재적 경쟁은 공격하기도 전에 이미 명령을 내리는 셈이다. 사업가는 자신의 분야에서 혼자서 활동하더라도 경쟁적 상황에 있다고 스스로 느낄 것이다.

자본집중을 완화하는 또 다른 하나의 방식은 특정 기업이나 기업군이 국내 시장을 독점하거나 지배하더라도, 외국의 기업들이 이에 도전을 가함으로써 국제적으로 맹렬한 경쟁이 지속된다는 사실이다. 자본주의 사회는 적어도 부분적으로는 개방과 경쟁의 원칙을 지켜야한다. 예를 들어 산업혁명 초기 영국의 과학이나 기술, 생산방식의 발전은 다른 나라로 전파되기 마련이다. 미국이나 독일, 일본 등은 '선진국

650 Joseph Schumpeter, *Capitalism, Socialism and Democracy*. p.85.

따라잡기' catch up 와 동시에 자국 시장을 보호함으로써 국민자본의 축적과 집중을 추구하였다.

이처럼 창조적 파괴와 국제 경쟁은 자본주의가 갖는 기본적 집중의 경향을 완화하는 결정적인 요소들이다. 물론 기업 역시 이런 요소에 대응하기 위해 나름의 전략을 펴왔다. 창조적 파괴의 부문에서 앞서 나가기 위해 기업들은 연구개발에 집중 투자하기 시작했다. 20세기부터 두드러지는 이런 전략은 이제 21세기에는 기업 생존의 필수적인 부분으로 인식되고 있다.

시장의 국제화로 인한 경쟁에 대비하여 기업도 다국적 성격을 갖추기 시작했다.[651] 해외에 지사를 두는 것은 이미 식민주의 확장 시대부터 있었던 일이지만 생산의 국제화는 20세기 들어 활성화되었다. 특히 자본주의 선진국 간의 생산의 국제화는 20세기 후반을 특징짓는 변화였다. 예를 들어 미국 자동차 산업의 3대 회사 제너럴 모터스(GM), 포드, 크라이슬러는 유럽이나 남미, 중국 시장 등에 진입하기 위해 직접 투자를 하고 현지 시장에 침투하는 전략을 활용하였다. 마찬가지로 일본이나 한국의 자동차 회사들도 미국이나 유럽에 공장을 건설하여 현지 생산에 적극 나섰다.

사업의 국제화, 생산의 다국적화에 이어 경영의 국제화도 20세기 후반부터 중요한 과제로 등장하였다. 점차 세계 차원의 시장이 형성되면서 이제 세계를 하나로 볼 수 있는 능력과 각 특수한 시장을 이해할 수 있는 혜안을 필요로 하는 자본주의의 시대가 왔기 때문이다. 미국의

651 Stephen D. Cohen. *Multinational Corporations and Foreign Direct Investment: Avoiding Simplicity, Embracing Complexity.*

경우 2009년 수입의 48%와 수출의 30%가 다국적 기업의 내부 거래라는 사실은 이 현상의 중요성을 잘 보여준다.[652]

9. 초국적 기업

자본주의 기업의 국제화 단계를 구분한다면 국제화, 다(多)국적화, 초(超)국적화로 나누어 볼 수 있다. 국제화란 기업이 해외에 나가 활동을 하는 단계다. 단지 국내 시장에 집중하는 것이 아니라 수입과 수출을 통해 국경을 넘는 영업활동을 한다는 의미다. 다음은 다국적화로 위에서 보았듯이 다국적 기업 MNC, Multi-National Companies 의 형성을 뜻한다. 이 단계에서는 특히 생산의 국제화가 중요한 위치를 차지한다.[653] 다음은 초국적화로 기업이 특정 국가에 기초를 두었다는 사실을 망각할 정도로 자본, 경영, 생산, 영업 등 거의 모든 부문에서 국적을 불문하는 활동을 벌이는 단계다. 이와 같은 초국적 기업 TNC, Trans-National Companies 은 20세기 말부터 등장하여 21세기에 주요 대기업군이 지향하는 목표다.

예를 들어 21세기 IT 산업의 대표적인 기업이라 할 수 있는 미국의 애플은 스마트폰을 대개 중국에서 대만의 기업 폭스콘을 통해 생산한다.[654] 그럼에도 불구하고 애플의 아이폰에는 '캘리포니아에서 디자인'

652 Rainer Lanz and Sébastien Miroudot, *Intra Firm Trade: Patterns, Determinants and Policy Implications*, p.5.

653 *The Economist*, "Special Report: Global Supply Chains".

654 프랑스 자동차 회사 르노는 1950년대 자동차 가치의 80%를 직접 생산했지만 21

Designed in California 했다는 사실을 강조한다. 여기서 초국적 기업의 특징을 발견할 수 있는 것은 미국이 아니라 캘리포니아라는 상징적 가치가 높은 지명을 강조했다는 점이다.[655] 캘리포니아는 영화의 메카 할리우드가 있는 곳이며, IT 산업의 세계 중심 실리콘 밸리가 위치한 미국의 가장 개방적이고 선진적인 지역이기 때문이다. 같은 스마트폰 분야에서 두각을 나타내는 삼성 역시 한국의 브랜드지만 실제 대부분의 스마트폰을 생산하는 국가는 베트남이다.

자본주의 기업의 초국적화를 상징하는 또 다른 현상은 대륙을 뛰어넘는 대기업간의 인수 · 합병 바람이다. 자동차 산업에서 닛산은 일본에서 도요타와 함께 이 산업을 대표하는 주자라고 할 수 있다. 20세기 전반기 일본의 산업 발전을 상징하는 기업이다. 다른 한편 프랑스에서 르노 역시 자동차 산업의 대표 기업으로서 20세기 중반에 국가가 국영 기업으로 만들어 산업정책의 핵심 기업으로 삼았다. 닛산과 르노는 합병을 통해 하나의 기업군을 형성하여 21세기 세계 시장에서 동아시아와 유럽을 잇는 행위자로 부상하였다.[656] 이를 주도한 카를로스 곤이라는 회장은 프랑스인도 일본인도 아닌 초국적 세계 자본주의의 지도자라고 할 수 있다. 그는 레바논, 브라질 등의 문화적 기반을 안고 세계 자본주의의 영웅으로 부상하였다. 2018년 일본에서 탈세문제로 추락했지만 말이다.

세기 현재 그 비중은 20%로 떨어졌다: Daniel Cohen. *La prospérité du vice*. p.293.

655 사회공간을 구분짓기의 전략으로 설명한 부르디외의 사회학은 이런 경제 현상의 밑바탕이다: Pierre Bourdieu. *Anthropologie économique*. p.194.

656 *The Economist*. "Renault−Nissan−Mitsubishi has become the world's biggest carmaker".

자본주의의 초국적화는 개발도상국의 기업들이 선진국의 기업을 인수하거나 선진국 자본시장에 주식을 상장하는 현상에서도 발견할 수 있다.[657] 인도의 미탈 그룹은 유럽 주요 철강 산업을 인수하여 아르셀로미탈 Arcelor Mittal 그룹을 형성하였다. 21세기 현재 유럽에서 가장 커다란 철강 생산 기업은 바로 아르셀로미탈이다. 자동차 산업에서도 위의 닛산 르노 연합 말고도 인도가 영국의 재규어, 그리고 중국이 스웨덴의 볼보나 프랑스의 푸조 자본에 진입함으로써 개도국의 선진 산업 장악이 19~20세기와는 반대의 방향으로 진행 중이다.

21세기 핵심 산업이라고 할 수 있는 IT 분야에서 중국은 몇 개의 거대한 공룡을 낳았다. 예를 들어 인터넷 쇼핑의 거인 알리바바나 중국판 소셜 미디어의 대명사 텐센트 등을 들 수 있다. 이들 기업은 이제 중국이 아니라 세계 시장을 대상으로 성장을 꿈꾸고 있다.[658] 이런 야망과 포부를 실현하기 위해 이들 기업은 홍콩, 뉴욕, 런던 등의 자본주의 중심의 시장에서 주식을 상장하는 전략을 편다.

물론 이런 자본주의의 초국적 경향에 대해 과장된 평가라고 비판하는 논리도 존재한다. 르노와 닛산이나 다른 인수합병의 경우들을 살펴보더라도 자본과 경영에서 여전히 핵심 국적이라는 것이 존재하고 다국적 단계와 정도의 차이는 있지만 질적 차이를 발견하기는 어렵다는 것이다. 다국적/초국적 차원의 판단은 어려운 문제이지만 정도의 차이가 누적되면 질적 변화로 연결될 수 있다는 경험을 잊으면 곤란하다.

657 Laura Gómez-Mera and al. *New Voices in Investment: A Survey of Investors from Emerging Countries.*

658 William Norris. *Chinese Economic Statecraft: Commercial Actors, Grand Strategy and State Control*.

10. 기업과 국가

이상의 자본주의 역사에서 경제 활동을 이끌어 온 기업을 살펴보았다. 여기서도 다시 이론과 현실의 커다란 괴리를 발견할 수 있었다. 자본주의는 시장경제의 체제라고 우리는 생각한다. 시장경제란 원자화된 수많은 생산자와 소비자가 만나 가격을 형성하는 체제다. 그러나 자본주의 역사에서 원자화 된 수많은 생산자와 소비자를 발견하기는 어렵다.

자본주의 초기부터 기업은 시장경제의 형식, 즉 개인 중심으로 만들어져 발전한 것이 아니라 국가와 유사한 조직으로 출발하여 자본주의의 척추와 기둥을 형성하였다. 국가로부터 독점적 무역권을 인정받아 세계의 바다를 누비며 식민지를 지배했던 최초의 주식회사부터, 점차 수만, 수십만, 심지어 수백만의 직원을 고용하면서 세계 시장을 지배하는 21세기의 대기업까지 자본주의는 시장경제의 모형과는 단연 다른 모습으로 성장해 왔다.

2020년 현재 한국 자본주의의 주역은 누구인가. 세계 전자산업에서 주도적 역할을 하는 삼성이나 LG, SK, 자동차 산업의 현대, 조선산업의 현대중공업, 유통과 관광의 롯데, 신세계, 신라 등을 들 수 있을 것이다.[659] 한동안 시중에 회자되었던 '삼성 공화국'이라는 표현은 한 기업이 국정에 얼마나 엄청난 영향력을 발휘할 수 있는지를 잘 보여준

659 대기업의 수익이 본사가 있는 국가의 경제에서 차지하는 비중은 일부 소규모 국가의 경우 엄청나다. 2011년 핀란드의 노키아의 수익은 핀란드 국민총생산의 20%였으며, 글렌코어는 스위스의 20%, 로얄더치셸은 네덜란드의 56%에 달했다: *The Economist*, "The Nokia effect".

다.[660] 그렇다면 이런 현실이 비단 한국의 왜곡된 성장과정에서 비롯된 결과일까.

자본주의의 본고장 영국이나 미국, 이들과 대립되는 성장 과정을 거쳤다는 프랑스와 독일, 새롭게 서구가 아닌 지역에서 부상한 일본과 중국 등 지리와 문화의 다양성에도 불구하고 시장경제가 말하는 개인 중심의 소규모 기업이 경제의 축을 형성하는 경제는 없다. 자본주의는 시장경제라는 양의 허울을 뒤집어 쓴 늑대에 가깝다.[661] 여기서 제기되는 핵심 질문은 이런 괴리에도 불구하고 "시장경제의 담론이 자본주의의 핵심인 것처럼 행세할 수 있는 이유가 무엇인가"다.

가장 중요한 요소는 이데올로기적인 지배력일 것이다. 스미스 이후 경제학과 자유주의 사상은 자본주의 사회가 원자화 된 개인들의 상호 관계를 적절하고 평화적으로 조절하는 시장경제이며, 이 제도가 사회적으로 가장 좋은 결과를 낳는다는 인식을 사람들에게 심어왔다.[662] 스미스가 말하는 푸줏간 주인과 빵집 주인은 우리가 일상에서 경험하고 만날 수 있는 사람들이다. 우리가 회사에서 일하는 것도 우리 자신을 위해 노력하는 것이다. 인간 세상은 개인의 상호관계로 이뤄졌다는 환상을 갖게 되는 이유다.

하지만 이데올로기만으로 환상을 사람들에게 심어줄 수 있다고 믿는다면 무리다. 현실의 주요 부분이 이데올로기를 뒷받침해야 이런 환상을 유지할 수 있다. 하나는 시장의 다양성이다. 한국처럼 특수한 경

---

660 주치호, 『삼성 공화국』.

661 Fernand Braudel, *La dynamique du capitalisme*, p.102.

662 Louis Dumont, *Homo aequalis II: Idéologie allemande: France-Allemagne et retour.*

우에는 삼성과 현대가 일상을 지배한다는 현실을 쉽게 발견할 수 있지만 대개는 일상에서 매우 다양한 상품과 시장을 접하게 된다. 각각의 시장에서 몇 개의 독과점 기업이 지배할 수 있지만 풍요로운 자본주의 사회에서 수많은 상품 시장은 시장경제의 다양성이라는 착각을 불러일으킨다.

다른 하나는 경쟁이 실제로 각 상품의 시장에서 존재한다는 현실이다. 스마트폰 시장에서 삼성과 애플이 치열한 경쟁을 벌이고 이제 중국 브랜드가 성장하여 명함을 내밀고 있다. 노키아처럼 세계 1위의 유수 기업도 경쟁에서 뒤처지면 사라져버린다는 교훈을 남겼다. 달리 말해 창조적 파괴라는 자본주의의 핵심 작동원리는 경쟁이 시장경제의 논리와 부합한다는 또 다른 환상을 낳는 것이다.

하지만 상품의 시장이 다양하고, 각각의 시장에서 경쟁이 존재한다고 시장경제의 논리가 적용되는 것은 아니다. 다양한 각각의 시장에서 독과점 현상이 일반적이며, 경쟁이 존재하더라도 생산자와 소비자의 관계에서 생산자는 압도적인 영향력을 행사할 수 있기 때문이다. 마르크스와 베버가 명확하게 통찰했던 노동시장에 대한 분석은 고용주와 직원이 자유롭게 시장에서 만나 계약을 맺는다는 환상 뒤에는 실제로 고용주는 선택권을 보유하고 직원은 먹고 살기 위해 계약을 반드시 맺어야 한다는 불평등의 현실이다. 물론 노동자는 계약을 거부하고 굶어 죽는 선택을 할 수도 있다. 하지만 이런 이론적 가능성을 토대로 현실을 분석할 수는 없다. 자본주의의 분석에서도 시장경제의 원칙은 제한적인 이론 모델일 뿐 현실은 불평등한 지배의 관계라고 보아야 정확할 것이다.

제14장

국가, 자본주의의 근간(根幹)

1. 정치와 경제의 구분

21세기에 정치와 경제는 서로 다른 영역이라는 인식이 확고하다. 정치란 국가의 권력과 관련된 영역이며 이 권력을 획득하기 위해 여러 세력이 투쟁을 벌인다는 특징을 보인다. 이 투쟁의 과정에는 실질적 또는 잠재적으로 폭력이 개입할 수 있다. 국가란 정통성을 가진 폭력을 독점하는 기관이라는 베버의 정의에서 볼 수 있듯이 정치와 국가는 폭력의 관리와 필연적으로 연결되어 있다.[663] 정치학은 따라서 폭력의 가능성을 가진 권력의 관계에 대해 연구하며 국가라는 제도로 발전하여 정착한 권력의 형태를 탐구하는 학문이다.

경제란 사회의 부 또는 물질적 이익과 관련된 영역으로 부를 생산

663 Max Weber. *Le savant et le politique.*

하고 획득하거나 나누는 과정을 포괄한다. 현대 사회에서 경제란 시장의 기제와 밀접하게 연결되어 원칙적으로 폭력의 개입을 배제하면서 서로 대등한 행위자들끼리 흥정과 타협을 통해 교환하고 계약하고 주고받는 관계에 기초한다.[664] 경제학이란 이런 자유로운 시장적 관계를 연구하는 학문이며 물질적 이익이라는 동기가 인간의 행동에 미치는 영향을 집중적으로 살펴본다.

데이비드 이스턴은 정치란 '사회적 가치의 권위적 배분'이라는 정의로 널리 알려져 있다.[665] 여기서 사회적 가치가 반드시 경제적 의미의 부나 물질적 이익만을 포함하는 것은 아니다. 물질이 아닌 정신적 가치도 포함될 것이고 두 가지를 결합한 다양한 행동 또한 포함될 것이다. 이스턴은 이런 점에서 다시 정치와 경제를 하나로 묶어 보는 관점을 제시한다고 할 수 있다.

실제로 우리가 익숙한 정치와 경제의 구분은 세상을 바라보는 하나의 시각일 뿐이다. 현실 속에서 정치와 경제는 서로 떼어놓을 수 없을 정도로 긴밀하게 연결되어 있다. 게다가 역사적으로 정치와 경제가 서로 다른 영역이 된 것은 인류 역사에서 비교적 최근의 일이다. 고대 사회에서 정치와 경제는 물론 종교까지 하나의 권력이라는 틀 안에 묶여서 기능했던 경우가 빈번했다. 경제가 하나의 독립적 영역으로 독자적인 규칙에 의해 운영되는 현실 자체가 자본주의의 발전과 함께 가능했던 일이라고 보는 것이 정확하다.[666]

---

664 Max Weber. *Economy and Society.*

665 David Easton. *A Framework for Political Analysis.* p.50.

666 부르디외는 '장의 이론'에서 각 장마다 자신만의 고유한 법칙들을 갖고 있다고 설명하며, 경제의 장과 정치의 장, 그리고 사회나 문화의 장을 구분하여 분석하

자본주의의 역사 부분에서 반복적으로 확인했듯이 국가와 자본주의는 태초부터 긴밀한 관계를 맺었고, 발전과정에서 지속적으로 공동으로 진화했으며, 오늘날까지 서로 뗄 수 없는 조합을 이루고 있다. 자유주의자들이 말하듯이 시장은 역동적으로 돌아가는데 '국가가 문제'[667]라든지, 사회주의자들처럼 국가가 경제를 지배하여 흡수한다는 인식은 적어도 자본주의/국가 관계의 본질을 이해하지 못한 결과다.

바로 앞 장에서 보았듯이 기업 조직이 자본주의의 핵심을 이룬 비결이었던 것과 마찬가지로 여기서는 국가가 없는 자본주의가 불가능함을 확인할 것이다[668]. 국가는 시장만큼 자본주의의 근간(根幹)을 이루는 요소이며, 국가가 없는 자본주의는 상상할 수 없다. 이 장에서는 베버의 자본주의 구분을 살펴본 뒤, 역사적으로 자본주의 발전에 기여한 국가의 다양한 형태를 검토한다.

2. 베버의 분류: 정치/상업 자본주의와 합리적 자본주의

이 책의 서장에서 우리는 막스 베버의『프로테스탄트 윤리와 자본

였다. 특히 부르디외는 현대 사회가 이런 장들의 독립성과 자율성을 갖는 특징을 드러낸다고 주장한다: Pierre Bourdieu. *Les usages sociaux de la science.*

667 1981년 레이건의 취임 연설: Ronald Reagan. "Inaugural Adress".

668 근대적 경제발전을 위해서는 자본과 노동과 제도의 3대 요소가 필요한데 그 가운데 인적 자원이라고 할 수 있는 노동과 사회 제도는 국가에 의해 만들어지는 경우가 대부분이다. 이것이야말로 경제발전에서 국가가 결정적인 역할을 할 수밖에 없는 이유라고 코엔은 설명한다: Daniel Cohen. *La prospérité du vice.* p.233.

주의 정신』을 주로 언급하며, 자본주의가 정치경제체제일 뿐 아니라 사회와 인간의 정신 및 윤리와 밀접한 관계를 맺고 있다는 점을 강조했다. 여기서 베버가 프로테스탄트 윤리와 결합하여 설명한 자본주의 정신은 합리적 자본주의를 말하는 것이다. 하지만 베버는 합리적 자본주의 이전에도 이윤을 창출하기 위한 자본의 운동은 존재했고, 자본을 축적하는 노력 또한 활발했다고 설명한다. 베버는 이런 자본주의를 **전통적 상업 자본주의**와 **정치적 자본주의**로 구분한다.[669]

인류 역사에서 모든 상인은 물건을 사고팔면서 이윤을 남겼다. 상업이란 항상 이윤을 창출하고 이를 축적하기 위한 자본주의적 성격을 분명히 가졌다는 뜻이다. 상인들은 장소에 따른 가격의 차이를 감안하여 돈을 투자하고 이윤을 챙기는 활동에 아주 오래 전부터 종사했던 것이다. 사람들은 또 돈을 빌려주면서 이자를 챙기기도 하였다. 많은 종교적 금기에도 불구하고 상업과 금융업은 모든 문명에서 상당한 발전을 이루었다.[670]

역사 부분에서 살펴보았던 고대 문명들은 모두 이런 상업 활동을 보유하였다. 페니키아와 그리스는 전형적으로 전통 상업적 자본주의를 실천한 사례라고 베버는 분석하고 있다. 고대 중국의 한나라나 유럽의 로마 제국 시기가 되면 실크 로드를 통해 유라시아 대륙을 대상으로 상품이 유통된다는 점은 상업 문화의 보편성을 잘 증명해 준다. 고대 로마의 금·은화들이 인도의 연안에서 발견되는 사실도 전통적 상업 자

669 Richard Swedberg. *Max Weber and the Idea of Economic Sociology*. p.47.

670 심지어 최초의 문자가 상업적 거래를 기록하고 약속을 남기기 위해 발명되었다는 해석도 존재한다: William N. Goetzman. *Money Changes Everything*. pp.19~30.

본주의가 이미 오래 전부터 발전되어 있음을 보여주는 흔적이다.[671]

또 인류 역사에서 강제력이나 제도를 통해 약탈을 일삼는 행위가 존재했는데 이런 경우에도 베버는 정치적 자본주의라는 개념을 도입하여 설명한다. 특히 일회적인 공격이 아니라 정치적 지배력을 바탕으로 지속적인 물질적 약탈을 일삼을 경우 자본주의라는 용어를 사용하였다. 전형적으로 고대 제국은 식민지를 두고 공물(貢物)을 받아 경제적 이익을 챙기거나 징세를 통해 이윤을 축적하는 모습을 보였다.[672] 시장이 존재하더라도 시장에 대한 정치적 권력을 앞장세워 다양한 세금을 통해 이윤을 흡수하는 양상을 빈번하게 발견할 수 있다.

전통적 상업 자본주의나 정치적 자본주의는 이처럼 베버의 분류에서 고대부터 내려오는 자본주의다. 이 두 개념은 사실 근대 자본주의의 이전과 이후를 연결해 주는 중요한 고리다. 인간이 항상 탐욕을 마음에 품고 있었던 것은 물론, 돈을 모으고 축적하려 했다는 무척 단순한 진실을 부정할 수는 없다. 그리고 이런 본성이 얼마나 강했는지 고대 철학과 종교에서 모두 금기시하거나 주의하도록 요구했던 것이다. 베버는 이런 욕심은 어느 사회나 존재하고 많은 사람들이 욕심을 부리지만, 근대적 자본주의의 특징은 다른 곳에서 찾아야 한다고 설명했다.[673] 베버는 근대 자본주의만이 예측 가능한 시장의 환경에서 합리적인 계산을 통해 체계적으로 자본을 축적하는 모습을 보인다고 분석하였다.

이 장에서 우리가 확인하려 하는 포인트는 고대 전통 상업 또는 정

671 William N. Goetzman. *Money Changes Everything*. p.118.

672 François Lefèvre. *Histoire du monde grec antique*. pp.195~202.

673 Max Weber. *Protestant Ethic and the Spirit of Capitalism*. p.xxxiv.

치적 자본주의 모두 국가라는 근간을 통해 이뤄졌다는 사실이다. 국가의 힘에 의존하는 정치적 자본주의 뿐 아니라 일명 전통 상업 자본주의도 국가의 역할이 없고서는 규모를 키우거나 발전을 이루지 못하였다.

3. 약탈 국가로서의 제국

정치적 자본주의는 무력이나 권력을 통해 타자를 지배하면서 물질적 자원을 약탈하는 제도다. 자본주의라는 개념을 사용할 수 있는 이유로는 몇 가지 특징을 들 수 있다.[674] 첫째는 약탈이 일회성이 아니라 반복적, 정기적으로 이뤄진다는 의미다. 처음에는 폭력적 공격과 야만적 약탈로 시작되지만 장기간 지속되기 위해서는 일시적인 우위만으로는 곤란할 것이다. 둘째는 약탈의 제도화로 평화와 약탈의 교환 관계를 상정할 수 있다. 지배받는 자가 지속적인 투쟁을 한다면 평화를 얻을 수 없기 때문에 물질적 상납을 통해 평화를 얻는다는 의미다. 셋째는 이런 약탈 행위나 제도의 확장성이다. 현대의 자본가가 무한 자본 축적을 꿈꾸듯이 고대의 정치적 자본주의는 지속적인 약탈 범위의 확장을 추구했을 가능성이 높다. 마지막 넷째로는 나름의 물질적 축적을 말할 수 있다. 약탈의 장기적 지속은 중심부의 물질적 축적과 풍요를 가져왔을 것이다. 이런 물질적 축적은 다시 군사력에 대한 '투자'를 통해 새로운 약

674 그리스 아테네와 로마 제국의 구체적 사례로는 다음을 참고할 것: François Lefèvre. *Histoire du monde grec antique*. pp.195~202. ; William N. Goetzman. *Money Changes Everything*. pp.103~136.

탈의 대상을 찾아나서는 근본이 되었을 것이다.

역사적으로 모든 제국은 약탈에 기초한 정치공동체였다. 약탈의 우선 대상은 자신이 직접 지배하는 영토의 주민들이었다. 세금은 경제 활동에서 생산된 자원 가운데 일부를 정치권력이 흡수하는 제도였다. 이스턴의 가치의 권위적 배분인 것이다. 고대 바빌로니아의 자료를 보면 상인들에게 세금을 거두는 사업을 국가가 하청하였고, 이들은 가장 활발한 고대 자본가 가운데 하나였다고 할 수 있다.[675] 인류 초기부터 국가는 자본주의적이었던 셈이다. 중국의 경우 국가가 세금을 과도하게 거두면 곤란하다는 유교적 전통이 뿌리 깊지만, 이는 역으로 그만큼 백성에 과도한 징세를 하는 경향이 있음을 경고하는 것이었다.

약탈의 대상은 자신의 지배 영역에서 더 나아가 다른 지역으로 확장될 수 있다. 경제적인 관점에서 지역이 다르면 더 다양한 자원을 획득할 수 있기 때문에 영역의 확장은 상당히 매혹적으로 다가왔을 것이다. 군사력이 충분하면 점점 넓은 지역을 직접 통치할 수 있었을 것이지만, 상시적인 군사력을 유지하기 어려운 경우라면 일시적 우위를 장기적 지배관계로 전환시키려는 노력이 뒤따랐을 것이다. 케네디가 제국의 논리에서 분석한 제국의 범위와 군사력의 유지 간 상호관계가 중요한 이유다.[676] 물론 군사력을 유지하기 위해서는 경제력이 뒷받침이 되어야 한다.

우리가 자본주의의 역사에서 보았던 그리스의 해상 제국은 확실히 이런 약탈 국가, 약탈 제국의 면모를 갖고 있었다. 아테네처럼 군사력

675 Cornelia Wunsch. "Neo-Babylonian Entrepreneurs". pp.40~61.

676 Paul Kennedy. *The Rise and Fall of the Great Powers.*

이 강하던 도시국가는 주변 에게 해나 더 멀리 지중해 식민지를 두고 매년 공물을 받아 챙겼던 것이다. 아테네의 디오니소스 축제는 주변 식민지에서 가져온 공물을 마치 과시라도 하듯 행렬을 통해 시민들에게 보여준 다음 연극이나 파티에 돌입했다. 물론 힉스가 분석했듯이 고대 그리스 도시국가에 전통 상업적 자본주의 요소가 없었던 것은 아니지만, 동시에 약탈적 정치 자본주의가 공존했음을 잊어서는 곤란하다.

그림 14. 예수가 성경에서 하느님의 세상과 시저의 영역을 나눈 일화는 유명하다. 종교와 정치의 구분인데 여기서 화폐가 속세의 상징으로 등장한다. 〈예수와 시저의 데나리우스〉, 루벤스(Petrus Paulus Rubens)의 1610년대 작. 프랑스 파리 루브르 박물관.

그리스에서 로마 시대로 오면 상업적 측면은 축소되고 정치적 지배는 강화된다. 그리스가 간접적 지배와 조공의 제도를 운영했다면, 로마는 강력한 군사력을 바탕으로 영토를 직접 지배하면서 세금을 거둬들이는 제국 체제였다. 역사 부분에서는 그리스와 로마를 주로 살펴보았지만 중국이나 이슬람, 페르시아나 이집트 등 모든 제국은 기본적으로 정치적 자본주의의 형식을 띄었다고 할 수 있다.

4. 중상주의(重商主義) 국가

전통적 상업 자본주의는 베버의 분류에서 아직 근대적 성격, 즉 합리성과 체계성을 결여하는 상업 자본주의를 의미한다. 이탈리아 도시국가의 자본주의는 전형적으로 전통 상업 자본주의에 해당한다고 할 수 있다. 앞서 분석한 약탈 국가로서의 자본주의와 차이점은 자유로운 무역의 상대적 중요성이 더 크다고 할 수 있다.[677] 역사 부분에서 소개했지만 베네치아, 제노바, 피렌체 등의 이탈리아 도시국가는 중상주의라는 명칭이 존재하기도 전에 무역을 위해 정부가 최선을 다하는 모습을 보여주었다.

이탈리아 도시국가는 유럽 국제사회에서 상업이 부를 축적하는 중요한 수단이며, 상업을 통해 자본을 축적하면 이를 전쟁에 동원하여 군사적으로 활용하기도 좋다는 사실을 일깨워줬다. 이탈리아의 모범 사례가 유럽에서 하나의 모델로 등장하는 것은 중상주의라는 이념을 통해서다. 특히 16세기부터 국가의 부를 축적해야 한다는 의식이 유럽 전역에서 확산되기 시작했고 이를 중상주의라고 불렀다.

중상주의 Mercantilism 는 말 그대로 상업을 중시하는 사상이다. 16세기 종교 개혁의 과정에서 프랑스인이자 스위스 제네바에서 활동

677 우리가 상대적이라고 표현하는 이유는 그 어느 시대에도 잠재적 폭력이라는 차원이 무역에서 완전히 사라진 적은 없었기 때문이다. 제3장을 참고할 것.

한 칼뱅은 사회가 상업의 중요성을 수용하는데 커다란 역할을 담당했다. 그는 자본에 대한 이자가 적절하게 낮고 정직하다면 정당하다고 설명했다. 그리고 상업에 종사하더라도 그 소득이 과도하거나 타락의 삶으로 인도하는 것이 아니라면 정당하다고 덧붙였다.[678] 비슷한 시기 마키아벨리는 "잘 조직된 정부라면 국가는 부자여야 하고 시민들은 가난해야 한다"[679]고 말했다. 중상주의란 여기서 더 나아가 시민들이 부자가 되어야 국가도 부국이 된다는 사상이다.

영국의 중상주의 사상가 존 헤일스는 한 나라의 주민들은 경제적 이익이 서로 얽혀있기 때문에 공동체 common weal 를 형성한다며 한 사람에게 득을 가져다주는 일은 이웃에게도 득이 되며, 결국 국가 전체에 득을 가져다 줄 것이라고 설명했다.[680] 프랑스의 몽크레티앵은 『정치경제학 개론』에서 "상인들은 국가에 매우 필요한 존재이며 일과 산업을 통해 드러나는 그들의 이윤에 대한 노력은 공공의 부 상당 부분의 기초이며 이를 만들어낸다"[681]고 주장했다. 따라서 국가의 역할은 생산과 무역을 장려하는 것이다.

이처럼 16세기부터 유럽의 국가들은 하나 같이 상업에 대한 전통적 거부감을 극복하고 무역을 통해 부를 축적한다는 이상을 공유하게 된다. 인구를 늘리고 금은보화와 같은 화폐를 축적하면 그만큼 국가의 힘이 강해진다는 부국강병(富國强兵)의 논리가 중상주의의 기본으로 등장하는 것이다. 물론 이 시기만 해도 정치적 자본주의와 상업적 자본

678 Louis Dumont. *Homo aequalis I: genèse et épanouissement de l'idéologie économique.*

679 Machiavel. *Discours sur la première décade de Tite-Live.*

680 John Hales. *A discourse of the common weal of this realm of England.*

681 Montchrestien. *Traité de l'économie politique.* pp.137~138.

주의가 완전히 구별되는 것은 아니다. 상업을 장려하기 위해서는 군사를 키워야 하고, 군대를 강화하기 위해서는 상업을 진흥해야 한다는 논리가 지배했기 때문이다. 실제로도 당시 무역은 독점 무역이었고, 무역 회사라는 조직은 군대를 포함하는 폭력 조직이었다. 따라서 중상주의 국가의 역할이란 폭력과 상업을 적절히 조절하여 국민과 정부의 부를 늘리는 전략적 지휘자의 역할이었던 셈이다.[682]

5. 자유주의 국가

20세기의 정치경제란 국가 중심의 공산주의와 시장 또는 민간 중심의 자본주의가 대립하는 구도였다. 자본주의는 19세기로부터 물려받은 유산이었고, 공산주의는 이를 근본부터 변화시키려는 시도였다. 우리는 사후적으로 이런 공산주의의 시도가 실패했다는 사실을 잘 알고 있지만, 20세기 중반 두 체제가 서로 열렬하게 경쟁을 하는 단계에서 누가 승리할지를 예측하는 것은 쉬운 작업이 아니었다.

자본주의의 역사부분에서 어느 정도 살펴보았듯이 19세기의 정치경제 역시 국가 중심의 중상주의와 시장 중심의 자유주의가 서로 대립하는 모습이었다. 다만 여기서 주목할 부분은 18세기로부터 전해지는 유산이 이번에는 자유주의가 아니라 국가 중심의 중상주의였다는 사실이다. 여기서도 우리는 자유주의가 승리를 거두었다는 결론을 내릴 수 있지만 이런 결론이 그리 당연한 것은 아니다.

682 Hecksher. *Mercantilism*.

19세기의 중상주의/자유주의 대립이나 20세기 공산주의/자본주의 대립은 서로 상충하는 이데올로기나 정치경제체제의 요소만큼 사실 서로 공유하는 기본 틀이 존재했기 때문이다. 이미 여러 번 지적했지만 공산주의와 자본주의는 모두 산업혁명에서 확인한 엄청난 물질적 생산력의 증가를 지속하여 풍요로운 인류사회를 만든다는 공통의 목적을 갖고 있었다. 중상주의와 자유주의 역시 각각 국가와 시장, 국가와 사회 등 강조하는 지점은 달랐지만 근본적으로 물질적 풍요를 추구하는 입장은 공통적이었다.

또 공산주의/자본주의 대립이 체제와 관련된 포괄적 성격을 지녔다면 중상주의/자유주의 대립은 국가와 시장이 공존하는 자본주의 체제를 공통분모로 가지면서 정책의 차이를 드러내는 대립이었다. 따라서 『국제관계의 정치경제』에서 길핀은 20세기에도 여전히 중상주의와 자유주의가 정치경제의 중요한 이론적이고 정책적인 사고의 틀로 보았다.[683]

19세기 정치경제에서 중상주의와 자유주의의 경쟁은 사실 중상주의적 사고와 정책을 펴는 대부분의 국가와 영국이라고 하는 자유주의의 대표주자가 형성한 대립구도였다고 해도 과언이 아니다.[684] 정치와 경제 양면에서 영국과 대립을 펼쳐왔던 프랑스는 19세기에도 중상주의적 사고와 정책이 지배했고, 자본주의 후발주자인 미국, 독일, 일본 등도 중상주의, 보호주의 등으로 특징지을 수 있다.

---

683 Robert Gilpin. *International Relations of Political Economy.*

684 영국이 자유주의 국가로 전환된 것도 19세기 중반의 일이다: Philippe Chassaigne. *Histoire de l'Angleterre, des origines à nos jours*. pp.246~247.

20세기에 공산주의와의 대립으로 가려지기는 했지만 중상주의와 자유주의의 대립은 여전히 지속되었다. 물론 19세기와 비교했을 때 영국에 이어 미국, 독일 등이 중상주의에서 벗어나 자유주의 진영으로 들어왔지만 프랑스와 이탈리아, 일본 등의 국가들은 여전히 자유주의보다는 중상주의에 가까운 모습을 보였기 때문이다.[685]

20세기에 드러난 또 다른 현상은 국가별로 중상주의/자유주의를 구분하는 것보다는 분야별로 두 정책의 우위를 구분하는 것이 더 적절하다는 점이다. 예를 들어 자유주의의 본고장인 영국에서 국가가 기본 인프라 산업에 국영화를 통해 직접 개입하는 모습을 제2차 세계 대전 이후 드러냈다. 영국은 무역에서 여전히 자유주의였지만 산업정책이나 복지국가에서는 중상주의적 양상을 동시에 띄게 되었다는 말이다.[686]

20세기에는 또 시기에 따라 중상주의/자유주의의 성격도 뚜렷하게 변화해 왔다. 자본주의 역사에서 확인했지만 1940년대부터 1970년대에는 러기가 말한 중상주의적 국가 개입과 사회적 보호를 책임지는 패턴과 자유주의적 국제 무역을 동시에 추진하는 사회적 자본주의가 대부분의 자본주의 국가에서 유행했다.[687] 하지만 1970년대 이후에는 거의 모든 자본주의 국가에서 사회적 자본주의가 후퇴하고 순수한 자유주의적 개혁이 진행되는 것을 발견할 수 있다.

공산주의가 국가와 시장, 정치와 경제의 관계에서 전자를 너무 강조

685 프랑스의 경우 다음을 참고할 것: Elie Cohen. *Le colbertisme high-tech. Economie du grand projet.*

686 Philippe Chassaigne. *Histoire de l'Angleterre, des origines à nos jours*. pp.435~464.

687 John Gerard Ruggie. "International Regimes, Transactions, and Change: Embedded Liberalism in the Postwar Economic Order".

한 나머지 막다른 골목에 도달해 스스로 붕괴한 것과는 달리 중상주의와 자유주의의 정책 패턴은 국가와 시장, 정치와 경제의 상호관계에서 경우에 따라 중심을 조정함으로써 보다 유연한 대응을 할 수 있었다.[688]

사회과학에서는 모든 경우의 수를 실험할 수도 없고 모든 경우의 수에 적절한 역사 사례가 있는 것도 아니다. 그러나 19~20세기 세계의 정치경제사가 주는 교훈은 간단하다. 자본주의의 비결 가운데 국가의 적질한 역할이 존재하는 것은 분명하지만 공산주의처럼 과도하게 비대한 국가가 시장을 숨 막히게 하는 경우 지속성을 유지하기 어렵다는 점일 것이다. 물론 이런 결론은 두 체제가 경쟁을 하는 경우에 해당한다. 인류 역사의 대부분 시기처럼 서로 교류가 적은 상황에서 독립적으로 운영된다면 지속성은 더 강할 수 있다.

6. 공산주의 국가

20세기는 정치와 경제의 문제에 있어 공산주의와 자본주의의 대립으로 점철되었다. 우리는 서장에서 공산주의와 자본주의 모두 궁극적으로 장기적 물질 축적이라는 목표를 추구한다는 점에서 목적에 있어 차이는 존재하지 않았다고 설명했다. 물론 자본주의와 공산주의는 그 방법에서 있어서는 무척 커다란 차이점을 드러냈다. 바로 국가의 역할이 그 차이의 핵심이다.

반(反)자본주의 혁명을 성공한 소비에트 사회주의 연방 공화국에서

688 Luc Boltanski et Eve Chiapello, *Le nouvel esprit du capitalisme*, pp.84~95.

는 공산주의라는 이상적 사회로 가는 과정에서 사회주의를 실천한다고 내세웠다. 공산주의는 국가 자체가 소멸함으로써 폭력과 강제가 사라지는 단계지만 이를 실현하려면 일단은 국가를 적극 활용하는 **프롤레타리아 독재**가 필요하다고 주장했다.

마르크스는 원래 자본주의의 핵심제도로 생산수단의 사적 소유권과 임노동 관계를 꼽았다. 사회주의 소련에서는 이 가운데 사적 소유권을 제도적으로 없애고 이를 공적 소유권으로 대신하였다. 농장의 집단화를 통해 지역 농민의 토지 공유제를 실현하였고, 공업의 생산수단은 국가가 소유함으로써 자본주의를 소멸시키려 하였다.[689]

그러나 소련에서도 임노동 관계를 없앨 수는 없었다. 생산수단이 모두에게 속하기 때문에 노동자가 공장이나 기업을 위해 일을 하는 것은 결국 스스로를 위해 일을 한다는 주장이었다. 그러나 구체적으로 노동자에게 달라진 것은 없었다. 그들은 공장이나 기업으로부터 임금을 받으며 일했기 때문이다.[690] 물론 이 임금은 원칙적으로 노동시장을 통해 만들어진 가격이 아니라 국가나 공동체에서 정한 사회적으로 적정한 수준이라고 공산체제는 주장했다.

자본주의 사회에서는 정기적으로 위기가 닥치면 실업이 늘어났지만, 공산주의는 실업을 모르는 사회를 만들었다. 기업은 노동자를 해고하지 않았고 불황이 닥친다고 임금이 줄어드는 것도 아니었다. 이런 사회주의 체제에서 어떻게 노동자에게 노동에 대한 동기부여를 하는가.

---

689 Michael Ellman, *Socialist Planning*.

690 Joseph Schumpeter, *Capitalism, Socialism and Democracy*. ; Dominique Méda, *Le travail*, pp.173~174.

해고의 위험도 없고 임금은 항상 같은 수준이니 특별히 노력을 할 동기가 없었기 때문이다. 소련의 **스타하노비즘**이란 스타하노프라는 노동자 영웅의 이미지를 통해 동기를 부여하고 생산성을 높이려는 방안이었다.[691]

노동자 차원에서 발생한 동기부여의 문제는 보다 높은 수준의 기업과 간부 차원에서도 유사하게 발생했다. 정부 특히 고스플란 Gosplan이라는 계획위원회의 명령에 따라 일정한 생산량을 부여받은 기업들은 이를 충족하는 것으로 임무를 다할 뿐 비용절감이나 자원의 효율성을 그다지 고려하지 않았다.[692] 따라서 경제발전의 중요한 요소라고 할 수 있는 생산성의 증가를 효과적으로 추진하기 어려웠다. 특히 시장을 통해 형성되는 가격이라는 중요한 지수가 존재하지 않기 때문에 소련 경제는 효율성을 추구하기가 힘들었다.

7. 자본주의와 민주주의

근대 자본주의 이전에 존재했던 정치적 자본주의는 국내적으로 정치권력을 통한 부의 축적, 그리고 국제적으로는 제국주의와 긴밀하게 연결되어 발전하였다. 그렇다면 근대 자본주의는 이들 정치적 자본주의와는 달리 민주주의라는 정치 형태와 더욱 잘 부합한다고 말할 수 있

691 Lewis H. Siegelbaum. *Stakhanovism and the Politics of Productivity in the USSR, 1935~1941.*

692 Julien Vercueil. *Economie politique de la Russie, 1918~2018.* pp.32~52.

을까.

베버는 이에 대해 근대적 자본주의와 민주주의의 둘 사이에도 '선별적 친화력'은 존재하지 않는다고 말한다.[693] 근대적 자본주의와 민주주의가 서구라는 환경에서 동시에 발전한 것은 역사적 우연에 속하지 결코 이 둘이 논리적으로 유기적 관계를 맺고 있기 때문은 아니라는 것이다. 물론 베버 역시 개인주의가 자본주의와 민주주의 모두에서 중요한 요소를 형성하고 있다는 사실은 인정하지만 공통점을 가졌다고 그것이 전체적 화합이니 친화력을 의미하는 것은 아니라는 말이다.

이런 논리를 펴면서 베버가 드는 사례는 17세기 영국에서 크롬웰의 경험과 18세기 프랑스의 혁명 의회의 경우다. 자본가들은 민주주의를 선호하기보다는 하나의 권위적 정부와 관계를 맺기를 원한다고 설명한다. 다양한 이익이 다수의 사람에 의해 대표되는 민주주의보다는 하나로 통일된 권위주의 국가가 자신들의 이익을 추구하는데 더 적합하기 때문이다.

물론 베버의 이런 판단은 20세기 초에 과거 자본주의 역사를 바라보면서 내린 결론이다. 베버보다 훗날 자본주의를 역사적으로 분석한 프랑스의 브로델 역시 자본주의와 민주주의의 내재적 연결성에 대해서는 부정적인 시각을 드러냈다. 브로델도 자본가들은 사실 정치체제의 성격에 대해 확실한 선호를 갖지는 않는다는 점을 강조했다.[694]

하지만 20세기를 온전히 경험한 우리가 21세기에서 바라보는 시각

693 Richard Swedberg. *Max Weber and the Idea of Economic Sociology*. p.77.

694 Fernand Braudel. *La dynamique du capitalisme*. pp.70~71.

은 약간 다를 수도 있다.[695] 왜냐하면 자본주의가 가장 장기적으로, 그리고 지속적으로 발전한 것은 민주주의가 존재했던 국가들이기 때문이다. 예를 들어 독일은 19세기 제국이라는 형태로 자본주의 발전을 시작하였지만 세계 제1, 2차 대전을 거치면서 자본주의의 발전이 중단되었다. 이를 다시 일으켜 세운 것은 다름 아닌 제2차 대전 이후의 자유 민주주의 체제였다.

마찬가지로 일본은 19세기와 20세기 전반기에 권위주의적 근대화 체제를 통해 자본주의를 발전시켰지만 이것이 장기적으로 공고화된 것은 20세기 중반 이후의 자유 민주주의 체제에 와서다. 독일이나 일본처럼 강력한 자본주의 국가가 아니더라도 유럽 내에서 스페인이나 포르투갈, 그리스 등의 권위주의 정권은 1970년대와 1980년대 민주화와 유럽통합에 동참함으로써 자본주의 발전이 본격적으로 완성되었다.[696]

따라서 자본주의적 발전이 시작하는 단계에서는 굳이 민주주의 정치체제가 아니더라도 커다란 지장이 없지만, 장기적으로 자본주의 발전을 공고화하기 위해서는 민주주의가 필요하다는 논리도 가능하다.[697] 미국과 유럽, 그리고 일본 등 세계 자본주의의 중심을 형성하는 국가들은 제2차 대전 이후부터 지금까지 적어도 지난 70여 년간 민주주의라는 정치체제를 유지해 왔다.

---

695 Joseph Schumpeter. *Capitalism, Socialism and Democracy.*

696 Jeffry Frieden. *Global Capitalism.* p.420.

697 Douglass North, John Joseph Wallis and Barry R. Weingast. *Violence and Social Orders: A Conceptual Framework for Interpreting Recorded Human History.*

8. 민주주의와 대중 자본주의

역사적으로 베버나 브로델이 그 생성과 발전과정을 탐색했던 자본주의의 시대는 지금과 많이 달랐다. 자본주의가 만들어지는 단계에서 가장 중요한 행위자들은 물론 자본가들이었다. 베버나 브로델이 연구한 자본가 중심의 분석에서 중요한 것은 자본가의 합리적 행태를 설명하는 문화적 배경이나 자본가의 초기 자본 축적에서 국가와의 긴밀한 관계였다. 따라서 자본주의와 민주주의의 관계는 기껏해야 서로 무관하거나 심지어 서로를 견제하는 요소로 인식될 수 있었다.

그러나 20세기로 넘어오면서 자본주의의 성격은 크게 바뀌었다. 생산자 중심의 자본주의에서 노동을 고려하고 소비가 핵심으로 부상하는 자본주의가 된 것이다. 노동을 고려한다는 것은 19세기처럼 노동에 대한 국가의 무자비한 편파적 탄압만으로 자본주의적 질서를 유지하기 어렵다는 것을 의미한다. 가장 권위주의적이었던 독일제국에서 복지국가의 초석을 다졌다는 사실은 이런 변화를 상징적으로 보여준다.

보다 일반적으로 민주주의에서 노동은 인권 또는 헌법적 권리라는 이름으로 고유의 권리를 갖는다. 이는 단기적으로 자본가에게 부정적으로 작용할 수 있지만, 자본주의 질서를 유지하는 데는 요긴한 수단으로 작동할 수 있다.[698] 민주주의라고 자본주의가 요구하는 고용주와 노동자의 불평등한 관계가 사라지는 것은 아니다. 생산수단의 소유와 관련된 불평등은 여전하고 그 때문에 관계의 불평등 또한 완화된 형태지

698 Luc Boltanski et Eve Chiapello. *Le nouvel esprit du capitalisme*. pp.550~553.

만 여전하다. 이런 점에서 민주주의는 장기적 노사관계의 지속성에 더 도움을 줄 수도 있다.

생산자 중심의 자본주의가 겪는 어려움은 자본주의 역사에서 반복적으로 드러났다. 19세기 후반 대공황(1873~1895년)이 그 첫 번째 대규모 발현이었다면[699] 1929년에 닥친 대공황은 큰 위기의 반복이었다는 점에서 사람들이 이를 인식하는데 크게 기여하였다.[700] 아무리 자본을 축적하여 효율적으로 생산을 한다고 하더라도 이를 소비해 줄 수 있는 계층이 존재하지 않는다면 무용지물이라는 말이다.

민주주의 아래서 인구의 다수를 형성하는 노동계층은 더 많은 권리를 누리고, 정부를 구성하는데 더 큰 영향을 미치며, 정책 결정에도 자신의 이익을 더 효과적으로 대변할 수 있다. 이는 경제적으로 노동계층이 더 많은 이익을 분배 또는 재분배를 통해 얻을 수 있다는 것을 의미한다. 그리고 이렇게 단기적으로 자본계급에 불리한 민주주의의 성격이 장기적으로는 대량 소비를 가능하게 하여 자본주의의 발전과 유지에 결정적인 요인으로 작용한다.

20세기 자본주의의 대량 생산과 소비의 체제에서 민주적 사회는 매우 유용한 환경이라고 하겠다.[701] 자동차와 주택, 그리고 다양한 가전제품을 예로 들어보자. 19세기 빈곤에 고통 받는 다수의 노동계급을 중심으로 20세기와 같은 자본주의의 발전이 가능했겠는가. 개인의 권리를 중시하는 민주주의 아래 시민들은 부르주아부터 노동자까지 중산층

699 Pierre Dockès. *Le capitalisme et ses rythmes, quatre siècles en perspective*. pp.390~398.

700 Pierre Dockès. *Le capitalisme et ses rythmes, quatre siècles en perspective*. pp.521~633.

701 Robert Boyer. *Economie politique des capitalismes*. pp.64~66.

이라는 미명 하에 자기의 집도 소유하고 자동차도 굴리고 남부럽지 않게 가전제품을 소비하며 사는 것이 자연스럽다. 그리고 이런 사회의 분위기와 구조가 대량 생산과 소비의 자본주의 발전을 가능하게 한다는 말이다.

자본주의와 민주주의의 관계를 너무 기계적으로 파악하는 것은 곤란하다. 경제체제와 정치체제는 각각의 특수성과 작동원리를 갖고 있기 때문이다. 그러나 베버가 말했던 선별적 친화력의 개념을 이 둘 사이에 적용하는 것은 적어도 20세기 중반 이후 자본주의의 발전을 살펴보면 충분히 가능해 보인다.

9. 민주국가와 자본주의

이처럼 민주주의와 자본주의의 상호관계는 장기적, 그리고 구조적 관점에서 결코 무관하다고 단언하기는 쉽지 않다. 자본주의의 형성과 부상에는 민주주의가 적합하지 않을 수 있지만 장기적으로 발전하기 위해서는 민주주의가 도움을 주는 체제가 될 수 있다는 것이 그 이유다. 또 다른 이유는 민주주의를 통해 노동자 계급이 체제에 순응하고 통합될 수 있으며 나아가 대량 생산에 부응하는 대량 소비의 시대를 열 수 있다는 것이다.

다른 한편 자본주의가 민주 국가에서 더욱 활발하게 발전할 수 있는 몇 가지 질적 요소들을 생각해 볼 수 있다. 슘페터가 정의한 창조적 파괴의 자본주의라는 관점에서 전통이 지배하거나 권위주의적 체제가 주도하는 사회 분위기보다는 개인의 자유가 보장되는 민주 국가에서 창의력을 발휘할 수 있는 가능성이 높을 것이다.[702] 이런 점에서 가장 대표적인 사례는 당연히 미국을 꼽을 수 있는데 개인의 창의력을 발휘하여 새로운 기술이나 상품을 만들어내고 이를 자유로운 시장에서 판매하고 사업을 키울 수 있다는 점에서 민주 미국은 자본주의의 발전에 친화적이었다.

민주주의가 자본주의 발전에 기여하는 또 다른 중요한 부분은 법치국가라는 요소다. 민주주의와 법치국가가 반드시 한 유형을 이루는 것은 아니라는 주장은 정치이론이나 헌법학 등에서 논의되어온 주제다.[703] 민주주의는 법보다는 국민의 의사를 더 중시한다는 점에서 민주주의와 법치주의는 때로 충돌할 수 있다. 그러나 일반적으로 법치국가는 민주주의가 형성되는 과정이나 운영되는 형식에서 중대한 요소다. 민주주의라는 게임의 규칙이 존중되기 위해서는 법치국가의 전통이 어느 정도 확고한 것이 중요하기 때문이다.

자유주의 정치경제학에서는 법치국가가 예측 가능성이라는 소중한 환경을 제공해 주기 때문에 자본주의 발전에 필수적이라는 입장이다. 예를 들어 애쓰모글루는 『왜 국가는 실패하는가』에서 영국의 사적 재산을 확실하게 보호해 주는 제도가 자본주의 발전의 필수불가결한 요소였다고 강조한다.[704] 민간의 재산을 인위적으로 몰수하거나 이런 불안정한 미래의 가능성이 존재한다면 자본의 축적을 위해서는 부정적

702 Seymour Martin Lipset. 문지영 외 옮김. *American Exceptionalism*. p.15.

703 Francis Fukuyama. *The Origins of Political Order*. pp.468~479.

704 Daron Acemoglu and James Robinson. *Why Nations Fail?* pp.192~212.

으로 작용할 것이 확실하다. 노스는 이런 예측 가능성이 거래 비용을 낮추어 경제발전을 가져온다고 설명한다.[705]

물론 자유주의의 이런 주장들을 액면 그대로 받아들이기 곤란한 부분도 있다. 정치이론과 헌법학에서 지적한 민주주의와 법치 국가의 모순은 경제 분야에서도 쉽게 드러날 수 있기 때문이다. 2010년대 한국 사회에서 많은 사람들은 카풀과 같은 공유차 제도의 도입을 희망한다. 하지만 법은 운수업을 정확하게 규정하고 있기 때문에 택시의 사업을 보호하며 창조적 파괴를 어렵게 만들고 있다. 법치 국가가 민주주의에 우선하는 사례다. 이처럼 법치국가에서 법은 많은 사회적 집단을 보호하는 기능을 수행한다. 수많은 규제는 제도적으로 특정 집단을 보호하는 기능을 갖는다.[706] 의사만 환자를 치료할 수 있고 약사만 약을 팔 수 있다. 하지만 유통업에서 창조적 파괴는 환자 치료나 약의 판매를 더욱 자유롭게 해야 가능하다.

그나마 민주국가와 자본주의가 친화적이라고 인정할 수 있는 부분은 민주국가에서는 여론을 통해 공개적으로 주장을 펴고 충분히 많은 사람들을 설득한 뒤 정부나 정당을 통해 입법을 하면 법체계를 변화시킬 수 있는 가능성이 열려있다는 점이다. 이런 과정이 지난하고 때로는 많은 힘과 시간을 필요로 하지만, 그 가능성은 자본주의에 숨통을 트여주는 역할을 할 것이다.

---

705 Douglass North. *Institutions, Institutional Change and Economic Performance.*

706 사회보호와 자유시장의 대립적 관계는 폴라니 저서의 대표적인 문제의식이다: Karl Polanyi. *The Great Transformation.*

10. 중국의 사례

21세기를 사는 우리에게 가장 커다란 지적 과제 가운데 하나는 중국의 발전을 이해하는 일이다. 중국은 1949년 중화인민공화국이라는 이름으로 공산 세계의 일원으로 출발하여 소련식의 집중 계획경제를 추구하였다. 이 시기에 중국은 획기적인 경제발전을 이루지는 못했지만 이미 보건이나 교육 등 사회면에서는 상황을 상당부분 향상시켰다. 다만 정치적으로 문화혁명이라는 소용돌이가 발생하면서 사회와 경제가 모두 혼란에 빠졌던 것이다.

중국의 놀라운 경제발전은 1979년 개혁개방이라는 이름으로 공산당의 주도하에 이뤄졌다. 중국은 인류 역사상 전례를 찾을 수 없는 경이로운 발전을 이룩했다.[707] 1979년부터 30여 년 동안 연평균 성장률은 10%를 넘었고, 2010년대에도 5% 이상의 고속 성장을 지속했다. 이전의 고속 성장 사례는 일본이나 한국의 경우였는데, 이들도 10%의 성장률을 30년 동안 지속하지는 못했다. 게다가 중국은 인구 10억이 넘는 세계 최대 국가다. 2014년 중국은 PPP(구매력 평가) 기준 경제 규모 18조 달러를 달성, 처음으로 미국을 추월했다. 2017년 현재 중국은 23조 1000억 달러를 기록하여 19조4000억 달러에 그친 미국을 크게 앞지르고 있다. 이제 첨단 산업이나 과학기술에서도 중국은 세계 최고의 수준에 근접해 있다.[708]

자본주의의 발전에서 국가가 비결이라는 우리의 주장은 중국의 사

707 Barry J. Naughton. *The Chinese Economy*.

708 *The Economist*. "Special Report: Technology in China".

례에서 적절하게 적용될 수 있다. 중국에서 공산주의 국가는 과거 전통의 족쇄에서 해방된 사회를 만들었고 이는 자본주의 발전을 가능하게 하는 사회 기반을 형성했다. 특히 인도나 이슬람 문명권처럼 전통 사상과 사회의 영향이 강한 지역과 비교했을 때 중국의 공산당 정부는 일명 봉건주의 잔재의 청산이라는 이름 아래 근대적 인간이 부상할 수 있는 조건을 만들었던 것이다.

중국의 공산당 정부는 1949년부터 30여 년 동안 이런 작업을 지속하면서 나름 안정적인 사회를 만들었다. 1840년대 아편 전쟁 이후 중국이 이처럼 안정적으로 하나의 정부 아래 평화의 시기를 경험한 것은 처음이었다. 물론 문화혁명은 엄청난 사회적 소용돌이를 불러일으켰지만 내전에 버금가는 혼란스런 상황은 아니었다.

개혁개방의 첫 목표인 개혁은 집중 계획경제의 경직성을 점진적으로 풀어나가는 방식을 택했다. 국가의 주도아래 개혁의 영역을 처음에는 한정된 산업이나 지역으로 제한하여 시작했다가 커다란 부작용 없이 성과를 내는 경우에만 다음 단계로 확대하는 형식을 취했다. 이런 개혁의 방식은 일명 '충격요법'이라고 불렸던 1990년대 러시아나 동유럽과 대조적이다. 순식간에 전체적 민영화와 시장기제의 도입을 추진한 충격요법은 기존 정치경제의 해체를 가져왔지만 새로운 체제를 작동하게 만드는 힘은 부족했다.[709] 반면 점진적 개혁은 질서 속에서 경제의 이행을 가능하게 하였다.

두 번째 정책으로 개방은 중국 성공의 결정적인 요소였다. 왜냐하면 중국의 성장은 자본과 기술의 도입을 두려워하지 않았던 정책에 의

709 Julien Vercueil, *Economie politique de la Russie, 1918~2018*, pp.87~146.

존하였으며, 이를 통해 생산한 상품을 세계 시장에 내다 팔아 이뤄낸 성과이기 때문이다. 역으로 세계 시장이 존재하지 않았다면, 그리고 국제 자본이 중국에 진입하여 공장을 짓고 회사를 운영하지 않았다면, 중국의 성공은 존재하지 않았을 것이 확실하다.

개혁개방을 동반했던 또 다른 중요한 요소는 중국이 공산당 정부의 집중적 경직성을 견제할 수 있는 '연방주의'에 가까운 자율성을 지역 단위에 보장해 주었다는 사실이다.[710] 중국을 형성하는 20여 개의 성은 서로 나름의 권한을 갖고 경제성장을 달성하기 위한 경쟁을 벌였다. 또 각 성의 단계에서도 더 내려가 지역마다 상당한 자율성을 보유하면서 발전을 추구하였다. 결국 중국의 성공 사례는 점진적 개혁과 점진적 개방, 그리고 점진적 권력 분산이라는 큰 그림을 통해 이해할 수 있다.

11. 중국 모델의 지속가능성

지난 개혁개방의 40여 년 동안 지속되었던 중국의 놀라운 성장이 앞으로도 지속될 수 있는지는 중국 뿐 아니라 전 세계의 관심사일 수밖에 없다. 왜냐하면 중국은 이미 세계 경제의 무게 중심으로 부상하였기 때문이다. "중국은 잠자는 거인이나. 그냥 잠지게 두어라. 깨어나면 세계를 뒤흔들 것이다"라는 19세기 나폴레옹의 발언은 21세기 들어 새로

710 Gabriella Montinola, Yingyi Qian, Barry Weingast. "Federalism, Chinese Style: The Political Basis for Economic Success in China".

운 인기를 얻고 있다.[711]

중국 모델의 지속 가능성은 적어도 몇 가지 세밀한 질문으로 나눌 수 있다. 하나는 고속 성장의 지속가능성이다. 과거와 같은 고속 성장을 지속한다는 것은 불가능하며 이미 성장률의 둔화를 확인할 수 있다. 중국은 30여 년간 10% 이상의 성장률은 유지하다가 2008년 글로벌 경제위기 이후에는 6~7%의 성장률 수준을 유지하고 있다. 일명 '신정상'(新正常)의 현상이다.[712]

물론 중국과 같은 거대한 규모의 경제가 매년 6~7%씩 성장한다는 사실 자체가 기적에 가깝다. 일부에서는 이런 성장률도 공산당 정부가 강요하는 목표치에 따라 지방의 정부들이 통계를 조작한 결과라는 비판이 존재한다.[713] 중국경제가 6% 성장한다는 것은 매년 호주나 나이지리아와 같은 경제가 하나씩 늘어난다는 것을 의미하기 때문이다! 정부기관에서 약간의 조작이 존재하더라도 5%를 넘는 성장률은 여전히 기록적인 고속 성장률이다.

둘째, 중국 경제성장의 특징은 여러 차례의 국제적 위기에도 불구하고 한 번도 심각한 위기를 경험하지 않았다는 사실이다. 유럽과 미국의 세계 경제는 1870년대 대공황을 경험했고, 1930년대 다시 심각한 위기를 맞았다. 또한 1970년대에도 오일쇼크를 통해 성장이 둔화되었고, 2008년에는 글로벌 경제위기를 경험했다. 중국은 1997/98년의 아

711 나폴레옹의 발언에 대한 역사적 근거는 논쟁의 대상이다. 다만 1974년 프랑스 정치인의 저서 『중국이 깨어나면 세계가 떨 것이다』가 출간됨으로써 이 발언이 유행하게 되었다: Alain Peyrefitte. *Quand la chine s'éveillera ...... le monde tremblera.*

712 *New York Times*, "The New Normal is Actually Pretty Old".

713 Arthur R. Kroeber. *China's Economy.* p.263.

시아 경제위기나 2008년 글로벌 경제위기 등의 영향을 받는 입장이었지만 그렇다고 성장의 궤도에서 벗어나지는 않았다.

자유로운 시장의 예측할 수 없는 변동에 경제체제를 맡겨 놓은 것이 아니라 공산당 정부가 적절한 경제 정책으로 관리하기 때문에 위기를 피할 수 있다는 논리가 존재한다.[714] 심지어 일본이나 한국처럼 중국에 앞서 장기 고속 성장을 기록한 나라들도 어느 순간에 도달하면 위기를 맞고 마이너스 성장을 경험하였다. 중국이 지속적으로 위기를 피해 영원한 성장가도를 달릴 것이라고 볼 수는 없다. 언젠가는 위기를 맞을 것이고 이는 세 번째 문제와 긴밀하게 연결된다.

권위주의 공산당 체제로 중국처럼 거대한 경제를 계속 관리해 나갈 수 있을 것인가. 베버나 브로델이 말했던 것처럼 자본주의는 민주주의나 권위주의를 가리지 않고 적응하여 만개할 수 있을 것인가. 아직까지 중국이 보여주는 모습은 권위주의가 오히려 사회를 동원하고 통제하는데 더 적합한 면이 있다는 점이다. 정치적 권위주의는 노동의 목소리를 억압하면서도 동시에 성장의 과실을 국민에게 분배하는 것이 체제유지에 결정적이라는 사실을 잘 인식하기 때문이다.

자본주의의 역사를 놓고 중국에 적용해 보았을 때 중국식 자본주의의 관건은 오히려 앞으로 40여 년이 될 것이다. 고속 성장률은 둔화되고, 심각한 위기가 닥칠 역사적 가능성은 높아지며, 이를 계기로 삼은 사회적 반발이 폭발한다면 권위주의 체제가 적절하게 반응할 수 있을지, 그리고 그 반응 이후에도 고속 성장의 궤도로 다시 올라올 수 있을지는 의문이다.

714 Daniel A. Bell. *The China Model*.

12. 세계 국가?

이 장을 시작하면서 정치와 경제의 상호 관계를 논의했다. 현대 사회에서는 정치와 경제가 서로 독립된 장을 형성하면서 자율적으로 움직인다는 착각을 줄 수 있지만 실제로는 이 두 영역이 여전히 복합적인 관계로 연결되어 있다는 사실을 살펴볼 수 있었다. 장기적인 시각에서 자본주의는 민주주의와 결합할 때 예측 가능한 사회를 통해 성장의 동력 지속, 평화로운 분쟁의 해결, 대량 생산에 상응하는 대량 소비 등의 쟁점을 해결할 수 있다는 사실을 보았다.

역사적으로 19세기 영국이나 미국에서 자본주의와 자유 민주주의는 결합하여 하나의 모델을 형성하였고, 20세기에는 독일이나 일본과 같은 후발주자들도 이런 모델을 답습하여 자본주의 발전을 이룰 수 있었다.[715] 바로 앞에서 살펴보았듯이 중국이 이런 모델을 능가하는 새로운 유형의 자본주의와 권위주의의 결합 모델을 제시할 수 있을지는 두고 볼 일이다.

자본주의는 한 국가의 정치 및 사회 체제에 뿌리와 기반을 두고 있지만 동시에 세계 시장을 무대로 활동해 왔다. 16세기 유럽인들에 의해 세계가 하나의 무역 체계로 묶인 이후 지구는 점차 자본주의를 통해 하나로 통합되어 왔다. 특히 19세기가 되면 세계가 자본주의 체제로 통합되는 세계화의 현상이 가시적으로 드러났다. 그리고 1930년대 대공황이나 1940~1970년대의 사회적 자유주의 등의 시대를 거쳐 1970년대

715 Robert Boyer, *Economie politique des capitalismes*, p.185.

이후에는 더 심화된 세계 자본주의의 시대를 맞았다.[716]

국제정치경제학의 고전적 문제의식은 이런 세계화된 자본주의와는 달리 정치는 여전히 국가 차원에서 진행된다는 사실에서 비롯된다.[717] 국내에서 국가가 담당하는 안정성과 예측 가능성의 제공의 기능을 국제 차원에서 누가 담당할 것인가의 문제가 제기되는 것이다. 달리 말해서 국가가 국내에서 제공하는 자본주의 발전의 제반 기능을 국제사회에서는 누가 제공하는가.

현실주의 국제정치경제학에서는 국제사회에서 강력한 국력을 자랑하는 국가가 리더십을 발휘하여 질서를 부여하고, 심판의 역할을 담당하며, 필요할 경우 자신이 나서 비용을 감당한다는 설명을 제공한다. 이 자기희생적 리더 국가가 안정을 제공한다는 이론이 **패권안정론**이다.[718] 더 나아가 19세기 영국이나 20세기 미국처럼 패권을 행사하는 국가가 있었을 때 국제질서는 안정적이었지만 20세기 전간기처럼 영국도 미국도 패권을 행사하려 하지 않았을 경우 세계는 공황과 무질서로 퇴보했다고 설명한다.

자유주의 국제정치경제학에서는 패권안정론을 부정하지는 않지만 국가들 사이의 관계를 통해 국제사회의 질서를 제도적으로 만들기도 한다는 입장을 보인다. 세계를 총괄하는 국가는 존재하지 않지만 국가들이 협력하여 만든 **국제체제**가 국가의 기능을 대신할 수 있다는 시각

---

716 Jeffry Frieden. *Global Capitalism*.

717 Robert Gilpin. *Global Political Economy: Understanding the International Economic Order*. pp.15~23.

718 Michael C. Webb and Stephen D. Krasner. "Hegemonic stability theory: an empirical assessment".

이다.[719]

20세기 후반까지만 하더라도 세계 정부와 관련된 중요한 대립은 현실주의 패권안정론과 자유주의 국제체제론이었다. 그러나 21세기가 되면서 미국과 중국의 대립이 더욱 부각되었고 현실주의자들의 논리가 우세하는 환경이 되었다. 하지만 이처럼 국제사회의 논리 구조가 시대에 따라 변화한다는 사실은 **구성주의**의 논지를 뒷받침하는 것이기도 했다.[720] 세계 질서는 어떤 영구불변의 규칙과 구조가 존재한다기보다는 시대에 따라 행위자와 구조가 **의미의 상호관계** 속에도 틀을 구성해 간다는 시각이다.

21세기 중국의 부상은 적어도 당분간 세계 정부에 해당하는 국제체제의 형성이나 세계 질서의 추구보다는 세계 패권을 둘러싼 경쟁과 협력의 게임이 지속될 것이라는 사실을 암시한다.[721] 강력한 현실주의 세력의 부상이 세계를 현실주의적으로 만들어 가는 셈이다.

---

719 Stephen Krasner, *International Regimes.*

720 Alexander Wendt, *Social Theory of International Politics.*

721 미국과 중국의 무력 충돌 가능성이 구조적으로 높다는 주장이 신중하게 제기될 정도다: Graham Allison, *Destined for War: Can America and China Escape Thucydides's Trap?*

제15장
자본주의의 미래

1. 이성의 간계(奸計)?: 마르크스, 베버, 슘페터

자본주의를 해부하기 위해 우리는 19세기 중반부터 20세기 중반까지 1백 여 년 간 자본주의 분석에 긴 전통을 세운 세 학자를 중심으로 논의를 시작했다. 자본주의라는 개념을 세워 유행시킨 마르크스부터 자본주의에 정신을 불어넣은 베버, 그리고 자본주의의 역동성을 꼬집어낸 슘페터까지 동원해서 말이다.

마르크스는 자본주의를 인류의 역사적 발전 단계에서 물질적 풍요를 생산하는 놀라운 체제로 규정했지만 동시에 엄청난 불평등과 착취 및 소외를 초래하는 비인간적 체제로 보았다. 마르크스의 자본주의에 대한 분석과 진단은 대규모 사회주의 운동과 공산주의 체제의 수립을 가져왔다.

그러나 이런 반(反)자본주의 운동과 체제는 자본주의와의 경쟁에서 승리하지 못하고 붕괴됨으로써 오히려 자본주의의 진가(眞價)와 생명에 힘을 불어넣어주는 결과를 낳았다. 어떤 점에서 마르크스와 그의 추종자들이 자본주의에 대해 맹렬하게 비판을 퍼부은 만큼 자본주의는 궤도의 수정을 통해 보다 인간적이고 지속가능한 형식으로 바뀌었는지 모른다.[722] 이런 관점에서 결국 마르크스는 자본주의의 붕괴가 아니라 강화와 지속에 결정적으로 기여한 셈이다. 헤겔이 말했던 '이성의 간계'가 그의 제자 마르크스에게 적용되는 셈이다.[723]

마르크스가 근대적 자본주의를 중점적으로 분석했던 것과는 달리 베버는 보다 거시 역사적인 시각으로 자본주의를 바라보았다. 베버는 자본을 축적하는 사회적 기제는 근대 자본주의에서 시작한 것은 아니며, 역사적으로 고대부터 이런 경향은 존재해 왔다고 보았다. 다만 근대적 자본주의의 특징은 『프로테스탄트 윤리와 자본주의 정신』에서 설명했듯이 합리성에 기초하여 지속적으로 자본의 축적을 목표로 삼는 경향이다.[724]

현실을 타파하고 새로운 미래를 만드는데 열정적으로 동참했던 마르크스와 비교했을 때 베버는 그의 학문적 관심과 현실 참여 사이에 존

722 부르디외는 마르크스와 그 제자들의 결정론적 '기능주의'를 비판하면서 사실 사회공간은 투쟁의 공간이라고 할 수 있는 다양한 장으로 형성되어 있다고 강조한다. 투쟁의 공간으로서 장은 결과를 예측할 수 없기 때문에 변화와 개선도 가능하다는 설명이다: Pierre Bourdieu, *Sur l'Etat*, pp.17~18.

723 헤겔 철학에서 이성의 간계란 비이성적인 열정이 세계사를 주도하지만 사실은 이성이 이들을 통해 세계를 움직이는 방법에 불과하다는 설명이다. 물론 헤겔이 말했던 세계이성의 궁극적 지향점은 이성적 국가였지 자본주의에 해당하는 논지는 아니었지만 말이다: Jean-François Kervégan, *Hegel et hégélianisme*.

724 Max Weber, *Protestant Ethic and the Spirit of Capitalism*, p.17.

재하는 차이나 대립을 비교적 잘 인식하고 있었다. 그는 현실정치에 관여하기는 했지만 마르크스처럼 자본주의를 대체하려는 원대한 꿈을 추구했던 것은 아니다. 베버는 프로테스탄티즘과 자본주의에 관한 학설로 제일 유명하기 때문에 많은 논의가 이를 중심으로 전개되었다. 특히 20세기 후반에 일본, 한국, 중국 등 유교 문화권에서 자본주의 세력이 크게 부상하면서 베버는 다시 주목을 받게 되었다.[725]

베버의 경제사회학은 선별적 친화력이라는 개념이 잘 드러내듯이 종교와 경제체제의 상호관계를 기계적으로 보는 것이 아니다. 같은 기독교지만 가톨릭에서 성장하지 못했던 자본주의 정신이 개신교, 특히 칼뱅교나 청교도를 통해 만개할 수 있었듯이 다른 종교에서도 작은 개혁이나 변화가 자본주의와 부합하는 교리를 만들어 낼 수 있다. 이런 점에서 베버는 21세기에도 여전히 자본주의 체제를 해부하는데 결정적으로 기여할 수 있는 잠재력을 갖고 있는 것이다.

슘페터는 오스트리아 출신으로 마르크스와 베버를 잇는 자본주의 분석의 대가다. 그는 실제로 베버와 함께 사회경제학 사전 편찬 작업을 하면서 자본주의를 연구하는 사회과학의 형성에 기여한 인물이다. 슘페터는 특히 기업가가 주도하는 창조적 파괴의 기제를 통해 자본주의의 끊임없이 변화해 가는 생명력에 주목했다. 슘페터는 20세기 중반 사회 민주주의가 자본주의를 대신하게 될지 의문을 갖고 이 문제에 매달렸다.[726] 하지만 자본주의는 막상 그가 사라진 뒤 얼마가 지나자 다시 창조적 파괴의 기제를 적극 발휘하여 여전히 활기찬 모습으로 살아있

---

725 Michio Morishima. *Why Has Japan 'Succeeded'? Western Technology and Japanese Ethos.*
726 Joseph Schumpeter. *Capitalism, Socialism and Democracy.* pp.235~302.

다. 이 또한 마르크스처럼 이성의 간계에 해당하는 결과인 것일까.

2. 우후죽순 자본주의

우후죽순(雨後竹筍)이란 비가 온 뒤 대나무가 여기저기서 무럭무럭 자라나는 모습을 표현하는 말이다. 21세기의 시각으로 역사를 뒤돌아보면 자본주의는 우후죽순 세계의 곳곳을 파고 들어 뿌리를 내리고 쑥쑥 자라난 듯하다. 그것은 마치 문명의 힘이 확산되는 듯한 의미를 갖기도 한다. 서구를 중심으로 만들어진 자본주의라는 근대의 식물이 세계를 향해 힘차게 뻗어나가는 이미지처럼 말이다.

이 책에서 우리는 다소 포괄적인 자본주의의 정의를 내렸다. 자본주의란 "시간을 지배하는 물질적 축적을 위해 사회 전체가 조직되어 움직이는 체제"라고 정의했다. 인류 역사에서 이런 체제가 등장한 것은 비교적 최근의 일이다. 보와 같은 자본주의 역사를 탐구한 학자는 자본주의 체제의 등장을 여러 요소가 합쳐져 마요네즈로 부풀어 오르는 현상에 비유했다.[727] 달걀과 소금과 후추 등 다양한 요소는 언제나 존재해 왔지만 이를 적당한 비율과 속도와 환경 속에서 섞어야지만 마요네즈가 만들어지듯이 자본주의의 다양한 요소도 인류의 역사에 항상 존재해 왔지만 이것이 자본주의 체제로 만들어지기 위해서는 많은 우연(偶然)이 결합되어야 한다는 말이다.

자본주의 해부라는 이 책의 목표를 추구하기 위해 우리는 첫 번째

727 Michel Beaud. *Histoire du capitalisme*. p.26.

작업으로 역사를 살펴보았다. 시간을 지배하려는 노력은 인류가 문명을 이룩하면서 어디서나 존재한 경향이다.[728] 농사와 가축 기르기는 전형적으로 물질적 미래를 준비하기 위한 계획된 행동이라고 할 수 있다. 언어와 문자는 기억과 정신의 상태를 교환하는 것은 물론 시간을 뛰어넘어 보존하기 위한 장치라고 하겠다. 따라서 시간을 지배하는 물질적 축적의 사회적 노력은 고대부터 존재해 왔던 인류 사회의 경향이다.

다만 우리가 주목한 부분은 근대 자본주의의 뿌리를 찾아 유럽의 역사에서 이런 요소가 어떻게 고대와 근대를 연결하는지의 고리다. 고대 그리스와 로마 문명은 여러 면에서 유럽의 기원이라고 할 수 있지만 자본주의의 측면에서도 다양한 유산을 남겼다.[729] 권력 집중의 제국보다는 상호 견제와 경쟁의 도시국가 체제, 대륙에 기초한 제국보다는 바다를 통한 무역과 상업 문화의 발달, 강력한 소유권의 제도와 세밀한 분업 체제, 그리고 기독교와 그리스-로마 문명의 결합으로 생성된 개인주의 경향 등은 모두 향후 자본주의 발전에 기여할 수 있는 환경이 되었다. 이런 유산은 다시 중세에 이탈리아 도시국가에서 상업 중심의 정치 체제라는 형식으로 자본주의 정치경제의 기반으로 발전하였다.

역사에서 자본주의 발전의 단계는 1500년 유럽이 세계를 향해 세력 확산을 시작한 시기부터 1840년대 영국에서 자본주의 정치 경제체제가 완성되는 시기까지를 살펴보았다. 이 기간에 세계는 비로소 하나로 묶여 서로 왕래와 교류를 시작하였다. 이탈리아 도시국가의 상업 문

728 시간을 나타내는 달력을 규정하는 방식은 해나 달과 같은 자연의 섭리를 따랐지만 여기에 이름을 붙이는 노력은 시간을 지배하려는 공통된 접근이다.

729 멍드라스는 가장 종합적으로 고대와 현대의 연결 고리를 소개한 것으로 판단된다: Henri Mendras. *L'Europe des Européens.*

화는 스페인과 포르투갈을 거쳐, 네덜란드, 영국 등에서 서서히 질적 변화를 겪으며 발달하였다. 특히 19세기 전반기 영국에 도달하면 자본주의를 위해 "사회 전체가 조직되어 움직이는 체제"가 어느 정도 완성된 모습으로 등장한다.[730] 자유주의 시장경제라는 이상형이 목표를 제공하는 한편, 사회의 이익을 대변하는 의회와 이를 실현하는 정부의 정치 체제가 만들어지고, 안정적 화폐와 사업 환경과 법질서를 보장하여 자본주의의 효과적 작동을 보장한다.

이때부터 현재 21세기까지는 영국의 자본주의 체제 모형이 점차 세계로 확산되는 과정이라고 해도 과언이 아니다. 영국의 팍스 브리타니카 질서는 이후 20세기 들어 미국의 팍스 아메리카나로 확장되었다. 그리고 21세기가 되면 유럽의 자본주의 체제가 동아시아로까지 이식되어 동아시아가 자본주의의 새로운 중심으로 성장하게 되었다. 아테네에서 시작한 상업문화가 베네치아를 거쳐 암스테르담과 런던에서 자본주의로 완성되었다면, 이제 다시 세계 자본주의는 런던에서 뉴욕을 거쳐 상하이와 베이징으로 중심을 옮겨왔다는 말이다.[731]

3. 정신과 생산양식

우리는 이 책에서 자본주의의 정신으로 세 가지 요소를 집중 분석

730 자본주의 특성을 훌륭히 분석해 낸 폴라니의 거작은 영국의 사례를 중점적으로 다룬다: Karl Polanyi, *The Great Transformation*.

731 Giovanni Arrighi, *Adam Smith in Beijing*.

했다. 첫 번째 요소는 개인으로 자본주의에서는 집단이나 공동체보다는 개인의 존재와 목적을 실현하는 것이 높게 평가되는 성향에 주목하였다. 전통 중국의 양자(養子) 제도에서 볼 수 있듯이 개인과 집단은 인간 사회의 기본적인 양 축을 형성한다.[732] 하지만 자본주의란 이 가운데 개인을 집중적으로 강조하는 특수한 가치관을 가졌다고 할 수 있다.

자본주의 정신의 두 번째 요소는 경쟁이다. 개인이 행동의 **주체**를 뜻한다면 경쟁은 개인들의 상호관계를 규정하는 **과정**이라고 할 수 있다. 이 또한 역사적으로 보면 인간 삶의 조건인 협력과 경쟁이라는 양대 축에서 협력보다는 경쟁을 강조하는 특수한 가치 체계라고 지적할 수 있다.

개인이라는 주체가 경쟁이라는 과정을 거쳐서 목표로 삼는 **결과**는 소유라고 하는 역시 대단히 특별한 가치다. 인간과 자연, 또는 인간과 사물을 독점적으로 묶는 소유의 개념은 인류의 역사에서 서서히 제한적으로 발전하였다. 자본주의에 와서는 화폐의 일반화와 함께 사물이나 사회에 대한 인간의 독점적 지배의 영역이 거의 무한대로 성장했다고 분석할 수 있다.[733]

이처럼 이 책에서 우리는 개인과 경쟁과 소유를 자본주의 정신의 핵심 요소로 꼽았다. 이들의 공통된 특징은 자본주의 비판자들이 말하는 것처럼 이들 요소가 비인간적이리기보다는 무척 인간적인 바탕에 뿌리를 내리고 있다는 사실이다. 개인과 경쟁과 소유는 인간의 태고부

732 Jack Goody. *Capitalism and Modernity: The Great Debate.*

733 '지속가능한 경제학'이란 화폐적 가치를 뛰어넘는 다른 가치를 경제학에 포괄하려는 노력이다: Sylvie Brunel. *Le développement durable.*

터 존재했던 중요한 요소다. 다만 자본주의가 자연스럽지 못하거나 비인간적으로 비추어지는 이유는 집단, 협력, 해탈이라는 요소를 점차 삶의 영역에서 밖으로 밀어내는 효과를 낳았기 때문이다.

『프로테스탄트 윤리와 자본주의 정신』에서 베버는 종교에 기초한 윤리관과 합리적으로 이윤을 무한 추구하는 자본주의 정신의 연관성을 강조했다. 베버는 일반적인 장기 역사사회학에서도 종교적 윤리관과 경제를 지배하는 정신이 서로를 작용하는 모습을 소개하였다. 그는 중국의 유교나 인도의 힌두교, 팔레스타인의 유대교 등과 일반 사회의 관계를 세밀하게 분석하는 종교 사회학을 시도하였다.[734]

2020년은 베버 사망 100주년으로 그 동안 자본주의는 많이 변했다. 우리가 여기서 제안한 자본주의 정신은 베버가 그의 고전에서 설명했던 합리적 무한 이윤 추구의 자본주의 정신보다 더 종합적이고 포괄적인 개념이다. 우리는 자본주의를 "물질적 축적을 위해 사회 전체가 조직되어 움직이는 체제"라고 정의했다. 때문에 자본주의 정신은 단지 경제 영역에만 적용되는 경제 행위자들의 정신이라기보다는 사회 전체를 지배하는 가치관의 핵심이라고 할 수 있다.

개인이라는 주체가 경쟁이라는 과정을 거쳐 소유라는 결과를 얻는 사회정신은 유럽이나 미국과 같은 전통적 자본주의 국가는 물론 일본이나 한국처럼 사후적으로 동참한 자본주의 국가에서도 똑같이 사회를 지배하는 정신이 되었다. 게다가 사회주의를 여전히 언급하는 중국이나 민족주의를 내세우는 러시아, 전통 가치관을 앞세우는 사우디아라비아나 저개발 빈곤국가 짐바브웨에서도 공통되게 이런 정신은 사람들

734 Max Weber. *Economy and Society*. pp.399~634.

의 가치관에 스며들어 지배적인 양상으로 뿌리를 내리는 모습이다. 달리 말해 자본주의적 발전의 성패와는 별개로 자본주의 정신은 이제 세계를 하나의 문명으로 통합하는 듯하다.[735]

4. 쉽지 않은 '사탄의 맷돌' 만들기

이 책의 도입부에서 지적한 어려움 가운데 하나가 자본주의와 시장경제라는 두 개념이 가지는 유사성과 괴리였다. 자본주의와 시장경제는 같은 경제체제를 가리키는 것 같으면서도 전자는 부정적 이미지로, 그리고 후자는 긍정적 이미지로 묘사되는 경우가 많았다. 우리의 분석을 통해 이런 현상이 너무 자연스럽고 당연하다는 사실을 알 수 있었다.

자본주의는 우리가 매일 부대끼는 현실이다. 현실이 완벽하거나 만족스럽지 않은 것은 당연한 일이고 사람들은 많은 불만을 우리를 지배하는 자본주의의 탓으로 돌리기 마련이다. 인권을 유린하고 불평등을 초래하며 사람들을 정서적으로 메마르게 함과 동시에 자연을 파괴하는 자본주의에 대한 비판은 우리의 일상이다.[736]

735 경제 논리가 지배하는 세계화에 반대하는 대안적 세계화의 세력이 존재하지만 이들이 '경제 이데올로기'에 버금가는 탄탄한 논리체계를 개발했는지는 의문이다. 경제 이데올로기의 개념에 대해서는 뒤몽을 참고할 것: Louis Dumont. *Homo aequalis I: genèse et épanouissement de l'idéologie économique.*

736 프랑스 지식인들은 자본주의 비판에 적극적이며, 사회도 이에 전반적으로 호응하는 분위기다. 일례로 철학자 미셰아는 『우리의 적, 자본』이라는 책을 최근 출판하였다: Jean-Claude Michéa. *Notre ennemi, le capital.*

반면 시장경제는 경제학 교과서에 과학적으로 제시되었듯이 완벽한 이상적 사회를 묘사하는 유토피아다.[737] 시장경제를 형성하는 조건만 제대로 충족된다면 시장경제는 누구나 만족할 수 있는 과정과 결과를 선사해 줄 것이라고 주장하기 때문이다. 특히나 시장의 기제란 모든 것을 자율 조정에 맡기는 마법의 세계다. 여기서 자율 조정이라는 개념의 핵심은 폭력이라는 강제적 힘을 제외하고 평화롭게 진행된다는 의미로 받아들일 수 있다.

자본주의와 시장경제의 괴리를 좁히기 위해 베버를 다시 동원하는 일은 유용하다. 베버는 시장경제의 이데올로기가 주장하던 경쟁의 개념보다는 '투쟁' struggle 의 개념을 선호했다.[738] 시장에서 행위자들은 공급 또는 수요 등 같은 상품을 팔거나 사는 사람들끼리 투쟁하고, 또 사고파는 행위자들이 서로 투쟁한다는 것이다. 취업을 위해 '자소서'를 쓰는 취준생들이나 시장에서 흥정을 해본 사람들은 경쟁보다는 투쟁이라는 베버의 분석에 쉽게 공감할 것이다. 게다가 투쟁이라는 표현은 항상 권력관계가 개입할 여지가 있는 자본주의 시장경제의 현실을 잘 드러내는 개념이다.

폴라니는 시장경제의 개념을 역사적으로 분석하면서 사실 가장 중요한 것은 겉으로 드러나는 상품의 시장이 아니라 자본주의의 축이라고 할 수 있는 생산 요소의 시장이라고 지적했다.[739] 그는 '사탄의 맷돌'처럼 자본주의의 시장은 자연을 토지로, 인간을 노동으로, 그리고 가치

737 Pierre Rosanvallon. *Le capitalisme utopique.*

738 Max Weber. *Economy and Society.* pp.38~40.

739 Karl Polanyi. *The Great Transformation.* pp.130~131.

를 화폐로 만들어 사고 파는 세상이 되었다고 설명하였다. 상품이란 매매를 위해 만든 물건인데, 자본주의는 자연, 인간, 가치 등을 물건처럼 사고 파는 악마의 세상이라는 의미다.

자연과 인간과 가치를 사고 파는 자본주의 세상이 파괴와 실망과 좌절감을 가져온다는 사실은 명백하다. 다만 그와 동시에 자본주의는 다른 경제체제보다 훨씬 효율적으로 부를 생산하여 풍요를 누리게 해 준다는 사실도 잊어서는 곤란하다.[740] 지구의 많은 지역에서 자본주의의 정신은 상당히 광범위하게 전파되었지만, 사탄의 맷돌이라 불리는 자본주의의 제도까지 온전하게 이식되어 작동하고 있다고 판단하기는 어렵다.

한국인들은 조국과 외국을 비교하며, "천국처럼 지루한 외국과 지옥처럼 재미있는 한국"을 말하곤 한다. 자본주의와 비자본주의의 세상에 대해서도 비슷한 비유를 할 수 있을지 모른다. 정(情)과 가치가 살아있는 인간적 사회는 빈곤에 시달리는 한편, 치열한 경쟁에 시달리는 비인간적 사회는 풍요가 넘치는 세상이라는 점에서 말이다. 토지와 인간과 가치를 전통적 제약에서 해방시켜 시장의 원칙에 따라 유연하게 공급하고 사용하는 세상을 만드는 일은 생각만큼 쉽지 않다. 수 백 년의 힘든 변화의 과정을 거치거나 혁명과 같은 극단적인 과정을 통해 만들 수 있는 난제라고 하겠다.

740 코엔은 자본주의 세계를 『악의 번영』이라고 부를 정도로 모순적인 현상으로 파악한다: Daniel Cohen, *La prospérité du vice.*

5. 비결: 결국 다시 집단으로

자본주의의 이상형을 제시하는 정신적 지주라고 할 수 있는 시장 경제는 개인과 경쟁과 소유의 세상이다. 그러나 자본주의의 현실은 개인보다는 조직이 지배하는 세상이다. 또 조직이란 개인의 협력을 바탕으로 엄청난 힘을 발휘하는 집단이다. 조직 사이에 경쟁이 이뤄지기도 하지만 동시에 가능한 곳에서는 언제나 경쟁을 피하고 독과점을 추구하는 것이 원칙이다. 독과점이야말로 높은 이윤을 창출하여 자본의 지속적 확장을 얻을 수 있는 지름길이기 때문이다.

자본주의가 유럽에서 세계로 뻗어나가기 시작한 16세기부터 자본주의의 첨병 역할을 한 것은 거대한 조직이었고, 형태는 조금씩 변화했지만 이런 현실은 21세기까지 지속되어 왔다. 네덜란드와 영국의 동인도주식회사는 근대 자본주의를 대표하는 조직으로 공룡처럼 거대한 몸집으로 세계의 바다를 누비며 군사력과 무역의 기능을 결합했던 자본 축적의 모형이었다. 19세기 산업혁명 이후에는 미국이나 독일을 중심으로 한 산업 분야를 지배하는 독과점의 대기업 군들이 형성되었고, 이들은 자국의 시장을 지배한 다음에는 세계로 영향력을 펼쳐나가곤 했다. 20세기와 21세기에는 이제 세계 시장을 지배하는 초국적 기업으로 부상하여 독점적 위상을 차지하기 위해 자본주의의 세력들이 대결하는 형국이 되었다.[741]

물론 기업이라는 조직이 반드시 자본주의의 정신인 개인, 경쟁, 소

741 Robert Reich, *Supercapitalism*, pp.62~65.

유를 부정하는 것은 아니다. 오히려 개인, 경쟁, 소유의 정신을 보다 큰 차원에서 실현하기 위한 방법으로 조직을 활용한다고 볼 수 있다. 자본주의의 조직은 전통적 조직과는 달리 자본 형성, 생산 과정, 소비문화 등에서 개인과 집단을 적절하게 조합하는 특성을 드러냈다. 주식회사란 개인의 푼돈을 모아 거대한 자본과 조직을 형성하는 비법에 다름 아니다. 임노동 관계 역시 개인과 조직을 '자유롭게' 연결하는 접착제와 같은 기능을 한다.[742] 또 사람들은 개성으로 소비한다고 착각하면서 대중문화가 이끄는 유혹에 쉽게 단체로 넘어가 버린다.[743] 조직, 아니 더 정확하게 표현한다면 자유주의 정신과 조직의 논리가 교묘하게 결합함으로써 자본주의가 꽃피우는 비결이 되는 것이다.

기업이라는 조직이 자본주의의 활력을 발휘하게 만드는 주체라면 국가는 자본주의의 부상과 발전에 필수적인 근간이다.[744] 다시 강조하지만 네덜란드와 영국의 동인도주식회사는 국가가 허가해 준, 국가적 기능을 행사하는 독점적 활동의 단체였다. 다만 군주 한 명이 주인이던 국가와는 달리 다수의 주주가 개인으로 참여하는 조직이었고, 신민(臣民)으로 부리는 대중이 아니라 계약에 의해 고용하는 군인과 직원들을 활용하였다. 국가와 닮은 조직을 만들었지만 동시에 국가와는 다른 자본주의적 조직이었던 셈이다. 수백 년이 흘러 이제는 국가가 기업과 같은 효율적 조직이 되려고 노력하고 있으니 국가와 기업이라는 두 조직의 형태는 서로 으르렁대며 싸우지만 또 장점을 배우는 동반자이기도

742 Dominique Méda, *Le travail*.

743 Gilles Lipovetsky, *Plaire et toucher. Essai sur la société de séduction*, p.17.

744 Pierre Bourdieu, *Sur l'Etat*.

하다.[745]

서구가 자본주의를 통해 세계를 지배하는 형국이 된 이후 비서구의 국가들은 자본주의적 발전을 이룩하기 위한 모방의 노력을 해왔다. 사실 러시아 혁명이나 중국 혁명은 일단의 이념적 색채를 강하게 갖고 있었지만 동시에 민족주의적 성향이 또 다른 기본의 축이었고 이들에게 혁명은 서구의 발전을 쫓아가기 위한 하나의 수단이었다. 브라질과 멕시코, 인도나 브라질 등 세계의 주요 국가들은 이제 서구의 자본주의적 성공을 자국에서 재생하기 위해 사회적 기반을 다지고 기업을 조직하려는 노력을 경주하고 있다. 국가와 자본을 대표하는 조직의 복합적 관계는 여전히 지속되고 있는 모양이다.

6. 자본주의의 결합: 정신, 제도, 조직

우리의 자본주의 정의는 시간을 통제하고 관리하기 위한 물질적 축적이라는 요소를 중시하였다. 시간을 단순히 자연이 인간에 부과하는 조건이라고 보지 않고 인간이 적응하고 활용할 수 있는 요소라고 보는 태도는 자본의 형성과 축적이라는 개념이 발전하는데 결정적이었기 때문이다. 과거와 현재, 그리고 미래를 연결하여 통제하고 관리하려는 태도는 크게 보면 정신적 측면에서 종교와, 그리고 물질적 측면에서 경제와 직결된다. 자본주의는 결국 시간의 관리와 통제라는 존재론적이고 문명적인 목표와 물질적 축적이라는 경제적 영역의 만남에 위치한

745 국가 개혁에 관한 방향을 제시하는 것은 기업의 효율적 경영이다.

다는 것이다.[746]

자본주의 정의의 두 번째 요소는 사회 전체가 이 목표를 향해 조직되었다는 사실을 들었다. 자본주의적 경향은 인간이 농사를 짓고 가축을 기르는 문명의 초기부터 시작되었으나 이런 물질적 축적이 사회 전체의 목표가 되는 것은 비교적 최근의 일이다. 자본주의적 요소의 등장은 역사적으로 고대부터 근대에까지 널리 분포되어 있지만 자본주의를 지배하는 정신과 이를 지탱하는 제도, 그리고 정신과 제도를 바탕으로 자본주의를 실천하는 조직이 모두 등장하는 것은 19세기 전반기 영국이라고 보았다.[747]

자본주의 정신에 있어 우리는 개인, 경쟁, 소유라는 세 가지 요소를 핵심 축으로 꼽았다. 자본주의의 거대 목표가 정신적인 것이 아니라 물질적인 성질의 것이듯, 자본주의 정신은 집단과 협력과 해탈보다는 개인을 중심으로 경쟁하고 그래서 물질적 축적을 이루는 성향을 극대화하였다. 자본주의의 제도란 시장이라는 기제를 통해 상품뿐 아니라 자연과 인간과 가치를 자유롭게 거래하는 체제를 의미한다. 이런 제도의 가장 커다란 기여는 개개인의 의지를 적어도 형식적으로 존중하는 게임이라는 점이며, 개방과 유연성을 제공한다는 사실이다.[748] 이런 정신과 제도를 중심으로 비로소 기업과 국가라는 자본주의의 역동적 동물들이 성장한다.

746 자본주의의 태동을 분석하면서 브로델이 '물질 문명'이라는 표현을 앞세운 것과 일맥상통한다: Fernand Braudel. *Civilisation matérielle, économie et capitalisme.*

747 François Crouzet. *Histoire de l'économie européenne 1000~2000.*

748 실질적 불평등과 형식적 평등의 게임이 바로 자본주의나 민주주의의 핵심적 요소라고 볼 수도 있다. 대의 민주주의의 발전 과정을 분석하면서 이 모순을 강조한 다음 저서를 참고할 것: Bernard Manin. *Principes du gouvernement représentatif.*

자본주의의 정신과 제도와 조직은 일반적으로 사회 분석에서 말하는 문화와 사회경제와 정치경제에 해당한다. 이 책에서 논의한 문화와 사회경제와 정치경제는 실제 자본주의를 해부하는데 필요한 분석적 도구가 될 것이다. 예를 들어 특정 국가의 자본주의 형성을 연구하기 위해서는 문화적으로 자본주의 정신의 확산, 사회경제의 차원에서 시장제도의 도입과 발달, 그리고 정치경제의 차원에서 국가와 기업을 역할을 검토해야 할 것이다.

이 책에서는 자본주의에 대한 기초적인 논의 다음에 바로 역사적 측면을 고려하였다. 이 역사는 자본주의적 요소가 서서히 부상하는 과정의 역사라고 해도 틀리지 않는다. 지구와 인류의 차원에서 자본주의라는 체제가 만들어지는 과정을 포괄적으로 보려는 노력이었기 때문이다. 하지만 지구 전체의 자본주의와는 별개로 각각 국가 또는 지역 중심의 자본주의라는 것이 독특한 특성을 가지고 존재한다.[749] 이를 실제 연구하기 위해서는 정신, 제도, 조직의 차원에서 다시 역사로 돌아가 살펴보아야 할 것이다.

자본주의를 제대로 파악하고 이해한다는 것은 여기서 접근한 것처럼 포괄적이고 전체적인 모습을 보는 것도 중요하지만 각각의 특수한 사례를 차이를 중심으로 비교하는 것도 필요하다. 마르크스 이후 수많은 사회과학자나 사상가, 운동가들이 자본주의의 종말을 예언했지만 자본주의는 그 어느 때보다 활력을 품고 작동하는 것 같다. 다양한 위기가 자본주의를 뒤흔들어 놓았지만 기업은 무너지고 국가가 퇴보하더

749 지역별 문명을 중심으로 세계를 분석하려는 시도는 다음을 참고할 것: Fernand Braudel. *Grammaire des civilisations.*

라도 자본주의는 항상 새로운 숙주를 찾아 기승을 부리는 바이러스 같은 모양이다.

따라서 희망 섞인 자본주의 종말을 운운하기보다는 앞으로 자본주의가 어떤 방향으로 변화하면서 전개될지 상상해 보는 것이 오히려 현실의 이해에 도움이 될 것으로 보인다. 이런 점에서 자본주의의 다양성을 연구하고 파악하는 것은 중대한 지적 과제다.

7. 21세기는 누구의 세기인가?

21세기가 시작되는 시기에 세계 자본주의의 모델은 두 개였다. 홀과 소스키스의 편저 『자본주의의 다양성』(VOC, Varieties of Capitalism)은 크게 시장을 관리하려는 유형의 자본주의와 시장을 중심으로 운영되는 유형의 자본주의를 대비시켰다.[750] 유사하게 이미 20세기 후반에 알베르가 영미식 앵글로색슨 자본주의와 유럽 대륙식 라인 자본주의로 나눠 분석한 바 있다. 이렇게 자본주의란 미국과 유럽의 모델로 나뉘었다고 할 수 있다.

이 두 유형의 자본주의를 비교하는데 가장 중요한 요소는 제도였다. 알베르는 영미식과 유럽식을 구분하는 가장 중요한 기준은 "특정 상품을 시장의 원칙에 맡길 것인지, 아니면 다른 배분의 원칙에 맡길

750 Peter Hall and David Soskice. eds. *Varieties of Capitalism: The Institutional Foundations of Comparative Advantage.*

것인지"의 문제라고 설명했다.[751] 노동이나 토지에 대해 미국은 시장의 원리에 충실하게 가격을 통한 '자유로운' 거래를 중시하는 한편 유럽에서는 다양한 규제를 통해 시장의 원칙에 제동을 가하거나 조건을 다는 노동과 부동산 시장이 형성되었다.

보다 구체적인 사례로는 인간의 건강에 결정적인 역할을 하는 피의 매매를 들 수 있다. 미국은 발달한 선진국 가운데 피를 사고 팔수 있는 유일한 국가다. 매혈(賣血)이 가능하다는 말이다. 따라서 미국은 피를 수출하는 국가로 부상하였다. 여기서 흥미로운 사실은 피에 대한 사회의 수요는 존재하는데 다른 모든 나라에서 도덕적인 이유로 이를 금지하다보니 결국 국제적으로는 미국에서 다른 나라로 피를 수출해야 하는 상황이 벌어졌다는 점이다. 달리 말해 많은 나라들이 국내에서 양심을 지키는 노력은 하지만 궁극적으로는 "양심 없는 시장 중심의 자본주의 나라" 미국에서 피를 사와야 한다는 것이다.[752]

새 천년을 앞둔 1990년대와 2000년대의 미국 대 유럽의 논의는 사실 2010년대로 들어서면서 미국 대 중국의 논의로 대체되었다. 유럽은 안정적인 경제 수준을 유지하기는 했지만 창조적 파괴라는 자본주의의 끊임없는 변화의 물결에서 더 이상 미국의 주도력을 따라가기 힘든 상황이 되었기 때문이다. 자본주의의 구조를 생산과 소비로 나누어보자면 유럽은 소비에서는 여전히 중대한 지역이었지만 새로운 산업을 이끌어 나가는 생산에서는 선두에서 제외되는 형국이었던 것이다.

반면 중국은 많은 사람들의 의문에도 불구하고 지속적인 성장을

751 Michel Albert, *Capitalisme contre capitalisme.*

752 *The Economist,* "America's booming blood-plasma industry".

유지하였고 드디어 2010년대에는 물가수준을 감안했을 때 미국의 규모를 능가하는 기적을 이룩했다. 이런 중국의 부상은 우리가 여기서 분석한 자본주의의 틀에 결정적인 문제를 제기한다. 중국이 과연 자본주의의 개인, 경쟁, 소유의 정신을 존중하면서 토지, 노동, 화폐의 시장을 형성하여 운영하는가. 중국만큼 공기업과 국가가 경제에서 주도적인 역할을 하는데 여전히 자본주의의 한 유형이라고 말할 수 있는가.[753]

이 책에서 우리는 이 문제를 본격적으로 다루지는 못했다. 하지만 지난 50여 년간 중국의 경제발전이 자본주의의 정신과 제도와 조직이라는 요소를 결합하여 성공을 이룩했다는 사실은 분명해 보인다. 마치 20세기 유럽이 자본주의의 순수한 유형보다는 혼합적인 형식이었듯이, 중국 또한 미국처럼 순수에 가까운 유형보다는 특수한 형태의 혼합 유형으로 발전한 것으로 보인다.

비교정치경제에서는 이처럼 미국, 중국, 유럽 등으로 나뉘는 세계 자본주의의 다양한 유형을 세밀하게 해부하고 탐색해야 할 것이다.

8. 세계 자본주의

자본주의의 역사에서 살펴 본 것처럼 자본주의는 처음부터 국내적 차원과 세계적 차원을 동시에 안고 있었다. 물론 세계적 차원이 일률적으로 강화되었다고 말할 수는 없다. 오히려 국내와 세계의 상호 관계가

753 예컨대 코엔은 "중국이 40년 만에 문화혁명에서 자본주의로 넘어왔다"고 단언한다: Daniel Cohen, *Homo Economicus*. p.125.

시대에 따라 변하는 양상을 보였다.[754] 예를 들어 20세기 중반의 사회적 자유주의의 시기에 자본주의는 세계보다는 국내적 성격을 확고하게 드러냈었지만 1970년대부터 세계화의 성향이 강화되는 모습을 보였다.

2020년대 이런 변화가 어떤 방향으로 진행될지 예측하는 일은 어렵다. 2010년대 영국의 브렉시트나 미국의 트럼프 집권 등은 세계화에 대한 반발로 국내적 성향을 강화하는 변화였음에 틀림없다.[755] 하지만 브렉시트는 예상처럼 순조롭게 진행되지 않았고, 트럼프의 보호주의적 성향 또한 세계화의 구조와 질서를 근본적으로 수정했다고 말하기는 어렵다.

21세기 자본주의의 성격이나 미래를 살펴보는데 중요한 분야가 자본주의 첨단 영역에서 나타나는 미국과 중국의 대립이다. 미국은 정보산업이라 불리는 영역에서 1970년대 이후 세계경제의 주도적인 역할을 담당해왔다. 페이스북, 애플, 마이크로소프트, 아마존, 구글 등은 미국 자본주의의 창의력과 지배력을 동시에 보여주는 대명사가 되었다. 하지만 중국은 이들 기업의 중국 진출을 가로막으며 텐센트, 화웨이, 알리바바, 바이두 등 중국 국내의 기업이 성장하도록 하였다. 결국 첨단 자본주의의 영역에서 미국과 중국이 시장을 나누어 지배하는 양상이 된 것이다.[756]

그러나 이 분리의 현실이 자본주의 세계의 통합성을 결정적으로 훼손한다고 보기는 어렵다. 예를 들어 애플은 중국의 공장에서 만들어

---

754 Robert Boyer. *Economie politique des capitalismes.*

755 세계경제로의 통합과 경계짓기는 국민경제의 중요한 정치적 선택이 되었다: Jan-Werner Müller. *Qu'est-ce que le populisme?* pp.138~139.

756 *The Economist.* "Special Report: Technology in China".

세계로 수출하고 있으며 중국 화웨이의 스마트폰도 미국 구글 안드로이드로 작동한다. 마이크로소프트의 윈도즈는 여전히 중국을 포함한 세계의 컴퓨터를 돌리고 있다. 알리바바는 또 미국 뉴욕에 상장하여 자본을 동원하고 있다. 이처럼 대립의 접점이 많은 것 만큼이나 통합을 보여주는 요소도 수두룩하다.

그림 15. 지구에서 살아가는 인류가 하나 되었음을 인식하게 된 것은 16세기부터라고 할 수 있다. 잠피에트리노(Giampietrino)의 16세기 초 작품, 〈세계의 구원자〉(Salvator Mundi). 러시아 모스크바 푸슈킨 미술관.

물론 세계 자본주의의 통합성을 드러내는 가장 중요한 요인은 하나의 산업 분야에서 – 그것이 가장 첨단의 산업 분야라고 할지라도 –

미국과 중국의 밀접한 관계망은 아니다. 미국과 중국이 무역 전쟁을 벌이면서 싸울지라도 가장 중요한 점은 포괄적 상호의존도가 무척 높다는 사실이다. 트럼프가 벌인 미국과 중국의 무역 분쟁은 이런 상호의존도를 역설적으로 명백하게 보여주었다.[757] 중국인이 선호하는 돼지는 미국의 사료를 먹고 자라며 중국의 수출이 막히면 미국의 소비자들이 값싼 상품을 구매하기 어렵게 된다는 사실을 말이다.

마틴 울프가 그의 저서『세계 금융 바로잡기』에서 잘 보여주었듯이 세계 자본주의는 대량 소비의 미국 없이 대량 생산의 시대를 유지하기 힘들다.[758] 마찬가지로 대량 생산의 중국 없이 세계 자본주의가 대량 소비의 모멘텀을 유지하기도 어렵다. 미국과 중국은 각각 세계 자본주의의 소비와 생산의 거점으로 필수적인 역할을 담당하는 셈이다.

다른 한편 마르크스가『자본론』의 도입부부터 강조하는 요소는 기본으로 자본주의란 상품과 화폐의 변신 metamophosis 에 의존한다는 사실이다.[759] 자본가란 화폐를 투자하여 상품으로 만들고, 상품을 내다 팔아 다시 화폐로 만드는 사람이다. 세계 자본주의의 화폐질서는 명백하게 달러를 중심으로 움직인다. 여기서도 중국식 자본주의는 미국의 화폐 질서에 종속되어 있다고 말할 수 있다.

이처럼 비교정치경제의 관점에서 다양한 자본주의 유형을 비교하고 분석하는 일만큼이나 세계정치경제의 구조와 질서, 작동 방식을 탐구하는 것은 자본주의 이해에 필수적인 작업이다.

---

757 *The Economist*, "Special Report: Global Supply Chains".

758 Martin Wolf, *Fixing Global Finance*.

759 Karl Marx, *Das Kapital*, pp.124~125.

9. 자본주의의 종말?

자본주의를 해부하는 작업은 현 시대를 이해하기 위한 필수적인 지적 노력이다. 미래 예측이 사회과학의 원래 목적은 아니지만 자본주의를 우리 방식대로 해부한 다음에 제기되는 문제는 자본주의의 미래다. 세계를 뒤덮고 있는 자본주의의 그물은 언제까지 지속될 것인가. 예측 가능한 미래에 자본주의가 사라지거나 다른 체제로 대체될 가능성은 존재하는 것인가.

마르크스와 그 지적, 정치적 후예들은 자본주의의 태생적 모순을 지적하며 대립과 투쟁과 위기가 반복되다가 결국 종말을 맞게 될 것이라고 예상하였다. 『자본론』이 출간된 1860년대부터 자본주의의 예정된 종말을 기다렸는데 현재 2020년 160년이 지난 다음에도 자본주의가 사라질 기미는 보이지 않는다.[760] 그래도 자본주의 종말론자들은 여전히 최종의 순간은 올 것이라며 다양한 보조 설명을 추가한다. 그것은 종교에서 흔히 볼 수 있는 종말론자들과 크게 다르지 않은 현상이다. 주장이 틀린 것이 아니라 현실이 틀렸다고 말하는 태도를 보인다.

물론 "목욕물과 아이를 함께 버리는 우(愚)"를 범하면 곤란하다. 마르크스가 말한 자본주의의 종말은 목욕물과 같이 잊어도 무방한 예언이지만 그가 제기했던 19세기 자본주의의 현실과 분석은 여러 면에서 아직도 상당한 가치를 지니기 때문이다. 산업혁명 시기 자본주의 분석

760 부르디외는 사회학자들이 항상 새로운 시대의 도래나 현재의 종말이라는 신화 만들기를 즐겨한다고 비판한 바 있다: Pierre Bourdieu et Jean-Claude Passeron. "Sociologues des mythologies et mythologie de sociologues". pp.998~1021.

에서 계급적 대립과 투쟁, 생산수단을 지닌 자본가 계급의 경제적 착취, 다른 체제에서보다 자본주의에서 착취가 자연스럽고 수월하게 이뤄지는 이유 등을 밝힌 것은 마르크스의 뚜렷한 기여에 해당한다.

그러나 예언자나 미래학자들이 항상 빠지는 함정에 마르크스도 발을 헛디딘 셈이다.[761] 그는 이 체제가 수정되지 않고 미래에도 지속될 것이라고 보았던 것이다. 마르크스 분석에서 거의 등장하지 않았던 제3차 서비스 산업이 자본주의 발전에서 점차 커다란 부분을 차지하게 되었다. 동시에 무산계급 프롤레타리아와 유산계급 부르주아의 대립보다는 중산층이 늘어나면서 계급투쟁과 대립의 모순도 완화되었다. 무엇보다 결정적인 변화는 자본과 노동의 영합적 게임이 점차 윈윈 게임으로 전환되며 전개되었다는 점이다.

이처럼 자본주의는 망하기보다는 변화하면서 발전을 거듭해 왔다. 자본주의가 인류 역사의 종착지점이고 앞으로 자본주의는 계속 인류를 지배할 것이라고 보는 시각이 제기된 것은 1990년대 미국의 후쿠야마에 의해서다. 후쿠야마는『역사의 종말』에서 민주주의와 시장경제가 인류가 도달한 최종의 지점이며, 적어도 규범적으로 민주주의나 시장경제를 위협할만한 도전 이데올로기가 존재하지 않는다는 점에서 인류가 더 나아갈 방향은 없다고 단언하였다.[762] 후쿠야마에게 역사란 변화를 의미하는데 이제 이상형을 찾았으니 더 이상 변화가 없을 것이고, 그러

761 슘페터는 마르크스가 실수했다기보다는 지적 작업과 정치 활동을 구분하지 않고 타협한 결과라고 분석한다. 이미 1860년대 영국의 노동자 계급이 빈곤화의 길이 아니라 생활수준의 향상을 경험하는 현실을 마르크스가 몰랐을 리 없었다는 말이다. Joseph Schumpeter. *Capitalism, Socialism and Democracy*. pp.316~318.

762 Francis Fukuyama. *The End of History and the Last Man*.

니 역사는 끝났다는 말이다.

물론 자본주의가 과연 민주주의나 시장경제와 동일시 될 수 있는가의 문제는 남는다. 이 책에서 자주 보았듯이 자본주의는 현실로 규정하고 민주주의나 시장경제를 이상형으로 본다면 자본주의를 민주주의 및 시장경제와 동일시 할 수는 없다. 하지만 자본주의의 현실이 역사적으로 존재했던 체제 가운데 민주주의와 시장경제의 모델에 가장 가깝다는 사실을 부정하기는 어렵다. 소련이나 중국에서 한 동안 실행했던 사회주의 계획경제와 비교한다면 말이다.

10. 물질문명의 종말?

고대 바빌로니아 『길가메시』의 서사부터 인간이 추구했던 것은 영원한 삶이었고 다른 사람과 사랑을 나누고 공감을 하는 삶이었다.[763] 하지만 인간 조건의 현실은 삶은 유한하다는 진리였고 따라서 개개인은 아무리 서로를 아끼고 사랑하더라도 하나가 될 수는 없다는 진리였다. 사람과 사람의 관계를 지배하는 다양한 차원을 우리는 개인/집단, 경쟁/협력의 차원에 적용하여 해석할 수 있다. 또 사람과 자연의 관계를 소유/해탈에 적용하여 해석할 수 있다.

자본주의의 기본을 '시간을 통제하기 위한 물질적 축적'이라고 정의하고 역사를 살펴본 이유다. 이런 접근은 자본주의를 근대 유럽의 특수한 현상으로만 보았던 마르크스보다는 자본주의의 다양한 모형이 역

763 N.K. Sandars. *The Epic of Gilgamesh*.

사 속에 존재했다고 본 베버의 시각에 가깝다. 베버는 근대 유럽에서 만개한 자본주의의 핵심을 '합리성'에 있다고 보았다. 우리는 합리성이 중요하지만 더욱 적절한 정의는 '사회 전체의 조직화나 구조화'에 있다고 본 것이다.

이런 시각에 비추어 본다면 자본주의는 '인간의 본성' 가운데 매우 특수한 성향을 극대화하는 체제라고 할 수 있다.[764] 우리가 자본주의 정신이라고 규정한 개인, 경쟁, 소유는 집단보다는 개인을 중시하면서, 협력보다는 경쟁을 기본으로 삼으면서, 물질에 대한 해탈보다는 소유를 추구하는 태도를 종합하려는 시도였다. 이 같은 정신을 현실에서 가장 적절하게 조절하는 기제가 시장이었고, 자본주의는 상품뿐 아니라 자연과 인간과 가치에도 시장이라는 기제를 적용하여 발전을 이룩한 것이다. 공동체와 협력과 해탈을 추구하는 사회라면 시장은 제대로 작동하기 어렵다. 여기서 다시 마르크스가 등장하는데 이런 정신과 제도는 실제 자본주의가 성공하는 핵심 비결을 은폐한다. 자본주의 성공의 비결은 개인이 아니고 조직이며, 시장 자체가 아니고 국가가 지탱하는 시장이기 때문이다.

2020년 자본주의의 미래에 대한 전망은 어떤가. 예측 가능한 미래에 자본주의가 종말을 맞을 것 같지는 않다. 물론 예측 가능한 미래란 기껏해야 10~20년 정도라고 볼 수 있다. 우리가 21세기에서 바라볼

---

764 인간의 본성은 많은 철학적 논의의 대상이다. 여기서는 뚜렷한 본성의 정의나 기초를 갖고 논의하기보다는 자본주의 정신과 인간의 기본 조건 사이에 상당한 부합성이 존재한다는 사실을 지적할 뿐이다. 본성 nature 과 문화 culture 의 구분은 근대성의 편협한 논리라고 비판하는 다음 저서를 참고할 것: Bruno Latour. *Nous n'avons jamais été modernes*.

때 스미스와 마르크스는 모두 옛날 사람들이다. 그러나 스미스의 『국부론』(1776년)과 마르크스의 『자본론』(1867년) 사이에는 100년 가까운 세월이 흘렀다. 덕분에 마르크스는 스미스가 얼마나 실수를 저질렀는지 지적하기가 어렵지 않았다. 우리는 마르크스보다 150년 정도 뒤에 자본주의를 분석하니 마찬가지로 쉽게 그를 비판하거나 단점을 지적할 수 있었다.

인간의 성향, 또는 적어도 문명을 이루면서 살아 온 인간의 성향은 시간을 통제하려고 물질적 축적을 추구하는 것이다. 이런 성향을 가장 잘 살려준 제도들을 유럽에서 점진적으로 발전시켜 19세기 영국에서 자본주의라는 형태로 완성하였다. 이 체제는 영국으로부터 세계로 퍼져 나가며 다양한 양식으로, 하지만 기본적 목적과 정신과 제도를 추구하며 발전하고 확산되었다. 자본주의의 생명력은 인간의 기본 성향에 기초하여 사회 전체를 지배하는 체제로 자리매김하면서 끊임없이 진화한다는 데서 찾아야 한다. 결국 이 책의 논리를 따르자면 예측 가능한 미래에 자본주의가 무너지지는 않을 것 같다는 진단을 내릴 수밖에 없다.

자본주의에 대한 다양한 비판은 어느 정도 합당하고 적절하며 필요하다. 자본주의 사회에서도 인간은 여전히 공동체의 따뜻함을 그리워하고 다른 사람과 교류하며 인정을 받아야 존재감을 확인하는 사회적 동물이기 때문이다. 경쟁적 소유의 욕망이 주는 스트레스에서 벗어나 정신적 해탈을 경험하는 것도 자본주의에 저항하는 하나의 방식일 것이다. 자본주의에 대한 가장 극단적인 비판은 물질의 세계를 또 다른 물질의 세계로 대신하는 것이 아니라, 무한한 물질 축적의 욕망으로부터 해탈하여 삶의 한계를 인정하면서 정신적 풍요를 찾는 태도일 것이다.

참고 문헌

국제정치경제연구회. 『20세기로부터의 유산』. 사회평론. 2000.

김동춘. 『미국의 엔진, 전쟁과 시장』. 창비. 2004.

김승섭. 『우리 몸이 세계라면』. 동아시아. 2018.

남종국. 『이탈리아 상인의 위대한 도전: 근대 자본주의와 혁신의 기원』. 앨피. 2015.

대한성서공회. 『성경』. 1998.

민영기. 『북한의 화폐와 시장』. 한울아카데미. 2018.

박길성. 『IMF 10년 한국사회 다시보다』. 나남. 2008.

박노자. 『주식회사 대한민국』. 한겨레출판사. 2016.

박세길, 『한국경제의 뿌리와 열매』. 돌베개. 1991.

백창재 편. 『20세기의 유산, 21세기의 진로』. 사회평론. 2012.

서울대학교 한국의학인물사 편찬위원회. 『한국의학인물사』. 태학사. 2008.

안은별. 『IMF 키즈의 생애』. 코난북스. 2017.

유종일. 『경제민주화: 분배 친화적 성장은 가능한가』. 모티브북. 2012.

이기동. 『논어강설』. 성균관대학교출판부. 2013.

장문석. 『자본주의 길들이기: 자본과 자본 아닌 것의 역사』. 창비. 2016.

조홍식. 『문명의 그물: 유럽문화의 파노라마』. 책과함께. 2018.

조홍식. "발전의 동력으로 경쟁과 협력: 유럽에 대한 거시 역사적 고찰". 『유럽연구』. 34권 3호. 2016.

주경철. 『대항해 시대: 해상 팽창과 근대 세계의 형성』. 서울대학교 출판부. 2008.

주치호. 『삼성 공화국』. 한가람. 1997.

최장집. 『민주화 이후의 민주주의: 한국 민주주의의 보수적 기원과 위기』. 후마니타스. 2010.

통계청. 『인구동향조사』.

통합유럽연구회. 『조약으로 보는 유럽통합사』. 높이깊이. 2016.
통합유럽연구회. 『도시로 보는 유럽통합사』. 책과함께. 2013.
통합유럽연구회. 『인물로 보는 유럽통합사』. 책과함께. 2010.

Abélès, Marc. *La vie quotidienne au Parlement européen.* Paris: Hachette, 1992.

Abu-Lughod, Janet. *Before European Hegemony: The World System A.D. 1250~1350.* New York: Oxford University Press, 1989.

Acemoglu, Daron and James A. Robinson. *Why Nations Fail: The Origins of Power, Prosperity, and Poverty.* New York: Crown Business, 2012.

Adolph, Christopher. *Bankers, Bureaucrats, and Central Bank Politics: The Myth of Neutrality.* Cambridge: Cambridge University Press, 2013.

Aglietta, Michel. *Capitalisme: Le temps des ruptures.* Paris: Odile Jacob, 2019.

Aglietta, Michel, et André Orléan. *La Monnaie entre violence et confiance.* Paris: Odile Jacob, 2002.

Akerlof, George. "The Market for 'Lemons': Quality Uncertainty and the Market Mechanism". *Quaterly Journal of Economics.* 84(3). pp.488~500.

Akerlof, George, and Robert Shiller. *Animal Spirits: How Human Psychology Drives the Economy, and Why It Matters for Global Capitalism.* Princeton: Princeton University Press, 2009.

Albert, Michel. *Capitalisme contre capitalisme.* Paris: Seuil, 1991.

Allison, Graham. *Destined for War: Can America and China Escape Thucydides's Trap?* New York: Mariner Books, 2017.

Amable, Bruno. *The Diversity of Modern Capitalism.* Oxford: Oxford University Press, 2003.

Amin, Samir. *Le développement inégal.* Paris: Editions de Minuit. 1973.

Amsden, Alice. *Asia's Next Giant: South Korea and Late Industrialization.* Oxford: Oxford University Press, 1989.

Anderson, Benedict. *Imagined Communities.* London: Verso, 1991

Aoki, Masahiko, Hyung-Ki Kim and Masahino Okuro-Fujiwara. eds. *East Asian Economic Development: Comparative Institutional Analysis.* Oxford: Oxford University Press, 1996.

Appleby, Joyce. *The Relentless Revolution: A History of Capitalism*. New York: W.W.Norton, 2011. 주경철 · 안민석 옮김. 『가차없는 자본주의: 파괴와 혁신의 역사』. 까치. 2012.

Aristote. *Ethique à Nicomaque*. Paris: Gallimard, 2014.

Aristote. *Politique*. Paris: Gallimard, 2014.

Aristote. *Economique*. Paris: Belles Lettres, 2003.

Arrighi, Giovanni. *Adam Smith in Beijing: Lineages of the Twenty-first Century*. London: Verso, 2007.

Arrighi, Giovanni. *The Long Twentieth Century: Money, Power, and the Origins of Our Times*. London: Verso, 1994. 백승욱 옮김. 『장기 20세기: 화폐, 권력, 그리고 우리 시대의 기원』. 그린비, 2014.

Banner, Stuart. *American Property: The History of How, Why, and What We Own*. Cambridge: Harvard University Press, 2011.

Banks, Steven. *Duels and Duelling*. Shire Publications, 2012.

Barkan, Joshua. *Corporate Sovereignty: Law and Government under Capitalism*. Minneapolis: The University of Minnesota Press, 2013.

Barron, Caroline M. *London in the later Middle Ages: government and people, 1200~1500*. Oxford: Oxford University Press, 2004.

Baschet, Jérôme. *La civilisation féodale. De l'an mil à la colonisation de l'Amérique*. Paris: Flammarion, 2018.

Beaud, Michel. *Histoire du capitalisme 1500~2010*. 6e ed. Paris: Seuil, 2010. 김윤자 옮김. 『자본주의의 역사 1500~2010』. 뿌리와이파리, 2015.

Beaune, Colette. "L'utlisation politique du mythe des origines troyennes en France à la fin du Moyen Age". *Lectures médiévales de Virgile*. Rome: Ecole française de Rome. 1985. pp.331~355.

Becker, Gary. *A Treatise on the Family*. 2nd ed. Cambridge: Harvard University Press, 1991.

Bell, Daniel A. *The China Model: Political Meritocracy and the Limits of Democracy*. Princeton: Princeton University Press, 2016.

Bély, Lucien. *L'art de la paix en Europe. Naissance de la diplomatie moderne XVIe~XVIIIe siècle*. Paris: PUF, 2007.

Berend, Ivan T. *From the Soviet Bloc to the European Union: The Economic and Social Transformation of Central and Eastern Europe since 1973*. Cambridge: Cambridge University Press, 2009.

Bergère, Marie-Claire. *Histoire de Shanghai*. Paris: Fayard, 2002.

Birnbaum, Pierre et Jean Leca. eds. *Sur l'individualisme: Théories et méthodes*. Paris: Presses de la FNSP, 1991.

Blockmans, Wim. *A History of Power in Europe: Peoples, Markets, States*. Antwerp: Fonds Mercator, 1997.

Bogdan, Henry. *Histoire de l'Allemagne, de la Germanie à nos jours*. Paris: Perrin, 2003.

Boltanski, Luc et Eve Chiapello. *Le nouvel esprit du capitalisme*. Paris: Gallimard, 2011.

Bourdieu, Pierre. *Anthropologie économique*. Paris: Seuil, 2017.

Bourdieu, Pierre. *Sur l'Etat*. Paris: Seuil, 2012.

Bourdieu, Pierre. *Les usages sociaux de la science*. 조홍식 옮김. 『과학의 사회적 사용』. 창비, 2002.

Bourdieu, Pierre. *Les structures sociales de l'économie*. Paris: Seuil, 2000.

Bourdieu, Pierre. *La distinction: Critique sociale du jugement*. Paris: Editions de Minuit, 1979.

Bourdieu, Pierre. *Esquisse d'une théorie de la pratique*. Genève: Droz, 1972.

Bourdieu, Pierre et Jean-Claude Passeron. "Sociologues des mythologies et mythologie de sociologues". *Les temps modernes*. Décembre 1963(211). pp.998~1021.

Bourdieu, Pierre. *Sur l'Etat*. Paris: Seuil, 2012.

Bowen, B.V. *The Business of Empire: The East India Company and the Imperial Britain, 1756~1833*. Cambridge: Cambridge University Press, 2005.

Boyer, Robert. *Economie politique des capitalismes. Théorie de la régulation et des crises*. Paris: La Découverte, 2015.

Braudel, Fernand. *La dynamique du capitalisme*. Paris: Flammarion, 2014.

Braudel, Fernand. *Grammaire des civilisations*. Paris: Flammarion, 2013.

Braudel, Fernand. *Civilisation matérielle, économie et capitalisme*. 3 volumes. Paris: Le Livre de Poche, 1993.

Bresson, Alain. "Capitalism and the ancient Greek economy." Larry Neal and

Jeffrey Williamson. eds. *The Cambridge History of Capitalism vol. 1. The Rise of Capitalism: From Ancient Origins to 1848*. Cambridge: Cambridge University Press, 2014. pp.43~74.

Britnell, Richard H. *The Commercialization of English Society, 1000~1500*. Cambridge: Cambridge University Press, 1993.

Brown, Stephen. *Merchant Kings: When Companies Ruled the World, 1600~1900*. New York: St Martin's Press, 2009.

Brunel, Sylvie. *Le développement durable*. Paris: PUF, 2018.

Burchell, Jon. *The Evolution of Green Politics: Development and Change within European Green Parties*. London: Routledge, 2002.

Callon, Michel. ed. *The Laws of the Markets*. Oxford: Blackwell, 1998.

Callon, Michel. "The embeddedness of economic markets in economics". Michel Callon. ed. *The Laws of the Markets*. Oxford: Blackwell, 1998. pp.1~57.

Cameron, Rondo. *A Concise Economic History of the World: From Paleolithic Times to the Present*. 2nd ed. Oxford: Oxford University Press, 1993.

Cao, Junjian Albert. *The Chinese Real Estate Market: Development, regulation and investment*. London: Routledge, 2015.

Carruthers, Bruce and Wendy Nelson Espeland. "Accounting for Rationality: Double-Entry Bookkeeping and the Rhetoric of Economic Rationality". *American Journal of Sociology*. 1991 97(1). pp.31~69.

Chang, Ha-Joon. *23 Things They Don't Tell You About Capitalism*. London: Penguin Books, 2011.

Chang, Ha-Joon. *Kicking away the ladder: Development strategy in historical perspective*. London: Anthem, 2003. 형성백 옮김. 『사다리 걷어차기』. 부키. 2004.

Chase-Dunn, Christopher and Thomas D. Hall. *Rise and Demise: Comparing World-Systems*. Boulder: Westview Press, 1997.

Chassaigne, Philippe. *Histoire de l'Angleterre, des origines à nos jours*. Paris: Flammarion, 2015.

Cheng, Anne. *Histoire de la pensée chinoise*. Paris: Seuil, 1997.

Childe, Gordon V. *Social Evolution*. New Delhi: Aakar Books, 2017.

Churchill, Robin R. "The 1982 United Nations Convention on the Law of the Sea". Donald R. Rothwell et al. eds. *The Oxford Handbook of the Law of the Sea.* Oxford: Oxford University Press, 2017. pp.24~45.

Cicéron. *Traité des devoirs.* https://fr.wikisource.org/wiki/Trait%C3%A9_des_devoirs_(E._Sommer) 검색일 2020년 3월 24일

Cohen, Adam. *The Perfect Store: Inside Ebay*. New York: Back Bay Books, 2002.

Cohen, Benjamin. *Currency Power: Understanding Monetary Rivalry*. Princeton: Princeton University Press, 2018.

Cohen, Daniel. *Le monde est clos et le désir infini*. Paris: Albin Michel, 2015.

Cohen, Daniel. *Homo Economicus, prophète (égaré) des temps nouveaux*. Paris: Albin Michel, 2012.

Cohen, Daniel. *La prospérité du vice. Une introdution (inquiète) à l'économie*. Paris: Albin Michel, 2009.

Cohen, Elie. *Le colbertisme high-tech. Economie du grand projet*. Paris: Hachette, 1992.

Cohen, Stephen. *Multinational Corporations and Foreign Direct Investment: Avoiding Simplicity, Embracing Complexity*. Oxford: Oxford University Press, 2007.

Colley, Linda. *Britons: Forging the Nation 1707~1837*. New Haven: Yale University Press, 2014.

Comte, Auguste. *Cours de philosophie positive.* http://www.ac-grenoble.fr/PhiloSophie/old2/file/comte_khodoss.pdf 검색일 2020년 3월 24일

Comte-Sponville, André. *Le capitalisme est-il moral?* Paris: Albin Michel, 2009.

Cordonnier, Laurent. *Pas de pitié pour les gueux.* Paris: Raisons d'Agir, 2000. 조홍식 옮김. 『거지를 동정하지 마라』. 창작과 비평사. 2001.

Cornu, Philippe. *Le bouddhisme, une philosophie du bonheur?* Paris: Seuil, 2013.

Crosby, Alfred W. *Ecological Imperialism: The Biological Expansion of Europe, 900~1900*. Cambridge: Cambridge University Press, 2015.

Crotty, James. *Keynes against Capitalism: His Economic Case for Liberal Socialism.* London: Routledge, 2019.

Crouzet, François. *Histoire de l'économie européenne 1000~2000*. Paris: Albin Michel, 2010.

Crouzet-Pavan, Elisabeth. *Renaissances italiennes 1380~1500*. Paris: Albin Michel, 2007.

Crouzet-Pavan, Elisabeth. *Venise triomphante: Les horizons d'un mythe*. Paris: Albin Michel, 2004.

de Gaulejac, Vincent et Fabienne Hanique. *Le capitalisme paradoxant: Un système qui rend fou*. Paris: Seuil, 2015.

de Mandeville, Bernard. *The Fable of the Bees: or, Private Vices, Public Benefits*. https://archive.org/details/MandevilleTheFableOfTheBees/page/n1/mode/2up 검색일 2020년 3월 24일

de Voogd, Christophe. *Histoire des Pays-Bas. Des origines à nos jours*. Paris: Fayard, 2003.

Denis, Henri. *Histoire de la pensée économique*. 3ed ed. Paris: PUF, 2016.

Derthick, Martha and Paul J. Quirk. *The Politics of Deregulation*. Washington D.C.: The Brookings Institution Press, 2001.

Desjardins, Xavier. *Aménagement du territoire*. Paris: Armand Colin, 2017.

Diamond, Jared. *The World Until Yesterday: What Can We Learn From Traditional Societies*. London: Penguin Books, 2013.

Diamond, Jared. *The Rise and Fall of the Third Chimpanzee: How Our Animal Heritage Affects the Way We Live*. London: Vintage Books, 2002.

Diamond, Jared. *Guns, Germs, and Steel: The Fate of Human Societies*. New York: W.W.Norton, 1999.

Diamond, Jared. *The Third Chimpanzee: The Evolution and Future of the Human Animal*. New York: Harper Perennial, 1992.

Dickens, Charles. *Oliver Twist*. New York: Bantam Books, 1982.

Dockès, Pierre. *Le capitalisme et ses rythmes, quatre siècles en perspective. Tome I Sous le regard des géants*. Paris: Classiques Garnier, 2019.

Douai, Ali et Gaël Plumecocq. *L'économie écologique*. Paris: La Découverte, 2017.

Dumont, Louis. *Homo aequalis II: Idéologie allemande: France-Allemagne et retour*. Paris: Gallimard, 2013.

Dumont, Louis. *Homo aequalis I: genèse et épanouissement de l'idéologie économique*. Paris: Gallimard, 2008.

Dumont, Louis. *Essais sur l'individualisme. Une perspective anthropologique sur l'idéologie moderne*. Paris: Seuil, 1983.

Dumont, Louis. *Homo hierarchicus: Essai sur le système des castes*. Paris: Gallimard, 1979.

Durkheim, Emile. *Les règles de la méthode sociologique*. Paris: PUF, 2013.

Durkheim, Emile. *De la division du travail social*. Paris: PUF, 2013.

Durkheim, Emile. *Le suicide*. Paris: PUF, 2002.

Easton, David. *A Framework for Political Analysis*. Englewood Cliffs: Prentice-Hall, 1965.

Eichengreen, Barry. *Globalizing Capital: A History of the International Monetary System*. Princeton: Princeton University Press, 2008.

Eichengreen, Barry. *Elusive Stability: Essays in the History of International Finance*. Cambridge: Cambridge University Press, 1990.

Eisenberg, David M. "Sources and Principles of Islamic Law". Craig Nethercott and David Eisenberg. eds. *Islamic Finance: Law and Practice*. Oxford: Oxford University Press, 2012. pp.15~53.

Ellman, Michael. *Socialist Planning*. Cambridge: Cambridge University Press, 1979.

Elster, Jon. *Alexis de Tocqueville: The First Social Scientist*. Cambridge: Cambridge University Press, 2009.

Epstein, Steven. *Genoa and the Genoese, 958~1528*. Chapel Hill: University of North Carolina Press, 2001.

Ferguson, Niall. *The Ascent of Money: A Financial History of the World*. New York: Penguin Books, 2008.

Ferguson, Niall. *The House of Rothschild: Money's Prophets 1798~1848*. New York: Penguin Books, 1998.

Findlay, Ronald. *Power and Plenty: Trade, War, and the World Economy in the Second Millenium*. Princeton: Princeton University Press, 2009.

Finlay, Robert. *The Pilgrim Art: Cultures of Porcelain in World History*. Berkeley: University of California Press, 2010.

Fligstein, Neil. *The Architecture of Markets: An Economic Sociology of the Twenty–First-Century Capitalist Societies*. Princeton: Princeton University Press, 2001.

Fogarty, Michel. *Christian Democracy in Western Europe, 1820~1953*. London: Routledge, 1966.

Fortune. "Global 500". https://fortune.com/global500/ 검색일 2020년 2월 14일.

Frank, Andre Gunder. *Reorient: Global Economy in the Asian Age*. Berkeley: University of California Press, 1998.

Freud, Sigmund. *Le malaise dans la civilisation*. Paris: Seuil, 2010.

Frieden, Jeffry A. *Global Capitalism: Its Fall and Rise in the Twentieth Century*. New York: W.W.Norton and Company, 2007.

Friedman, Milton. *Capitalism and Freedom*. Chicago: University of Chicago Press, 2002.

Friedman, Milton. *A Monetary History of the United States 1867~1960*. Princeton: Princeton University Press, 1963.

Fukuyama, Francis. *Political Order and Political Decay*. New York: Farrar, Straus and Giroux, 2014.

Fukuyama, Francis. *The Origins of Political Order: From Prehuman Times to the French Revolution*. New York: Farrar, Straus and Giroux, 2011.

Fukuyama, Francis. *The End of History and the Last Man*. London: Penguin Books, 1992.

Furet, François. *Marx et la Révolution française*. Paris: Flammarion, 1986.

Galbraith, John Kenneth. *The New Industrial State*. Princeton: Princeton University Press, 2007.

Gellner, Ernest. *Plough, Sword, and Book: The Structure of Human History*. Chicago: University of Chicago Press, 1990.

Gill, Stephen and David Law. *The Global Political Economy: Perspectives, Problems, and Policies*. Baltimore: The Johns Hopkins University Press, 1988.

Gilpin, Robert. *Global Political Economy: Understanding the International Economic Order*. Princeton: Princeton University Press, 2011.

Gipouloux, François. *La Méditerranée asiatique, XVIe~XXIe siècle*. Paris:

CNRS Editions, 2018.

Gira, Dennis. *Comprendre le bouddhisme: Son histoire, sa doctrine, ses diverses formes.* Paris: Bayard, 1989.

Girard, René. *Mensonge romantique et vérité romanesque.* Paris: Fayard, 2010.

Girard, René. *Les origines de la culture.* Paris: Fayard, 2010.

Girard, René. *Je vois Satan tomber comme l'éclair.* Paris: Grasset, 1999.

Goethe, Johann Wolfgang von. translated by R.J. Hollingdale. *Elective Affinities.* London: Penguin Books, 1971.

Goetzman, William N. *Money Changes Everything: How Finance Made Civilization Possible.* Princeton: Princeton University Press, 2016.

Gombrich, Ernest H. *The Story of Art.* London: Phaidon, 1995.

Gómez-Mera, Laura, Thomas Kenyon, Yotam Margalit, José Guilherme Reis and Gonzalo Varela. *New Voices in Investment: A Survey of Investors from Emerging Countries.* Washington D.C.: World Bank, 2015.

Goody, Jack. *The Theft of History.* Cambridge: Cambridge University Press, 2006.

Goody, Jack. *Capitalism and Modernity: The Great Debate.* Cambridge: Polity Press, 2004.

Gowa, Joanne. *Ballots and Bullets: The Elusive Democratic Peace.* Princeton: Princeton University Press, 2000.

Greif, Avner. *Institutions and the Path to the Modern Economy: Lessons from Medieval Trade.* Cambridge: Cambridge University Press, 2006.

Grimal, Pierre. *La mythologie grecque.* Paris: PUF, 2013.

Guy, John. ""One Thing Leads to Another": Indian Textiles and the Early Globalization of Style." Peck, Amelia. ed. *Interwoven Globe: The Worldwide Textile Trade, 1500~1800.* New York: The Metropolitan Museum of Art, 2013. pp.12~27.

Hales, John. *A discourse of the common weal of this realm of England.* https://archive.org/stream/discourseofcommo00lamouoft/discourseofcommo00lamouoft_djvu.txt 검색일 2020년 3월 25일

Hall, Peter A. *The Political Power of Economic Ideas: Keynesianism across Nations.* Princeton: Princeton University Press, 1989.

Hall, Peter and David Soskice. *Varieties of Capitalism: The Institutional Foundations of Comparative Advantage*. Oxford: Oxford University Press, 2001.

Hamada, Koichi, Anil Kashyap, and David Weinstein. eds. *Japan's Bubble, Deflation, and Long-term Stagnation*. Cambridge: The MIT Press, 2011.

Harari, Yuval H. *Homo Deus: A Brief History of Tomorrow*. New York: Harper Perennial, 2017.

Harvey, Graham. *Animism: Respecting the Living World*. New York: Columbia University Press, 2006.

Haudrère, Philippe. *Les Compagnies des Indes Orientales: Trois siècles de rencontre entre Orientaux et Occidentaux*. Paris: Desjonquères, 2006.

Heckscher, Eli. *Mercantilism*. 2 Vol. London: Routledge, 1994.

Heggelund, Gørild. *Environment and Resettlement Politics in China: The Three Gorges Project*. London: Routledge, 2004.

Helleiner, Eric. "The Evolution of the International Monetary and Financial System". John Ravenhill. ed. *Global Political Economy*. 5th ed. Oxford: Oxford University Press, 2017. pp.199~223.

Helleiner, Eric. *The Making of National Money: Territorial Currencies in Historical Perspective*. Ithaca: Cornell University Press, 2003.

Helleiner, Eric. *States and the Reemergence of Global Finance*. Ithaca: Cornell University Press, 2003.

Helmer, Etienne. "Platon et Aristote ou les pouvoirs politiques de la monnaie". *Revue du MAUSS*. 2015/2 (46). pp.363~384.

Hicks, John. *A Theory of Economic History*. Oxford: Clarendon Press, 1969.

Hirschman, Albert. *The Passions and the Interests: Political Arguments for Capitalism before Its Triumph*. Princeton. Princeton University Press, 2013.

Hobsbawm, Eric. *The Age of Extremes: The Short Twentieth Century, 1914~1991*. New York: Vintage Books, 1994.

Hobsbawm, Eric. *The Age of Empire: 1875~1914*. New York: Vintage Books, 1987.

Hobsbawm, Eric. *The Age of Capital: 1848~1875.* New York: Vintage Books, 1975.

Hobsbawm, Eric. *The Age of Revolution: Europe, 1789~1848.* New York: World Publishing, 1962.

Hobson, John M. *The Eastern Origins of Western Civilisation.* Cambridge: Cambridge University Press, 2004.

Huberman, Leo. *Man's Wordly Goods: The Story of the Wealth of Nations.* New York: Monthly Review Press, 1961.

Hudson, Michael. "Entrepreneurs: From the Near Eastern Takeoff to the Roman Collapse". David S. Landes, Joel Mokyr and William J. Baumol. eds. *The Invention of Enterprise: Entrepreneurship from Ancient Mesopotamia to Modern Times.* Princeton: Princeton University Press, 2010. pp.8~39.

Huizinga, Johan. *Homo Ludens: A Study of the Play-Element in Culture.* Eastford: Martino Fine Books, 2014.

Ingham, Geoffrey. *The Nature of Money.* Cambridge: Polity Press, 2004.

International Sociological Association. "Books of the XXth Century". Madrid: 1998: https://www.isa-sociology.org/en/about-isa/history-of-isa/books-of-the-xx-century/ 검색일 2020년 2월 3일.

Jobert, Bruno. ed. *Le tournant néo-libéral en Europe.* Paris: L'Harmattan, 1994.

Jones, Eric. *The European Miracle: environments, economies, and geopolitics in the history of Europe and Asia.* 3rd ed. Cambridge: Cambridge University Press, 2003.

Jongman, Willem M. "Re-constructing the Roman economy". Larry Neal and Jeffrey Williamson. eds. *The Cambridge History of Capitalism vol. 1. The Rise of Capitalism: From Ancient Origins to 1848.* Cambridge: Cambridge University Press, 2014. pp.75~100.

Josephson-Stone, Jason A. *The Myth of Disenchantment: Magic, Modernity and the Birth of Human Sciences.* Chicago: The University of Chicago Press, 2017.

Jullien, François. *La pensée chinoise. En vis-à-vis de la philosophie.* Paris:

Gallimard, 2015.

Jursa, Michael. "Babylonia in the First Millenium BCE : Economic Growth in Times of Empire". Larry Neal and Jeffrey Williamson. eds. *The Cambridge History of Capitalism vol. 1. The Rise of Capitalism: From Ancient Origins to 1848.* Cambridge: Cambridge University Press, 2014. pp.24~42.

Kahn, Jean-François. *La pensée unique.* Paris: Fayard, 2000.

Katzenstein, Peter J. ed. *Sinicization and the Rise of China: Civilizational processes beyond East and West.* London: Routledge, 2012.

Katzenstein, Peter J. *A World of Regions: Asia and Europe in the American Imperium.* Ithaca: Cornell University Press, 2005.

Kelly, David S. "Genoa and Venice: An Early Commercial Rivalry". William R. Thompson. ed. *Great Power Rivalries.* Columbia: University of South Carolina Press, 1999.

Kennedy, Paul. *The Rise and Fall of the Great Powers.* New York: Vintage Books, 1989.

Kervégan, Jean-François. *Hegel et hégélianisme.* Paris: PUF, 2017.

Keynes, John Maynard. *A Treatise on Money.* Nashville: Endeavor Media, 2018.

Keynes, John Maynard. *The General Theory of Employment, Interest, and Money.* London: Macmillan, 2007.

Kindleberger, Charles. *The World Economic Primacy: 1500~1990.* Oxford: Oxford University Press, 1996.

Kindleberger, Charles. *The World in Depression 1929~1939.* Berkeley: University of California Press, 1986.

Kipling, Rudyard. *The Jungle Book.* New York: Sterling Publishing, 2007.

Krasner, Stephen. *Sovereignty: Organized Hypocrisy.* Princeton: Princeton University Press, 1999.

Krasner, Stephen. ed. *International Regimes.* Ithaca: Cornell University Press, 1983.

Kroeber, Arthur R. *China's Economy: What Everyone Needs to Know.* Oxford: Oxford University Press, 2016.

Kurki, Visa A.J. and Tomasz Pietrzykowski. eds. *Legal Personhood: Animal, Artificial Intelligence and the Unborn*. Cham: Springer, 2017.

Kynaston, David. *Till Time's Last Sand: A History of the Bank of England 1694~2013*. London: Bloomsbury, 2017.

Labourdette, Jean-François. *Histoire du Portugal*. Paris: Fayard, 2000.

Landes, David S., Joel Mokyr and William J. Baumol. eds. *The Invention of Enterprise: Entrepreneurship from Ancient Mesopotamia to Modern Times*. Princeton: Princeton University Press, 2010.

Lanz, Rainer and Sébastien Miroudot. *Intra Firm Trade: Patterns, Determinants and Policy Implications*. Paris: OECD, 2011.

Larrère, Catherine. "Montesquieu et le 'doux commerce': un paradigme du libéralisme". *Cahiers d'Histoire*. 2014. 123. pp.21~38.

Larue, Louis. "Le bitcoin: évaluation d'une innovation monétaire". *Regards économiques*. septembre 2016. n.127.

Latour, Bruno. *Nous n'avons jamais été modernes: Essai d'anthropologie symétrique*. Paris: La Découverte, 1991.

Le Cour Grandmaison, Olivier. *La République impériale: Politique et racisme d'Etat*. Paris: Fayard, 2009.

Lee J.Z. and Wang Feng. *One Quarter of Humanity: Malthusian Mythology and Chinese Realities 1700~2000*. Cambridge: Harvard University Press, 1999.

Lefèvre, François. *Histoire du monde grec antique*. Paris: Librairie Générale Française, 2007.

Les économistes atterrés. *La monnaie. Un enjeu politique*. Paris: Seuil, 2018.

Lévi-Strauss, Claude. *Les structures élémentaires de la parenté*. Paris: EHESS, 2017.

Li, Xing. ed. *Mapping China's "One Belt One Road" Initiative*. Cham: Palgrave Macmillan, 2019.

Lindblom, Charles. *The Market System: What It Is, How It Works, and What to Make of It*. New Haven: Yale University Press, 2001. 한상석 옮김. 『시장체제』. 후마니타스. 2009.

Lipovetsky, Gilles. *Plaire et toucher. Essai sur la société de séduction*. Paris:

Gallimard, 2017.

Lipset, Seymour Martin. *American Exceptionalism: A Double-Edged Sword.* New York: Norton, 1996. 문지영, 강정인, 하상복, 이지윤 옮김. 『미국 예외주의. 미국에는 왜 사회주의 정당이 없는가』. 후마니타스. 2006.

Locke, John. *Two Treaties of Government.* 강정인 옮김. 『통치론』. 까치글방, 2017.

Lopez, Robert. *The Commercial Revolution of the Middle Ages, 950~1350.* Cambridge: Cambridge University Press, 1976.

Löwy, Michael. "'The Poetry of the Past': Marx and the French Revolution". *New Left Review.* September 1989. pp.111~124.

MacFarlane, Alan. *The Origin of English Individualism: The Family Property and Social Transition.* London: Blackwell, 1988.

Machiavel. *Discours sur la première décade de Tite-Live.* Paris: Gallimard, 2004.

Machiavelli, Niccolo. edited by Quentin Skinner and Russell Price. *The Prince.* Cambridge: Cambridge University Press, 1988.

Machiavelli, Niccolo. ed. Franco Gaeta. *Istorie fiorentine.* Milan: Feltrinelli, 1962.

MacLeod, Christine. *Inventing the Industrial Revolution: The English patent system, 1660~1800.* Cambridge: Cambridge University Press, 1988.

MacPherson, C.B. *The Political Theory of Possessive Individualism from Hobbes to Locke.* Oxford: Oxford University Press, 2011.

Maire-Vigueur, Jean-Claude. *Cavaliers et citoyens. Guerre, conflits et société dans l'Italie communale, XIIe~XIIIe siècles.* Paris: EHESS, 2003.

Malthus, Thomas. *An Essay on the Principle of Population.* London: Penguin Books, 2015.

Mancuso, Stefano and Alessandra Viola. *Verde Brillante.* 양병찬 옮김. 『매혹하는 식물의 뇌』. 행성B. 2016.

Manin, Bernard. *Principes du gouvernement représentatif.* Paris: Flammarion, 2012.

Mankiw, Gregory N. *Principles of Economics.* 7th ed. Fort Dryden: Cengage

Learning, 2014.

Marshall, Alfred. *Principles of Economics*. New York: Cosimo Classics. 2009.

Marx, Karl. *Critique of the Gotha Programme*. https://www.marxists.org/archive/marx/works/1875/gotha/ 검색일 2020년 2월 7일.

Marx, Karl. *Misère de la philosophie*. Paris: Payot, 2002.

Marx, Karl. Edition établie et annotée par Maximilien Rubel. *Das Kapital*. Paris: Gallimard, 1963. 김수행 옮김. 『자본론』. 비봉출판사. 2015.

Marx, Karl and Friedrich Engels. *The Communist Manifesto*. London: Penguin Classics, 2002.

Mauss, Marcel. *Essai sur le don: Forme et raison de l'échange dans les sociétés archaïques*. Paris: PUF, 2007.

McCraw, Thomas. *Prophet of Innovation: Joseph Schumpeter and Creative Destruction*. Cambridge: Harvard University Press, 2007.

McNamara, Kathleen R. *The Currency of Ideas: Monetary Politics in the European Union*. Ithaca: Cornell University Press, 1998.

McNeill, William H. *The Rise of the West: A History of the Human Community*. Chicago: The University of Chicago Press, 1991.

Méda, Dominique. *Le travail: Une valeur en voie de disparition?* Paris: Flammarion, 2010.

Mendras, Henri. *L'Europe des Européens. Sociologie de l'Europe occidentale*. Paris: Gallimard, 1997.

Meney, Régis. *Capitalisme culturel et décadence: Ou la revanche du Veau d'Or. Essai sur la société de consommation médiatique*. Paris: L'Harmattan, 2019.

Michéa, Jean-Claude. *Notre ennemi, le capital*. Paris: Flammarion, 2018.

Michels, Robert. translated by Eden and Cedar Paul. *Political Parties. A Sociological Study of the Oligarchical Tendencies of Modern Democracy*. New York: The Free Press, 1962.

Mill, John Stuart. *Principles of Political Economy*. Indianapolis: Liberty Fund, 2006.

Milza, Pierre. *Histoire de l'Italie. Des origines à nos jours*. Paris: Arthème Fayard, 2005.

Mintz, Sidney. *Sweetness and Power: The Place of Sugar in Modern History*. London: Penguin Books, 1986.

Mistral, Jacques. *La science de la richesse: Essai sur la construction de la pensée économique*. Paris: Gallimard, 2019.

Mo, Jongryn and Barry Weingast. *Korean Political and Economic Development: Crisis, Security, and Institutional Rebalancing*. Cambridge: Harvard University Press, 2013.

Modelski, George. *Seapower in Global Politics, 1494~1993*. Seattle: University of Washington Press, 1988.

Montchrestien, Antoine de. *Traité de l'économie politique*. Genève: Droz, 1999.

Montesquieu. *De l'esprit des lois*. Paris: Flammarion, 2019.

Montinola, Gabriella, Yingyi Qian, Barry Weingast. "Federalism, Chinese Style: The Political Basis for Economic Success in China". *World Politics* 48(1). 1995. pp.50~81.

Morishima, Michio. *Why Has Japan 'Succeeded'? Western Technology and Japanese Ethos*. Cambridge: Cambridge University Press, 1982.

Morris, Charles R. *The Tycoons: How Andrew Carnegie, John D. Rockefeller, J. Gould and J.P. Morgan Invented the American Supereconomy*. New York: An Owl Book, 2005.

Müller, Jan-Werner. translated by Frédéric Joly. *Qu'est-ce que le populisme?* Paris: Gallimard, 2016.

Murray, James M. "Entrepreneurs and Entrepreneurship in Medieval Europe". David S. Landes et al. eds. *The Invention of Enterprise: Entrepreneurship from Ancient Mesopotamia to Modern Times*. Princeton: Princeton University Press, 2010.

Murray, James M. *Bruges, the Cradle of Capitalism, 1280~1390*. Cambridge: Cambridge University Press, 2005.

Naughton, Barry J. *The Chinese Economy: Adaptation and Growth*. 2nd ed. Cambridge: The MIT Press, 2018.

Neal, Larry and Rondo Cameron. *A Concise Economic History of the World: From Paleolitic Times to the Present*. Oxford: Oxford University Press, 2016.

Neal, Larry and Jeffrey Williamson. eds. *The Cambridge History of Capitalism vol. 1. The Rise of Capitalism: From Ancient Origins to 1848*. Cambridge: Cambridge University Press, 2014.

Neal, Larry and Jeffrey Williamson. eds. *The Cambridge History of Capitalism vol. 2. The Spread of Capitalism: From 1848 to the Present*. Cambridge: Cambridge University Press, 2014.

Neal, Larry. *The Rise of Financial Capitalism: International Capital Markets in the Age of Reason*. Cambridge: Cambridge University Press, 1991.

Newell, Peter. *Globalization and the Environment: Capitalism, Ecology, and Power*. Cambridge: Polity Press, 2012.

New York Times. "The New Normal Is Actually Pretty Old". January 11th 2011.

Nietsche, Friedrich. *Thus Spoke Zarathoustra*. Logos Publishing. 2017.

Nisbett, Richard. *The Geography of Thought: How Asians and Westerners Think Differently ... and Why*. New York: The Free Press, 2003.

Norel, Philippe. *L'histoire économique globale*. Paris: Seuil, 2009.

Norris, William. *Chinese Economic Statecraft: Commercial Actors, Grand Strategy and State Control*. Ithaca: Cornell University Press, 2016.

North, Douglass. *Institutions, Institutional Change and Economic Performance*. Cambridge: Cambridge University Press, 1990.

North, Douglass C, John Joseph Wallis and Barry R. Weingast. *Violence and Social Orders: A Conceptual Framework for Interpreting Recorded Human History*. Cambridge: Cambridge University Press, 2013.

Novak, Michael. *The Catholic Ethic and the Spirit of Capitalism*. New York: The Free Press, 1993.

Offerlé, Michel. *Les partis politiques*. Paris: PUF, 2018.

Olson, Mancur. *The Logic of Collective Action: Public Goods and the Theory of Groups*. Cambridge: Harvard University Press, 1965.

Orléan, André. *L'empire de la valeur. Refonder l'économie*. Paris: Seuil, 2011.

Pamuk, Seveket. "Institutional Change and Economic Development in the Middle East, 700~1800". Larry Neal and Jeffrey Williamson. eds. *The Cambridge History of Capitalism vol. 1. The Rise of Capitalism: From Ancient Origins to 1848*. Cambridge: Cambridge University

Press, 2014.

Pauly, Louis W. "The Political Economy of Global Financial Crises". John Ravenhill. ed. *Global Political Economy*. 5th ed. Oxford: Oxford University Press, 2017. pp.225~251.

Peck, Amelia. ed. *Interwoven Globe: The Worldwide Textile Trade, 1500~1800.* New York: The Metropolitan Museum of Art, 2013.

Peyrefitte, Alain. *Quand la chine s'éveillera ...... le monde tremblera*. Paris: Hachette, 1974.

Pietschmann, Horst. "Les Indes de Castille". Christian Hermann. ed. *Le premier âge de l'Etat en Espagne (1450~1700).* pp.147~188.

Piketty, Thomas. *Le capital au XXIe siècle*. Paris: Seuil, 2013.

Pinol, Jean-Luc et François Walter. *La ville contemporaine jusqu'à la Seconde Guerre mondiale.* Paris: Seuil, 2012.

Pistor, Katharina. *The Code of Capital: How the Law Creates Wealth and Inequality*. Princeton: Princeton University Press, 2019.

Platon. *République.* Paris: Gallimard, 2019.

Platon. *Lois*. Paris: Gallimard, 2019.

Polanyi, Karl. *The Great Transformation: The political and economic origins of our time*. Boston: Beacon Press, 1957. 홍기빈 옮김. 『거대한 전환: 우리 시대의 정치, 경제적 기원』. 코기토. 2009.

Pomeranz, Kenneth. *The Great Divergence: China, Europe and the Making of the Modern World Economy.* Princeton: Princeton University Press, 2000.

Proudhon, Pierre Joseph. *Qu'est~ce que la propriété?* 이용재 옮김. 『소유란 무엇인가』. 아카넷. 2003.

Przeworski, Adam. *Capitalism and Social Democracy*. Cambridge: Cambridge University Press, 1985.

Quesnay, François. *Physiocratie*. Paris: Flammarion, 2008.

Radkau, Joachim. translated by Patrick Camiller. *Max Weber: A Biography*. London: Polity Press, 2009.

Ravenhill, John. ed. *Global Political Economy.* 5th ed. Oxford: Oxford University Press, 2017.

Reagan, Ronald. "Inaugural Adress". https://www.reaganfoundation.org/ronald-reagan/reagan-quotes-speeches/inaugural-address-2/검색일 2020년 2월 15일

Reich, Robert. *Supercapitalism: The Transformation of Business, Democracy and Everyday Life*. New York: Vintage Books, 2007.

Renouard, Yves. *Les Hommes d'affaires italiens du Moyen Age*. Paris: Editions Tallandier, 2009.

Renouard, Yves. *Histoire de Florence*. Paris: Editions Gisserot, 2006.

Ricardo, David. *On the Principles of Political Economy and Taxation*. Mineola: Dover Publications, 2004.

Rifkin, Jeremy. *The Third Industrial Revolution: How Lateral Power Is Transforming Energy, the Economy, and the World*. New York: Palgrave Macmillan, 2011.

Rifkin, Jeremy. *The End of Work: The Decline of the Global Labor Force and the Dawn of the Post-Market Era*. New York: A Tarcher/Putnam Book, 1995.

Rioux, Jean-Pierre. *La Révolution industrielle 1780~1880*. Paris: Seuil, 1989.

Rollot, Catherine. "Généalogie : grâce au numérique et à l'ADN, les Français se prennent de passion pour leurs origines". *Le Monde*. 15 mars 2019.

Rosanvallon, Pierre. *La nouvelle question sociale. Repenser l'Etat-providence*. Paris: Seuil, 2015.

Rosanvallon, Pierre. *La société des égaux*. Paris: Seuil, 2013.

Rosanvallon, Pierre. *Le capitalisme utopique: Critique de l'idéologie économique*. Paris: Seuil, 1999.

Rosanvallon, Pierre. *Le sacre du citoyen: histoire du suffrage universel en France*. Paris: Gallimard, 1992.

Ruggie, John Gerard. *Constructing the World Polity*. London: Routledge, 1998.

Ruggie, John Gerard. "International Regimes, Transactions, and Change: Embedded Liberalism in the Post War Liberal Order". *International Organization* 36(2). 1982.

Sachs, Jeffrey. *The End of Poverty: Economic Possibilities for Our Time*.

London: Penguin Press, 2005.
Said, Edward. *Orientalism.* London: Penguin, 1978.
Saint Augustin. *La Cité de Dieu.* Paris: Seuil, 1994.
Saint Thomas Aquinas. *Political Writings.* Camridge: Cambridge University Press, 2002.
Saint Thomas d'Aquin. *Somme théologique.* Paris: Editions du Cerf, 1984.
Sandars, N.K. *The Epic of Gilgamesh.* London: Penguin Books, 1973.
Sapir, Jacques. *Les trous noirs de la science économique: Essai sur l'impossibilité de penser le temps et l'argent.* Paris: Albin Michel, 2003.
Sauvy, Alfred. "Trois mondes, une planète". *L'Observateur.* 14 Août 1952
Say, Jean-Baptiste. *Cours d'économie politique.* Paris: Flammarion, 1999.
Schama, Simon. *The Embarrassment of Riches: An Interpretation of Dutch Culture in the Golden Age.* New York: Knopf, 1987.
Schneider, Henrique. *Creative Destruction and the Sharing Economy: Uber as Disruptive Innovation.* Cheltenham: Edward Elgar, 2017.
Schumpeter, Joseph A. *Capitalism, Socialism, and Democracy.* 3rd ed. New York: Harper Perennial, 2008.
Schwartz, Herman M. *States versus Markets: The Emergence of a Global Economy.* 3rd ed. Basingstoke: Palvrave Macmillan, 2010. 장석준 옮김. 『국가 대 시장: 지구 경제의 출현』. 책세상, 2015.
Sénèque. *De la vie heureuse.* http://palimpsestes.fr/textes_philo/seneque/vie-heureuse.pdf 검색일 2020년 3월 24일
Senik, Claudia. *L'Economie du bonheur.* Paris: Seuil, 2014.
Servet, Jean-Michel. "Le troc primitif, un mythe fondateur d'une approche économiste de la monnaie". *Revue numismatique.* 2001(157). pp.15~32.
Shakespeare, William. *Merchant of Venice.* London, 1600.
Siegelbaum Lewis H. *Stakhanovism and the Politics of Productivity in the USSR, 1935~1941.* Cambridge: Cambridge University Press, 1990.
Simmel, Georg. *Philosophie de l'argent.* Paris: PUF, 1999.
Simonnot, Philippe. *Nouvelles leçons d'économie contemporaine.* Paris: Gallimard, 2018.

Smith, Adam. *The Wealth of Nations*. London: Penguin Books, 1982. 김수행 옮김. 『국부론』. 비봉출판사. 2007.

Smith, Alan K. *Creating a World Economy: Merchant Capital, Colonialism, and World Trade, 1400~1825*. Boulder: Westview Press, 1991.

Sombart, Werner. *Economic Life in the Modern Age*. London: Taylor & Francis, 2001.

Stedman Jones, Gareth. *Karl Marx: Greatness and Illusion*. Cambridge: Harvard University Press, 2016.

Stiglitz, Joseph. *Freefall: America, Free Markets, and the Sinking of the World Economy.* New York: W.W.Norton, 2010.

Streeck, Wolfgang. *How Will Capitalism End?* London: Verso, 2017.

Sundararajan, Arun. *The Sharing Economy.* Cambridge: The MIT Press, 2016.

Swedberg, Richard. *Max Weber and the Idea of Economic Sociology*. Princeton: Princeton University Press, 2000.

Tawney, Richard Henry. *Religion and the Rise of Capitalism.* 고세훈 옮김. 『기독교와 자본주의의 발흥』. 한길사, 2015.

Testart, Alain. ed. *Aux origines de la monnaie*. Paris: Errance, 2001.

The Economist. "Special Report: Housing". January 18th 2020.

The Economist. "Special Report: Technology in China". January 4th 2020.

The Economist. "Airb'nb and Uber are chalk and cheese". October 10th 2019.

The Economist. "Special Report: Global Supply Chains". July 13th 2019.

The Economist. "Zimbabwe struggles to keep its fledgling currency alive". May 23rd 2019.

The Economist. "The global battle over high drug prices". May 21st 2019.

The Economist. "Why you should never start a trade war with an autocracy". April 27th 2019.

The Economist. "Technology may help to revive organised labor". November 15th 2018.

The Economist. "Workers of the world, log on". November 15th 2018.

The Economist. "The picture of wealth". October 25th 2018.

The Economist. "Pet provisions". October 11th 2018.

The Economist. "Bitcoin and other cryptocurrencies are useless". August 30th

2018.
The Economist. "American firms reveal the gulf between bosses' and workers' pay". May 29th 2018.
The Economist. "America's booming blood-plasma industry". May 10th 2018.
The Economist. "Renault-Nissan-Mitsubishi has become the world's biggest carmaker". March 17th 2018.
The Economist. "Whither the world after America's retreat?". June 1st 2017.
The Economist. "Who do you think you are" March 18th 2015.
The Economist. *Pocket World in Figures 2015 Edition*. 2014.
The Economist. "iPhone, uCopy, iSue". September 1st 2012.
The Economist. "The Nokia effect". August 25th 2012.
The Economist. "The Anthropocene: A man-made world". May 26th 2011.
Thomson, John B. *Studies in the Theory of Ideology*. Cambridge: Polity Press, 1984.
Thun, Eric. "The Globalization of Production". John Ravenhill. ed. *Global Political Economy*. 5thed. Oxford: Oxford University Press, 2017. pp.174~194.
Tilly, Charles. *Coercion, Capital, and European States AD 990~1992*. Cambridge: Blackwell, 1992.
Tirole, Jean. *Economie du bien commun*. Paris: PUF, 2016.
Tocqueville, Alexis de. *De la démocratie en Amérique*. Vol. 1 et 2. Paris: Gallimard, 1986.
Tracy, James D. *The Political Economy of Merchant Empires: State Power and World Trade, 1350~1750*. Cambridge: Cambridge University Press, 1991.
Tracy, James D. *The Rise of Merchant Empires: Long Distance Trade in the Early Modern World, 1350~1750*. Cambridge: Cambridge University Press, 1990.
Valier, Jacques. *Brève histoire de la pensée économique*. Paris: Flammarion, 2014.
van Wolferen, Karel. *The Enigma of Japanese Power: People and Politics in a Stateless Nation*. New York: Vintage Books, 1990.

van Zanden, Jan Luiten. *The Long Road to Industrial Revolution: The European Economy in a Global Perspective, 1000~1800*. Leiden: Brill, 2009.

Veblen, Thorstein. *The Theory of the Leisure Class*. Oxford: Oxford University Press, 2007.

Vercueil, Julien. *Economie politique de la Russie, 1918~2018*. Paris: Seuil, 2019.

Verley, Patrick. *L'échelle du monde: Essai sur l'industrialisation de l'Occident*. Paris: Gallimard, 2013.

Vernant, Jean-Pierre et Pierre Vidal-Naquet. *Travail et esclavage en Grèce ancienne*. Bruxelles: Editions Complexe, 1988.

Vickers, John and Vincent Wright. eds. *The Politics of Privatization in Western Europe*. London: Frank Cass, 1989.

von Hayek, Friedrich. *Denationalisation of Money: The Argument Refined*. London: The Institute of Economic Affairs, 1976.

von Neumann, John and Oskar Morgenstern. *Theory of Games and Economic Behavior*. Princeton: Princeton University Press, 2004.

Wallerstein, Immanuel. *The Modern World System. Vol. 2. Mercantilism and the Consolidation of the European World Economy, 1600~1750*. New York: Academic Press, 1980.

Wallerstein, Immanuel. *The Modern World System. Vol. 1. Capitalist Agriculture and the Origins of the European World Economy in the Sixteenth Century*. New York: Academic Press, 1974.

Walras, Léon. *Eléments d'économie politique pure*. Lausanne: Corbaz & Cie, 1874.

Webb, Michael C. and Stephen D. Krasner. "Hegemonic stability theory: an empirical assessment". *Review of International Studies*. 1989(15). pp.183~198.

Weber, Max. ed. *Grundriss der Sozialökonomik. Vol. 3: Wirtschaft Und Gesellschaft*. London: Forgotten Books, 2019.

Weber, Max. translated by Catherine Colliot-Thélène. *Le savant et le politique*. Paris: La Découverte, 2002.

Weber, Max. *The Protestant Ethic and the Spirit of Capitalism*. London: Routledge, 2001.

Weber, Max. *Economy and Society*. 2 vol. Berkeley: University of California Press, 1978.

Wendt, Alexander. *Social Theory of International Politics*. Cambridge: Cambridge University Press, 1999.

Wicks, Elisabeth. *The State and the Body: Legal Regulation of Bodily Autonomy*. Oxford: Hart, 2016.

Widdig, Bernd. *Culture and Inflation in Weimar Germany*. Berkeley: University of California Press, 2001.

Williamson, Jeffrey G. *Globalization and the Poor Periphery Before 1950*. Cambridge: The MIT Press, 2006.

Wolf, Martin. *Fixing Global Finance*. Baltimore: The Johns Hopkins University Press, 2008.

Wong, Roy Bin. "China before Capitalism". Larry Neal and Jeffrey Williamson. eds. *The Cambridge History of Capitalism vol. 1. The Rise of Capitalism: From Ancient Origins to 1848*. Cambridge: Cambridge University Press, 2014. pp.125~164.

Woo-Cumings, Meredith. ed. *The Developmental State*. Ithaca: Cornell University Press, 1999.

Wright, Robert. *Nonzero: The Logic of Human Destiny*. New York: Vintage Books, 2001.

Wunsch, Cornelia. "Neo-Babylonian Entrepreneurs". Landes, David S., Joel Mokyr and William J. Baumol. eds. *The Invention of Enterprise: Entrepreneurship from Ancient Mesopotamia to Modern Times*. Princeton: Princeton University Press, 2010. pp.40~61.

Zhang, Fan. *China's Urbanization and the World Economy*. Cheltenham: Edward Elgar, 2014.

Zhang, Kevin Honglin. ed. *China as the World Factory*. London: Routledge, 2006.

Zola, Emile. *Germinal*. Paris: LGF, 1971.

찾아보기

ㅇ

ㅊ